"教—学—做一体化"校企合作课改科研成果推荐教材
21世纪高职高专规划教材·市场营销系列

消费心理学

主　编　曾天地
副主编　陈　树　王建光　杨　阳
　　　　段彦辉　王　丽　万丽丽
参　编　魏秋玲

中国人民大学出版社
·北京·

前　言

消费心理学是一门专门研究消费者心理活动产生、发展及其变化规律的科学，是普通心理学的一个重要的分支。它与哲学、经济学、社会学、管理学、营销学等有着极为密切的联系。消费心理学不仅是一门学科，更是一种思维方式，为解决现代市场营销过程中的许多问题提供了思路和方法。

随着我国改革开放的深入、国民经济的高速发展、市场竞争的日益激烈，消费者对商品和服务的要求也日益提高，消费心理也越来越复杂。企业必须认真分析、掌握消费者的消费心理，生产适销对路的产品，提高市场营销能力，以提升企业的核心竞争力。为遵循“以服务为宗旨，以就业为导向，走产学结合发展道路”的高等职业院校的办学要求，满足培养现代创新型人才的需要，我们编写了《消费心理学》一书。

本书作为高职高专的特色教材，着力突出我国消费者消费心理的新变化，结合具体的学习情境，采取项目任务驱动式教学模式，融入了许多与新时代紧密结合的全新案例，以实践为主，注重操作技能、综合素质和创新能力的培养。本书在编写上的创新主要体现在以下两个方面。

1. 体系完备，知识够用

本书内容采取项目任务驱动的编排模式，在每个项目的开篇明确知识和能力目标的基础上，通过导入案例吸引学生带着问题学习。篇中设置案例、学习与思考以及知识链接帮助学生提高应用技能，篇后设置项目重点内容结构图对知识点进行归纳，同步测试用于巩固所学，综合案例分析进一步强化能力的培养，拓展阅读可进一步开阔学生的视野。书中的知识点力求文辞精练、浅显易懂、重点突出，突出培养学生的创新思维能力，贯彻知识够用的原则，充分体现高职特色。

2. 案例新颖，图文并茂

全书结合各知识点有针对性地吸纳了国内外优秀企业与品牌的经典和最新消费心理策略应用案例 100 多个，每个案例后都附有学习与思考项目供学生深刻领会，将枯燥的理论和复杂的商业实务通过浅显、鲜活的案例展现出来，增加了趣味性和可读性，便于学生更好地理解和掌握知识。

本书由曾天地（重庆工程职业技术学院）担任主编，负责全书的结构设计、统筹安排以及内容的修改和审阅，陈树（铜陵职业技术学院）、王建光（甘肃钢铁职业技术学院）、杨阳（重庆机电职业技术学院）、段彦辉（广州松田职业学院）、王丽（辽宁水利职业学院）、万丽丽（广州铁路职业技术学院）担任副主编。本书编写分工如下：曾天地编写项目一、二、五；陈树编写项目三、六、十一；王建光编写项目四、九；杨阳编写项目八；段彦辉编写项目十二；万丽丽编写项目七；王丽与魏秋玲共同编写项目十并制作本书配套课件。

本书在编写过程中，参考了大量国内外有关教材、案例和相关领域的最新研究成果，在此对各位营销专家和学者表示真挚的感谢！由于查找与联系的不便，有些未载明出处，请原作者及时和我们联系，以便改正。由于时间仓促及编者水平有限，书中难免有错漏之处，恳请专家和读者给予批评指正。

编者

目 录

项目一
消费心理学导论

学习目标

※ 知识目标

- 了解消费品、消费者的分类和消费者行为的特点
- 理解心理学的研究对象和主要研究内容
- 了解消费心理学的产生与发展
- 掌握消费心理学的研究对象、内容和方法

※ 能力目标

- 运用消费心理学理论分析消费者的消费行为
- 能够在市场营销活动中运用消费心理学的基本研究方法

导入案例

卖水果的小贩们

老太太去买菜，路过四个水果摊。四家卖的苹果相近，但老太太并没有在最先路过的第一家和第二家买苹果，而是在第三家买了一斤，更奇怪的是在第四家又买了两斤。

小贩一

老太太去买菜，路过水果摊，看到卖苹果的小贩，就问道："苹果怎么样啊?"

小贩回答："我的苹果特别好吃，又大又甜!"

老太太摇摇头走开了。

小贩二

老太太又到一个摊子，问："你的苹果什么口味的?"

小贩措手不及："早上刚到的货，我没来得及尝尝，看这红润的表皮应该很甜。"

老太太二话没说扭头就走了。

小贩三

旁边的小贩见状问道："老太太，您要什么苹果，我这里种类很全!"

老太太："我想买酸点的苹果。"

小贩："我这种苹果口感比较酸，请问您要多少斤？"

老太太："那就来一斤吧。"（如图 1－1 所示）

小贩四

这时她又看到一个小贩的苹果便去询问："你的苹果怎么样啊？"

小贩："我的苹果很不错的，请问您想要什么样的苹果呢？"

老太太："我想要酸一些的。"

小贩："一般人买苹果都是要大的甜的，您为什么要酸苹果呢？"

老太太："儿媳妇儿怀孕了，想吃点酸的苹果。"

图 1－1　卖水果的小贩

小贩："老太太您对儿媳妇儿真是体贴啊，将来您儿媳妇儿一定能给您生一个大胖孙子。几个月以前，附近也有两家要生孩子的，她们就来我这里买苹果，您猜怎么着？这两家都生了个男孩，你想要多少？"

老太太："我再来两斤吧。"

老太太被小贩说得高兴了。小贩又向老太太介绍其他水果。

小贩："橘子也适合孕妇吃，酸甜还有多种维生素，特别有营养，您要是给儿媳妇儿来点橘子，她肯定开心！"

老太太："是嘛！那就来三斤橘子吧。"

小贩："您人可真好，儿媳妇儿有您这样的婆婆，实在太有福气了！"

小贩称赞着老太太，又说他的水果每天都是几点进货，天天卖光，保证新鲜，要是吃好了，让老太太再过来。

老太太被小贩夸得开心，说"要是吃得好，让邻居也来买"，提着水果，满意地回家了。

资料来源：http://bbs.tianya.cn/post-no20－512830－1.shtml.

【学习与思考】

四家小贩同样都卖水果，为什么结果却不尽相同呢？

任务一　消费心理学研究的背景

消费是人类社会经济活动的重要行为过程，是社会进步、生产发展的基本前提。生活在复杂多变的社会环境中的人是消费的主体，有各种衣食住行的需求，有各种思想感情。因此，研究消费不能脱离对消费活动中人的心理的研究。

一、消费、消费品与消费者

（一）消费

消费是社会再生产过程中的一个重要环节。它是指利用社会产品来满足人们各种需要的过程。广义的消费包括生产性消费和个人消费两种。

生产性消费是指物质资料生产过程中的生产资料和活劳动的使用和消耗。它包含在生产之中，是保持生产过程连续进行的基本条件。

个人消费是指人们把生产出来的物质资料和精神产品用于满足个人生活需要的行为和过程。它是恢复人们劳动力和劳动力再生产必不可少的条件，也是人类社会最大量、最普遍的经济现象和行为活动。吃、穿、住、行及娱乐等都属于生活消费。

个人消费是一种最终消费，狭义的消费专指个人消费。消费心理学主要研究个人消费。

（二）消费品

消费品是用来满足人们物质和文化生活需要的那部分社会产品，也可以称作“消费资料”或者“生活资料”。

首先，根据消费者的购买行为和购买习惯，消费品可以分为便利品、选购品、特殊品和非渴求品四类。

（1）便利品是指消费者经常购买、反复购买、即时购买、就近购买、惯性购买，且购买时不用花太多时间比较和选择的商品，诸如蔬菜、水果、饮料、香皂、签字笔等。

（2）选购品是指顾客对使用性、质量、价格和式样等基本方面要做认真权衡比较的产品，如家具、服装、旧汽车和大的器械等。

（3）特殊品是指具有特定品牌或独具特色的商品，或对消费者具有特殊意义、特别价值的商品，如具有收藏价值的古玩字画以及具有纪念意义的结婚戒指等。

（4）非渴求品是指消费者不熟悉，或虽然熟悉，但不感兴趣、不主动寻求购买的商品，如环保产品、人寿保险以及专业性很强的书籍等。

其次，按商品耐用程度和购买频率不同，消费品可分为耐用品和非耐用品。

（1）耐用品指使用时间较长（至少在1年以上），单位价值较高，购买频率较低的物品，如汽车、电视机、电冰箱、音响、计算机等。消费者购买这类商品时，决策较为慎重。

（2）非耐用品指使用时间较短（甚至一次性消费），单位价值较低，消耗快，往往需要经常、反复购买，大量使用的商品，如毛巾、手纸、牙膏等。

（三）消费者

消费者是指以个人消费为目的而购买、使用产品和服务的个体社会成员。消费者与生产者及销售者不同，购买使用商品的目的主要是满足个人或家庭需要而不是经营或销售，这是消费者最本质的一个特点。

首先，根据在整个消费活动过程中参与的环节和发挥的作用不同，可以将消费者分为五种角色：发起者、影响者、决策者、购买者和使用者。

（1）发起者是指有消费需要或消费意愿的人，或认为他人有消费必要并在消费之后可以产生所希望的消费效果，而倡导别人进行这种形式的消费的人。

（2）影响者是指以各种形式影响消费过程的一类人，包括家庭成员、邻居与同事、购物场所的售货员、广告中的模特、消费者所崇拜的名人明星，甚至素昧平生、萍水相逢的过路人等。

（3）决策者是指有权单独或与其他成员共同做出消费决策的人。

（4）购买者是指亲自到销售现场完成购物的人，同时也是做出最终购买决定的人。

（5）使用者是指最终使用、消费该商品并得到商品使用价值的人，有时也称为“最终消费者”“终端消费者”或“消费体验者”。

上述五种角色在整个消费活动过程中可能是同一个人，也可能是参与不同环节的若干个不同的人。凡是参与了消费活动的任何一个过程环节或是全部过程的人都是消费者。消费者正是这五种角色的集合体。营销人员要了解每一个购买者在购买决策中扮演的角色，并针对其角色地位与特性，采取有针对性的营销策略，才能较好地实现营销目标。

案例 1-1

贾辉是一名汽车设计专业的大学生。好朋友徐鹏建议他配一台笔记本电脑，以方便他学习汽车设计。贾辉的表哥非常赞同，贾辉的妈妈也决定购买，并派贾辉的爸爸去专柜选购，之后给贾辉使用。

【学习与思考】

在这些人中，到底谁是“消费者”呢？

其次，根据某种商品的消费状况，可将消费者分为现实消费者、潜在消费者和永不消费者。

（1）现实消费者是指对某种商品在目前有所需要，并通过市场交换活动获得商品或亲自使用并从中受益的人。生产经营企业主要是为这类消费者服务。

（2）潜在消费者是指当前尚未购买或使用某种商品，但在将来的某一时间有可能转变为现实消费者的人。生产经营企业应该特别重视这类消费者，他们是企业开拓新市场、提高市场占有率的潜在力量。

（3）永不消费者是指当前和将来都不可能需要、购买和使用某种商品的人。如生活在热带地区的人就是皮大衣和丝绵被这类御寒商品的永不消费者。

案例 1-2

一家生产鞋的企业向非洲一座与世隔绝的小岛派出两位推销员。几天后，甲推销员向企业报告：那里没有市场，因为那里的居民都不穿鞋。一个月后，乙推销员向企业汇报：这里真是太好了，这里的人都不穿鞋，如果我们教会他们穿鞋的话，我们的鞋一定会供不应求的。另外，这里的居民很穷，根本没钱买我们的鞋，不过那里盛产世界上最甜的菠萝，若我们能让那里的居民用菠萝换我们的鞋，然后我们再将菠萝运出换成钞票，那里对我们来说将是一个美妙的市场。

【学习与思考】

面对同一个市场，两个推销员为什么会得出不同的结论？

现实消费者、潜在消费者和永不消费者的消费状况并非一成不变的。同一消费者，在同一时间、地点，可能面对 A 商品是现实消费者，面对 B 商品是潜在消费者，面对 C 商品是永不消费者；对同一商品，今天的门外客，或将成为明天的需求者、后天的消费者。企业要用长远眼光善待每一位消费者，不但要使他们购买企业的产品，而且要使其成为忠

实的消费者，只有这样，市场才能巩固、才能拓展。

知识链接

消费者、用户、顾客、客户的区别

在我国市场经济日渐成熟、竞争日趋激烈的今天，正确区分消费者与顾客、客户以及用户的概念，有利于企业整合自身的营销资源，制定有针对性的营销战略，从而实现企业的经营目标。

从定义上看，消费者涵盖的范畴最广，它泛指现实生活中的人，随着时间和空间的变化，人的角色和身份也会不断发生改变。也就是说，消费者可以是用户，可以是顾客，可以是客户，可以同时兼具多种身份。

用户是正在使用产品或服务的消费者，即消费受用者。用户使用产品，但不一定付钱，可能是别人送给他使用的。

顾客则是指与企业直接进行商业交往的人或群体，无论他的目的如何，只要他与企业发生直接的商业交往（购买、咨询、参观、投诉、交流等），他就是企业的“顾客”，不一定非要花钱买东西，即使购买，也不一定是自己使用。

客户是购买商品和服务的人，并且更强调一种往来关系。客户与顾客相比，与企业的关系不仅仅是一次性的，他更关注未来的再次交易、合作和交往，所以，客户的层次比顾客的要高。

二、心理、心理学与消费心理学

（一）心理

心理是心理活动的简称，指人脑对客观物质世界的主观反应。心理的表现形式被称为心理现象。

人的心理不是一般物质的运动，而是人脑的机能，是人脑的物质机能、活动过程或运动。古代中国人认为人的心理活动的器官是心脏、肝、胆、脾等，后来科学验证了人脑是心理的器官。患有脑缺陷的婴儿不能发展心理或不能健全发展心理。

人的心理以客观现实为源泉，同时又是主观和客观的统一。反映在人的头脑中的客观现实，不是事物本身，只是事物的映象。这个映象的内容是客观的，但表现形式是主观的。它要受到每个人年龄、经验、学识、性格等因素的影响。不仅人与人之间存在很大差异，一个人自己在不同时间、地点和条件下，对同一事物的映象也不完全相同，因而心理是客观世界的主观映象。

（二）心理学

1. 什么是心理学

心理学是研究人类的心理现象发生、发展和活动规律的一门科学，包括基础心理学与应用心理学两大领域。心理学是一门既古老又年轻的科学。早在两千多年前，人类就开始注意研究自己的心理现象。心理学（psychology）一词来源于希腊文 psyche（灵魂）和 logos（讲述），合起来意指关于灵魂的科学。从文艺复兴到 19 世纪中叶，人的心理特性一直是哲学家研究的对象，心理学是哲学的一部分。1879 年，德国心理学家冯特受自然科学的影响，在莱比锡建立了世界上第一个心理学实验室，这标志着心理学正式脱离思辨性哲学而成为一门独立的科学。自20世纪以来，各国心理学家从不同角度、针对不同对象揭示人的心理现象的多样性和多质性，从而使心理学成为具有100多个分支学科的庞大学科体系，包括社会心理学、教育心理学、法律心理学、管理心理学、商业心理学、经济心理学、消费心理学等。

2. 心理学研究的主要内容

心理学以人的心理现象为研究对象，其研究的内容概括起来主要分为两个方面：心理过程和个性心理（如图1-2所示）。

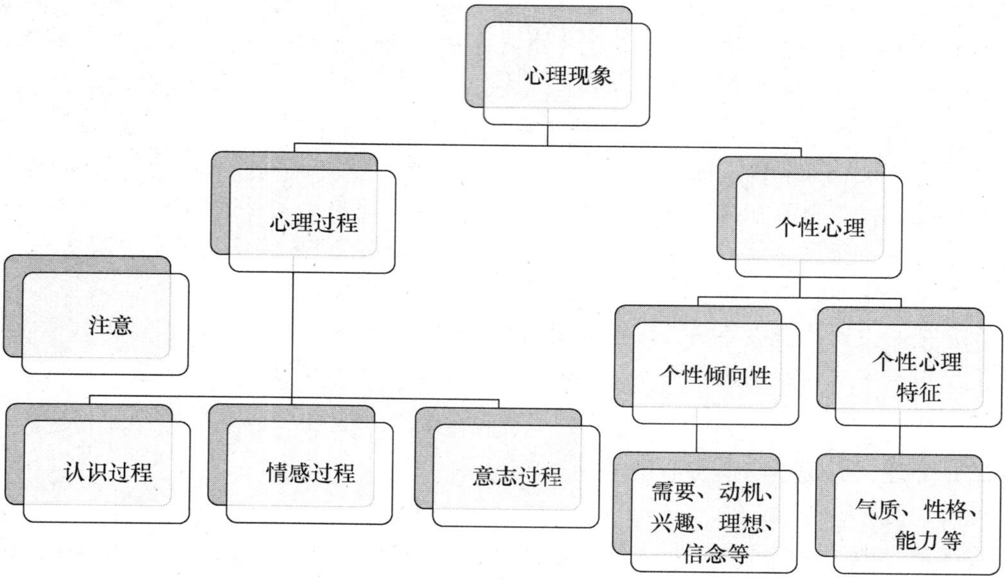

图1-2 心理学研究的主要内容

（1）心理过程。

心理过程是指人的心理活动发生、发展的过程。具体地说，就是客观事物作用于人（主要是人脑），在一定的时间内大脑反映客观现实的过程，其包括认识过程、情感过程、意志过程。三者一起简称为“知—情—意”。认识过程是人们认识事物现象的心理活动过程，包括感觉、知觉、记忆、思维和想象等循序渐进的形式。情感过程是在认识过程的基础上产生一定的态度，包括喜、怒、哀、乐、爱、恶、惧等主观体验。意志过程是情感过程的进一步上升，通过有计划的行动达到最终目的。

以上三种过程不是彼此孤立的，而是个体有机统一的心理过程的不同方面。其中认识过程是情感和意志过程的基础，同时情感与意志过程又对认识过程产生一定的影响。

（2）个性心理。

个性心理是显示人们个别差异的一类心理现象。它包括个性倾向性和个性心理特征。个性倾向性是个性结构中最活跃的因素，是一个人进行活动的基本动力，主要由需要、动机、兴趣、信念、理想和价值观等构成。个性倾向性决定着人对现实的态度，决定着人对认识活动的对象的趋向和选择。个性心理特征是指一个人身上经常、稳定地表现出来的心理特点，主要是能力、气质和性格，它集中反映了个人心理的独特性。

（三）消费心理学

消费心理学是研究人们在生活消费过程中，特别是在日常购买行为中的心理活动现象及其规律的科学。消费心理学是一门新兴学科，是心理学的一个重要分支，也是消费经济学的组成部分。研究消费心理，对于消费者，可提高消费效益；对于经营者，可提高经营效益。

消费心理学是一门涉及多学科的边缘科学，它横跨于自然科学和社会科学之间。可以说，消费心理学既是一门理论科学，也是一门应用科学。其理论来源，除普通心理学之外，还有哲学、经济学、社会学、广告学、商品学、营销学和人类文化学等学科。消费心理学借鉴不同学科的多种研究方法，对消费者心理和行为进行观察、记述、分析和预测，探索其规律性，为工商企业生产和经营提供理论依据和有益的经验，以提高企业认识、控制、预测消费者心理和行为的能力。

三、消费心理与消费者行为

（一）消费心理

消费心理是指消费者在进行消费活动时所表现出的心理特征与心理活动。消费者在消费过程中的偏好和选择，各种不同的行为方式都受其心理活动的支配。消费者是否购买某种商品，购买何种品牌、款式，何时何地采用何种购买方式以及怎样使用等都与其不同的思想、情感、气质、性格、价值观念、思维方式以及相应的心理反应密切相关。消费者购买商品的心理过程一般是：先接触商品，引起注意；然后经过了解和比较，产生兴趣，出现购买欲望；条件成熟，做出购买决定；买回商品，通过使用，形成实际感受，考虑今后是否再次购买。

（二）消费者行为

1. 消费者行为的含义

消费者行为是指消费者为寻找、选择、购买、使用、评价及处置用以满足其需求的产品或服务所采取的各种活动过程。消费者行为是与产品或服务的交换密切联系在一起的。在现代市场经济条件下，企业研究消费者行为是着眼于与消费者建立和发展长期的交换关系。为此，不仅需要了解消费者是如何获取产品与服务的，而且也需要了解消费者是如何消费产品的，以及产品在用完之后是如何被处置的。

2. 消费者行为的特点

消费者行为虽然复杂多变，但通过精心设计的调查，消费者的行为是可以被理解和把握的，其存在一定的共同特点或特征。

（1）消费者行为是受动机驱使的。在现代社会经济生活中，由于购买动机、消费方式与习惯的差异，消费者的消费行为表现得形形色色、各不相同。但所有消费者行为都是因某种刺激而产生的。在外部各种环境因素和消费者内部自身需要的刺激作用下，消费者经过复杂的心理活动过程，产生购买动机。在动机的驱使下，消费者进行购买决策，采取购买行动，并进行购买后评价。如：消费者购买一部手机，除了满足通话需要以外，还受品牌、他人评价等因素的影响和刺激，最后才决定购买；购买后在使用过程中，消费者会对其做出是否适用、售后服务如何等评价，进而会影响自己或他人后期是否再次购买该品牌的判断。

（2）消费行为参与者的广泛性。一项消费行为的参与者往往包括提议者、影响者、决策者、购买者和使用者。分析不同购买决策参与者所扮演的不同角色，搞清谁是购买决策的参与者，对于企业选择促销方式和手段具有非常重要的意义。

（3）消费者需求的差异性。当今的市场已由卖方市场转为买方市场，消费者的需求更趋于多样化和个性化，企业不可能通过一种产品或服务来满足所有的消费者，也不可能只凭自己的人力、物力和财力来满足整个市场的所有需求。企业要想在市场竞争中求得生存和发展，应力求满足全体消费者中的一类或几类特定的需求，即满足企业目标市场的需求。

（4）消费者行为具有可诱导性。消费者有时对自己的需要并没有清楚的认识，此时，企业可以通过提供合适的产品来激发消费者的需要，也可以通过有效的广告宣传、营业推广等促销手段来刺激消费者的购买欲望，甚至影响他们的消费需求，使他们改变消费习惯、更新消费观念，即对消费者的行为进行诱导。企业对消费者的诱导必须以产品适应消费者的需要为前提，否则即使企业进行了大规模的广告与促销活动，也很难获得理想的促销效果。

案例 1-3

强生在中国

强生（中国）有限公司，是美国强生公司在中国大陆设立的首家独资企业，它致力于生产和推广高品质的个人卫生护理用品，推动中国家庭健康护理事业的发展。

目前，强生在中国近 30 个城市设有办事处，而且，强生公司还设有健康教育咨询部，为消费者提供免费保健指导。强生产品主打婴儿护理系列、儿童护理系列、少女护理系列、妇女卫生保健系列、口腔保健系列等。经过十多年的悉心耕耘，“强生婴儿”已成为中国妈妈们心目中的婴儿护理专家，“露得清”以其卓越的功效成为皮肤学专家推荐的皮肤护理品牌，而“邦迪”亦被百姓使用于日常伤口护理。此外，“可伶可俐”和“娇爽”也早已受到不同年龄段女性的欢迎。2006 年，伴随着辉瑞消费品事业部被美国强生总部收购，其旗下李施德林口腔清洁系列也正式成为强生中国消费品口腔护理的成员。

【学习与思考】

强生为什么会受到中国消费者的青睐？

四、消费心理学的产生与发展

自商品交换出现以来，商品出售者就开始关注购买者的行为，揣摩购买者的心理。但是这种关注和揣摩仅仅是一种个人的思维活动，没有理论依据，更没有形成独立的消费心理学学科。资本主义工业革命以后，商品经济充分发展，市场问题日益突出，竞争不断加剧，从而使消费心理研究日益受到重视。消费心理学的产生和发展过程大致可划分为三个阶段。

（一）萌芽阶段（19 世纪末到 20 世纪 30 年代）

19 世纪末 20 世纪初，各主要资本主义国家，特别是美国，经过工业革命后，生产力大为提高，其生产能力的增长速度，开始超过市场需求的增长速度，市场上商品急剧增多，企业之间竞争加剧。在这种情况下，一些商品经营者为了更快地推销商品，开始研究如何向消费者提供商品和劳务信息的问题，并首次开展了大规模的广告宣传活动，而在销售和开展广告活动的同时，一些人开始把心理学引向了销售领域。

1895年，美国学者哈洛·盖尔首先采用问卷调查法了解消费者对广告的看法与态度，这种做法得到了普遍的关注。美国心理学家沃尔特·斯科特是第一位将心理学应用于广告的学者。在1901年的芝加哥年会上，他就广告在营销中的作用发表了重要的见解，提出广告工作应成为一门科学，而心理学可以在其中发挥重要的作用。这一见解得到了当时与会者的强烈支持。1903年，他编著了《广告原理》一书，第一次把广告当作一种学术理论来探讨，成为消费心理学的最初雏形。1908年，斯科特撰写了《广告心理学》一书，他运用心理学的原理分析了消费者的接受心理，开始了对广告理论的较为系统的探索。1912年，德国心理学家雨果·闵斯特伯格（后移居美国）发表了《心理学与经济生活》一书，阐述了在商品销售中广告和橱窗陈列对消费者心理的影响。1925年，美国经济学家科普兰出版的《销售学》一书，对消费者的购买动机进行了详细研究。

但这一时期，消费心理与行为的研究才刚刚开始，研究的重点是如何促进企业的产品销售，而不是如何满足消费者的需求。另外，这种研究基本局限于理论阐述，并没有具体应用到市场销售活动中来，因此，尚未引起社会的广泛重视。

（二）探索成长阶段（20世纪30年代到20世纪60年代末）

这一阶段消费者行为研究被广泛地应用于市场销售活动并得到迅速发展。

1929—1933年的经济大危机对以美国为代表的资本主义国家的经济造成巨大冲击，使得生产严重过剩，商品销售十分困难，这时的市场是供过于求的市场。各个企业要想在竞争中战胜对手，求得生存，必须首先解决产品销路问题。特别是第二次世界大战后的美国，军事工业迅速转向民用消费品的生产，市场商品急剧增多，产品更新换代加快，花色品种不断翻新，消费者的需求和欲望也在不断变化，其购买行为更加捉摸不定，企业之间的竞争更加激烈。这一切使得企业的生产经营观点发生了重大转变。在提出“创造需求”口号的同时，企业开始重视和加强市场调研，预测消费趋势，刺激消费需求。市场学、管理学、广告学、推销学在市场销售活动中得到了广泛的运用，并取得了明显的效果。

从20世纪50年代开始，西方国家对消费者心理学的研究开始由宏观经济导向转为运用行为科学的方法探求个体消费者的动机、态度、购买习惯等微观导向。心理学科在各个领域的应用都取得了重大成果，消费者心理学研究的有关基础概念、理论等趋于形成。心理学家布朗研究消费者对商标的倾向性，心理学家鲍恩研究参照群体对消费者购买行为的影响，心理学家卡陶纳研究影响消费者行为的期望和态度、风险知觉和潜意识广告等，这些方面的专题研究，都达到了一定的水平。进入60年代以后，消费心理学的研究得到迅猛发展。1960年，美国心理学会正式成立了消费者心理学会分会，1969年成立了顾客协会。此阶段相继问世的《广告研究》及《市场研究》两家杂志，使消费心理学的研究成果得到更广泛的传播。

（三）成熟变革阶段（20世纪70年代到现在）

这一时期，西方国家开始加大对高科技的研发投入，这使得产品更新速度加快，新产品令消费者目不暇接，消费时尚也不断变化，这些都给产品营销工作带来很大挑战。有关消费者心理和行为研究的论文、报告、专著等数量也随之剧增，质量越来越高。如

1967—1977 年，美国共发表了近 1 万篇有关消费者心理的文章，其中仅 1968—1972 年发表的研究成果，就大大超过 1968 年以前所出版的全部研究成果的总和。日本自 20 世纪 70 年代开始大量引进美国关于消费心理学方面的研究成果，美日两国这方面的学术交流日益增多，出版的专著有《消费者心理学》《消费者研究》等。进入 80 年代后，随着社会生产、科学技术的迅猛发展，消费心理学研究内容不断深化，门类越来越多，研究方法越来越科学化。目前，消费心理学已成为大专院校的心理学系、社会学系、经营管理系的学生和市场管理人员的一门必修课。

近 20 年来，消费心理学的研究呈现这样几种趋势：理论进一步得到发展，许多学者越来越重视理论的研究；重视宏观方面的研究，研究者开始从整个社会经济系统的高度去研究消费行为；转向因果关系的研究，即对消费心理学的研究进行跨学科的融合、渗透，例如与社会学密切结合，研究消费流行时尚等；引入现代研究方法，即用现代方法对心理学的基本范畴进行研究，例如应用信息论的观点，采用电子仪器对消费者认识过程中的记忆、感觉进行研究等。

任务二　消费心理学的研究对象和内容

一、消费心理学的研究对象

消费心理学以市场活动中消费者心理现象的产生、发展及其规律为学科的研究对象，并探讨消费心理与市场行为之间的相互关系。具体而言其侧重以下几个方面。

（一）市场营销活动中的消费心理现象

在市场营销活动中，经营者总是力图通过各种措施促使消费者产生购买欲望，并且使购买行为向着有利于扩大销售的方向转化，而作为消费心理表象的消费行为却并不一定与经营者的意愿相符。比如，经营者降低商品价格本意是刺激消费者增加购买，但是有些消费者却把降价看成商品不再流行或不再适用的标志。因此，要想提高营销效果，经营者在开展市场营销活动时，必须首先了解消费者特有的心理，以便能够选择适当的营销策略。

（二）消费者购买行为中的心理现象

消费者的购买行为及其心理现象必然受到买卖行为主体之间关系的影响。买卖活动中的行为主体不仅有消费者，而且有销售人员和服务人员。这两类行为主体的利益和动机不同，由此可能在购买行为中产生心理活动冲突。消费者在市场上以购买者的身份出现，他们以货币购买商品或服务，要求自身的消费权益得到保护，要求消费需求得到满足；而销售者或服务者一方面代表企业从事销售活动，有义务在为消费者服务的同时维护企业的利益，另一方面作为个体同样具有个性心理特征，其销售或服务风格也有所差异。因此，当买卖双方在交易形式、交易条件、交易内容上出现意愿差异，就会导致心理冲突。心理冲突处理不当，有可能引起行为冲突，结果是既不利于满足消费者的需求，也不利于经营者实现预期目标。

（三）消费心理活动的一般规律

在市场上，通过消费者的市场行为表现出来的消费心理现象，一般是消费者群体中的个体心理，往往带有消费者的个性心理特征。然而，大多数经营者都不可能在所有的营销环节针对所有的消费者个性心理采取对策。经营者需要把握的是一定的消费者群体在一定的环境和条件下的一般心理规律。因此，消费心理学就要分析伴随消费行为产生的感觉、知觉、记忆、想象、思维、情感、意志等心理活动过程。经营者需要进一步探索消费心理活动的一般规律，即同一消费群体内消费心理现象的共同性、不同消费群体之间心理现象的差异性。

二、消费心理学的研究内容

消费心理学从两个方面研究消费者的心理现象和营销活动中的消费心理问题，并且由此形成了消费心理学的总体框架结构。

（一）影响消费者购买行为的内在条件

1. 消费者的心理活动过程

消费者心理活动过程包括认识过程、情感过程和意志过程。这是每一名消费者通过大脑主观作用，对外部刺激接受、加工、发展、稳定并最终反馈到消费行为的全过程。由于消费者心理活动过程反映的是所有消费者心理的共性内容，因此是消费心理研究的基础性内容，是需要放在首位研究的。

2. 消费者的个性心理特征

人在气质、性格、智慧、能力等方面客观存在的差异是形成消费者个性心理的基础。不同的个性心理使得不同的消费者在消费需求、消费习惯、购买动机、购买方式等方面表现出明显的差异性。消费心理学通过研究消费者的个性心理特征，可以了解不同的消费行为产生的内在原因，掌握消费者购买行为和心理活动的规律，预测消费趋势。

3. 消费者购买过程中的心理活动

心理学研究认为，人的行为由动机决定，而动机又由需要引起。消费者的需要、购买动机和购买行为之间同样存在着决定与被决定的关系。消费心理学要在研究消费者需要与动机的基础上，进一步认识消费者的购买决策心理以及由此而形成的购买行为和购买心理活动。

（二）影响消费者心理及行为的外部条件

消费者的心理活动及消费行为不仅由消费者自身特点所决定，而且还会受到所处环境与条件的影响。环境与条件越接近，人们消费行为的共性就越多。因此，环境和条件对消费心理的影响成为消费心理学研究的重要内容之一。下面从社会环境、消费者群体、消费态势、商品因素、购物环境和营销沟通等主要外部条件对消费心理的影响入手，进一步探讨经营者的市场营销活动与消费心理的关系。

1. 社会环境对消费心理的影响

社会的物质环境、制度环境和精神环境对消费文化有着不可低估的作用：物质是社会文化产生的基础，社会制度通过制度文化影响着社会消费观念和消费意识，社会精神环境广泛地影响着社会人和群体的理想、情操和精神生活，进而影响着人们的消费心理及行为；一定的社会环境形成相应的社会消费文化，而消费文化又影响人们的消费行为。消费心理学研究社会环境对消费心理的影响，其作用在于使经营者掌握与消费者进行心理沟通的渠道。

2. 消费者群体对消费心理的影响

每一个消费者都生活在不同的群体之中，如青年知识分子既属于青年消费者群体，又属于文化层次较高的消费者群体。群体的意识特征和行为准则对消费者个体的价值观念、消费方式和消费习惯有着重要的影响和制约作用，不同消费者群体的行为规范和消费习俗影响着消费者个体的心理活动。在群体意识、群体行为准则和消费习俗的影响下，群体的消费心理具有相对稳定性和一致性的特点。消费心理学研究消费者群体与消费心理的关系，有助于经营者针对目标市场的特征采取相应的营销策略。

3. 消费态势对消费心理的影响

消费态势是指消费者群体心理倾向的某些典型状态和形势，如消费流行、消费习惯、消费习俗等。研究消费态势对消费心理的影响，其目的在于进一步认识社会环境因素作用于消费者群体时所产生的特殊但有一定典型性的消费心理现象。

案例1-4

《爸爸去哪儿》火爆背后的营销关键词

2013年10月，《中国好声音》的结束标志着歌唱类选秀节目进入尾声，就在综艺节目空窗期，一匹黑马进入观众的视线，创造了每10个看电视的人中就有1个观看的佳绩。这个一枝独秀的综艺节目就是《爸爸去哪儿》（如图1-3所示）。

图1-3 《爸爸去哪儿》动漫广告

《爸爸去哪儿》的日益火爆，不仅使湖南卫视笑得合不拢嘴，其赞助商也获益匪浅。《爸爸去哪儿》的成功看似无心插柳之举，却隐藏了诸多的必然成功要素。

一、成熟品类引进

成熟品类的引进已经不是什么新鲜事，从早期的可口可乐到现在热门的黄色旋风香蕉牛奶，都是将国外成熟期的品类复制到中国市场，激发市场需求，在异地生根发芽。用国外成熟品类冲击市场，一方面消费者对成熟品有一定的认知，降低了市场引导成本，另一方面有足够多的市场成功经验可以借鉴，规避了市场开拓期的弯路。

《爸爸去哪儿》亦如此，其节目版权和模式购自韩国MBC电视台的《爸爸！我们去哪儿?》，此节目在韩国一经推出，收视便一路飘红，稳坐该时段收视率冠军宝座。从受众人群的角度来看，中韩文化差异性相对较小，韩国观众喜欢的节目复制到中国不易发生水土不服，且明星爸爸与可爱宝宝的组合卖点十足，有足够的受众基础。从节目制作的角度来看，引进韩国团队制作经验，扫除了节目制作的硬件问题。无论是外在需求方面，还是内在硬件实力方面，湖南卫视都驾驭自如，奠定了《爸爸去哪儿》收视火爆的基础。

二、本土化包装

正所谓“入乡随俗”，无论是产品还是综艺节目本土化都是赢得消费者与受众的重要手段。国际连锁快餐巨头肯德基、麦当劳纷纷推出中式米饭套餐，冰激凌中的贵族哈根达斯也卖起了月饼。本地化实质是通过形式（口感、形态、包装）来获得本地消费者的情感认同。

中国的观众有着自己的特点，在目前快节奏的社会环境下，观众喜欢简单直接的刺激感受，《中国好声音》弱化主持人的作用，直接用内容给观众带来一波又一波的高潮。韩国版《爸爸！我们去哪儿?》受韩剧影响内容拖沓，显然不符合中国本土观众的观看习惯。湖南卫视将原版拖沓的环节省去，换成了接地气的快节奏剪辑，马上让人耳目一新，迎合了中国观众的口味。

三、产品差异化

现在的市场属于“乱花迷人眼”的阶段，消费者（观众）不会记得没有特点的产品（节目）。能否形成自己的特点、满足消费者（观众）差异化需求成为一个品牌（节目）能否留在消费者（观众）心中的关键。卡士牛奶作为一家乳制品行业新进挑战者，如何在红海中寻找蓝海关乎其生死。调研发现，中国市场上缺少高端牛奶这一品类，于是以此切入，开创高端品牌牛奶先河。由此可见，只有做到产品差异化才能满足隐藏消费者的独特需求，才能抢占消费者的独特心智。

在狼烟四起的荧屏，观众们对于千篇一律的选秀类、相亲类节目早已经视觉疲劳，泛滥的煽情手法，更使得消费者产生厌烦，选秀逐渐成为比惨。突破传统综艺节目的窠臼，才能抢占收视率。《爸爸去哪儿》将室内综艺升级为野外综艺，将虚假的比惨变成突出节目的记录性而忽略真人秀的综艺性。父子/父女搭档营造出真实、温馨的小清新情调，唤起了观众内心最温柔的情感。

四、明星产品塑造

明星产品是企业持续发展的动力，是带动企业发展的引擎。娃哈哈的营养快线、银鹭的花生牛奶就是这类明星产品。明星产品的成功不只能产生巨大的市场效益及经济效益，通过有效的产品组合还能带动其他产品的发展。银鹭就是在其成功打造花生牛奶这一单品后，借由花生牛奶的知名度把核桃牛奶推向市场。可见，明星产品的打造是企业成功的一半。

剥离掉亲子真人秀的新鲜形式，暂且忽略这类节目貌似朴素的包装，会发现《爸爸去哪儿》的核心是对明星的消费。明星爸爸加星二代的组合，满足了普通观众的窥探心理，使家庭节目升级为更具娱乐性的真人秀。与此同时，由于节目的家庭型定位，一个人的观看可以带动全家人的观看。

无论是综艺节目还是一个产品，都需要为受众或消费者带来无可替代的物质体验与精神体验。《爸爸去哪儿》的成功是偶然中的必然，同时它也将带领中国综艺节目进入野外综艺时代。相信随着收视率的屡创新高，其广告价值也不可小觑。

资料来源：http://www.managershare.com/post/116895.

【学习与思考】

节目《爸爸去哪儿》采用了哪些营销手段满足了电视消费群体的消费心理?

4. 商品因素对消费心理的影响

影响消费心理的商品因素主要包括产品创新、商品品牌、商品包装、商品价格等，属于经营者营销策略的内容。成功的产品创新活动必须能够满足消费者的心理要求，在产品设计、推广等环节要特别注意与消费者的心理沟通；商品品牌可以在消费者那里产生特定的心理效应，经营者在商品命名和商标设计环节应该重视分析可能对消费心理产生的影响；商品包装和装潢具有独特的消费心理功能，可以通过外在的表现形式刺激消费者的购买欲望，引起购买；商品价格是影响我国广大消费者的心理活动和购买行为的重要因素，经营者制定价格必须考虑目标市场消费心理的特殊性。消费心理学研究商品因素对消费心理的影响，其目的在于帮助经营者更清楚地认识自己的营销策略与消费心理的关系。

5. 购物环境对消费心理的影响

购物环境能够影响消费者在购买过程中的心理感受，直接影响商业企业对消费者的吸引力，进而影响其对市场的开发。购物环境包括两大类，其中店外环境主要影响消费者对商业企业的兴趣和关注，店外设计合理，可以引发消费者进店购物或浏览的欲望和联想；店内环境对消费者的购买行为产生直接的作用，店内环境布置合理，可以使消费者在购物中产生愉悦的感觉，促进购买。消费心理学研究购物环境对消费心理的作用，给经营者安排购物环境提供了理论的依据。

6. 营销沟通对消费心理的影响

营销沟通是经营者为自己创造需要、吸引消费者的重要手段。经营者应该通过营销沟通使消费者感到对方提供的商品或服务正是自己所需要的。只有与消费者建立起良好的沟通渠道和关系，经营者才能顺利地进行营销活动。营销沟通的手段主要有广告沟通、营销人员与消费者的直接沟通等。消费心理学研究营销沟通问题，目的在于使经营者找到打动消费者的方式和渠道。

任务三　消费心理学研究的原则、方法和意义

任何一门学科，都有其特有的理论体系、研究方法和意义。消费心理学的研究同样也有其独特的方法，而这些方法的应用必须遵循一定的基本原则。

一、消费心理学研究的原则

（一）客观性原则

客观性原则即实事求是的原则。消费心理的研究，必须紧密联系商业经营活动的实际情况，客观、全面地分析在经营活动条件制约下的心理现象的特点，从而揭示消费者心理活动产生、发展和变化的规律，而绝不能主观臆测，把想当然的东西当作客观真理。如：消费者购买高档家用电器时，往往会有购买后维修是否困难和是否为假冒伪劣商品的顾虑心理，因此商品经营者需采取完善的售后服务措施，打消消费者的顾虑，从而提高销售额。

（二）联系性原则

联系性原则是指影响和制约消费者心理的内部、外部因素是相互联系的。如营销环境的优劣会影响消费者的情绪，而消费者的情绪又制约着其对环境的体验。另外，人的心理过程和心理状态也相互联系，如消费者群体对商品的认识过程，与他们当时的心理状态紧密相连。

（三）发展性原则

世界上的万事万物，都处在永恒的不断变化之中。发展性原则要求研究者用动态的、

连续的观点，在事物产生、延续、变化的过程中研究消费者心理。如：随着高档服饰的普及，广大消费者开始关注服饰如何洗涤的问题，某企业经科学研究推出一种可由消费者自行洗涤的“干洗净”，受到了广大消费者的欢迎。

二、消费心理学的研究方法

学习和研究消费心理学必须采取有效的研究方法。消费心理学的研究方法很多，目前国内外比较常用的方法有以下六种。

（一）观察法

这是心理学研究最常用的一种方法。指调查者在自然条件下有目的、有计划地观察消费者的语言、行为、表情等，分析其内在的原因，进而发现消费心理现象的规律的研究方法。对消费者进行观察可借助一定的设备，如视听器、摄像机、录音机、照相机等。观察法可分为以下两种。

1. 自然观察法

即在完全自然的、被观察者并不知情的条件下进行的观察。

2. 实验室观察法

可在人为控制的条件下进行，被观察者可能知情，也可能不知情。

案例 1－5

1966 年美国学者威尔斯和洛斯克鲁在超级市场内所进行的消费者心理研究，是运用观察法的典型实例，他们在超级市场的谷物食品、糖果、洗衣粉等柜台前进行了 600 小时的观察。从消费者进入这些柜台的过道开始，直到离开过道为止，观察消费者的各种活动，做了 1 500 条记录。通过对观察记录的分析，研究消费者的结构，如男性和女性所占的比例、成人和儿童所占的比例等；研究当几个人在一起时，是谁影响购买，谁决定购买，以及消费者在购买前对商品包装、商标、价格的注意程度等。这些观察，不仅为了解消费者的一般心理规律提供了资料，同时还为商店改进经营策略提供了依据。

【学习与思考】

在上述的观察中，还可以获得哪些数据资料?

（二）访谈法

访谈法是营销心理学中使用较多的一种方法，指调查者通过与受访者的交谈，以口头信息传递和沟通的方式来了解消费者的个性和价值观念等内容的研究方法。访谈法可分为以下几种。

1. 结构式访谈

调查者根据预定目标事先拟定谈话提纲，访谈时按已拟定的提纲向受访者提出问题，受访者逐一予以回答。

2. 无结构式访谈

调查者与受访者以自由交谈的方式进行的调查活动。

3. 个人访谈

由调查者对单个受访者进行的访问，可以采取结构式访谈，即询问一些预设的问题，也可以采取无结构式自由访谈的形式。

4. 小组座谈

调查人员以召开座谈会的方式向一组消费者进行的访谈。

案例1-6

美国某企业利用摄像头等仪器观察发现：顾客在购买化妆品或者美容品时，总是先观看产品的包装，然后再闻产品的气味，最后才看产品的说明，有的顾客甚至根本不看产品的说明书。市场调研人员不明白其中的原因，于是又进行座谈式的调查。最后，他们了解到：原来，顾客在购买化妆品时，主要是考虑产品的形状与外观是否与他们的梳妆台或者房间和谐。于是他们进行了顾客梳妆台调查，同时，特别注意产品的外观和形状设计，使之与顾客的环境要求相符。后来，按照这个原则进行设计的化妆品，都在市场上取得了比较好的销售业绩。

【学习与思考】

你认为观察法和访谈法各有什么优缺点？

（三）问卷法

被调查的消费者以书面的方式回答问题，也可以变通为根据预先编制的调查表请消费者口头回答、由调查者记录的方式。问卷的形式可分为以下几种。

1. 封闭式调查表

让被调查者从所列出的答案中进行选择，例如选择题、是非题。

2. 开放式调查表

被调查者根据调查者所列出的问题任意填写答案，答案不做限制，例如填空题和简答题。

（四）综合调查法

综合调查法指在市场营销活动中采取多种手段获得有关材料，从而间接了解消费者的心理状态、活动特点和一般规律的调查方法。常用的方法有以下几种。

1. 邀请各种类型的消费者座谈

通过座谈会的形式，可以同消费者进行面对面的直接交流，在这种轻松座谈的氛围中，畅所欲言，从而了解消费者的诸多心理和情况。

2. 举办新产品展销会

定期将新产品展示给消费者，通过他们对新产品的反映，来了解新产品的市场前景。

3. 设计征集产品商标广告

这种有奖征集活动，可以很好地扩大产品品牌（商标）的知名度，让更多消费者了解企业的理念，也是一种很好的信息交流方法。

4. 设置征询意见箱

这是最为简便、有效的调查方法，它可以最直接地了解消费者对产品的使用效果的意见，及时帮助企业弥补不足。

5. 销售时附带消费者信息征询卡

这种方法便于消费者反映意见，也体现了企业人性化的服务理念。

6. 特邀消费者对产品进行点评

这是企业不定期的调查行为，可以针对企业所关心的产品的某一方面，让消费者专门来评头论足，针对性较强。

7. 优秀营业员总结经验

在第一线负责销售的营业员，他们与顾客接触最多，比较了解顾客，他们的经验值得重视。

（五）实验法

实验法是指有目的地控制或创造一定的条件，给予应试者一定的刺激，从而引发应试者的某种反应，进而加以分析研究，找出有关心理活动规律的方法。

1. 实验室实验

需要在专门的实验室内进行，可借助各种仪器设备以取得精确的数据。实验室实验虽可以采集到较为精确的数据，但难以准确地测定复杂的个性心理现象。

2. 现场试验

这是在实际消费活动中，有目的地创造或变更某些条件，给被试者施加一定的刺激或诱惑，从中了解消费者心理活动的方法。这种方法具有主动性的特点，但难以完全控制实验效果。

案例1-7

某商店进行“迎宾销售”效果的对比实验：在不太宽敞的商店门口两旁安排了两位美丽端庄、手持花束、肩披欢迎彩带的“迎宾小姐”，观察顾客对此举的心理反应。结果发现，围观眺望者众，但进店购物者寡。撤了“迎宾小姐”后，顾客反而踊跃进店购物。进一步的调查研究分析表明：在繁华地段的商店，顾客走进每家商店浏览购物，大多是极随意和自在的，顾客并没有把门边的“迎宾小姐”看作热情欢迎顾客惠顾的象征，反而在顾客心理上有“把门”的感觉，有损顾客的自尊和轻松、随和的购物环境气氛，因而顾客不愿在迎宾小姐的注视之下走进店堂。

【学习与思考】

你认为哪些营销场所适合设置“迎宾小姐”?

以上方法都是从某一个侧面来探究、剖析消费者行为，各有所长，应根据消费心理学研究和应用的需要，选择使用，也可以将几种方法相互结合，综合运用。

（六）投射测验法

投射测验法是从临床心理学引来的一种心理研究法，是研究者以一种无结构性的测验，引出被试者的反应，借以考察所投射出的人格特征的心理测验方法。也就是说，投射法不是直接对被试者明确提出问题以求回答，而是给被试者一些意义不确定的刺激让其想象、解释，使其内心的动机、愿望、情绪、态度等在不知不觉中投射出来。投射测验法主要有角色扮演法、罗夏墨迹测验法、主题统觉测验法、造句测验法等。以角色扮演法为例，常常要求被测试者对他人行为进行评价，来提示其自身的想法与动机。

案例1-8

20世纪40年代末，速溶咖啡问世。起初厂商以为这种新产品一定会受到广大顾客的欢迎，事实却出乎意料，购买速溶咖啡的顾客特别少。厂商询问顾客为何不买简单方便的冲饮咖啡，顾客回答不喜欢速溶咖啡的口味；又问其口味与传统烹制的咖啡有何不同，结果却无人能说出二者口味上的差别。厂商为了弄清原因，求助于美国加州大学心理学教授海尔。海尔教授决定采用间接角色扮演法进行调查。他编制了两种购物清单。其中只有一项是不同内容，一张上写的是速溶咖啡，另一张上写的是咖啡豆。然后请来100位家庭主妇，把她们均分成A、B两组，把这两种购物清单分别发给两组妇女，请她们描述采用不同购物单的家庭主妇的特征。

调查结果显示：一组被试者中几乎有一半的人把买速溶咖啡的家庭主妇说成是懒惰的、邋遢的、生活没有计划的，有12%的被试者说她是挥霍浪费的女人，还有10%的被试者说她不是好妻子；另一组被试者把购买咖啡豆的家庭主妇说成是勤快的、干净利落的、讲究生活、对家庭尽职尽责、喜欢烹调的。海尔根据这样的结果，得出了符合实际的结论：美国妇女不接受速溶咖啡是由于宣传强化了她们的偏见，她们认为操持家务是家庭主妇的天职，逃避家务劳动是应该受到谴责的。速溶咖啡的宣传强调的是省时省事，让人觉得它给懒人提供了帮助，所以，勤快的人、不愿被人说懒惰的人就不愿或者不敢去购买速溶咖啡。

于是，厂商将广告诉求点由省时方便转为美味可口，产品销路迅速打开。现在，速溶咖啡已成为全球畅销的商品。

【学习与思考】

该案例对我们有什么样的启示？

三、研究消费心理学的意义

消费心理学是一门应用性、实践性很强的学科，是商品经济发展的产物。随着我国市场经济的不断完善、商品市场的迅速发展、消费观念的巨大变化，及时把握消费心理的变化动态越来越重要。因此，深入开展消费心理学的研究具有重要的意义。

（一）有助于企业了解国内外不同的消费市场状况，从而进行科学经营决策

一方面，不同国家、地区、民族的消费者在消费习惯、需求、爱好、禁忌以及道德观念、文化传统、风俗民情等方面存在着很大的差异，如果企业不了解这些差异，就无法使自己的产品在国际市场上占有应有的份额，甚至可能引发争端。另一方面，随着经济体制改革的不断深入，工商企业更多地要依靠自己去谋求生产和经营的发展。而现在企业在生产经营中存在的突出问题，如生产结构不合理、产品销售率低、库存积压严重等，从根本上讲，都归结于经营决策问题。深入系统地研究消费者的心理活动规律和行为方式，有助于企业科学地进行经营决策。如：企业经营管理者可以利用人们消费行为的心理规律，应用广告、商标、装潢和店面陈列、橱窗设计等手段来刺激消费者的消费心理，从而促进销售；运用心理学的规律洞察消费者心理来预测消费市场，从而达到用消费来引导生产的目的。

（二）有助于营销人员提高商品销售的竞争力

商品市场由卖方市场向买方市场发展，供过于求的商品大幅度增加，使得市场竞争更加激烈，市场营销也将越来越困难。在这种形势下如何制胜，是每一个营销人员面临的严峻问题。营销人员通过学习、了解和掌握人的一般心理过程和个性心理特征，有意识、有针对性地调节控制自己的心理和行为表现，努力发挥自己个性的优势方面，抑制消极面，可以为营销双方的心理沟通创造良好的基础。

（三）有助于消费者进行消费决策

消费者懂得消费心理规律以及商家的经营策略与消费心理的对应关系，有利于进行正确的消费决策。消费者认识到自己的消费行为和周围他人的消费行为，有助于自己正确地进行消费决策，获得物美价廉、称心如意的商品；另外，可以防止受到商业经营者多种推销措施的诱惑，从而更好地调节自己的需要，使自己的消费行为更合理、更经济，避免盲从上当。如一些贩卖者惯用“甩卖”“清仓”的叫卖，利用消费者贪图小利、盲目决策的弱点，引诱消费者，以达到推销次货、陈货的目的。还有一些摊贩雇佣“托儿”，造成一种从众的气氛使一些消费者上当受骗。

项目重点内容结构图

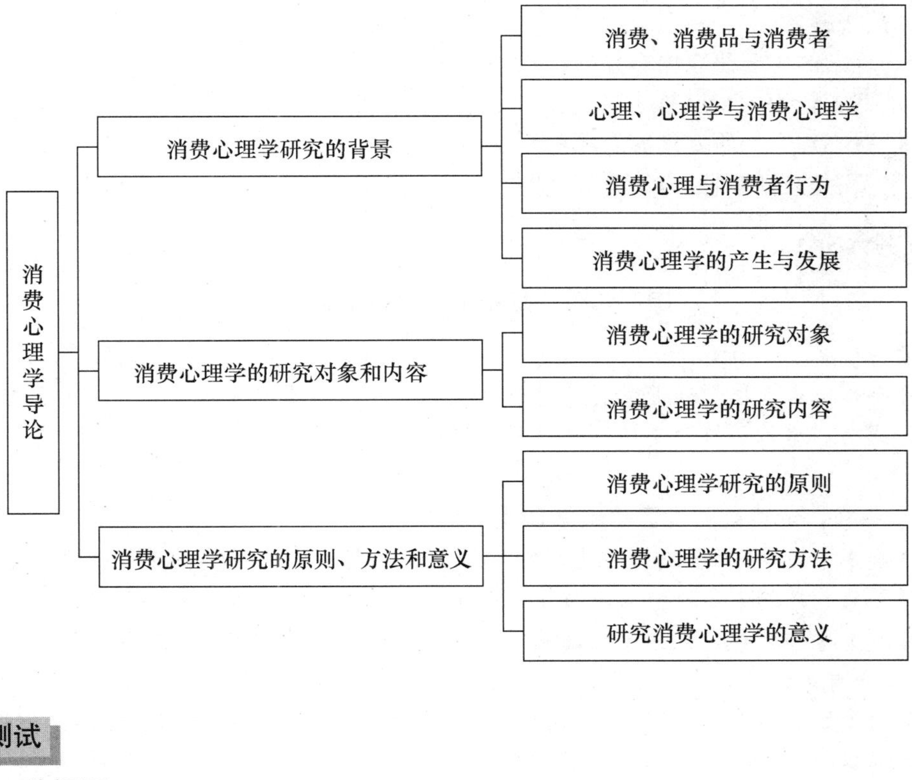

同步测试

一、选择题

1. 根据消费者的购买行为和购买习惯，消费品可以分为（　　）。

A. 便利品　　B. 选购品　　C. 耐用品　　D. 特殊品

2. 根据对某种商品的消费状况，可将消费者分为（　　）。

A. 现实消费者　　B. 潜在消费者　　C. 决策者　　D. 购买者

3. 心理现象包括（　　）。

A. 努力工作　　B. 良好的情绪　　C. 坚持与坚韧　　D. 联想与记忆

4. 下列哪些属于个性心理的研究内容？（　　）

A. 感觉　　B. 思维　　C. 兴趣　　D. 气质

5. 分别在货架的不同位置以不同的形式摆放某种商品，记录消费者在商品面前停留的时间及购买情况，属于（　　）。

A. 观察法　　B. 实验法　　C. 问卷法　　D. 访谈法

二、判断题

1. 1879 年，德国心理学家冯特受自然科学的影响，在莱比锡建立了世界上第一个心理学实验室，这标志着心理学正式脱离思辨性哲学而成为一门独立的科学。（　　）

2. 20 世纪 30 年代至 70 年代，是消费心理学的探索成长阶段。（　　）

3. 消费心理学研究的内容主要分为心理过程和个性心理两个方面。（　　）

4. “你对本企业有什么建议？”这种提问方式属于封闭式提问法。（　　）

5. 研究消费心理学有助于企业了解国内外不同的消费市场状况，从而进行科学经营决策。（　　）

三、简答题

1. 心理学的主要研究内容是什么？

2. 消费者行为的特点有哪些？

3. 消费心理学的研究内容有哪些？

4. 消费心理学的研究方法有哪些？

综合案例分析

国产奶粉，是不是还可以抢救一下？

导读

从没有哪个行业像婴幼儿奶粉这样遭受灭顶之灾，只要有市场需求，所有的市场局面都不会是死局，看似无路可走的国产奶粉仍有机会。

01

2014 年初，走访贵州山区的一家母婴店。

店里进来一位 20 岁出头的男士，看样子初为人父，神情有些拘谨。他向店里说明了来意，需要买一罐奶粉给刚出生的孩子。店员随即推荐了一罐某国产品牌奶粉，他拿着这罐奶粉并没有仔细端详，只是不安地问了个让人记忆深刻的问题：

“这奶粉有毒吗？”

类似的尴尬有很多，在国产奶粉做推广活动的现场，经常有消费者问一个问题：“国产的还是进口的？”

当听到“国产的”回答之后，几乎所有人都会一脸嫌弃地离开，甚至有人做出夸张的唯恐避之不及的动作和表情。

数据反映的结果是一致的。

海关总署数据显示，2016年我国婴儿奶粉进口量已经突破20万吨。进口奶粉的市场份额从2008年的35%上升到2015年的50%，再加上跨境购，预估2019年进口奶粉的市场份额可以达到65%以上。

这还没完，在35%的非进口奶粉的市场份额中，又有大部分是来自国际品牌在国内的生产商，如多美滋、雀巢之类。

还有，在剩余的少得可怜的国内品牌的市场份额中，又有绝大部分宣称奶源是进口的。

也就是说，中国的老百姓但凡能喝得起进口奶粉的基本都喝进口奶粉，实在不行喝国际品牌的奶粉也可以，再不济也要喝进口奶源的，中国牛产的奶基本没有机会做成奶粉供中国的孩子喝。

02

但是，还有个事实，不知道您看了之后会不会觉得国产奶粉很委屈。看报道：

“奶粉已成中国最安全食品品类。随着近些年我国强力监管奶粉质量，目前国家对于奶粉尤其是婴儿奶粉监管力度远高于国际通行标准，奶粉已经成为中国最安全的食品品类。根据国家食药监总局近日发布的数据显示：在对2 532个批次的婴儿配方奶粉抽检中，真正不符合国家食品安全标准的仅占0.9%，合格率超过99%，其他则是不符合产品包装标签明示值等问题。”

经过这么多年的努力，目前一个事实是：国产奶粉不但安全标准高于国际标准，而且实际安全性也已经高于国际上的奶粉。

可能有读者说：“你站着说话不腰疼，要是你孩子还在喝奶粉，你会选择国产品牌吗?”

“当然不会！我儿子可是亲生的!”

对，熟悉奶粉行业、对相关标准和事实都很了解的一些人，即便已经知道了“国产奶粉很安全”这一事实，现在仍然不会选择国产奶粉。

这就是我们经常说的：认知大于事实。

03

国产奶粉沦落至此，到底还有没有救?

只要有市场需求，所有的市场局面都不会是死局，只是破解的难易程度不同而已，毫无疑问，国产奶粉破局的难度系数很高。

在消费者对国产奶粉几乎零信任的前提下，单单依靠传统的招商、铺货、地推、店员推荐、会员活动，再辅以一定广告拉动、促销活动拉动，基本上看不到什么效果。品牌商自认为的N大产品优势，到消费者那里也完全不会有感觉。

要拯救国产奶粉必须从“认知”入手，从改变市场已经形成的“刻板印象”入手。

04

第一个方法可以叫作“假途伐虢”，先把产品卖到国际市场，利用消费者对国外法规、安全标准、监管比较信任的认知树立市场信心，然后再在国内市场进行推广（如图1-4所示）。

在国际市场上销售，再回来就是名副其实的“国际标准产品”，消费者对它的可信度就会大大提高。

05

当然这远远不够，第二个方法是要找到权威的背书，权威越大越好，背书越多越好，必须要“狐假虎威”一下。

认证单位要高端、要权威、要专业，可以是国际的也可以是国内的，通过权威背书，把消费者对机构的信任转嫁到品牌上面（如图1-5所示）。

图1-4 树立市场信心

通过代言人背书也是个方法，但婴幼儿奶粉的代言人使用跟别的产品代言人使用是不一样的，目前很多品牌有误区。

比如某知名艺人曾为东北某品牌奶粉代言，电视广告让几个年轻妈妈看得直撇嘴：“怎么可能？她这么有钱怎么会让孩子喝国产奶粉。”

图1-5 通过权威背书

国产奶粉用明星代言，一定要切记“公关效应大于广告效应”，要让明星真心推荐，多参加售卖活动，要让消费者相信她真的是用这个品牌的奶粉，否则就算白请了。

06

第三个方法是“反客为主”，由于有“前科”，国产奶粉在跟进口奶粉的竞争中，一直处在非常被动的位置。

进口奶粉一直强调自己的安全，暗指国产奶粉不安全，这几年国产奶粉一直在自证清白，但消费者选择不相信。

国产奶粉一直处在跳进黄河洗不清的状况，所以在安全方面，国产奶粉应该光做不说，把产品做好，提高信任的工作做了，在宣传上就要跳出在“安全”方面的缠斗，去指向进口奶粉的软肋。

进口奶粉有什么软肋？暴利！

我们知道一罐900g进口奶粉的价格在300元上下，已经折合到约30万元/吨了，这是什么概念？

熟悉奶粉市场的应该知道：目前一罐进口奶粉的原料、包装和加工成本，合计不超百元。

进口奶粉的配方更好？不一定。所有配方奶粉的依据标准都是母乳，是严格按照配方比例来的，只要符合标准，所有的奶粉都是一样的，所谓添加这样那样的营养，都是套路。

但目前国产奶粉并没有把“实惠、打击行业暴利”作为主要传播点去宣传，是时候告别在“安全”问题上的被动挨打，去开辟“是不是拿老百姓当冤大头”的第二战场了。

07

如果您刚开始做奶粉这一行，没有任何基础，觉得上面的方法都很难，那只有最后一个方法——“曲线救国”了。

对于奶粉这样关注度极高的产品，重新获取信任很难，这就是很多行业都被曝光严重的质量问题，而唯独奶粉业一蹶不振的原因。

但企业可以选择其他婴幼儿食品入手，用关注度相对不那么高的产品获取市场信任，比如辅食和营养素——米粉、肉松、果汁、果泥、益生菌、钙铁锌补充剂等，都有不错的市场机会。先建立消费者对品牌的信任，再由此延伸至配方奶粉。

贝因美之前是做米粉的，合生元之前做益生菌的，转战奶粉后，也都曾经取得过良好的业绩。

审时度势，有时候退一步反倒是最佳选择。

国产奶粉发展到今天，虽然有的品牌曾出现问题，但经过这些年的整顿，原来的作恶者大都受到了惩罚和退出了市场。在当下的严厉监管下，产品品质及安全问题已经得到了根治，市场的认知有待改变。

资料来源：http://www.sohu.com/a/154534498_611418.

【问题讨论】

1. 在满足消费心理和需求方面，目前国产奶粉为什么仍不被消费者接受？

2. 你认为靠文中的做法能拯救国产奶粉目前的窘境吗？你还有什么别的方法或建议吗？

项目实战

以你最近进行的一次较大的消费购买行为为例，分析你作为一名消费者在购买中的消费心理活动过程。

1. 你为什么要购买该商品？
2. 在这次购买活动中，你的亲朋好友分别担当了什么样的角色？
3. 你的购买行为受到了哪些因素的影响？

拓展阅读

如何引导消费者

美国著名管理学家彼得·德鲁克有一句经典的名言：“企业的唯一目的就是创造顾客。”现在的企业都提倡并奉行以顾客为导向，以满足顾客需求、创造顾客需求为营销重点。这本是正确的，因为顾客会因为需求得到满足继而产生购买及持续购买的决定。但是，这个正确的营销思路却可能因为一个根本性的问题导致整个营销活动的失败，那就是消费者可能根本不知道自己需要什么产品或服务。

一、满足顾客需求的陷阱

商家了解顾客需求的方式多为访谈、问卷等形式的调研，提出一些设计好的问题让顾客来回答，而后根据顾客的反馈数据采取对应的营销手段。但是，这样做顾客只能在我们设计的问题和我们限定好的范围内思考并进行选择，这就失去了询问消费者真正意愿的意义。虽然科学合理的问卷题目设计可以提高获得准确市场需求的概率，但是依然存在很多盲点。

当年IBM在推出OS2计算机操作系统之前，做了充分的市场调查，设计了详细的调查问卷，最后IBM在满足了诸多项顾客需求后，胸有成竹地推出了当时最优秀、功能最强大的OS2计算机操作系统。遗憾的是，在微软推出Windows 95操作系统不久后，OS2逐步失去市场，直至最后销声匿迹。OS2失败的主要原因就是IBM当时了解消费者需求的方式有问题，简单来说，IBM是让顾客在1和2之间做出选择，而顾客真正需要的是3。这和企业自己凭空想象得出的结论差别并不大，只是范围更小了一些而已。

现在一些企业也意识到了这个问题，对消费者的调研方式有所改进，提出的问题具有更大的自主空间，比如：您希望这个产品能有什么功能，这个产品是否能满足您的需要等。但是，问题依然存在，要顾客回答自己想要什么，只能得到他们理解与认知范围内所描述的产品形态。假设顾客说想要一辆跑得很快的马车，只能说明他思维中对汽车没有认识，如果按照顾客的思维去发展的话，今天也许只有20匹马拉的所谓快速的马车，而没有汽车。

而且，即使顾客清晰地描述出了他们真正需要的商品，但等到顾客告诉你时，往往意味着他可能早已经告诉了你的竞争对手。在商场中，信息可以让一个企业取得成功，但过时的信息也会导致企业的失败。

一家游戏制作公司在进行了充分的市场调研后，确定推出一款颠覆性的网络游戏，于是投入巨资进行开发。幸运的是，公司从顾客那里得到了真正需求的信息，因此，这款游戏非常优秀，但不幸的是，竞争对手也了解到了这些信息，而且实力比它更强、速度更快。当这家游戏公司的开发进度到80%的时候，暴雪娱乐公司抢先推出了类似理念和内容的游戏——“魔兽世界”。由于网络游戏的转换成本相对较高，已经适应了一款游戏的操作及视觉，也有了一定游戏级别、积分积累或购买了点卡的玩家不愿意轻易转换游戏。这家失去先机的网游公司只能仓促应战，游戏上市的表现非常不理想，不久就在“魔兽世界”的排挤下退出了市场。总结失败的原因，就是它和竞争对手都获得了准确的消费者需求信息，只是获得的先后不同，导致了成败的不同。因此，不要完全指望顾客告诉你的信息，只能把其当作一个参考的要素。

二、创造顾客需求的陷阱

现在还有一个热门的词汇，那就是创造顾客需求，这样的好处是可以抢到独占的先机，因为开发的产品或服务是顾客都没有想到的，和竞争对手“撞车”的可能性会大大降低，一旦成功就可以独享市场。但是，根据《哈佛商业周刊》的统计，企业在营销创新上的成功率低于11%。主要原因有两方面，其一是开发顾客需求时极容易陷入主观导向的思维中，认为这是一个全新的商品，没有竞争对手，顾客也不知晓，因此缺少对客观环境、竞争对手及消费者的深入了解，导致产品推出后不是没有生存的市场土壤，就是消费者并不认可；其二是他们坚信最先进的技术与强大的实力能创造出最好的产品，最好的产品就等于消费者的选择，但遗憾的是，事实多是相反的。

当年苹果电脑公司推出的Macintosh电脑（麦金塔）同IBM的OS2一样败给了微软的Windows。苹果公司失败的原因就是过分迷信于自己的研发实力与技术，不去进行市场与消费者的研究，认为最好的产品一定是赢家。Macintosh以卓越的产品来对抗Windows这个被业界称为仅是合格的产品，结果却是因为没有把握住消费者真正的需求——方便、容易使用，而败给了Windows这个虽然性能平平却非常容易操作的系统，市场份额不足

Windows 系统的 5%。

三、寻找顾客最需要的需求

从上面的讲述可以看出，顾客并不知道自己需要什么产品或服务，顾客这些问题的答案是要我们企业来回答并给予解决的，但是，这些问题的答案却只有顾客才知道，企业怎样才能解决这个矛盾的问题，寻找到顾客真正的需要呢?

（一）换位思考

顾客与企业之间存在因信息不对称而产生的思维连接障碍，企业想要获得完整的顾客信息就要换位思考，这种换位思考要彻底才有效，即忘记自己的身份，把自己完全当作顾客，融入环境进行体验，同时邀请顾客参与新产品的研发工作。通过角色扮演后的感知与对顾客的启发来获得准确的消费者需求信息。

美国著名的儿童玩具品牌“美国女孩”当初在推出新产品时进行了大量的市场调研，询问孩子想要什么样的娃娃。孩子的答案千奇百怪，有想要好伙伴的，有想要漂亮的，有想要滑稽的，也有想要强壮、能代替爸爸妈妈保护自己的。而后又询问了孩子的父母，得到的答案也很多，有的希望娃娃很安全，不会碰伤孩子或掉落零件被孩子误食；有的希望娃娃价格不要太贵，免得购买不起；等等。这使得开发团队无法确定研发的方向。后来，研究团队加入了几位子女的年龄和开发产品使用人群相符的研发人员，又请了几位目标顾客参与开发，最终发现了父母对玩具娃娃的真正需求——希望玩具娃娃不要给孩子带来负面的影响，相反，能够帮助孩子成长才是他们最希望产品能够拥有的功能，于是，就有了“美国女孩”系列洋娃娃。不同的娃娃有不同的形象与衣着，她们也都有不同的身世，有关她们身世与成长的故事都在娃娃附带的画书里，每个娃娃都有一段积极向上的成长经历。孩子们不仅可以获得一个玩具，同时还可以有一个学习和模仿的榜样，这样的产品怎么可能不受欢迎呢？结果每套超过 1 000 美元的“美国女孩”洋娃娃销售异常火爆。

（二）反推法

我们还可以从为顾客提供问题解决方案的角度来反推产品的开发，以发现顾客的真正需求。如果听到顾客说想要更多船桨的船，我们马上应该想到，他们要的应该是更快的航行速度。因此，我们应该从顾客导向改为问题导向，以解决问题的思路切入，就能找出顾客真正想要的东西。

苹果公司因为缺乏对消费者真正需求的了解而在操作系统的竞争上输给了微软，他们吸取经验教训，在接下来的产品开发上从问题导向入手，为大量喜欢音乐又希望可以方便获取音乐，同时追求炫酷的年轻时尚一族提供了 ipod MP3 播放器。这款播放器完全满足了喜欢随时听音乐一族的个性需求——无论什么情况都可以把音乐随时带在身边。因此，产品体积小，能储存大量音乐，还可以随时获得最新音乐；外形时尚炫酷，声音清晰保真……这个产品打破了苹果公司以技术为尊的习惯思维，ipod 本身技术非常简单，任何一家电脑公司都可以轻松制造出来，苹果公司却通过为顾客提供音乐获得的最佳解决方案而成功。

对于专业性强的产品更是如此，顾客更不知道他们需要的是什么产品，面对复杂的乱象，他们需要专家给他们提供解决方案。

当年 IBM 技术世界领先，每年产生的新专利技术更是数以百计，但是这些专利都是研发人员以技术为尊，一厢情愿研发出的产品，结果都无法上市转化为收益。直到郭士纳担任IBM新总裁后，才把这些无法转换为商业价值的专利出售出去，如PC业务卖给联想等，而后并购普华永道咨询公司及Informix等四十几家软件公司，又与“用友”合作，为顾客提供软件与服务方面的整体解决方案。IBM成了优秀的专业问题解决者，其顾客则成了听话的孩子，因此，IBM顾客的忠诚度非常高。

不要抱怨顾客不买他们曾经嚷着要的产品，因为他们真正需要什么产品需要你来告诉他们，当他们看到这个产品眼前一亮的时候，你就成功了。

资料来源：http://money.163.com/12/0424/11/7VRR3SK700253G87.html.

项目二

消费者的心理活动过程

学习目标

※ 知识目标

- 理解感觉、知觉、注意、记忆、想象、思维、情绪、情感、意志的含义及特性
- 掌握消费者认识过程、情感过程、意志过程对购买行为的影响

※ 能力目标

- 能正确认识消费者感觉、知觉、注意、记忆、想象、思维、情绪、情感和意志在消费活动中的表现
- 能正确把握消费者的认识过程、情感过程和意志过程并开展营销活动

导入案例

农夫山泉自 1997 年面世以来，一直在打造为人类的健康事业做出贡献的品牌概念，发展到今天，以年销售额 130 亿元的成绩领跑中国饮用水的市场，它是如何做到的？

每当看到“农夫山泉”这四个字，我的脑海中首先闪现的是那句出色的广告语“农夫山泉有点甜”（如图 2-1 所示），这句广告语，是在农夫山泉一则有趣的电视广告中提到的。在一个乡村学校里，当老师往黑板上写字时，调皮的学生忍不住喝农夫山泉，开瓶盖发出的砰砰声让老师很生气，说“上课请不要发出这样的声音”。下课后老师却一边喝着农夫山泉，一边称赞道“农夫山泉有点甜”。随着“课堂”广告开始在中央电视台播放，“农夫山泉有点甜”的声音飞越千山万水，传遍大江南北，品牌知名度迅速打响。广告还被《人民日报》等新闻媒体评为 1999 年最好的广告语，中文有“甘泉”一词，解释就是甜美的水，农夫山泉的水来自千岛湖，是从很多大山中汇总的泉水，经过千岛湖的自净、净化，完全可以说是甜美的泉水，因而“农夫山泉有点甜”是卖点。“有点甜”以口感承诺作为诉求差异化，借以暗示水源的优质，使农夫山泉形成了感性偏好、理性认同的整体策略，同样也使农夫山泉成功地建立了记忆点。

图 2-1 农夫山泉有点甜

一、天然的概念让农夫山泉与其他品牌有区别点

根据此则广告不难看出农夫山泉努力创造显著的差异性，建立自己的个性。当别的同类产品都在表现各自如何卫生、高科技、时尚的时候，农夫山泉不落俗套，独辟蹊径，只是轻轻却又着重地点到产品的口味，仅仅是“有点甜”，也显得超凡脱俗，与众不同，让电视机前的消费者感到耳目一新。这样的产品让消费者忘记是困难的，一个广告能达到这样的效果，这个产品也就成功了一半。

为什么农夫山泉广告定位于“有点甜”，而不是像乐百氏广告那样，诉求重点为“27层净化”呢？这就是农夫山泉广告的精髓所在了。首先，农夫山泉对纯净水进行了深入分析，发现纯净水有很大的问题，问题就出在纯净上：它连人体需要的微量元素也没有，这违反了人类与自然和谐的天性，与消费者的需求不符。这个弱点被农夫山泉抓个正着。作为天然水，它自然高举起反对纯净水的大旗，而它通过“有点甜”正是在向消费者透露这样的信息：我农夫山泉才是天然的，健康的。一个既无污染又含微量元素的天然水品牌，如果与纯净水相比，价格相差并不大，可想而知，对于每个消费者来说，他们都会做出理性的选择。

但事实是，农夫山泉在甜味上并没有什么优势可言，因为所有的纯净水、矿泉水，仔细品尝，都是有点儿甜味的。农夫山泉首先提出了“有点甜”的概念，在消费者心理上抢占了制高点，其思维敏捷令人叹服。

二、简单的“有点甜”三个字让消费者能够轻松记忆

针对消费者，要让他们感觉美好。“有点甜”无疑是让人感觉美好的，“甜”意味着甜蜜、幸福、欢乐，这是中国人终身的追求。农夫山泉狠狠地抓住这一点，它对中国人说：我，有点甜。这等于说：我，是你的追求。作为广告语，这更等于说：请追求我吧。这是极难抵挡的诱惑，农夫山泉就是用诱惑力赢得消费者的购买力。

同样，消费者只愿意也只能够记住简单的信息，越简单越好，简单到只有一点，最容易记忆。农夫山泉在这一点上同样掩藏不住其非凡的智慧，仅仅用了“有点甜”三个字，三个再平常、简单不过的字，而真正的点更只是一个“甜”字，这个字富有感性，描述了一种味觉，每个人接触这个字都会有直接的感觉，这个感觉无疑具有极大的强化记忆的功效：记住了“有点甜”就很难忘记“农夫山泉”，记住了“农夫山泉”就很难对农夫山泉的产品不动心。农夫山泉就是以简单取胜，简单，使自己能够轻松地表述；简单，也使消费者能够轻松地记忆。

此外，农夫山泉还不忘与社会公益活动联系起来，通过“一分钱公益活动”（如图

2－2 所示)，更加占据了消费者的心。

三、抓住了中国人非常注重健康的心理，大力宣传健康的理念

符合产品的特性，突出产品的优良品质。“农夫山泉有点甜”在这一点上表现得无可挑剔。农夫山泉取自千岛湖 70 米以下的深层水，这里属国家一级水资源保护区，水质纯净，喝一口都会感到甘甜。正是这样，用“有点甜”来形容可谓恰当之极，因为它符合产品的特性，突出了产品的优良品质。

图 2－2　一分钱公益活动

此外，农夫山泉的传播策略极其清晰和简单。概念明确后，就要用简单有力的创意来传达：极简的背景，一杯水，“水的质量决定生命的质量”，把真实的千岛湖风景印入农夫山泉瓶标的照片中。“我们不生产水，我们只是大自然的搬运工”这一观点，打破消费者常规思维，简洁有力且富有内涵。

本次广告与之前农夫山泉一直在传播的“水源地建厂，水源地灌装”理念进行了完美的结合，并进行了新的阐释——农夫山泉是健康的天然水（如图 2－3 所示），不是生产加工出来的，不是后续添加人工矿物质生产出来的。

图 2－3　健康的理念

四、大自然的搬运工这一概念让农夫山泉和竞争对手拉开了距离

作为大自然的搬运工，农夫山泉把自然精华带到你身边（如图 2－4 所示），这更值得感谢。农夫山泉广告中静谧与简洁的画面，在当前广告绚丽纷扰的环境中更显品质和与众不同，得到了广泛的关注和认可。

图 2－4　大自然的搬运工

该广告迎合了消费者对健康、安全的需求，将农夫山泉天然的产品属性传递给了消费者，使农夫山泉与其他品牌区别开来。树立了农夫山泉良好的企业形象。

农夫山泉的这个广告可以说“很朴实”，但效果却很好，为什么？因为它很注重广告的实效。广告创意能否达到促销的目的基本上取决于广告信息的传达效率，这就是广告创意的实效性原则。农夫山泉的“大自然的搬运工”广告通过传授健康知识的方式，体现了广告的“实用性”。

农夫山泉一环扣一环的广告策略，让人领略了东方智慧的魅力，将农夫山泉自然、健康的理念深深地植入消费者的心里，很好地打造了农夫山泉为人类的健康事业做出贡献的品牌概念。

资料来源：http://www.shichangbu.com/article-19612-1.html.

【学习与思考】

农夫山泉在产品定位中满足了消费者的哪些心理方面的需求？

消费者的心理活动过程是支配其购买行为的心理活动的发生和发展的全过程，是消费者不同的心理现象对客观现实的动态反映，并通过消费者的行为表现出某些心理共性，包括认识过程、情感过程和意志过程三个阶段。研究消费者在购买行为中发生的心理活动过程，对商业企业经营者了解消费者心理变化，从而采取相应的心理策略有很大帮助。

任务一　消费者的认识过程

消费者的认识过程是消费者心理过程的第一阶段，是消费者其他心理过程的基础。它主要通过感觉、知觉、注意、记忆、想象和思维等心理活动来实现。

一、感觉与知觉

（一）感觉

1. 感觉的含义

感觉是人脑对直接作用于感觉器官的客观事物的个别属性的反映，消费者的感觉主要是消费者在购买和使用商品的过程中对于商品个别属性的反映。消费者对商品的认识过程是从感觉开始的，感觉包括视觉、听觉、嗅觉、味觉和触觉等。消费者的感觉是商品个别属性（颜色、声音、气味、味道、凉热等）作用于消费者不同的感觉器官（眼、耳、鼻、舌、皮肤），刺激消费者的视觉、听觉、嗅觉、味觉和触觉，通过传入神经到达大脑皮层的神经中枢，使人形成的对该商品的主观印象。

如：茶道源于中国，南宋时期传入日本和朝鲜，之后又传入西方，被视为一种以茶修身的生活方式。人们通过沏茶、赏茶、闻香、品茗，伴着丝竹之声，领略茶的色、香、味、滋、韵，静心、静神，陶冶情操，品味人生，感悟生命。

2. 感觉的特性

（1）感受性。

感受性是指感觉器官对刺激强度及其变化的感受能力。刺激物只有达到一定强度才能引起人的感觉，我们把能够引起感觉的、持续一定时间的刺激量称为感觉阈限。感觉阈限是一个范围，它分为绝对感觉阈限和差别感觉阈限。绝对感觉阈限是指刚刚能引起感觉的最小刺激量；觉察这种微弱刺激的能力，叫绝对感受性。绝对感觉阈限越低，绝对感受性就越高，反之亦然。差别感觉阈限是指刚刚能觉察出两个同类刺激物的强度最小差异量；对这一最小差异量的感觉能力，叫差别感受性。同理，差别阈限越少，差别感受性就越大。

感觉器官感受到刺激，即刺激的数量达到了绝对感觉阈限，刺激的数量继续增加但变动幅度在消费者的差别感觉阈限范围内，则消费者感觉不会有多大的差异；只有在一定时间内的增加超过差别感觉阈限时，才会引起人们不同的感觉。如：一种商品的价格上涨或下降1%～2%时，消费者可能毫无察觉，但如果变动幅度达10%以上，则会立刻引起消费者的注意。

案例2-1

宝洁公司从1898年到1998年对“象牙牌”（Ivory）肥皂的包装做了19次改变，每次改变的差异很微小，变动幅度保持在消费者的差别感觉阈限范围内，从未对市场销售造成不良影响。但当人们把1898年和1998年的肥皂包装做比较时，发现其规格差异惊人。

【学习与思考】

你认为当人们发现1898年和1998年的“象牙牌”肥皂包装规格差异惊人时，会对市场销售造成不良影响吗?

因不同的商品各自的效用、价格等特性不同，消费者对其存在的差别感受性不同。如：一辆汽车价格上调几百元乃至上千元，往往不为消费者所注意；日常生活中的柴米油盐提价几元钱，消费者却十分敏感。

（2）适应性。

适应性是指外界刺激物持续作用于人体感受器官而使其敏感性发生变化的现象，如“入芝兰之室，久而不闻其香；入鲍鱼之肆，久而不闻其臭”。

消费者感觉的感受性会受到时间因素的影响，适应性引起感受性的降低。要使消费者保持对刺激物较强的感受性，企业可以调整消费刺激的作用时间或经常变换刺激物的表现形式。如：在连续时间内播放同一产品的系列广告或间隔时间播放同一内容的广告；不断变换商品的包装、款式和色调，推出新的品牌等。

（3）对比性。

对比性是指不同刺激作用于同一感觉器官而使感受性发生变化的现象。如：灰色在黑色背景中要比在白色背景中容易辨认；“红花还得绿叶配”，就是因为绿背景上的红看起来更鲜艳了。因此，在广告设计或商品陈列中，亮中取暗、淡中取浓、静中有动等手法有助于引起消费者的注意。

（4）联觉性。

联觉性是指一个刺激不仅引起一种感觉，还引起另一种感觉的现象。人体各感觉器官的感受性之间是相互影响、相互作用的。如：看到红色会觉得温暖，看到蓝色会觉得清凉，听到节奏鲜明的音乐会觉得灯光在闪动。

案例 2-2

奥利奥形象大使姚明带千万家庭回归童心

2010年2月26日，卡夫食品（中国）在上海启动奥利奥“看谁能泡到”全国宣传媒体见面会。作为奥利奥的形象大使，国际篮球巨星姚明亲临现场，与到场嘉宾共同分享“扭一扭、舔一舔、泡一泡”的奥利奥独特吃法，带领大家回归愉悦童心。

卡夫食品中国董事长及总裁戴乐娜女士说：“卡夫食品公司的宗旨是为消费者带来美味的食品和体验，让我们的今天更美味。”奥利奥饼干是卡夫食品全球的旗舰品牌之一，邀请姚明成为奥利奥品牌形象大使，是想将“扭一扭、舔一舔、泡一泡”的奥利奥独特品尝方式和童心愉悦，带给千千万万的中国家庭。

在媒体见面会上，姚明为奥利奥拍摄的电视广告首次公映，影片中姚明与小男孩以温馨童真的方式演绎“扭一扭、舔一舔、泡一泡”的经典吃法，童趣的画面让现场笑声与掌声不断（如图2-5所示）。在活动现场，姚明还和广告中的小男孩操作即将推出的奥利奥“看谁能泡到”网络游戏，以虚拟的方式感受“扭一扭、舔一舔、泡一泡”的童真趣味；另外，由现场媒体以及消费者组成的三组亲子队，进行一场“看谁能泡到”PK大赛，最终获胜的小观众获得姚明的签名篮球。

图 2-5　回归童心

作为奥利奥的形象大使，姚明表示奥利奥饼干不仅是美味的零食，更是连接家人情感的温馨纽带，不仅可以让人享受美味，更让父母和孩子一起回归愉悦童心！姚明表示，未来他也会带他的孩子用“扭一扭、舔一舔、泡一泡”的方法享受奥利奥，一起享受童真般的家庭欢乐时刻。

资料来源：http://www.sh.xinhuanet.com/2010—03/02/content_19137615.html.

【学习与思考】

在奥利奥饼干的“看谁能泡到”的广告中，企业基于消费者的何种心理状态对产品进行了推广？

3. 感觉在营销活动中的作用

（1）感觉使消费者获得对商品的第一印象。

感觉是消费者认识商品的起点，是一切复杂心理活动的基础，消费者只有在感觉的基础上才能获得对商品的全面认识。第一印象的好坏直接影响消费者的购物态度和行为，企业要在营业环境、服务质量及营销手段等方面，进行全面展示，给消费者留下良好的第一印象。如：给消费者创造优雅的购物环境，用灯光、音响、色彩、气味来刺激消费者，从而达到招徕消费者和促销的目的。

（2）信号的刺激强度要适应消费者的感觉阈限。

同一消费者对不同的刺激物的感觉不同，不同的消费者对同一刺激物的感觉也不相同。因此，企业在做广告、调整价格和介绍商品时，向消费者发出的刺激信号强度应适应他们的感觉阈限。如：由于原材料提价，产品的包装规格或价格会做适当调整，而调整范围最好保持在差别阈限内，否则会引起消费者不满而减少消费。

（3）感觉是引发消费者某种情绪的诱因。

客观环境给予消费者感觉上的差别，会引起他们不同的情绪感受，而情绪常常是影响行为的重要因素。如轻松优雅的音乐、和谐的色调、适当的灯光、自然光的采用、商品的陈列造型、营销人员的微笑等，都能给消费者以良好的感觉，从而引发他们愉悦的情绪和心境。国外还有人利用感觉的作用创造出了“气味推销法”。伦敦的一家超级市场，在店内释放一种人造草莓气味，气味把顾客吸引到食品部，引起顾客竞相购买，结果连橱窗里的草莓样品也被抢购一空。

（二）知觉

1. 知觉的含义

知觉是人脑对直接作用于感觉器官的客观事物的整体反映，是消费者在感觉基础上对商品总体特性的完整映象和观念。感觉是知觉的基础，但知觉并非是感觉的简单相加，知觉属于高于感觉的感性认识阶段。知觉受主观知识经验的影响，借助已有的知识经验去解释所获得的当前事物的感觉信息，从而对当前事物做出识别。如：面对一个滔滔不绝地介绍其保险业务的保险推销员，陈先生可能感到这个推销员的行为过分热情或不够诚实，而李先生可能认为该推销员的介绍有利于自己接受该项保险业务。一般来讲，消费者先对商品形成感觉，然后在此基础上，对信息进行综合加工形成知觉。

感觉和知觉都是人类认识世界的初级形式，反映的是事物的外部特征和外部联系。要想揭示事物的本质特征，光靠感觉和知觉是不行的，还必须在感觉、知觉的基础上进行更复杂的心理活动，如记忆、想象、思维等。

2. 知觉的特性

（1）整体性。

消费者在感知某一商品时，总是把它作为具有一定结构的整体去认知，而不会把其感知为许多个别的、片面的、孤立的部分。如：消费者在购买家具时，决不会只注意家具的材料、颜色或款式，而是把品牌、价格、质量等多种因素综合在一起，构成对家具的整体感知印象。知觉的整体性使消费者能够将某种商品与其他商品区别开来。如图2－6所示。

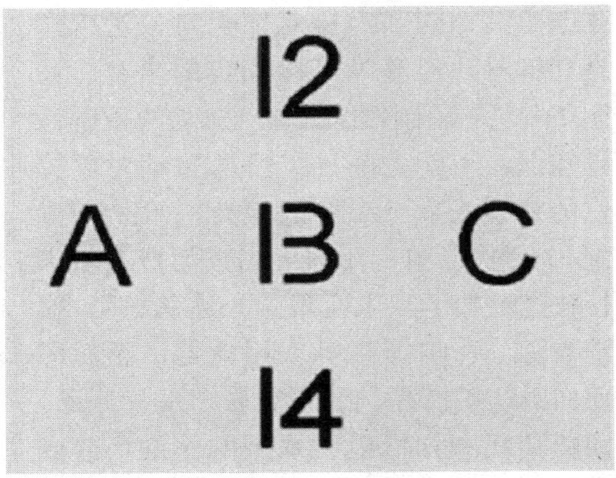

图2－6　知觉的整体性

（2）选择性。

消费者并非对所有的刺激都做出反应，而是有选择地把其中一部分刺激作为信息加以接受、加工和理解，优先把某些特性区分出来予以反映，并把周围其他刺激物当成背景形成模糊的感觉。如图2－7所示的双歧图形。

(a)

(b)

图 2-7 知觉的选择性

这种选择性既与刺激的强度有关，即低于绝对感觉阈限和差别感觉阈限较小的刺激均不被感官所接受，如形体高大、对比强烈、重复运动、新奇独特、反差明显等往往容易引起消费者的知觉选择，又与消费者自身的需要、欲望、态度、偏好、价值观、情绪、个性等有关，如符合消费者需要、欲望或具有明显好感的刺激物，在快乐的心境下，往往成为首选的知觉对象，反之，常被忽略。此外，趋利避害是人的本能，防御心理也潜在地支配着消费者对商品信息的知觉选择。

（3）理解性。

知觉的理解性是在知识经验的参与下形成的。消费者根据在生活实践中积累的商品知识和经验对知觉对象进行选择和解释，理解为可以确定的事物。如图 2-8 所示的隐匿图形，知觉的理解性以知识、经验为基础，根据知觉对象提供的线索，赋予一定的意义。如：20 世纪 80 年代以前，我国大多数消费者从未接触过（甚至从未听说过）冰箱、彩电、洗衣机、音响等高等家用电器，因而即使面对这些商品，也很难做出准确判断。消费实践和知识经验水平的不同，造成消费者之间在知觉理解能力和程度上的差异。知识经验的不足将直接导致消费者对商品的知觉迟缓和肤浅。

图 2-8 知觉的理解性

（4）恒常性。

当知觉的对象没有发生变化，而知觉的条件在一定范围内有所改变时，人的知觉映象仍然保持相对不变，即具有恒常性。如图 2-9 所示，无论投影关系使我们看到的这扇门是什么形状，我们都知道这扇门是长方形。恒常性使消费者能够避免外界因素的干扰，在复杂多变的市场环境中保持对某些商品的一贯认知。

如：海尔最早以生产洗衣机和电冰箱为主，在消费者中拥有了良好的声誉，目前海尔品牌旗下拥有冰箱、空调、洗衣机、电视机、热水器等多种产品，大都获得了消费者的认可，主要原因就在于企业良好的口碑对顾客的知觉恒常性产生了积极的影响。

3. 错觉现象

人们在知觉某些事物时，可能受背景干扰或某些心理原因影响，往往会产生失真现象，这种对客观事物不正确的知觉称为错觉。错觉的种类很多，生活中常见的有长短错觉、大小错觉、图形错觉、颜色错觉、运动错觉和时间错觉等。如图 2-10 所示，上下梯形哪个颜色更灰一些？错觉现象在生活中十分普遍。如：同样身高的男女，人们总是认为女同志比男同志要高一些；房间里装上一面镜子，房间显得比原先宽敞了许多。

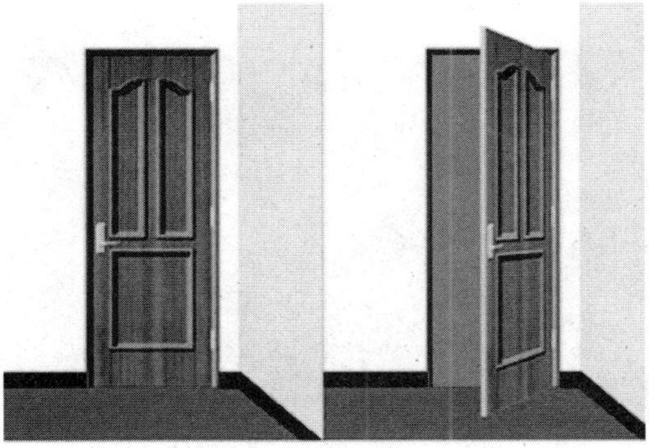

图 2-9 知觉的恒常性

图 2-10 错觉现象

案例 2-3

利用运动错觉，调整服务手段

浙江黄岩市长潭水库大坝的码头附近有一家切糕摊，店老板卖糕时，故意少切一点儿，过秤后见分量不足，切一点添上，再称一下，还是分量不足，又切下一点添上，最终使秤杆尾巴翘得高高的。如果你是一位顾客，亲眼见到这两添三过秤的一切，就会感到确实量足秤实，心中也踏实，对卖糕人很信任。如果卖糕人不这样做，而是切一大块上秤，再一下两下往下切，直到称足你所要的分量时，你的感觉就会大不一样，眼见被一再切小的糕，总会有一种吃亏的感觉——这就是运动错觉对顾客的影响效果。聪明的卖糕人正是巧妙地利用了顾客的这种极其微妙的心理活动变化，并实实在在地做到了童叟无欺，使糕摊处地利、人和之优势而终日生意红火。可见，总是“一刀准”“一抓准”也不见得就是好事，不见得就是良好服务的标志。

【学习与思考】

为什么“一刀准”“一抓准”不见得就是好事？你能用生活中的实例来说明吗？

4. 知觉在市场营销中的作用

(1) 知觉的选择性有助于消费者确定购买目标。

有明确购买目标的消费者走进商场后，能很快地在琳琅满目的商品中选择出所要购买的商品，相应地那些与既定目标不符的商品就成为知觉对象的背景，消费者对其或视而不见，或感知模糊，这是知觉的选择性作用的结果。知觉的选择性可以运用于商业设计中。如：在柜台布置上，利用灯光的照射可以使摆放在货架上的商品更加高贵、典雅；广告中借助背景音乐、色彩搭配等的衬托，会加深消费者对商品的知觉。

案例 2-4

奇瑞 QQ——年轻人的第一辆车

2003 年“世界上最酷的小车”——奇瑞 QQ 轿车在上汽集团奇瑞汽车有限公司正式上市。首批投放市场的奇瑞 1.1 升舒适型车型售价仅为 4.98 万元。从外观上看，奇瑞 QQ 活泼可爱的设计让人眼前一亮，前大灯犹如两个快乐的大眼睛，前格栅好似一个小嘴巴，将时尚的感觉发挥到极致（如图 2-11 所示）。该车根据年轻人的不同喜好进行了红、黄、蓝、绿、白、粉等时尚颜色的设计。从内部空间上看，QQ 比大多数微型轿车要长、宽、高，车型紧凑，内部空间更宽敞，即使五个成年人坐进去也不会感觉拥挤。

图 2-11 奇瑞 QQ 轿车

奇瑞 QQ 秉承了奇瑞“造中国老百姓买得起的具有世界品质的轿车”的宗旨，造就了一款极富个性魅力的小车。其定位为“一款目前国内经济型车中配置最高、最时尚的小型车，是年轻人购买的第一款车”，其为年轻人精心设计了时尚的汽车外形、宽大的内部空间、强劲的动力和精致的内饰，突出了“快乐”的主题，引领了当年中国微型轿车的新潮流。在这个崇尚个性的年代，滚滚车流中的奇瑞 QQ 能让人眼前一亮、心神一震，一种莫名的快乐从心底涌起。同时，在汽车还属于高档消费品的当前，奇瑞 QQ 的超低价位为年轻时尚却缺乏一定购买力的消费者提供了购车机会，成为年轻人的理想选择。

【学习与思考】

奇瑞 QQ 打动众多年轻消费者的主要原因是什么？

(2) 知觉的整体性与理解性有助于提升广告的效果。

知觉的整体性使得具有整体形象的事物比局部、支离破碎的事物更具有吸引力和艺术性。如：一幅宣传“随身听”的路牌广告上，一位健美的年轻姑娘，身着运动衫和牛仔裤，头戴耳机，腰间挎着“随身听”，骑在自行车上，两旁绿叶清风，姑娘微笑前行，画面勾勒了“随身听”与消费者生活的密切联系——减轻旅途疲劳，提高情趣，高雅不俗。

该广告把着眼点放在与商品有关的整体上比单纯地画上一个录放机，配上死板的文字说明效果更为突出。

知觉的理解性要求企业在广告中要针对购买对象的特性向消费者提供信息，其方式、方法、内容、数量必须与信息接收人的文化水平和理解能力相吻合，保证信息能够被迅速、准确地理解和接收，否则就会劳而无获。如：20 世纪 60 年代，美国的一个啤酒商重金聘请了一个著名的滑稽表演团做电视广告宣传其产品，尽管广告获了奖，可啤酒的销量并没有因此而增加，后经调查方知，欣赏这一广告的消费者阶层很少喝啤酒。

(3) 知觉的恒常性有助于系列产品的销售。

知觉的恒常性使消费者对名牌企业的商品形成良好的印象，并成为该品牌的忠实消费者。如“美的”空调成为名牌后，同一品牌的系列产品也会获得消费者的好感。但如果原有的同类产品名誉不佳，在创造一种新产品时，必须使消费者能觉察到两者间的差别，才不至于将两者混为一谈。

二、注意与记忆

(一) 注意

1. 注意的含义

注意是人的心理活动对外界一定事物的指向与集中。注意这种心理现象是普遍存在的，人只要是处于清醒状态，每时每刻都在产生着注意的心理活动。如：学生上课听课，要聚精会神地听老师讲课；工人开动机器生产，要全神贯注在操作上；生活中品尝食物味道、闻气味等也都有注意活动发生。注意与认识、情感、意志等一切心理活动紧密相连，并贯穿认识活动的全过程。

注意有指向性和集中性两个特点。指向性是指心理活动有选择地反映一些现象而离开其余对象，如“听而不闻”“视而不见”就是对某些对象的屏蔽。集中性是指心理活动停留在被选择对象上的强度或紧张度，如“聚精会神”就是对高度集中的描述。指向性表现为对出现在同一时间的许多刺激的选择；集中性表现为对干扰刺激的抑制。

2. 注意的分类

根据产生和保持注意有无目的和意志努力程度，注意可分为无意注意和有意注意。两者既互相联系，又相互转换。

(1) 无意注意。

无意注意是指不是事先预定的目的，不需要做意志努力，而不由自主地指向某一对象的注意。如消费者到商店想购买甲商品，无意中看到乙商品，觉得不错，对乙商品的注意就属于无意注意。

(2) 有意注意。

有意注意是指自觉的、有预定目的的、必要时还需做一定意志努力的注意。它受到人的意识的自觉调节与支配。如消费者在嘈杂的商店里专心选择欲购买的商品，学生在吵闹的环境中看书，司机在马路上开车等都是有意注意。

案例2-5

脑白金最新广告，敢情可以更无聊吗？

“如果脑白金让您睡眠改善，请为脑白金点赞一次！

如果脑白金让您润肠通便，请为脑白金点赞一次！

如果脑白金助您年轻态，请为脑白金点赞十次！

如果脑白金对你无效，请吐槽一百次！

有效才是硬道理，请为脑白金点赞！”

你并没有看错，此乃脑白金最新的TVC广告，它再次缔造了广告界的神话，把之前“今年过节不收礼呀，收礼只收脑白金”的老头老太系列广告刷新到了一个新水准。

脑白金从2001年起，便以一对二次元老头老太载歌载舞的广告画面（如图2-12所示）和“病毒式”营销手法成功将广大消费者洗脑，一句“今年过节不收礼呀，收礼只收脑白金”，一唱就是十几年，而广告也从未改变过“送礼”这一主打诉求。而最近推出的这一“请为脑白金点赞”广告却是画风突变，满屏都是点赞点赞点赞，那对熟悉的荧幕情侣也已悄悄下线，唯一不变的是脑白金系列广告那份持之以恒的“无聊”。

图2-12 脑白金广告

脑白金此番究竟是灵感顿悟，想赶一把年轻人点赞的时髦节奏，还是玩腻了今年过节不收礼的梗，想给自身来点突破？一句“如果脑白金对你无效，请吐槽一百次！”究竟是在为自己加戏还是挖坑？又或是，脑白金实际上对消费者的心理明白得很，推出这样的广告只是为了博关注、炒话题？

资料来源：http://www.adquan.com/post-1-33112.html.

【学习与思考】

脑白金广告被普遍认为很“烂”、很“无聊”，为什么脑白金却卖得好？

3. 注意在营销活动中的作用

（1）用多元化的经营手段调节消费者在购物中的注意转换。

多元化的经营有利于延长消费者购物时的停留时间，创造更多的销售机会，同时也使消费者享受购物的乐趣。如目前国内很多大型零售企业都集购物、娱乐、休闲、餐饮等于一体，满足了消费者全方位的消费需求，使消费者在购物时，时而有意注意，时而无意注意，时而忙于购物，时而消遣娱乐。

（2）发挥注意的心理功能，引发消费需求。

在企业的营销活动中，正确地运用和发挥注意的心理功能，采取有效的刺激手段，能引发消费者的无意注意，并帮助其由无意注意转移到有意注意，从而引起消费者的需求。

案例 2-6

贵州茅台酒曾在 1915 年的巴拿马万国博览会上获得金奖，注意在这里立了头功。博览会初始，各国评酒专家对其貌不扬、装饰简陋的中国茅台酒不屑一顾。我国参展人员急中生智，故意将一瓶茅台酒摔碎在地上，顿时香气四溢，举座皆惊。从此，茅台酒名声大振，成为世界名酒。

【学习与思考】

参展人员运用了什么方法使茅台酒在博览会上获得成功?

(3) 利用成功的广告宣传引起消费者的注意。

在广告宣传中要创新性地利用刺激物的内容、措辞、色彩、强度、大小、位置、活动、对比及时间间隔等特点来引起消费者的注意，而内容空泛、不知所云、没有创意的广告是很难引起消费者的注意的。

(二) 记忆

1. 记忆的含义

记忆是人脑对过去经历过的事物的反映，是人们对自己过去感知过的事物、思考过的问题、体验过的情感、进行过的行为与活动等，在大脑中的储存及提取。消费者在每一次购买活动前，既需要了解新信息、新知识，也需要参照过去的知识、经验和对商品的情感体验。在进行消费活动时，消费者通过记忆的心理过程，自觉地利用识记材料对商品进行评价判断，有助于全面、准确地认识商品，做出正确的购买决策。记忆的心理过程主要由识记、保持、回忆和再认四个环节组成，它们彼此相互联系、相互制约。

2. 记忆的分类

(1) 根据记忆内容的不同分类。

形象记忆，是指把感知过的事物的形象作为内容的记忆。消费者对商品的外在的形状、大小、颜色、声音、气味、味道等的记忆即属于这种记忆。人脑对事物的形象记忆能力往往强于对事物内在逻辑联系的记忆，它与形象思维相联系，随形象思维而发展。如很多到肯德基就餐的儿童不一定认识“KFC”，却一定认识店门口的“肯德基爷爷”（如图 2-13 所示）。

图 2-13 肯德基爷爷

逻辑记忆，是指对事物的意义、性质、关系等抽象内容的记忆，如关于商品质量、功能、质量标准、使用效果测定等的记忆。这种记忆是通过语言的作用和思维过程加以实现的。它是人类所特有的、具有高度理解性、逻辑性的记忆，是记忆的较高级形式。

情绪记忆，是指以体验过的情绪和情感为内容的记忆。它可以激发消费者重新产生过去曾体验过的情感，成为某种心境出现的原因。如20世纪80年代麦氏咖啡在中国大陆的广告语“滴滴香浓，意犹未尽”（如图2-14所示），把咖啡的醇香与消费者内心感受结合起来，展现了喝咖啡时的那种意境。

图2-14　麦斯威尔咖啡广告

运动记忆，是指以做过的运动或者动作为内容的记忆。如消费者对在超市购物的过程，即从进场挑选到行走路线直至成交结算的动作过程的记忆。运动记忆对于消费者形成各种熟练选择和购买技巧非常重要。

（2）根据记忆保持时间长短的不同分类。

瞬时记忆，又称为感觉记忆，是指在感觉后立即产生的极为短暂的记忆。这种记忆保持的信息量较大，但这些信息都处于相对地未经加工的原始状态，且保持时间通常只有0.25～2秒，瞬息即逝。如果对瞬时记忆加以注意，或者说当意识到瞬时记忆的信息时，信息就被转入短时记忆。如：你现在可能正躺在靠椅上看书，但你能听得到电视里传来的声音，闻得到屋外飘来的花香，也能感觉得到靠椅的舒适……所有这些感觉在你看书时都是存在的，只是你在书上投入太多的注意而几乎没有意识到它们。

短时记忆，又称为工作记忆，是指外界刺激以极短的时间一次呈现后，保持在1分钟以内的记忆。这种记忆保持的信息量有限，易受干扰而遗忘，却是有意识的记忆。如：告诉你一个手机号码，打过之后很可能你就忘了；或者当告诉你的号码说到一半时，你的手机突然响了，你可能就不记得前面已经告诉过你的号码了。短时记忆经过复述，可以转入长时记忆。

长时记忆，是指保持许多年甚至终身的记忆。与短时记忆相比，长时记忆的信息容量非常大，它是对短时记忆反复加工的结果，对消费者知识和经验的积累具有重要作用，但长时记忆也可能由于不及时重复或受干扰而被遗忘。

知识链接

德国心理学家艾宾浩斯对遗忘现象做了系统的研究，他用无意义的音节作为记忆的材料，把实验数据绘制成一条曲线，称为艾宾浩斯遗忘曲线。

这条曲线也称艾宾浩斯保持曲线，它的纵坐标代表保持量。曲线表明了遗忘发展的一条规律：遗忘进程是不均衡的，在识记的最初遗忘很快，以后逐渐缓慢，经过一定的时间，几乎就不再遗忘了，也就是遗忘的发展是“先快后慢”。遗忘的进程不仅受时间因素的制约，也受其他因素的制约。学生最先遗忘的是没有重要意义的、不感兴趣、不需要的材料；对无意义的音节的遗忘速度快于对散文的遗忘，而对散文的遗忘速度又快于有韵律诗。

同时实验发现，在学习过程中，对一种材料达到一次完全正确的背诵后仍然继续学习，叫作过度学习。适当的过度学习可以使学习的材料保持得更好。研究结果表明，适当限度的过度学习比刚能背诵的效果好，但如果超过这个限度，其保持效果不再增加。

实验发现，遗忘遵循“先快后慢”的原则，并且不同的记忆材料有不同的遗忘曲线。如图2-15所示，无意义音节遗忘速度最快，而诗和散文的遗忘相对较慢。不同的人也有不同的艾宾浩斯记忆曲线，我们在学习过程中，如果很好地把握自己的遗忘曲线，及时地复习和巩固，可以在很大程度上缩短我们的学习时间，并达到更好的学习效果。

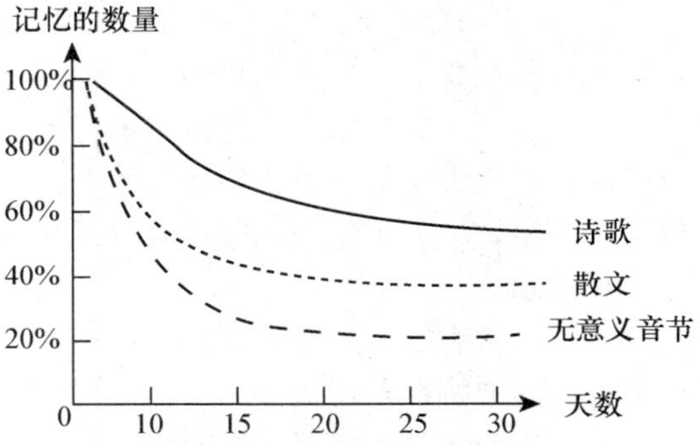

图2-15　艾宾浩斯遗忘曲线

3. 记忆在营销活动中的作用

在市场营销过程中，记忆对于消费者购买活动起到深化和加速认识的作用，它在一定程度上决定着消费者的购买行为。

(1) 帮助顾客明确购买目的，促成顾客有意记忆。

实验证明，有意识记忆比无意识记忆的效果好得多。根据这一规律，经营者应主动介绍宣传商品，帮助顾客明确购买目的，以形成顾客的有意记忆，促成购买。

(2) 使信息内容通俗易懂、喜闻乐见，以增强顾客的记忆。

实验表明，建立在理解基础上的有意识记效果好，机械识记效果差。因此，经营者应注意通过喜闻乐见的形式将信息传递出去，使顾客易于接收和理解，增强记忆和信息传递效果。

(3) 吸引顾客积极参与各种活动，以增强顾客记忆。

运动记忆保持的时间比较长，记忆效果好。因此，经营者应注意采取措施吸引顾客积极地参与商品的使用活动，调动其积极性以增强消费者对商品的记忆，如让顾客进行实际操作（健身器）或让顾客品尝食品等。

(4) 利用不同位置增强顾客的记忆。

实验表明，识记对象在材料中的位置不同，记忆效果或遗忘的情况也会有所不同。一般来讲，材料的中间部分容易忘记，首尾部分容易记住。因此，陈列商品、播放广告、刊登信息时，都要利用不同位置增强顾客的记忆。

(5) 增进与顾客的感情，增强顾客的记忆。

情绪与情感是影响顾客记忆的因素之一，情绪处于愉快、兴奋、激动的状态中，记忆效果好，保持时间长。因此，经营者应为顾客提供积极、主动、热情、耐心、周到的服务，使顾客产生积极的情感体验，增强顾客的记忆。

三、想象与思维

(一) 想象

1. 想象的含义

想象是指人在头脑里对已有的表象进行加工、改造、重新组合形成新形象的心理过程。表象是客观事物在人脑里保留的形象。想象是一种特殊形式的思维，是形象思维的高级形式，具有形象性和新颖性两个特征：形象性表现为它生成的主要是直观生动的图形信息，而不是词和符号；新颖性表现为它是在已有表象的基础上产生的有关事物的新形象，这些新形象是主体没有直接感知过的事物。

2. 想象的分类

根据新形象的形成有无目的性，可以把想象分为无意想象和有意想象。

(1) 无意想象，也称不随意想象，是人们没有预定目的，不由自主、自然而然地引起的想象，是想象中最简单、最初级的形式，常由客观事物的某些外在特征所引起。如：看到某位明星，一下想象到他很像自己的某位亲友；人睡眠时做的梦，由药物引起的幻觉，都是无意想象。

(2) 有意想象，也称随意想象，是人们有预定目的、自觉进行的想象。根据有意想象的新颖性、独特性和创造性的不同，又可分为再造想象和创造想象。

再造想象，是指根据词语的描述或非语言（图样、图解、符号等）的示意，在头脑中产生有关事物新形象的过程。再造想象中形成的新形象的新颖性、独立性、创造性成分比较小，但差异较大，因为人们的经验、兴趣、爱好和能力不同，再造的形象也就不会相同。

案例 2-7

宋徽宗的考题

我们知道，除却君王，宋徽宗是画家，是诗人，是书法家。父辈打下来的江山正值盛世，国泰民安，他倒也简单天真，顺势把全部的心思用在了自己热爱的事情上，他过的日子应该是所有艺术家梦想中的生活，在那个时代，他的生活是洋溢着墨香和浓浓的文艺范儿的。

宋徽宗最大的举措之一便是担任了“翰林图画院”院长，放着皇帝不当，兢兢业业地当起美术教授，编写教材，亲自授课，培养美术人才。

为了把最优秀的人才吸收到画院，宋徽宗建立考试制度，将其正式纳入科举考试之中，称“绘画试”。分佛道、人物、山水、鸟兽、花竹、屋木六科，摘古人诗句作为考题，要求考生画出诗句的意境，构思巧妙，不落俗套，做到笔意俱全。

不仅如此，宋徽宗还亲自出考题，亲自主考，亲自批卷，专业素质、创新意识考查样样不落下，综合素质过硬的人才能被录取进入画院。

宋徽宗曾出考题：“深山藏古寺”，部分考生的作品如图 2-16 所示。

(a)　　(b)　　(c)

图 2-16 “深山藏古寺”作品

资料来源：http://www.sohu.com/a/147626083_202215.

【学习与思考】

上述考生的作品中，你觉得哪一幅更能反映“深山藏古寺”这种再造想象的寓意，为什么？

创造想象，是指不依据现成描述而独立地创造出新形象的想象过程。在创造新产品、新技术、新作品时，人脑所构成的新事物的形象都是创造想象。它的特点是新颖、独创、奇特。如，作家所创作的艺术形象虽来源于生活，但它又高于生活。工程师发明的新机器，虽然综合了许多机器的特点，但它又具备前所未有的新性能、新造型，因此它比再造想象更加复杂、更困难。它需要对已有的感性材料进行深入的分析、综合、加工、改造，在头脑中进行创造性的构思。创造想象在人的实际创造活动中是非常重要的，它是一切创造性活动的必要组成部分。

3. 想象在营销活动中的作用

(1) 消费者在评价商品时常伴随着想象活动的进行，这对于发展和深化消费者的认识有重要作用。如消费者在购买服装时，常常把服装穿在身上边照镜子边欣赏、边想象，对服装进行评价。这些都会极大地激发消费者的购买欲望，从而导致购买行为。

(2) 运用想象提高广告效果。利用事物间的内在联系，用消费者熟知的形象来比喻广告的形象或特点，以激发消费者有益的想象，从而加强刺激的深度与广度。

(3) 营销成交率的高低在很大程度上取决于营销人员的再造想象运用。如一位销售天蓝色瓷砖的销售员用一句话打动了顾客：“在卫生间铺上这种天蓝色的瓷砖，您沐浴时就有置身于大海的感觉。”此外，在摆放商品、陈列橱窗、介绍商品和展示商品等业务中，也都可以发挥再造想象。

(二) 思维

1. 思维的含义

思维是人脑对客观事物间接的和概括的反映，是认识过程的高级阶段。思维具有间接性和概括性两个主要特征。间接性是指以作用于感觉器官的事物为媒介，借助知识经验来间接认识客观事物。如：有的消费者对某种羽绒制品的性质、质量不了解，但可以通过对这种羽绒制品的感知表象如手感、轻重、保暖性等，借助已有的知识经验，间接地认识它的质量和性能。概括性是指通过对同一类事物的共同的、本质的特征或事物间规律性的联系来认识事物。如：消费者在购买过程中多次感知到名牌商标与商品质量之间的联系，从而得出“名牌商品质量好、信得过”的认识。

思维是一个复杂的心理活动过程，是把感性认识升华到理性认识的阶段。它以感觉、知觉、表象提供的感性材料为基础，其过程包括分析、比较、抽象、综合、概括、系统化和具体化的过程。

2. *思维的分类*

（1）根据思维过程所凭借对象的不同分类。

形象思维，是指利用直观形象对事物进行分析判断的思维。

逻辑思维，又称抽象思维，是指利用概念、判断、推理等基本形式来达到对事物的本质特征认识的思维，是高级的思维形式。

（2）根据思维探索目标的不同分类。

聚合思维，是指从已知信息中产生逻辑结论，从现成资料中寻求正确答案的一种有方向、有条理的思维方式。聚合思维法又称为求同思维法、集中思维法、辐合思维法和同一思维法等。聚合思维法是把广阔的思路聚集成一个焦点的方法。它是一种有方向、有范围、有条理的收敛性思维方式，与发散思维相对应。

发散思维，又称辐射思维、放射思维、扩散思维或求异思维，是指大脑在思维时呈现的一种扩散状态的思维模式，它表现为思维视野广阔，思维呈多维发散状。不少心理学家认为，发散思维是创造性思维的最主要的特点，是测定创造力的主要标志之一。

（3）根据思维创新程度的不同分类。

常规思维，是指人们根据已有的知识经验，按现成的方案和程序直接解决问题的思维。

创造性思维，是一种具有开创意义的思维活动，即开拓人类认识新领域、开创人类认识新成果的思维。创造性思维是以感知、记忆、思考、联想、理解等能力为基础，以综合性、探索性和求新性为特征的高级心理活动，需要人们付出艰苦的脑力劳动。

3. *思维在营销活动中的作用*

（1）利用思维的变通性，灵活进行经营活动。

利用思维的变通性，根据客观情况的变化，不拘泥于原来的思维模式、方案、假设，运用已有的知识、经验，灵活地思考问题和解决问题。

（2）利用思维的敏捷性迅速抓住商机。

利用思维的敏捷性，迅速地抓住商机以适应市场变化，为企业创造巨大的财富。如：2006 年“超级女声”选秀活动大获成功，蒙牛集团迅速抓住这一机会，成为“超级女声”活动的赞助商，从而使蒙牛集团的销量和知名度大幅度提升。

（3）利用思维的创造性，开创性地提出解决问题的途径。

思维的创造性使人们从不同的角度思考问题，开创性地提出新观念，研发新产品，提出解决问题的新途径。如长期以来，瑞士手表一统天下，日本西铁城手表公司为了开拓澳大利亚市场，挖空心思地想出了一种极具创意的推销方法：他们采用直升机从高空向地面指定的广场投掷手表，引来成千上万的人前来观看，当观众从地上捡起“摔”下来的手表时，发现“西铁城”牌手表竟然完好无损，还在“嘀嗒、嘀嗒”地走着，于是，西铁城手表在澳大利亚名声大振。

任务二　消费者的情感过程

消费者在消费活动过程中，不仅受理智控制，还被情感所左右。消费活动过程既是认识不断发展的过程，也是情感不断变化的过程。

一、消费者情感过程的含义

消费者的情感过程是建立在消费者对商品的认知过程基础上的，是消费者对商品或服务是否符合自身需要而形成的态度和体验，是对二者之间关系的反映，对购物行为起着促进或阻碍作用。消费者的情感过程包括情绪和情感两个方面，人们通常把纷繁复杂的情绪和情感统称为感情。

情绪是指短时间内的与生理需要相联系的一种体验，是由特定的条件引起的，并且随条件的变化而变化，往往具有短暂性、情景性、不稳定性、外露性和冲动性，是较低级的、表层的心理现象，如，喜欢、气愤、忧愁等情绪形式。情感是长时间内与人的社会性需要相联系的一种稳定的、持久的体验，具有较强的深刻性、长期性和稳定性，是较高级的、深层的心理现象，如道德感、荣誉感、集体感、理智感、美感等。

在日常生活中，人们对情绪和情感并不做严格区分。实际上，二者有着密切的联系：一方面，消费者的情绪的各种变化一般都受已形成的情感所制约；另一方面，个人的情感又总是体现在他的情绪之中。从某种意义上看，情绪是情感的外在表现，情感是情绪的本质内容。同时情绪和情感是可以相互转化的，情绪长期积累，就会转化为情感，而情感在一定条件下，也会以鲜明的、爆发的形式表现出来，表现为一种强烈的情绪。

二、情绪、情感的类型

（一）情绪的类型

人类有几百种情绪，按照情绪状态（情绪发生的速度、强度和持续时间）可将情绪分为心境、激情和应激三种。

1. 心境

心境是一种微弱、弥散和持久的情绪，也即平时说的心情。心境的好坏常常是由某个具体而直接的原因造成的，它所带来的愉快或不愉快会保持一个相对较长的时段，影响着人的行为表现。如：愉快的心境能使消费者精神抖擞，思维活跃，待人宽容，增加对商品、服务、购物环境的满意度，从而实现购买行为；反之，则会使消费者萎靡不振，感知和思维麻木、多疑，感觉事事不如意，从而阻碍购买行为。

2. 激情

激情是在一定场合当场发作的一种猛烈、迅疾，但持续的时间不长的情绪，类似于平时说的激动。激情通过激烈的言语爆发出来，是一种心理能量的宣泄，如痛苦、狂喜、暴怒、恐惧、绝望都属于这种情绪状态。积极的激情与理智和坚强的意志相联系，它能激励人们克服困难，成为正确行动的巨大推动力；消极的激情则会使人自制力和控制力下降，缺乏自信心，不能克服困难。因此，企业和营销人员要尽可能地避免对消费者的不良刺激，引导消费者产生积极的激情，愉快地进行购买活动。

案例2-8

范进中举（摘选）

报录人见了道："好了，新贵人回来了。"正要拥着他说话，范进三两步走进屋里来，见中间报帖已经升挂起来，上写道："捷报贵府老爷范讳进高中广东乡试第七名亚元。京报连登黄甲。"

范进不看便罢，看了一遍，又念一遍，自己把两手拍了一下，笑了一声，道："噫！好了！我中了！"说着，往后一跤跌倒，牙关咬紧，不省人事。老太太慌了，慌将几口开水灌了过来。他爬将起来，又拍着手大笑道："噫！好！我中了！"笑着，不由分说，就往门外飞跑，把报录人和邻居都吓了一跳。走出大门不多路，一脚踹在塘里，挣起来，头发都跌散了，两手黄泥，淋淋漓漓一身的水。众人拉他不住，拍着笑着，一直走到集上去了。众人大眼望小眼，一齐道："原来新贵人欢喜疯了。"

【学习与思考】

试分析范进处于何种心理状态，为什么出现这种状态。

3. 应激

应激是在出乎意料的紧迫与危险情况下引起的高速而高度紧张的情绪状态。应激的最直接表现即精神紧张。一般会出现两种不同的反应：一种是头脑清醒、急中生智，动作反应快而及时排除困难险情；另一种是惊慌失措，陷入一片混乱之中，做出不适当的反应。在应激状态下，人们的反应是与每个人的性格特征、知识经验以及意识品质等密切相关的。在营销活动中，应尽量避免不必要的应激状态的出现；如果出现应保持头脑冷静，保证营销工作的成功。

（二）情感的类型

按情感的社会内容可将情感分为道德感、理智感和美感。

1. 道德感

道德感是根据社会道德标准去评价自己或他人的思想、意图和言行时产生的情感体验，如同情、反感、眷恋、疏远、尊敬、轻视、感激、爱、憎等，都属于道德感。

道德感是针对客观对象与主体所掌握的道德标准之间关系的一种心理体验。当自己或他人的思想、意图、行为举止符合这些标准时，对自己就会产生自豪、满意等肯定的情感体验，对他人会产生肃然起敬、尊重等情感；反之，对自己会产生自责、内疚等情感，对他人会产生厌恶、鄙视等情感。企业及营销人员应具有高尚的职业道德感，不能通过有失职业道德的手段牟取非法利益。

2. 理智感

理智感是在智力活动中，认识和评价事物时所产生的高级情感体验。与人的认识活动、求知欲、兴趣、解决问题和对真理的探索等社会需要相联系。求知感、怀疑感、幽默感、好奇感等均属于理智感。如：在购买活动中，消费者需要得到有关商品的信息，如果他们的求知欲得到了满足，就会产生理智感，这对消费者的购物活动起着重要的推动作用。

3. 美感

美感是人们根据自己的审美标准对自然或社会现象及其在艺术上的表现予以评价时产生的情感体验。由于人们的审美需要、审美标准、审美能力不同，对同一对象的美感体验也就不同，但在同一群体中，往往会持有基本相同的审美标准。如人们对商品各有所好，但对时尚、潮流商品的追求却有普遍性。生产企业应根据消费者对美的不同要求进行不同的产品设计，满足人们不同的心理情感需求。

案例 2-9

南方黑芝麻糊——中国首个打“温情牌”的电视广告

1992 年，中国的电视观众都被一则朴实、温馨、怀旧的广告感染了，沉浸在一片温情脉脉中。南方黑芝麻糊成为中国温情电视广告的鼻祖，获得空前成功。

麻石小巷，黄昏，挑担的母女走进幽深的陋巷，布油灯悬在担子上，晃晃悠悠。小男孩挤出深宅，吸着飘出的香气，伴着木屐声、叫卖声和民谣似的音乐。

画外音：“小时候，一听见芝麻糊的叫卖声，我就再也坐不住了。”

小男孩搓着小手，神情迫不及待，大铜勺提得老高，往碗里倒芝麻糊。小男孩埋头猛吃，碗几乎盖住了脸。研芝麻的小姑娘新奇地看着他。站在大人的背后。小男孩大模大样地将碗舔得干干净净，小姑娘捂着嘴笑。卖芝麻糊的母亲爱怜地又给他添了一勺，轻轻地抹去他脸上的残糊。小男孩抬头，露出羞涩的感激之情。

画外音：“一缕浓香，一缕温暖。”如图 2-17 所示。

图 2-17　一缕浓香，一缕温暖

古朴的街景，旧日的穿着，橘红色的马灯，熟悉的叫卖声，共同构成了一幅立体的画面。

【学习与思考】

查看该广告视频，试分析该广告是怎样打动消费者内心情感的?

知识链接

消费者情感的外部表现

消费者在某些特定刺激的影响下改变了正常活动而引起情感发生时，有机体的内部和外部会发生一系列的变化。内部变化表现在各种生理反应上，如呼吸加快、心跳加速、血压升高等，外部变化则主要体现在人的表情上。表情是情绪和情感的外部表现，它有三种基本形式。

一、面部表情

情绪和情感表现在面部上称为面部表情，面部表情是三种表情形式中最为丰富、最为重要的一种。消费者的喜、怒、哀、乐等都通过不同的面部表情表现出来。例如：高兴时笑容满面，悲哀时哭丧着脸；见到所喜欢的商品，就会较长时间地盯着看，而很快中断目光接触，则表示对其缺乏兴趣。总之，消费者在消费活动中各种复杂的心理感受和情感变化都会通过不同的面部表情表现出来。

二、言语表情

情绪和情感表现在说话的声调、速度、节奏、音量等方面称为言语表情。比如悲哀时音调低沉、言语缓慢、语调高低差别较小；而音调高、言语速度快、语调高低差别较大则说明人具有喜悦之情；人在愤怒时，声大音高且颤抖。即使同一句话，由于说话人在音速、音调、语气上的差别，也会表达出不同的情感。例如“你好”这句话，用不同的声调说出来，既可以表现出热情、友好、亲切、愉快，又可能表现出冷淡、不满、蔑视、怨恨等多种情感。

三、体态表情

情绪和情感表现在身体的姿势、动作上称为体态表情，如欢乐时手舞足蹈、悲痛时号啕大哭、气愤时捶胸顿足、兴奋时拍手鼓掌。事实上，人体姿态或站、或蹲、或举手、或垂头，都各有一定的含义，都表现出某种情感状态。身体姿势有助于情感的表达，也有助于人们对情感的识别。

三、消费者情感的主要影响因素

（一）购买环境的影响

消费者的情感变化受购物场所的制约。如果购物场所舒适优雅，消费者就会产生愉快、满意的情绪，反之，则会引起否定的情感。从消费者购物活动来看，直接刺激他们的感官，导致情感变化的场所因素有购物场所的设施、温度、光线、照明、色彩、气味、音响以及营销人员的精神风貌等。

（二）商品属性的影响

消费者购买的商品关系到消费者的切身利益，因此对商品属性的认识是影响消费者情感的最主要因素。商品的质量、色彩、造型、样式、性能、价格、包装、商标等属性，是否符合消费者的需要，能否激发消费者的兴趣和想象，都会对消费者的购物情绪和行为产生重要影响。因此，在购买活动中，应尽量为消费者提供能充分满足其需要的各种商品属性。

（三）服务的影响

一方面是营销人员的服务质量。如果营销人员主动热情、耐心周到地为顾客服务，那么顾客就会有一种受到尊重的感觉，会经常光顾这家商场；反之，如果态度冷淡，举止粗鲁，会让消费者觉得很别扭并留下恶劣的印象。另一方面是售后服务。如果商家或厂家的售后服务搞得好，就会使消费者没有后顾之忧，即使商品在购后使用中出现了问题，消费者也能得到及时有效的服务。这样，消费者才会真正满意。

四、情绪、情感在营销活动中的作用

情绪与情感对于消费行为的作用有积极的一面，也有消极的一面。人的情绪与情感本身包含了肯定与否定的两种极性，即愉快与不愉快、喜欢与不喜欢等。而在两极之间，还有强度的变化。愉快的情绪及对商品所持有的喜欢的体验，都会对消费行为产生积极的作用，推动消费行为进行的速度；反之，则只能对消费行为起消极的作用。不过，由于消费者的情绪与情感特别是情绪易受到各种主、客观因素的影响与制约，因而两极性是可以彼此转化或相互融合的。

消费者在购物场所中，一般表现出一些情绪性的反应，而消费者在长期的购物过程中，又会形成一些稳定的情感体验，这些情感体验以及相应的态度必然要带到每一次购物行为中去。商场和营业人员应从两个方面来处理顾客的情绪情感问题：一要尽量创造出舒适的购物环境，以优良的服务质量和热情态度来接待每一位消费者，尽量为每一位消费者营造愉快的心情；二要在消费者心目中树立商业企业的良好形象，使消费者能够长久地对该企业持有良好的情感。

任务三　消费者的意志过程

消费者经历了认识过程和情感过程之后，是否采取实际的购买行动，还有赖于消费者心理活动的意志过程。

一、消费者意志过程的含义

消费者意志过程就是消费者在认识的支持和情感的推动下有目的地、自觉地支配和调节自己的行动，克服各种困难，实现既定的购买目标的心理过程。

意志对心理的调节主要表现为调节人的认识活动和情绪活动。如：排除干扰、专心学习等，是意志对认识活动的调节；遇到危险时，保持镇静或自我安慰是对情绪的调节。意志对行为的调节有发动和抑制两个方面。发动是推动人去进行为达到预定目的所必需的行动；抑制是阻止不符合预定目的的行动。意志对行为的调节并不是轻而易举的，有时会遇到各种困难。意志过程的实现往往与克服困难相联系，克服困难意味着对行动预定目的的坚持。

二、消费者的意志品质

消费者的意志品质是其意志的具体体现，在实际消费活动中，有些消费者购买商品时果断、迅速、沉着、冷静、独立性强，而有些消费者则犹豫、彷徨、冲动、草率、独立性差。消费者的这些不同表现，一方面是由他们的个性特征不同决定的，另一方面则反映了他们意志品质的差别。

（一）自觉性

自觉性是指消费者在购买行动中有明确的目的，能充分认识自己行动的正确性、合理性以及行动的结果。自觉性高的消费者购买目的明确，动机清楚，不盲从、不鲁莽、不独断，既能吸取别人的正确意见，又能不受别人错误意见的干扰，购买行为有计划、有权衡。缺乏自觉性的消费者则往往缺乏信心和主见，易受他人影响，盲目、独断，购买行为缺乏计划和条理。

（二）果断性

果断性是指消费者能够迅速地分析购买过程中发生的情况，不失时机地做出购买决策并坚决执行决策。果断不同于轻率，它是以有充分的根据、经过周密思考为前提的。果断的消费者不仅善于当机立断做出购买决定和执行决定，还善于等待、把握时机。做事不果断的消费者则优柔寡断，缺乏主见，往往错失良机，或者鲁莽草率，造成购买决策失误。

(三) 坚韧性

坚韧性是指消费者以坚韧的毅力、顽强的精神克服困难，来完成各种艰巨复杂的购买任务的品质，即通常所说的毅力。坚韧性较强的消费者能抵御各种诱惑的影响，坚持不懈、不辞辛苦，能千方百计地完成购买计划；反之，消费者容易受各种诱惑的影响，见异思迁、半途而废，购买活动的效率和成功率较低。下面是消费者坚韧性强的事例：

2006年德国世界杯足球比赛的地点有12个，赛程从北京时间2006年6月10日至7月9日，历时一个月。世界各地的球迷蜂拥而至，为了观看比赛，许多铁杆球迷放弃了工作，忍受语言不通和气候、饮食习惯的差异，甚至买高价票。而且，各参赛球队的球迷还要追随球队在比赛城市之间辗转，更有甚者，到现场看球的巴西球迷为省钱而到德国的邻国波兰去住。这些球迷为了世界杯，已经达到了疯狂的地步，他们的坚强信念令人佩服！

需要注意的是，坚韧性不等于固执性。固执性是自以为是、固执己见，这类消费者即使发觉客观条件已发生了变化，或者有人提出更好的办法，甚至已经意识到自己的行为是徒劳无功的，仍一意孤行；而坚毅性则包含一定的灵活性，即消费者在客观条件发生变化时善于改变方法甚至停止行动，并能采取符合新条件的新行动。

(四) 自制性

自制性是指消费者善于控制自己与购买目的相违背的言行、克制自己的情绪和冲动。自制性反映意志调节的抑制机能，主要表现为能够约束自己，不干扰购买目的的实现。如：在购买商品时，营业员与顾客有时会发生矛盾，自制性强的顾客能控制自己的情绪坚持说理，不和对方争吵；而缺乏自制的顾客则容易意气用事，可能吵得面红耳赤，这既影响购买行为的完成，又会造成心理上的创伤。所以，消费者与营业员都应该培养自己的自制能力，以便更好地与对方交流。

案例 2-10

曾国藩与小偷

曾国藩（见图2-18），中国近代政治家、战略家、理学家、文学家，湘军的创立者和统帅，洋务运动的发起者，被人推崇为千古第一完人。然而小时候的他天赋却不高，甚至可以说比较笨，学习起来非常吃力。

图 2-18 曾国藩

有一天晚上，他在家里读书，有一篇文章他重复读了很多遍，可就是背不下来。他就一遍一遍地读，一遍一遍地背。夜已经很深了，他仍然没有背下来。这可急坏了一个人。原来，他家来了一个小偷，就潜伏在他书房的屋檐下，想等他读完书睡觉之后再进屋偷点什么。可是小偷在屋外等啊等，就是不见曾国藩睡觉。小偷实在等不下去了，就十分生气地跳进屋子，对曾国藩说："就你这么笨还读什么书？"接下来发生的事情让曾国藩目瞪口呆：只见那小偷将那篇文章从头到尾很流畅地背诵了一遍，然后轻蔑地看了曾国藩一眼，扬长而去。

“勤能补拙是良训，一分辛苦一分才。”那小偷的记忆力真好，听过几遍的文章就能背下来，而且很勇敢，见别人不睡觉居然可以跳出来“大怒”，教训曾国藩之后，还要背书，然后扬长而去。但是遗憾的是，他名不见经传，曾国藩后来启用了一大批人才，按说这位贼人与他有一面之交，大可去施展一二，可惜，他的天赋没有加上勤奋，而不知所终。

【学习与思考】

了解一下曾国藩的生平，谈谈意志品质对人的事业成功有多重要。

三、消费者意志过程的阶段

意志行动的心理过程是一个极其复杂的过程，当消费者购买商品时，其意志行动的心理过程包括以下三个阶段。

（一）决策阶段

决策阶段包括购买动机的冲突及取舍，购买目的及购买对象的确定，购买地点、购买方式的选择，购买计划的制订等。这些选择有时取决于消费者对具体情况的认识和自身的经验，有时取决于不同购买动机之间的矛盾斗争。该阶段是意志开始参与的准备阶段。

（二）执行阶段

执行阶段是消费者把购买决定变为现实的购买行动的过程，是意志行动实现的关键阶段。在执行过程中，仍然有可能遇到种种困难和障碍，如商品的质量、价格、式样等有时并不完全符合消费者的要求。这就需要消费者进行比较和权衡。消费者不仅要有一定的智力、体力，甚至还要忍受种种不愉快的体验、遭受挫折，并要处理在准备阶段没有预料到的新情况。

（三）体验阶段

体验阶段是指消费者购买商品后的自我感觉和社会评价的过程。它表现在通过对购来的商品的使用及旁人的评价来反省、检验自己的购物行为是否明智，所购商品是否理想。并因此考虑是否重复购物或扩大购物，是鼓动别人还是劝阻别人购物。

四、认识过程、情感过程与意志过程的关系

认识过程、情感过程和意志过程是消费者心理活动过程中统一的、密切联系的三个方面，它们彼此渗透、相互作用、不可分割。认知解决“是什么”的问题，情感解决“为什么”的问题，意志解决“如何做”的问题。

（1）认识过程是产生情感的基础，情感过程也反作用于认识过程。积极的情感可以促进消费者认知的发展，消极的情感能抑制认识过程。

（2）认识过程是意志活动的前提，认知活动又离不开意志。人对客观事物的认识，离不开精细的观察、持久的注意和专注的思考，而且常常还会遇到各种困难，没有意志的参与和努力，这些都是无法做到的。

（3）情感可以推动或阻碍意志行为的实现，意志对情感也具有调节作用。积极的情感可以使人斗志昂扬，对人的行动起促进作用；消极的情感则会削弱人的斗志，阻碍人的意志行动的实现。如：当前很多家长强迫自己的孩子去学音乐或练体操，孩子以一种“不乐

意”的情绪被迫去学，缺乏主动积极的意志活动的参与，结果是可想而知的。而良好的意志品质可以控制不良情绪的影响，使人保持积极乐观的心境。如：《三国演义》中诸葛亮不念师友之情，挥泪斩马谡；一个得悉亲人遭遇不幸的演员强忍悲痛，按时登台表演。这些例子都体现了意志对情感的控制。

项目重点内容结构图

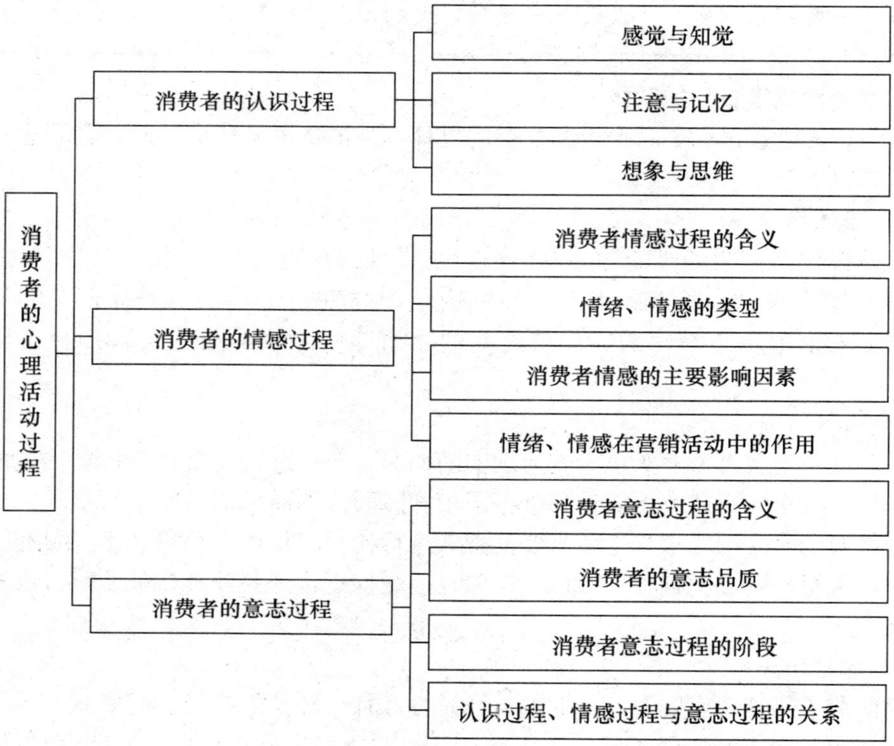

同步测试

一、选择题

1. 以下不是知觉的基本特征的是（　　）。

A. 整体性　　B. 理解性　　C. 选择性　　D. 综合性

2. “听而不闻”“视而不见”属于注意的（　　）。

A. 转移性　　B. 有限性　　C. 指向性　　D. 集中性

3. 记忆的心理过程不包括（　　）。

A. 识记　　B. 保持　　C. 推断　　D. 认知

4. 下列关于情绪和情感说法错误的是（　　）。

A. 情绪的表现比较短暂，不稳定　　B. 情感不容易改变，具有长期性和稳定性

C. 情感会在情绪中表现出来　　D. 情感不具有社会性

5. 一个人对自己的行为有明确的目的和认识，并能为实现目标而克服各种困难，这

体现了意志的（ ）品质。

A. 自觉性 B. 果断性 C. 坚韧性 D. 自制性

二、判断题

1. 消费者的心理活动过程主要有认识过程、情感过程和意志过程。（ ）

2. 感觉是人脑对直接作用于感觉器官的客观事物的整体反映。（ ）

3. 想象不是思维，它具有形象性和新颖性两个特征。（ ）

4. 消费者在选购商品时，常常借助有关商品信息，通过对商品进行分析、比较、判断的思维过程来决定是否购买。（ ）

5. 情感的主要影响因素包括购买环境的影响、商品属性的影响和服务的影响。（ ）

三、简答题

1. 感觉和知觉的特性是什么？在营销活动中各自有何作用？

2. 想象和思维在营销活动中各自有何作用？

3. 情绪和情感的区别和联系是什么？

4. 什么是意志？简述消费者意志过程的三个阶段。

综合案例分析

海底捞的成功秘诀

提到服务，相信大家都会想到海底捞，所以我们看到了无数的餐饮品牌都高喊着自己要打造“海底捞”式的极致服务，但是杀入市场后却铩羽而归。我体验过一些强调服务的火锅店，他们说话客气得不自然、做作，就像演戏一样。从客户体验上来说，不仅觉得不真诚，而且觉得厌烦。有时候说，模仿得了外表，模仿不了灵魂，大概指的就是这些“照猫画虎”的模仿者了。那么真正的海底捞服务（如图 2-19 所示）究竟为什么与众不同呢？

图 2-19 海底捞的服务

凭借我自己的亲身体验和营销经验来总结，海底捞是一家善于“渠道场景化”的企业。

一、“欢迎来到海底捞”，引导就餐场景

到海底捞所在楼前，就会有一个服务生很热情地说，欢迎来到海底捞（注意：这幢楼不止他们一家餐饮店），他们好像就已经确定你是来吃海底捞的，不管是员工的自豪感，还是那种待客姿态都自然放松。你哪怕进这幢楼不是来吃饭的，也会看看饭点已到，很容易地随着服务人员的接待走上电梯，去海底捞就餐。

二、美甲、棋牌，加速等待场景

如果排队特别多，对于很多餐厅来说，就餐没开始，服务就没有开始。海底捞却认为，没有就餐其实是进入了等待场景，而等待过程中消费者的情绪总是不容易特别好的，美甲、棋牌看起来是服务，其实是让用户更加愉快地、感觉更加快速地度过等待场景。

其实作为等待场景，我们经常遇到的就是飞机晚点，机场人员除了会发放盒饭，说声抱歉外其他什么都不会做。而海底捞会去和客户交流，陪客户玩，帮助客户打发掉本来可能会不太愉悦的等待时间。

三、"半份菜"提醒，优化点餐场景

消费者入座后第一时间就是点餐，这好像是个本来玩不出什么花样的过程。海底捞设计了"半份菜"，一方面是因为海底捞菜价比较高，另一方面也充分体现了海底捞对消费者的贴心服务。更重要的是，因为客户会多点半份菜，就会增加点餐的份数，反而提升了客单价。

为什么海底捞其实客单价是挺高的（130元人均），却不会给消费者带来贵的感觉，其实秘诀还是在半份菜中，半份的量其实不少，可能不及其他火锅店的一份，但是0.8份的量是有的，同时因为半份价格也减半，就会让消费者觉得其实还不算贵。当然最重要的还是海底捞的菜品质量过硬，这想必是吃过的人都一定会给点赞的。

四、点得再多，就餐场景都能足够干净

就餐的时候，海底捞的服务员并不显得特别主动和殷勤，但是随处都在。以我的体验判断，海底捞的服务员培训应该不会要求多久收拾一次盘子，多久递送一次毛巾，也不会要求必须帮助客户涮菜。他们关注的应该是两点，一是用户的情绪，二是就餐的环境。我在大众点评看到有写出门送西瓜，单身送抱熊这样的评价，其实就是关注用户情绪的特点。美食的目的其实是给人带来快乐，怎么通过服务改善用户的情绪是他们关注的，而如果大家本来就吃得非常开心，可能他们就不会去影响那种氛围。

其次是对于桌面整合的碎片化服务，他们会随时收拾你用过餐的盘子，用餐巾纸打扫你桌面的汤汁和吃剩菜品的外壳，整个过程没有任何违和感，不会打乱你的就餐节奏，不论你点了多少菜，你的桌面总是会显得非常整洁干净。

五、送茶送零食，切换茶歇场景

当海底捞服务员发现你们快吃完了，他开始为你送上菊花茶、瓜子和零食，有人可能会说，这不值几个钱。是的，不值钱却切换了一个场景，表明了一个态度。切换的场景是你们可以慢慢喝茶聊天了；表明的态度是海底捞绝不会为了翻台率希望客户赶紧吃完走人。当互联网来临时，传统企业要分场景成交，场景是什么？是环境，是让用户喜欢上的环境。说刻薄点，海底捞是著名火锅品牌，但是终究也不过是火锅罢了。所有的食材是供应链配送的，也没有什么自己专门发明的超级调料，那海底捞是如何通过服务和场景取胜的？就是在这个场景里，你可以完成你想完成的一切，当你离开的时候，你的食物已经消化，大家会聊得很开心，而海底捞从中完成了帮助你"无论何种心情前来，都能带着幸福归去"的潜移默化的价值。

六、一个surprise，完成最终收尾

在结账的时候，海底捞的服务员会帮你随机免掉一个不是太贵的菜，并会告诉你，这是他送给你的，让你对他形成好感。虽然明知是套路，但还总是温馨的。赚你的钱，但是讲道理；赚你的钱，但是有回馈；赚你的钱，但是让你感觉值得。这就是海底捞无论在传统行业时代，还是在互联网时代，不仅不受环境影响，反而发展越来越好的主要原因。

其实写海底捞是为了说明和佐证互联网时代下，传统行业渠道转型的关键之一——渠道场景化。场景化不仅仅是有个场地，有好的装修，而更多的是将人心、环境、行为、态度有机地结合起来。为什么 O2O 搞不成？原因就是场景设计有问题。O2O 的主流逻辑是线下体验，线上成交。简单来说，线下体验的感受都忘记了，哪里还会跑到家里线上购买。所以百度糯米花了 200 亿也玩不好，就是这个道理，充其量也不过是一种支付方式的转换罢了。很多人在研究海底捞为什么成功，我的结论有三点：

第一点：所有的服务都是追求客户的体验结果，而非在过程中玩小花招。

第二点：潜移默化的流程设计，参与者自然觉出自真心的服务，没有任何违和感；海底捞对团队的培训堪称核心竞争力。

第三点：场景切换的引导能力，在最合适的阶段用不同的工具去切换对应的服务场景。

海底捞，做的是能给人带来满足的就餐场景，所以能自带客流，所以能容易成交。而你的渠道是不是具有场景效应呢？

资料来源：http://www.shichangbu.com/article-28264-1.html.

【问题讨论】

1. 作为经营传统饮食、面临的竞争异常激烈的火锅店，海底捞成功的秘诀是什么？

2. 查阅资料或亲身去海底捞体验，你觉得海底捞还有哪些值得普通火锅店学习、借鉴或改进的地方？

项目实战

在正式上课前，授课教师先给学生播放一则商业广告（广告时长大约一分钟），然后正常讲课。上完第一小节课后，在第二小节上课前，请大家回答问题：广告中的商品代言人是谁，他（她）穿的什么样（款式、颜色等）的衣服，广告中要推销的商品有什么特色，广告词是什么，广告画面的背景是什么，广告有没有触发你的某种情感？看完广告后有什么想法，心中是否萌发了购买动机，通过何种方式去实现购买，等等。通过该项目实战，主要让学生切身体验心理活动的认识、情感、意志这三个过程，增强对相关基本理论的理解和掌握。

拓展阅读

注意力经济

一、什么是注意力经济

著名的诺贝尔经济学奖获得者赫伯特·西蒙在对当今经济发展趋势进行预测时指出：“随着信息的发展，有价值的不是信息，而是注意力。”这种观点被 IT 业和管理界形象地描述为“注意力经济”（the economy of attention）。著名跨领域经济学家、2011 年阿玛蒂亚森经济学奖得主陈云博士说：“未来 30 年谁把握了注意力，谁将掌控未来的财富。”

“注意力经济”这一观点最早见于美国加州大学学者 Richard A. Lawbam 在 1994 年发表一篇题为“注意力的经济学”的文章。最早正式提出“注意力经济”这一概念的是美国的迈克尔·戈德海伯（Michael H. Goldhaber），他于 1997 年在美国发表了一篇题为“注意力购买者”的文章。他在这篇文章中指出，目前有关信息经济的提法是不妥当的，因为按照经济学的理论，其研究的主要课题应该是如何利用稀缺资源。对于信息社会中的稀缺资源，他认为，当今社会是一个信息极大丰富甚至泛滥的社会，而互联网的出现，加快了这一进程，信息非但不是稀缺资源，相反是过剩的。而相对于过剩的信息，只有一种资源是稀缺的，那就是人们的注意力。

注意力经济向传统的经济规律发起挑战，认为经济的自然规律在网络时代会产生变异，传统经济的主导稀有资源由土地、矿产、机械化设备、高科技工厂等物质因素转变为“注意力”。

所谓注意力，从心理学上看，就是指人们关注一个主题、一个事件、一种行为和多种信息的持久程度。它有如下几个特点：一是它是不能共享，无法复制的；二是它是有限的、稀缺的；三是它有易从众的特点，受众可以相互交流、相互影响；四是它是可以传递的，名人广告就说明了这一点，受众的注意力可以由自己关注的名人转移到名人所做的广告物——产品；五是注意力产生的经济价值是间接体现。在把注意力转化为经济价值的过程中，媒体既是注意力的主要拥有者，又是注意力价值的交换者，所以传媒经济就是以注意力为基础的经济。但在当今信息过剩的社会，吸引人们的注意力往往会形成一种商业价值，获得经济利益，因此在经济上，注意力往往又会成为一种经济资源，在这一意义上，注意力就是“把精神活动投注在特定的资讯项目上，这些特定项目进到我们的意识中，引起我们对特定项目的注意，然后我们便决定是否采取行动。如果你对某项事物，并未考量做出某种行动，就不算注意到这项事物的存在”。而由这种注意力所形成的经济模式，就是注意力经济。进一步说，注意力经济是指最大限度地吸引用户或消费者的注意力，通过培养潜在的消费群体，以期获得最大的未来商业利益的经济模式。在这种经济状态中，最重要的资源既不是传统意义上的货币资本，也不是信息本身，而是大众的注意力，只有大众对某种产品注意了，才有可能成为消费者，购买这种产品。而要吸引大众的注意力，重要的手段之一就是视觉上的争夺，也正由此，注意力经济也称为“眼球经济”。

二、注意力经济的内涵

(1) 在知识爆炸的后信息社会，注意力资源已经成为十分稀缺的经济资源，成为财富分配的重要砝码（最直观的反映就是明星、名人现象），而经营注意力资源的产业如媒介、广告、体育等也获得迅猛发展，成为高利润的新兴产业群，注意力经济正在形成。

(2) 注意力经济已经成为一种十分流行的商业模式，新兴产业的出现都不再是润物细无声，而是先打雷后下雨，在一番轰轰烈烈中登台亮相，表现出泡沫经济特征，互联网的发展就是采取这种方式登上历史舞台的。

(3) 注意力经济营造了一种新的商业环境和商业关系，它改变了市场的观念以及市场的价值分配。最明显的表现，就是我们进入一个品牌经济时代。在这样的环境下，商家更加注重公众的注意力和长期顾客的维持（注意力的保持），关系营销、事业营销、品牌教育等新概念被引进。

(4) 这种新的商业模式使得企业越来越注重客户价值，管理的内涵日益外部化，媒介的风险日趋突出，注重客户的价值与客户关系的协调管理，引进了声誉管理和风险公关的新理念。

(5) 注意力经济引发了发展战略的变革，专注化已经成为企业发展的趋势，大企业纷纷剥离非主导业务，加强自身的核心竞争力，小企业则靠专业化和特色化获取生存的空间。

（6）注意力经济对人的能力提出了新的要求，而且为增强企业适应注意力经济的能力而派生出一系列新的职位，从而促使企业加强注意力能力培训。

另外，注意力经济又与信息经济、知识经济有着不同的内涵界定：信息经济着重描述的是一种新型的社会形态——信息社会；知识经济则从生产要素的角度来界定社会经济发展的阶段；而注意力经济所侧重的是一种新型的商业模式。

资料来源：http://wiki.mbalib.com/wiki/%E6%B3%A8%E6%84%8F%E5%8A%9B%E7%BB%8F%E6%B5%8E.

项目三

消费者的个性心理特征

学习目标

※ 知识目标

● 掌握个性的含义、特征，了解个性心理的构成

● 掌握气质的含义、特征和主要类型，理解不同气质类型的消费者的消费行为及营销策略

● 掌握性格的含义、特征，理解消费者性格类型及消费行为表现，了解对不同性格表现的消费者的营销策略

● 掌握能力的含义、类型和差异，了解能力的构成与消费行为，了解消费者能力对营销活动的作用

※ 能力目标

● 运用消费者的个性心理理论分析消费者的消费行为

● 能够在市场营销活动中运用个性化营销策略服务不同气质、性格和能力的消费者

导入案例

“90后”的消费新浪潮

“90后”群体已日益成为社会中的主流人群。这些在物质安全时代成长起来的“新人类”，其对于物质财富的理解，对于社会形态的认识，对于个性体验的重视，正在汇聚成强大的潮流力量，并逐渐改写商业世界的游戏规则。

消费，已经越来越超越简单的物质需求，成为“新人类”的存在方式，成为他们心理安全的保护机制。他们把消费作为树立个人形象、反映精神世界、发布个性宣言的方式。借助消费，他们表达对自由选择的渴望，流露对个人幻想的追求，展现对品质世界的向往。

这一代消费者的需求可以表达为：我要购买那些能够带给我个性化生活的东西；我要购买那些能够让我实现心理自主的服务；我要购买那些能够让我创造自己、了解自己、成为自己的东西。他们深切地渴望商业世界能够在他们的个人心理与行为空间中为他们提供支持。

在新一代消费主流群体的带动下，在无数商家的力推之下，个性化消费浪潮已经到来，按照个性化的“境界”不同，个性化商业服务大体上分为三种类型。

第一种：多样选择。商家想要告诉多样选择的消费者，如果你很懒，只喜欢点击几下鼠标做选择题，这种多样选择很容易实现。事实上，今天无论是卖家电的、卖手机的、卖数码产品的、卖衣服的、卖鞋的、卖礼品的，早就已经实现了这一点。样式多得让消费者眼花缭乱，总有适合的一款。

第二种：参与设计。商家想告诉参与设计的消费者，如果你没那么懒，而且仍然觉得缺少独一无二的一款，那就做一点填空题。在电脑上输入你独特的需求后，真的就会有一款独一无二的产品属于你。在酷森服装的网站上，在消费者输入身高、领围和胸围三个数据后，他们会为你提供专属的衬衫。在唯尚的工作室里，告诉设计师你的户型数据，他们会把家具做得恰到好处。告诉适之宝你的头部数据，他们会送上一款只适合于你的枕头。量身定制，从这个意义上，参与设计确实已经不再是商家的噱头，而是活生生的现实。

第三种：主导创造。商家想告诉主导创造的消费者，如果你还意犹未尽，如果你希望喷发你的创意才华，那就做点开放式问题，有许多专业工具供你挥洒才情，展现自我。对于那些喜欢分享自己旅行日志、美食体验、心情感悟的消费者来说，他可以使用 zinemaker 制作属于自己的杂志，把所有愿意分享的东西专业地展现出去。对于那些一直渴望著书立说的人来说，他可以把他的人生故事传递给 iBook，他们会帮他实现一直以来的梦想。对于渴望展现自己对光与影独特理解的人来说，他可以把自己的理解嵌入绘声绘影软件，那会帮他打造完全个性化的电影。

李宁服装：通过互联网购买李宁的服装可以看到，为了满足用户多样选择的需求，特别是为了帮助客户进行快速搜索，李宁把自己的产品类别大类按照男子、女子、童装、运动配件等几个类别划分，而在男装系列里面又分成男装和男鞋。其中，男装包括T恤、编织衫、卫衣、比赛服、运动外套、裤装。男鞋里面包括跑步鞋、篮球鞋、足球鞋、网球鞋等。而当进入每个具体的产品品类中，李宁的网站又给客户提供了非常多样的分类方式，比如说可按上市时间排序、按照销量排序、按照价格排序、按照折扣排序等，此外还提供了如经典休闲鞋、综合运动鞋、足球文化鞋等热门标志。这里面所有的设计都旨在帮助消费者进行快速搜索，快速找到自己想要的产品。而当客户选择了某一款具体的商品之后，李宁会提供该款商品的价格、折扣、颜色、尺码，目的是帮助客户锁定购买意愿，进入购买状态。

通过以上的过程可以发现，作为一个品类繁多的体育服装制造商，应对客户多样选择需求需要做好的是，把自己的产品库中所有的产品类别体现在客户的一个可视界面上，并且提供灵活的分类以及快速的搜索手段，让客户以最小的成本做出决定。

型牌男装：注重客户的参与设计消费体验。在这种消费场景中，客户希望能够根据自己的特点实现真正的量身定制，而服装业恰好是这种需求最直接的体现，因为人与人的身形特征都不一样。型牌男装的客户交互体验的过程是这样的，首先进行你期望的衬衫款式的选择。选定之后，客户开始输入，输入什么呢？决定你身材的几个关键数据，输入身高、领围、胸围和腹围这四个关键参数即可。最终，选择是否要加入一些私人标识，比如说在衣服上绣上自己的名字等。在完成这几个步骤之后，客户就完成了设计过程。整个过程，对于客户来说是非常便利的，输入的文字量虽非常少，却体现了型牌男装在界面上的简洁交互能力。

客户的操作越简单意味着企业内部的动作越复杂，这意味着在其能力开放层需要做出大量的努力。

作为服装企业，需要做好这样几件事情。首先是服装充分的构件化、模块化。一款服装从构件角度来看，里面可以划分为肩线、分割线、侧缝线、下摆、衣袖、衣领、口袋等，而衣领又可以分成无领、平领、立领、翻脖领这样几种，而翻领中又可以细分为平脖领、轻脖领。这里的构件划分得越细，可以给客户提供的灵活选择就越多。此外，为了满足客户参与设计的过程，需要企业在能力上做好的另一件事情是参数化设计，包括尺寸规格的参数、款式风格的参数等。事实上，客户在购买中输入的数据，就是在帮助企业确定参数值。对于服装企业，还需要做好的第三个事情是进行有效的拆单动作，也就是说把客户输入的数据转化为工厂制作过程可以理解的数据语言，这在现在定制化服装企业中都已经实现了电子化自动完成。

越来越多的用户通过参与设计来购买自己的量身定制的服装，这也意味着企业积累了越来越多的用户数据。以型牌男装为例，到现在为止已经积累了100多万个体型数据，通过这些数据的统计分析，可以组合成的常用服装型号达到1 000多个，可以满足98%的中国男性。这意味着客户即便不选择参与设计的定制模式，也可以通过多样选择的模式选择比较适合自己的商品。

秀我在线T恤DIY：在这个网站上，客户的体验过程是这样的，如果你希望自己主导设计一款T恤，首先从网站上选择送自己还是送父母、送朋友、送恋人，接下来需要选择的是双面定制还是单面定制。进入具体的定制页面之后，你可以开始自己的DIY过程，这里面最主要的是为T恤选择图案，你可以根据这款T恤的基础信息，包括它的尺码、款式选择图案。你既可以从网站提供的图库中选择图案模板，也可以从自己的电脑上添加图片或者添加文字。在整个设计完成并且通过网站审核之后，你就可以购买由自己设计的这款T恤。同时如果你设计的T恤独有特色，纳入秀我在线的整个产品体系被别人购买，每件T恤你还可以分得五元钱。

这是一个非常典型的引入了Web2.0思想的体验过程，客户在这个网站上既是给自己购买T恤，也是在设计T恤。为了满足客户主导设计的需求，秀我在线在界面上尽可能多地为客户提供支持，包括上传图片和文字之后的文字大小、位置、旋转度等多方面细节的调整。T恤服装的最主要的特色体现在它的T恤图案上，而企业把这一部分的设计权交给了消费者。这相当于秀我在线把自己T恤上图形设置这样一个工艺过程面向客户开放，并且通过非常便利的手段，通过开放的工艺能力实现了这一点。同时，这也很好地说明了，任何个性化消费都很难做到百分之百的定制。以T恤DIY为例，可以看到，它的基本款式，包括它的面料是不能够定制的固定部分。

这三种模式，应个性化消费浪潮而生，同时也在加剧着个性化消费浪潮，互为因果，相互促进。在这样的大潮推动之下，消费者的独特性日益得到尊重，得到彰显。

资料来源：https://www.huxiu.com/article/16053/1.html.

【学习与思考】

今天的企业需要具备怎样的能力，才能使大规模制造的传统逻辑与个性化消费很好地协调起来?

任务一　个性概述

在日常消费中，消费者经历着认知、情感、意志等心理活动过程，这一过程体现着消费者心理活动的普遍性规律。正是在这一基本规律的作用下，消费者的行为表现出某些共性。然而不同消费者的购买行为又是千差万别、各具特色的。消费者的个性心理特征的形成和发展，既受先天因素的影响，也受后天因素的影响。消费者的个性心理特征的差异，总是通过不同的购买行为表现出来。因此，研究和了解消费者的个性心理，不仅可以解释不同消费者的不同购买行为，而且可以在一定程度上预测不同消费者未来不同的消费趋势，对商品经营企业来说这无疑是非常有意义的。

一、个性的含义和特征

社会的发展，是以充分发展人的个性为目标的。在马斯洛的需要层次理论中，追求独特的自我价值的实现，居于需要层次的最高层。发达国家消费发展的历史、我国近几年消费发展的过程都说明，在消费中体现独特的个性，是消费者越来越强烈的需求。

（一）个性的含义

个性，心理学中称为人格，该词来源于拉丁语“persona”，最初是指演员所戴的面具，其后是指演员和他所扮演的角色。心理学认为，个性是指个体在先天素质的基础上，在社会化过程中形成的一种稳定的心理特征的总和。因此，个性是一个综合性的概念，它包括兴趣、需要、动机、气质、性格、能力等多种心理特征。

个性首先建立在人的生理基础之上，因而个性心理具有生理属性。这是人生来就有的解剖生理特点，主要表现在基本神经反应的品质、天资和气质等方面，包括了人体感觉器官、运动器官和神经系统等的特点和类型。生理素质通过遗传获得，是个性心理产生的物质基础。

个体在后天社会实践活动中所逐渐形成的心理因素，则是个性心理的社会属性，主要表现在人生观、兴趣、爱好、能力和性格等方面。个人所处的社会环境、生活经历、家庭背景等方面因素，对个性心理的形成、发展和转变具有决定性作用。正是个性的生理属性和社会属性的不同，决定了消费者个性心理的差异。

案例 3-1

小娟生性柔弱，又在一个宠爱她的家庭中成长起来。当有一天老师因为她做事磨蹭而批评她后，小娟无法接受，哭了很久，并且不愿上学。

【学习与思考】

请分析小娟的人格及其形成的影响因素。

(二) 个性的特征

1. 整体性

个体的整体性是指个体的各种个性倾向、个性心理特征以及心理过程，都是有机地联系在一起的。它们之间紧密结合、相互依赖，形成个性的整体结构。如一个严谨细致的人，无论在学习、工作还是生活中，都会展现出沉稳认真、一丝不苟的精神风貌。

2. 独特性与共同性的辩证统一

个性的独特性是指人与人之间的心理和行为是各不相同的。由于个性组合结构的多样性，使每个人的个性都有其自己的特点。比如同是沉默寡言的特征，有的人冷眼看世界，不是知音不与谈；有的人胸无点墨，故作高深。

强调个性的独特性，并不排除个性的共同性。个性的共同性是指由于受共同的社会文化影响，同一民族、同一地区、同一阶层、同一群体的个体之间具有的共同的心理特点。例如受儒家文化的影响，全世界的华人大多有孝顺、节俭、谦虚等个性特征。

案例 3-2

根据《论语》记载：有一次，孔子与学生公西华正在座谈，子路来向孔子请教是否听到了就要马上行动。孔子答："有父兄在，为什么急于行动呢?"一会儿，冉由也来请教同样的问题，孔子说："听到了就马上行动!"公西华不明白教师为什么对同一个问题给予不同的回答。孔子解释说："子路总是好胜，我是有意让他遇事后退一步；冉由畏缩，我是有意鼓励他遇事极力向前。"

【学习与思考】

孔子向学生施教的心理学依据是什么?

---

3. 稳定性与可塑性的辩证统一

个性的稳定性是指个体的个性特征经常地、一贯地表现在心理和行为之中。俗话说，"江山易改，本性难移"，即形象地说明了个性的稳定性。例如，一个人长期表现出冷静、理智、处事有分寸，我们才能说这个人具有"自制"的性格特征。至于他偶尔表现出的冒失、轻率，则不是他的人格特征。

个性的稳定性并不意味着它在人的一生中是一成不变的。个性的可塑性是指个性心理特征随着主客观条件的变化而发生不同程度的变化。如社会地位和经济地位的重大改变、丧偶、迁居异地等，往往会使一个人的个性发生较大的甚至彻底的改变。

4. 社会性和生物性的辩证统一

个性从其形成和表现的形式上看，既受社会历史的制约，又受个人生理特征的影响。如需要、理想、信念、价值观、性格的形成都受社会影响，个性带有明显的社会性。例如，在一定的社会中，同一民族、同一阶级的人们在某些共同的生活条件下生活，逐渐掌握了这个社会的风俗习惯和道德观念，就会形成某些共同的人格特点。

但是人又是一个有血有肉的个体。个体的遗传和生物特性是个性形成的自然基础，影响着个性发展的道路和方式，也决定着个性特点形成的难易。例如，一个神经活动类型属于强而不平衡型的人，就比较容易形成勇敢、刚毅的人格特点，而要形成细致、体贴的人格特点就比较困难，反之亦然。所以个性是先天自然素质和社会环境相互选择、相互渗透的积淀物。

二、个性心理的构成

从内部结构看，消费者的个性心理主要由个性倾向性和个性心理特征两部分组成。

（一）个性倾向性

个性倾向性是指消费者在社会实践活动中，对现实事物的看法、态度和倾向，具体包括需要、动机、兴趣、爱好、态度、理想、信念、价值观等。个性倾向性是人从事各项活动的基本动力，它决定着一个人的态度、行为的积极性与选择性，它对个性的变化和发展起推动与定向的作用，是整个个性结构的核心。

个性倾向性的各个成分是互相联系，彼此影响的，但其中总有一个成分居于主导地位，并随一个人的成熟与发展阶段而改变。例如：在儿童期，支配心理活动与行动的主要是兴趣；在青少年期，理想上升到主导地位；到青年晚期和成年期时，人生观和世界观支配着人的整个心理与行动，成为其主导的心理倾向。

（二）个性心理特征

个性心理特征是一个人身上经常表现出来的本质的、稳定的心理特点，主要包括能力、气质和性格。这种稳定的心理特征是个性心理倾向性稳固化和概括化的结果。

个性心理特征的每种特性都和其他特性处于不可分割的有规律的联系之中。能力、气质、性格各有特点，但又相互关联。例如，性格可以改变气质类型，气质又可以使性格带有特殊色彩并影响其形成和发展的速度。

案例 3－3

某公司为它的四个品牌的啤酒分别制作了不同的广告。每一则广告宣传一个品牌，每一品牌被描绘成适宜于具有某一特定个性特征的消费者。如其中一个品牌的广告上是一位“补偿型饮酒者”，他正值中年，有献身精神，对他来说，喝啤酒是对自己无私奉献的一种犒劳。其他几个品牌分别被赋予“社交饮酒者”（如在大学同学联谊会上的豪饮者）、“酒鬼”（认为自己很失败而嗜酒）等“个性”。该实验让250位饮酒者观看这四则广告，并品尝广告中宣传的啤酒。然后，让他们按自己喜欢的程度对这四种啤酒排序，同时填写一份测量其“饮酒个性”的问卷。试验结果显示，大多数人喜欢品牌个性与他们自己的个性相一致的啤酒。这种好恶倾向非常强烈，以致大多人认为至少有一种品牌的啤酒不适于饮用。他们不知道，其实这四个品牌的啤酒是完全一样的。

【学习与思考】

你认为个性对消费者的品牌选择有何影响？

任务二 消费者的气质与消费行为

一、气质的含义和特征

（一）气质的含义

心理学中的气质与日常生活中所讲的气质是两个完全不同的概念。在生活中我们评价某人有“气质”，是指某人具有独特于其他人的言谈举止、仪容打扮、行事作风等行为和观念。

心理学中的气质是指人典型的、稳定的个性心理特征，主要表现为人的心理活动动力方面的特点。人们在现实生活中所说的“脾气”是气质的通俗说法。气质主要表现为三方面的内容：一是心理过程的速度和稳定性，如知觉的速度、思维的灵活程度、注意集中时间的长短等；二是心理过程的强度，如情绪的强弱、意志努力的程度等；三是心理过程的指向性，包括外倾性和内倾性，如有的人心理过程倾向于从外部事物和他人那里获得心理需求的满足，有的人心理过程倾向于从自己的内心世界体验自己的情绪，分析自己的思想。

气质作为个体典型的动力特征，是在先天生理特质以及生活环境的影响下形成的。不同个体在气质类型上存在多种差异，这些差异直接影响个体的心理和行为，使每个人的言谈举止表现出独特的风格。

（二）气质的特征

1. 先天性

气质的生理基础是神经系统类型，因此，气质同遗传因素有关，具有先天性的特点。在现实中，我们在人的身上可以看到与生俱来的秉性。如孩子在很小的时候，有的文静安稳，有的生性好动，有的则十分倔强等。

2. 稳定性

与性格等其他心理特征相比，气质更具有稳定性。在目的、动机、内容很不相同的活动中，人们也常显示出同样的气质类型特点。如：有的人总是那么聪明、伶俐、乐观、活泼，受大家喜欢；有的人总是那么威严、傲慢、厉害、暴躁，令人敬而远之。

案例 3-4

有一对孪生兄弟，一个很乐观，一个却非常悲观。父亲为了让悲观的孩子快乐起来，让好动的孩子安静下来，做出了这样一个决定：他把乐观的孩子锁进了一间堆满马粪的屋子里，把悲观的孩子锁进了一间放满漂亮玩具的屋子里。

一个小时后，他们的父亲走进悲观孩子的屋子里，发现他坐在一个角落里，一把鼻涕一把眼泪地在哭泣。父亲看到悲观的孩子泣不成声，便问：“你怎么不玩那些玩具呢？”孩子哭泣着说：“玩了就会坏的。”

当父亲走进乐观孩子的屋子时，发现孩子正兴奋地用一把小铲子挖着马粪，把散乱的马粪铲得干干净净。看到父亲孩子高兴地叫道：“爸爸，这里有这么多马粪，附近肯定会有一匹漂亮的小马，我要给它清理出一块干净的地方来！”

【学习与思考】

请思考个体的气质具有哪些重要的特征。

---

3. 变化性

气质虽然具有先天的稳定的特点，但也不是完全固定不变的。随着人的年龄、生活环境、文化教育，以及主观努力等因素的变化，气质也会发生缓慢的变化。如：青少年时，血气方刚，表现出活泼、好动、热情、积极、急躁或轻浮；壮年时，阅历渐深，表现出坚毅、沉着、含蓄；老年时，表现出老成持重、安详、沉稳。

二、消费者气质的主要类型

早在公元前 5 世纪，古希腊医生希波克拉底就提出了气质的体液学说。他认为人体内有四种体液，按照人体内占优势的体液不同，他将气质概括为四种类型：胆汁质、多血质、黏液质、抑郁质，如图 3－1 所示。这一分类尽管缺乏科学的根据，但在日常生活中确实能看到这四种类型的典型代表。

图 3－1　四种不同气质类型者的行为特征

后来，苏联生理学家巴甫洛夫的高级神经活动学说为气质分类提供了科学基础。巴甫洛夫揭示神经系统有三种特性，即兴奋和抑制的强度、兴奋和抑制的平衡性、兴奋和抑制相互转换的灵活性。这三种神经活动的特性，形成四种最典型的结合，即高级神经活动的四种基本类型：兴奋型、活泼型、安静型、抑制型。这四种基本类型与气质的分类是相应的，每种气质分属不同的神经类型并伴随特定的行为特征。

（一）胆汁质

胆汁质的人的神经类型属于兴奋型，精力旺盛、反应迅速，智力活动具有极大的灵活性，直率热情、表里如一、情绪体验强烈，有顽强的拼劲和果敢性，但往往缺乏耐心，易冲动，脾气暴躁。整个心理活动笼罩着迅速而突发的色彩，具有外倾性。典型的胆汁质特点的人物代表，如《水浒传》中的李逵（如图 3－2 所示）、《三国演义》中的张飞（如图 3－3 所示）。

（二）多血质

多血质的人的神经类型是活泼型，反应迅速、思维灵活、动作敏捷、兴趣广泛、易适应环境、善于交际，但往往遇到问题不求甚解、注意力易转移、情绪不稳定、感情易表露且体验不深、做事情粗枝大叶，具有外倾性。典型的多血质特点的人物代表，如《红楼梦》中的王熙凤（如图 3-4 所示）、《三国演义》中的曹操（如图 3-5 所示）。

图 3-2　李逵

图 3-3　张飞

图 3-4　王熙凤

图 3-5　曹操

（三）黏液质

黏液质的人的神经类型属于安静型，黏液质的人情绪不易激动，经常表现得心平气和，不轻易发脾气，不大喜欢交际，对人不容易很快产生强烈的情感。这种人反应比较慢，行动比较迟缓，但是冷静、稳重、踏实，无论环境如何变化，都能保持心理平衡，具有内倾性。典型的黏液质特点的人物代表，如《水浒传》中的林冲（如图 3-6 所示）、《西游记》中的沙僧（如图 3-7 所示）。

图 3-6　林冲

图 3-7　沙僧

（四）抑郁质

抑郁质的人的神经类型属于抑制型，敏锐沉稳，情感体验深刻、持久、少外露，行动缓慢，但胆小、孤僻、多愁善感、不善交往，遇到困难或挫折易畏缩，有较强敏感性，容易体察到一般人不易察觉的事件，具有内倾性。典型的抑郁质特点的人物代表，如《红楼梦》中的林黛玉（如图 3-8 所示）。

图 3-8　林黛玉

案例3-5

在"中国质量万里行"活动中，不少制造、销售伪劣商品的工商企业被曝光，消费者感到由衷的高兴。3月15日，正值世界消费者权益日，某大型零售企业为了改善服务态度，提高服务质量，向顾客发出意见征询函，调查内容是"如果您去商店退换商品，售货员不予退换怎么办?"，要求被调查者写出自己遇到这种情况时是怎样做的，其中有这样几种选项：(1) 耐心诉说。尽自己最大努力，慢慢解释退换商品的原因，直至得到解决。(2) 自认倒霉。向商店申诉也没用，商品质量不好又不是商店生产的，自己吃点亏，下一回长经验，缺少退换的勇气和信心。(3) 灵活变通。找好说话的其他售货员申诉，找营业组长或值班经理协商，只要有一人同意退换就有望解决。(4) 据理力争。绝不求情，脸红脖子粗地与售货员争到底，不行就向媒体投诉曝光，向工商局、消费者协会投诉。

【学习与思考】

上述四种选项分别反映出消费者的哪些气质类型?

以上是四种典型的气质及其行为表现。在现实生活中，属于上述典型气质类型的人是很少的，大多数人都是以某一类型的气质为主，同时兼有其他类型的一些特点，即属于中间类型。因此，在观察某个人的气质时，应根据实际情况具体分析其特点，而不能根据典型气质的一般特征进行简单的推测。

三、不同气质类型的消费者的消费行为及营销策略

气质使每个人的心理活动都具有个人独特色彩，当人们以消费者身份出现在商场的时候，就会在自己的整个消费过程中把独特的个性色彩表现出来，从而形成各种不同的消费行为方式、风格和特点。四种气质类型的消费者出现的典型行为及营销策略如下所述。

(一) 胆汁质类型消费者

这种类型的消费者的消费行为属于冲动型，在购买商品时，情绪反应热烈，对商品和服务能够直率地表达自己的看法和态度，同时喜欢挑毛病、提意见。他们的消费动机经常是凭个人主观意志和兴趣支配，容易受到商品外观、式样、品牌、社会时尚、广告宣传以及他人劝说的影响而即兴购买；他们不太注重商品的功能与效用，但买后又常常后悔，甚至要求退货；他们语言直爽，情绪波动，反应敏捷，性子急且自制力差，购物行为迅速、成交快。

对于这种类型的消费者，营销人员应该头脑冷静，充满自信，态度和蔼可亲，及时应答，并迅速递上他们所需要购买的商品，做好必要的解释，如商品性能、使用方法等，使顾客感到营销人员是全身心地为他（她）服务。一旦与这类消费者建立起良好的人际关系，重复购买的概率很高，容易形成品牌忠诚度。

(二) 多血质类型消费者

这种气质类型的消费者的消费行为是随机型或想象型，在购买过程中情绪比较外露，适应环境的能力很强，喜欢与营销人员或其他顾客交换意见，想象力丰富，审美意识强，容易受到商品外观、商品包装、各种新型营销方式的影响。他们在购买商品的过程中灵活性很高，富有激情，兴趣转移快，审美感觉灵敏。商品的颜色、外观、命名都能引起他们丰富的想象和联想，喜爱领先试用新产品。

对于这类消费者，他们是营销人员最喜欢接待的顾客，营销服务人员应主动介绍、与之交谈，注意与他们联络感情，以促使其购买；与他们“聊天”的过程中，应给予指点，使他们专注于商品，缩短购买过程，但这类消费者不易培养品牌忠诚度。

（三）黏液质类型消费者

这种类型的消费者的消费行为是属于理智型或习惯型的，在购买商品时动作平缓，情绪稳定，对商品和服务的好坏不轻易下结论。这类消费者善于控制自己，沉着冷静、慎重，不易受外界影响，不轻信他人意见，很少受到广告和营销人员宣传的影响，一般在合理主张被确认后方采取购买行动，容易成为所喜爱商品（品牌）的忠实拥护者（或称为铁杆顾客）。

对于这类消费者，营销人员的服务要恰当适中，目光不需要紧随着顾客，不要急于向顾客推销商品，更不要急于表达自己的意见。回答顾客的问题要简明扼要，避免过多的提示和热情，否则容易引起他们的反感，要允许他们有认真思考和挑选商品的时间，接待时更要有耐心。

（四）抑郁质类型消费者

这种类型的消费者的消费行为是经济型或敏感型的，在购买过程中情绪变化缓慢，观察商品仔细认真，体验深刻，经常能发现商品的细微之处，留意别人留意不到的地方，对商品和服务不轻易评论，决策过程较慢，其购买行为拘谨、拖泥带水，缺乏主动性，且容易犹豫不决、谋而不断，风险意识很强，一旦有外界干扰就会中断购买行为，也容易出现购买后后悔心理，有时对商品价格变动比较敏感，喜欢购买廉价或降价商品。

对于这类消费者，营销人员在提供服务时要有耐心，做到细致、体贴、周到，要熟知商品的性能、特点，及时正确地回答各种提问，增强他们购物的信心，在可能的情况下向顾客提供具有权威性的信息，有较好的暗示效果，从而促使其购买行为的实现。

任务三 消费者的性格与消费行为

一、性格的含义和特征

（一）性格的含义

性格是指个体对现实的稳定态度和在习惯化了的行为方式中所表现出来的个性心理特征。性格是个性结构中最为重要的部分，居于核心地位。

在个体对现实的态度问题上，为人们称道的良好性格有许多方面，如对生活的热爱，对荣誉的追求，对友谊和爱情的忠诚，对他人的礼让、关怀与帮助，对邪恶的仇恨等。而个体对现实的态度表现在人的行为方式之中，为人们欣赏和称赞的方式也有许多方面，如举止优雅稳重、神态温和端庄、感情豪放、谈吐幽默等。

人对现实的态度和与之相应的行为方式的独特结合，构成了一个人区别于他人的独特性格。有人说：“人物的性格不仅表现在他做什么，而且表现在他怎样做。”“做什么”，说明一个人追求什么、拒绝什么，反映了人对现实的态度；“怎样做”，说明人如何去追求要得到的东西，如何去拒绝要避免的东西，反映了人的行为方式。

知识链接

性格与气质的关系

一、性格与气质的区别

(1) 两者形成的客观基础条件不同。气质的形成直接取决于人的高级神经活动类型，具有自然性质；性格形成的生理基础有受高级神经活动类型的影响，但主要受社会环境、教育背景等后天因素的影响，具有社会性质。

(2) 两者的稳定程度不同。气质具有先天性，受遗传因素的影响，虽然也会受到外界环境的影响，但其变化极为缓慢，具有较强的稳定性；性格主要是后天形成的，是在人与外界环境的相互作用中逐渐形成和发展的，虽然也具有稳定性特点，但与气质相比较容易改变，具有较强的可塑性。

(3) 两者的社会评价不同。气质反映的是人在情绪和行为活动中的动力性特征，具有某种气质类型的人在不同的活动中会以同样的方式表现出来。因此气质不受活动内容的影响，也不具有社会评价意义，无好坏之分。性格反映的是人的社会特征，是对客观事物的态度和行为方式，常与他人发生一定的社会关系，产生一定影响，或有益于社会和他人，或有害于社会和他人。因此，性格具有社会评价意义，有好坏之分。

二、性格与气质的联系

(1) 气质可以按照每种类型的动力特征影响性格的表现方式，从而使性格带有一种独特的色彩。如同样是对人友善的性格，胆汁质类型的人表现为热情豪爽，多血质类型的人表现为亲切关怀，黏液质类型的人表现为诚恳，抑郁质类型的人表现为温柔。

(2) 气质可以影响性格形成和发展的速度。如勇敢性格的形成，胆汁质类型的人比较自然和容易，而抑郁质类型的人往往需要经过很长时间的努力和锻炼。

(3) 性格可以制约气质的表现，也可以影响气质的改变。如顽强坚定的性格可以克制气质的某些消极方面，使积极方面得到充分发展。一个意志坚强、认真负责的营销人员，气质若属于胆汁质类型，他（她）在接待顾客时，应经常告诫和要求自己不可急躁冲动，而要保持热情和耐心，动作快而不乱。

在性格与气质的关系中，气质反映活动的进行方式，而性格则引导着活动的方向，并调节、改变气质因素使活动达到预定的目标。因此，性格是最本质、最核心、最富有代表性的个性心理特征。

(二) 性格的特征

性格是十分复杂的心理现象，具有多方面的特征，主要体现在以下四个方面。

1. 态度特征

性格的态度特征表现为个人对待客观事物和现实的态度的倾向性特点。这种特征主要体现在三个方面：一是对社会、集体和他人的态度上的差异，如热情或冷漠、大公无私或自私自利、富于同情心或冷漠无情、诚实或虚伪等；二是对事业、工作、学习、劳动和生活的态度上的差异，如耐心细致或粗心大意、勇于创新或墨守成规、勤劳或懒惰、节俭朴素或奢侈浮华、努力进取或松懈退却等；三是对自己的态度上的差异，如谦虚或骄傲、自信或自卑、严于律己或放任自流等。

2. 意志特征

性格的意志特征是指在意志的作用下，对自身行为的自觉调节方式和控制程度所表现出来的特点。这种特征体现在四个方面：一是行为目标明确程度的特征，如做事是有计划性的还是盲目性的，是积极主动的还是消极被动的；二是对自己的行为自觉控制水平的特征，如主动控制还是一时冲动，是自制力强还是放任自流；三是在紧急或困难条件下表现出来的意志特征，如沉着镇定还是惊慌失措，是果断顽强还是犹豫不决；四是对待长期工作的意志特征，如严谨还是马虎，坚毅还是半途而废等。

3. 情绪特征

性格的情绪特征是指个人受情绪影响或控制情绪程度状态的特点。主要体现在以下三个方面：一是情绪反应的程度，如对同一件事情，有的人反应强烈、体验深刻，而有的人则反应较弱、体验肤浅；二是情绪的稳定性，如有的人稳重并善于自控，始终保持高昂的情绪、饱满的热情，而有的人反复无常，忽冷忽热、几分钟热度；三是情绪的持久性，如有些人情绪持续的时间长、留下的印象深刻，而有些人情绪持续时间短、几乎不留痕迹。

4. 理智特征

性格的理智特征是指人在对事物认知过程中表现出来的个体差异方面的特点，其内容包括感知、记忆、想象和思维方面的特征。如在感知方面有主动观察与被动知觉的差异，在想象方面有富于创造性想象和依赖模仿性想象的差异，在思维方面有抽象与具体罗列的性格差异等。

以上几个方面的性格特征相互联系，构成一个统一的整体。每个人不仅有不同的性格特征，而且这些特征的结构也不相同，从而使同一性格特征在不同的人身上表现出差异性。人们个性特征差异是极其丰富的，很难找出两个性格特征和结构完全相同的人，这反映到消费者的消费行为上，就构成了千差万别的消费性格。

二、性格的类型及消费行为表现

性格是个性最鲜明的表现，是个性的核心特征，因此，消费者的性格也就成为购买行为中起核心作用的个性心理特征。而消费者之间不同的性格特点，同样会体现在各自的消费活动中，从而形成千差万别的消费行为。性格在消费行为中的具体表现，可从不同角度进行划分。

案例 3-6

一天，英国伦敦萨沃伊酒店 307 房间传来了呵斥声。不一会儿，一个服务人员愁眉苦脸地出现在客房部经理办公室。原来 307 房的客人是英国颇有名气的演员科沃特。他每次来伦敦必住萨沃伊酒店。他喜欢预订房间，所以每次做好日程安排后就给酒店打电话，要求腾出 307 房间。他还有一个怪癖：房间里的物件都必须按照指定位置安放，不可随意移动或增减。他今天大声责骂服务人员，就是因为发现有一个放花盆的茶几被挪动了。“你必须立即回 307 房间向科沃特先生道歉，并向他保证以后再也不会发生这样的事情。”经理向这个服务人员下达命令。“要我去道歉我没有意见，可是要保证一切原封不动，我担心做不到，因为客人一直在更换……”服务人员委屈地解释。“我们是世界一流的酒店，客人的需要就是我们服务的目标，我们有什么理由不满足科沃特先生的要求？我相信你会有办法的。”经理对自己的下属很有信心。

服务人员回去思索了半天。第二天他带了相机，走进307房间从不同角度把房间内所有布置统统拍摄下来。另外，他还用尺子丈量了很多物品之间的尺寸，把数据全部记录在本子上。有了这些资料以后，他不再害怕科沃特先生的苛求了。

【学习与思考】

对不同性格的消费者的应对技巧有哪些？

（一）以心理机能优势分类

根据知、情、意三者在性格中何者占优势，把人们的性格划分为理智型、情绪型和意志型。

理智型消费者在购买中往往经过周密思考，反复权衡商品各种利弊因素，在未对商品各方面认识之前，不轻易购买。他们对商家开展的各种促销活动进行理智的分析，即使是对十分热销的商品也不盲目购买，一般这种消费者购买时间相对较长，挑选商品仔细。

情绪型消费者在购买商品时，一般对商品及购买现场的气氛较敏感，容易受购物现场各种因素的影响，对店堂布置、商品广告、商品陈列及营业员的服务态度和方式比较看重。购买商品一般是在喜欢、赞美等各种情感的支配下进行，买与不买的决定常会受到现场情绪支配，稍有不满意会在短时间内改变购买决定。

意志型消费者购买目标明确，识别商品行为积极主动，按照自己的意图购买商品。购买决定不易受广告和他人影响，即使遇到困难也会坚定购买决策，购买行为果断迅速。

（二）以心理活动的倾向分类

根据人的心理活动倾向于外部还是内部，把人们的性格分为外向型和内向型。

外向型消费者判断事物是依靠他人的标准，在购买商品时，热情活泼，喜欢与营业人员交换意见，能很快适应各种购物环境，比较容易和销售人员交流，会主动询问有关商品的质量、品种、使用方法等方面的问题，易受商品广告的感染，言语、动作、表情外露，这类消费者的购买决定比较果断，买与不买比较爽快。

内向型消费者判断事物是依靠自己“内在”的价值或标准，在购买商品时，稳重、沉静、沉默寡言，动作反应缓慢，不明显，面部表情变化不大，内心活动丰富而不露声色，不善于与营业员交谈，挑选商品时不希望他人帮助，对商品广告冷淡，喜欢自己观察体验，分析判断，不轻信他人。尽管沟通和交流都不主动和充分，但是他们往往有自己的见解和主张。

（三）以个体独立性程度分类

根据个体独立性程度，把人们的性格划分为独立型和顺从型。

独立型消费者在购买活动中，能独立地挑选商品，有个人信念，判断坚定，购买经验丰富，行动果断，在购买活动中处于主动地位，不易受商品广告和营业员的商品介绍影响，能积极提出问题、思考问题，谨慎行事，从不盲从，遇到了认准的商品时，会迅速购买，但难免带有一定的主观性和片面性。

顺从型消费者往往缺乏个人主见和独立决策的能力。在购买活动中，常常注意其他消费者对商品的购买态度和购买方式，会主动听取营销人员的商品分析和他人的购买意见，从众心理比较明显，人买亦买，人不买亦不买。这类消费者消费态度比较随和，消费观念属于大众型，随时尚的变化而变化，易受同事、邻居、朋友等社会群体因素的影响，也较易接受广告与其他促销手段的宣传。

（四）以消费的态度分类

从消费态度角度，可以分为节俭型、保守型、自由型。

节俭型消费者在消费观念和态度上崇尚节俭，讲究实用。选择商品的过程中比较注重商品的质量、性能、实用性，以物美价廉为选择标准，对商品的价格较为敏感，对商品的外观造型、色彩、包装、品牌及消费时尚等不太在意，不喜欢过分奢华、高档昂贵、无实用价值的商品。

保守型消费者的消费态度较为严谨，生活方式刻板，性格内向，怀旧心理明显。习惯于传统的消费方式，对新产品、新观念接受较慢，而且常常带有怀疑和抵制的态度，喜欢选购有多次使用经验的商品，而不愿冒险尝试新产品。

自由型消费者的消费态度比较随意，没有长久稳定的看法，生活方式自由而无固定模式，想象力丰富，在选择商品方面表现出较大的随意性，且选择商品的标准也往往多样化，经常根据实际需要和不同商品种类而采取不同的选择标准和要求，同时受外界环境及广告宣传的影响较大。

案例3-7

某家庭上中学的女儿崇拜某歌星，把零花钱全部省下来，跑遍各音像店收集了该歌星的所有专辑；母亲对某品牌的厨卫用品最信赖，洗涤剂、洗衣粉、香皂等全部选用这一品牌；父亲在购物方面则没有什么特别偏爱。

【学习与思考】

请指出以上三位消费者分别属于什么性格类型的消费者。

三、对不同性格表现的消费者的营销策略

有经验的营销人员，往往能从消费者的衣着、言行和表情来确定其性格特点，并适当调整自我的应对方式，以使买卖行为顺利进行。

（一）对待购买速度不同消费者的策略

由于性格的不同，有的消费者选购速度快，而有的消费者慢悠悠似乎难以决断，而且非常敏感，常让人感到会无缘无故地扭头就走，放弃购买。对此，营销人员要恰当把握。对待迅速购买的消费者，销售人员应主动把握好商品的质量关，对那些在仓促之中做出决定的消费者，更应慎重对待，及时提醒消费者，以免其后悔退货。对于购买速度慢的消费者，千万不能表现出不耐烦，而应提供条件让其仔细比较，对这类消费者要有十足的耐心，营销人员可在接待他们的同时接待其他消费者，他们不但不会感到被怠慢，反而可以更放松地选择。但对待敏感型的消费者，需要营销人员全力以赴，注意自己的言行，既不能态度平淡而让其感到被怠慢，又不能过于热情而让其感到疑虑，最好是消费者需要什么就提供什么，没有必要过多介绍商品的性能、特点或销售信息。

（二）对待言谈多寡不同消费者的策略

在购买活动中，有的消费者喜欢发表自己的意见，并愿意和营销人员交谈，有的消费者则沉默寡言，不爱说话，对待这两种消费者也有不同的方式。营销人员在同爱说话的消

费者打交道时，要掌握分寸，应答要得体，多运用纯业务性的语言，多说营销术语，创造一个活泼融洽的销售气氛。对待不爱说话的消费者，营销人员要靠自己敏锐的观察力来把握其心理。一般可以从消费者的喜好和注意对象切入，进而用客观的语言介绍商品，促使消费者尽快实现购买行为。

（三）对待轻信和多疑消费者的策略

有的消费者由于对其所购买商品的性能和特点不太了解和熟悉，往往会以营销人员的介绍为主，营销人员推荐什么，他们就买什么。诚实可信是商家力求在消费者心目中形成的良好形象。对待轻信型的消费者，营销人员切忌弄虚作假、欺骗消费者，以免损害自己的形象。营销人员要客观、实在地介绍不同品牌商品的优缺点，尽量让消费者根据自己的需要和判断来选择合适的购买对象。对于性格多疑的消费者，销售人员最好尽量让顾客自己去观察和选择，态度不能冷淡，更不能过分热情使其疑心。在消费者对商品存在疑虑时，拿出客观有力的证据，如说明书、质量保证书等，帮助他们打消疑虑。

（四）对待购买行为消极和积极消费者的策略

行为积极的消费者一般目的明确，在购买活动中行为举止和言语表达准确、清晰，接待起来比较容易。对待这类消费者，营销人员要做的就是好好配合。购买行为消极的消费者是那些目标和意图不明确的人，他们的购买行为是否能实现，与营销人员的行为态度有极大的关系。对这类消费者，应积极主动地接待，态度要热情，要善于利用一些广告宣传手段来激发他们的购买冲动，引发购买行为。

（五）对待内向和外向型消费者的策略

内向型的消费者一般不愿和营销人员交谈，主要包含两种情况：一种是自己不爱说话，但喜欢听别人讲，在别人的问话和鼓励下，有时也滔滔不绝地谈自己的感受和需要；另一种是自己不爱说话，也不喜欢别人话多，更讨厌别人的询问。对于前一种消费者，营销人员要在热情、主动地介绍商品之后，谨慎地询问他们的意见；对于后一种消费者，营销人员可进行适当关注，但是当消费者不问时，营销人员也不必主动介绍或回答，这样消费者不会感到营销人员不热情，还能在轻松的心境中选购商品。外向型的消费者，比较容易把握态度，这类消费者比较容易接待。

（六）对待情绪型和理智型消费者的策略

对于情绪型的消费者，营销人员要有一定的情绪观察力和情绪感染力，把握消费者情绪变化，适时推荐商品。理智型的消费者常运用自己的思维做好购买计划，临时的推荐和广告对这类消费者影响甚微，营销人员最好任其所为，以免徒劳。

任务四　消费者的能力与消费行为

一、能力的含义、类型和差异

（一）能力的含义

能力是指人们顺利完成某种活动所必备的并且直接影响活动效率的个性心理特征。活动的内容和性质不同，对能力的要求也不同。如一位画家具有色彩辨别能力、透视能力、形象记忆能力和眼手协调能力，是保证他完成绘画活动所必需的心理条件。

对能力的理解要注意两点。首先，能力是顺利完成某项活动的主观条件。如消费者只有具备良好的观察能力、记忆能力和思维能力等，才能保证购买活动的顺利进行。其次，能力与活动息息相关。只有从事某种活动，人才能形成相应的能力并表现出来。如歌唱演员在音乐活动中形成了曲调感、节奏感和鲜明的听觉表象，通过听他演奏音乐，人们才知道他具有演奏能力。

人的能力是在先天遗传因素的影响下，经过后天的环境影响（家庭、学校、社会等因素）和个人的努力逐步形成的。能力的发展和提高必须依靠知识、技能的学习。同时，掌握知识和技能又必须以一定的能力为前提，能力的大小影响着掌握知识和技能水平的高低。例如，消费者通过知识和技能的学习与实践，逐渐形成和提高了自己的消费能力，同时也形成了各种不同的性格特征。性格对能力的发展有一定的制约作用，良好的性格能弥补消费者某些能力上的缺陷。

案例 3－8

1920 年，在印度加尔各答东北的一个名叫米德纳波尔的小城，人们常见到有一种“神秘的生物”出没于附近森林，往往是一到晚上，就有两个用四肢走路的“像人的怪物”尾随在三只大狼后面。后来人们打死了大狼，在狼窝里终于发现这两个“怪物”，原来是两个裸体的女孩。其中大的七八岁，小的约两岁。这两个小女孩被送到米德纳波尔的孤儿院去抚养，还给她们取了名字，大的叫卡玛拉，小的叫阿玛拉。到了第二年阿玛拉死了，而卡玛拉一直活到 1929 年。这就是曾经轰动一时的“狼孩”一事。

狼孩刚被发现时，生活习性与狼一样；用四肢行走；白天睡觉，晚上出来活动，怕火、光和水；只知道饿了找吃的，吃饱了就睡；不吃素食而要吃肉（不用手拿，放在地上用牙齿撕开吃）；不会讲话，每到午夜后像狼似的引颈长嚎。卡玛拉经过 7 年的教育，才掌握 4、5 个词，勉强地学几句话，开始朝人的生活习性迈进。她死时估计已有 16 岁左右，但其智力只相当 3、4 岁的孩子。

媒体上有许多关于狼孩或者猪孩的报道表明，当小孩出生后，被狼或野猪等叼走，在狼群或野猪群中长大，等他们被解救出来以后，他们的智商比正常环境中长大的同龄孩子低得多。

【学习与思考】

请用心理学的有关知识分析这种现象。

（二）能力的类型

能力不是单一的品质，人的能力多种多样，可以从不同的角度进行分类。

1. 根据能力的倾向性，可以分为一般能力与特殊能力

一般能力是指个体完成一切基本活动都必须具备的能力，包括观察能力、表达能力、学习能力、控制能力、沟通能力、记忆能力、想象能力、思维能力、判断能力、理解能力、解决问题能力等。其中智力是包含学习能力、思维能力、理解能力和解决问题能力的一种综合能力。智力的核心是思维能力，创造能力是智力的高级表现。

特殊能力是指从事某种专门活动所必须具有的能力，它又称为专门能力，如飞机驾驶能力、计算机编程能力、营销策划能力、组织领导能力等。

一般能力与特殊能力是密切联系、相辅相成的，在完成活动中共同起作用。任何特殊

能力的发展都离不开一般能力，而特殊能力的发展也能对一般能力有所促进和提高。

2. 根据能力的功能，可以分为认知能力、操作能力与社交能力

认知能力是指个体学习、研究、理解、概括和分析的能力，它是人们成功地完成活动最重要的心理条件。操作能力是指操作、制作和运动的能力，如劳动能力、体育运动能力等。社交能力是指人们在社会交往活动中所表现出来的能力，如组织管理能力、言语表达能力、沟通能力、适应能力等。

3. 根据能力的性质，可以分为模仿能力和创造能力

模仿能力是指仿效他人的言行举止而引起的与之相类似的行为活动能力，如模仿演员的动作、服饰，从字帖上模仿前人的书法等。创造能力是指产生新思想，发现和创造新事物的能力。如：作家在头脑中构思新的人物形象，创造新的作品；科学家提出新的理论模型，并用实验证实这些模型。

创造力是人类区别于动物的最根本的标志之一，也是智力开发的最高目标，创造力的培养无论对于个体还是对于整个民族与人类，都具有重大而深远的意义。创造力人人皆有，但表现在每个人身上的创造力的大小，除了部分受遗传因素影响外，主要取决于后天创造力开发的程度。集中思维对创造力的作用是不可缺少的，但相比而言，发散思维对创造力的作用更大一些。

富有创造性的人格特征主要表现在：有高度的自觉性和独立性，不与他人雷同；有旺盛的求知欲和好奇心；知识面广，善于观察；工作中讲求条理性、准确性与严格性；有丰富的想象力、敏锐直觉、喜好抽象思维，对智力活动与游戏有广泛的兴趣；富有幽默感，表现出卓越的文艺天赋；意志品质出众，能排除外界干扰，长时间地专注于某个感兴趣的问题。

(三) 能力的差异

能力的差异是指人与人之间在智力、体力及工作能力等方面的差异。正是这些差异决定了人们的行为活动具有不同的效率和效果。能力的差异主要表现在：

1. 能力类型的差异

主要指人与人之间具有不同的优势能力。不同的人的能力结构不同，因而能力在类型上便形成差异。这种差异既包括知觉、记忆、想象、思维等一般能力的差异，例如，在记忆能力方面，有的人视觉型记忆较强，有的人听觉型记忆较强，有的人运动型记忆较强等，也包括特殊能力的差异，例如，有文学才能的人，具有敏锐而又深刻的观察自然和社会的能力、丰富的想象力、较强的语言表达能力等，而具有音乐才能的人，则是具有敏锐的音乐感觉能力、较强的听觉表象记忆能力等。在消费实践中，正是由于消费者在优势能力类型上千差万别，才使消费活动的效率与效果明显不同。

2. 能力水平的差异

水平差异表现在同种能力的水平高低上。在一般能力方面，能力的水平差异主要指智力发展水平的差异。心理学家通过大量研究得到一个共同的结论，即智力的个别差异在一般人中呈常态曲线分布。68%的人的智商在 85 到 115 之间，他们的聪明程度属于中等水平；智商超过 140 的人属于智力超常；智商低于 70 的人属于智力障碍。在特殊能力方面，具有同一种特殊能力的人，其水平也有明显的差异。消费者的这方面差异要求企业营销者要多和消费者进行有效、重复的沟通，对消费者一定要区别对待。

3. 能力表现时间的差异

从发展上看，有人能力发展早，有人能力发展晚，这是能力表现在时间上的差异。如：有的人早慧，奥地利作曲家莫扎特 5 岁就创作了他的第一首乐曲，8 岁时举办独奏音乐会；有的人则大器晚成，我国的画家齐白石，本来长期做木匠，40 岁才显露绘画才能，成为著名的国画大师。消费者能力表现的早晚，主要与后天消费实践的多少及专门训练程度有关。

4. 能力性别的差异

心理学研究表明，性别不同也会导致男女间的能力差异。(1) 感知方面，女性感知一般优于男性，但在空间知觉能力方面不如男性，女性更容易产生各种错觉和幻觉；(2) 注意力方面，女性的注意稳定性优于男性，但注意的转移品质不如男性，男性的注意多定向于物，而女性注意多定向于人；(3) 记忆方面，女性擅长形象记忆、情绪记忆和运动记忆，但逻辑记忆不如男性，女性长于机械记忆，而男性长于意义记忆；(4) 思维方面，女性更多地偏向于形象思维，而男性则偏向于逻辑思维；(5) 想象方面，无意想象上的性别差异不明显，在有意想象的发展上，女性更容易带有形象性的特点，男性更容易带有抽象性的特性，特别在创造想象中，男性水平明显高于女性。虽然国内外大量研究表明，女性总体的智力水平并不弱于男性，但在所取得的社会成就方面，男性却明显高于女性，这主要是由于教育、角色地位、社会期望以及动机水平等因素使女性天赋潜能的发挥受到了限制。

能力的性别差异造成了女性在消费中更感性、更情绪化，更体现出形象思维的特点；而男性在消费中则更理性，更体现出逻辑思维的特点。因此，企业营销者对待女性消费者首先应该进行形象化营销、感性营销，先在感性上让女性消费者接受、喜欢；而对待男性消费者则应更侧重于理性的诉求。

二、能力的构成与消费行为

(一) 能力的构成

消费者在购买商品的过程中，也需要多种能力。如：购买服装或布料的时候，需要手的感觉能力，摸一摸服装或布料的质地；需要观察力，观察服装的颜色是否适合，款式有无缺陷，制作是否精致，质量是否过关，还需要同其他服装或布料比较一下，看看哪一种更适合自己的需要，哪种款式、哪种花色更好等。消费者应具有的能力结构，主要包括：

1. 从事各类消费活动所需的基本能力

在实践中，消费者无论购买何种商品或者从事何种消费活动，都必须具备某些基本能力，如对商品的感知、记忆、辨别能力，对信息的综合分析、比较评价能力，购买过程中的选择、决策能力，以及记忆力、想象力等，这些能力是消费者实施消费活动的必备条件。基本能力的高低强弱会直接形成消费行为的方式和效果的差异。

(1) 感知能力。

感知能力是指消费者对商品的外部特征和外部联系加以直接反映的能力。通过感知，消费者可以了解商品的外观、色彩、气味、轻重以及所呈现的整体风格，从而形成对商品的初步印象，为消费者进一步对商品做出分析判断提供依据。消费者感知能力的差异主要体现在速度、准确度和敏锐度方面。感知能力的强弱会影响消费者对消费刺激的反应程度，感知能力强的消费者能够对细微变化和同类商品之间的细小差别清晰辨认；感知能力弱的消费者则很难对这种细小变化进行区别。

（2）分析评价能力。

分析评价能力是指消费者对接收到的各种信息进行整理加工、分析综合和比较评价，进而对商品的优劣、好坏做出准确判断的能力。分析评价能力的强弱主要取决于消费者的思维能力和思维方式。有的消费者思维的独立性、灵活性和抽象概括能力强，就能够对信息传播源的可信度、他人行为及消费时尚、促销手段的性质、商品的优劣做出客观的分析，在此基础之上形成对商品的全面认识、对不同商品之间差异的深入比较，以及对现实环境与自身条件的综合权衡；有的消费者则缺乏这种综合分析能力，不能从众多信息中选择自己需要的信息，从而不能快速做出清晰、准确的判断评价。

（3）选择决策能力。

选择决策能力是消费者在充分选择和比较商品的基础上，及时果断地做出购买决定的能力。消费者的决策能力直接受到个人性格和气质的影响。由于性格特点和气质类型的不同，有的消费者在购买过程中大胆果断、决策迅速；有的消费者则优柔寡断，容易受他人态度和意见的左右。决策能力还与对商品的认识程度、使用经验和购买习惯有关。消费者对商品的特性越熟悉、使用经验越丰富，习惯性购买驱动力就越强、决策过程越迅速，决策能力也会加强；反之，决策能力会相对减弱。

此外，记忆力、想象力也是消费者必须具备和经常使用的基本能力。消费者在购买商品时，经常要参照和依据以往的购买、使用经验及了解的商品知识，这就需要发挥消费者的记忆能力；而丰富的想象力可以使消费者从商品本身想象到该商品在一定环境和条件下的使用效果，从而激发其美好的情感和购买欲望。

2. *从事专业性消费活动所需的特殊能力*

特殊能力首先是指消费者购买和使用某些专业性商品所应具有的能力，它通常表现为以专业知识为基础的消费技能。由于特殊能力是针对某一类或某一种特定商品的消费而言，而商品的种类成千上万，因此，消费者的特殊能力也有多种多样的表现形式，无论何种特殊能力，都有助于消费者取得最佳消费效用。

除适用于专业性商品消费外，特殊能力还包括某些一般能力高度发展而形成的优势能力，如创造力、审美能力等。

3. *消费者对自身权益的保护能力*

保护自身权益是现代消费者必须具备的又一重要能力，合法权益是消费者从事正常消费活动、获取合理效用的基本保证。然而，这一权益的实现不是一个自然的过程，尤其是在中国目前市场经济尚不成熟的环境中，客观上要求消费者自身不断提高自我保护的能力，才能有效地避免上当受骗和受伤害。

案例 3－9

小丽和小梅是会计专业的同班同学。小丽性格内向，人称“林妹妹”，对电脑的知识了解很少；小梅性格外向，体格健硕，对电脑比较通晓，二人在购买电脑时表现出了很大的差异性。购买前，小丽借阅了大量有关电脑的书籍，向老师同学咨询，最后准备和小梅买一样的电脑；而小梅只在网上查找了自己要买的联想品牌电脑的报价。购买时，小丽到电脑公司正巧看见宏碁电脑在促销，在营业员的劝说下，她买了宏碁电脑。由于促销，电脑公司当天没人送货，小丽只好花 30 元打的费将电脑搬回学校；小梅凭借自己的知识、议价能力，以优惠的价格买了她喜欢的联想电脑，并且是朋友帮忙搬回学校的。

【学习与思考】

消费者自身能力对购买商品有什么样的影响？

（二）能力与消费行为表现

消费者的能力特性与消费行为直接相关，其能力差异必然使他们在购买和使用商品的过程中表现出不同的行为特点，具体可以分为以下几种典型表现：

1. 成熟型

这类消费者通常具有较全面的能力构成，属于专家购买型的消费者。他们对于所需要的商品不仅非常了解，而且有长期的购买和使用经验，对商品的性能、质量、价格、市场行情、生产情况等方面的信息极为熟悉，其内行程度甚至超过了销售人员。因此在购买的过程中，他们通常注重从整体角度综合评价商品的各项性能；能够正确辨认商品的质量优劣，很内行地在同类或同种商品之间进行比较选择，并强调自我感受及商品对自身的适应性。这类消费者由于具有丰富的商品知识和购买经验，加之有明确的购买目标和具体要求，所以在购买现场往往表现得比较自信、坚定，自主性较高，能够按照自己的意志独立做出决策，而无需他人的帮助，并较少受外界环境及他人意见的影响，在消费购买过程中自我保护的能力也强。

2. 一般型

这类消费者的能力构成和水平处于中等状况，属于非专家购买型的消费者。他们通常具备一些商品方面的知识，并掌握有限的商品信息，但是缺乏相应的消费经验，主要通过广告宣传、他人介绍等途径来了解认识商品，因此了解的深度远不及成熟型消费者。这类消费者在购买之前，一般只有一个笼统的目标，缺乏对商品的具体要求，因而很难对商品的内在质量、性能、适用条件等提出明确的意见，同时也难以就同类或同种商品之间的差异进行准确比较。限于能力水平，这类消费者在购买过程中，往往更乐于听取销售人员的介绍和厂商的现场宣传，经常主动向销售人员或其他消费者进行咨询，以求更全面地汇集信息。由于商品知识不足，他们会显现出缺乏自信和独立见解，需要在广泛征询他人意见的基础上做出决策，因而容易受外界环境的影响和左右，在消费购买过程中自我保护能力也相对较弱。大多数的消费者能力处于这样的水平。

3. 缺乏型

这类消费者的能力构成和水平均处于缺乏和低下状态，属于无知型的消费者。他们不仅不了解有关商品知识和消费信息，而且不具备任何购买经验。在购买之前，往往没有明确的购买目标，仅有一些朦胧的意识和想法。在选购过程中，对商品的了解仅建立在直觉观察和表面认识的基础上，缺乏把握商品本质特征及消费信息内在联系的能力，因而难以做出正确的比较选择。这类消费者在决策时，经常表现出犹豫不决，不得要领，极易受环境影响和他人意见的左右，其购买行为常常带有很大的随意性和盲目性。这种状况通常仅存在于对某类不熟悉商品或新产品的消费者中，以及不具备或丧失生活能力的婴幼儿、老年人和残疾人消费者中。

不论何种能力及行为类型都是相对的，一个消费者可能在某一方面或某一类商品的消费中表现为成熟型，而对于另一类商品的消费又表现为一般型。此外，随着生活经验的积累，以及个人有意识地自我培养，消费者的能力水平也会不断提高。在现实生活中，即使是同一类型的消费者，由于性别、年龄、职业、经济条件、心理状态、空闲时间，购买商品的种类、数量等方面的不同，以及购买环境、购买方式、供求状况、销售人员的仪表和服务质量等方面的不同，也会存在消费者行为上的差异。

通过对消费者能力的了解和把握，企业可以采取针对性的对策来影响消费心理和行为。企业如果面对成熟型的消费者，应当多提供专业资料，避免高谈阔论；如果面对一般型消费者，企业要多做介绍，允许消费者进行比较评价，提高消费者的理性认识水平；如果面对缺乏型的消费者，企业要诚实、耐心、全面地介绍有关商品，让消费者有学习的机会，提高消费者的理性认识水平。

三、消费者能力对营销活动的作用

消费者在购买活动中的能力，除本身素质是重要的基础外，还有许多其他因素也发挥了作用，如向消费者传递商品信息，讲解商品知识，培训保养维修方法，示范使用操作技术等。消费实践活动是消费者能力发展的决定性条件，它制约着能力发展的性质与水平。

人的能力是在实践中表现出来的，因此，在营销活动中，消费者购买行为的多样性或差异性，也一定会在购买活动中表现出来。这就为我们促进销售、引导消费创造了依据。但另一方面，企业的营销工作应讲究职业道德，切不可有意利用顾客的能力弱点去推销伪劣商品，欺诈顾客。

由于营销服务人员的营销能力与服务效果有密切的联系，所以营销服务人员也要通过实践和加强理论学习，来不断提高自己的营销能力。

项目重点内容结构图

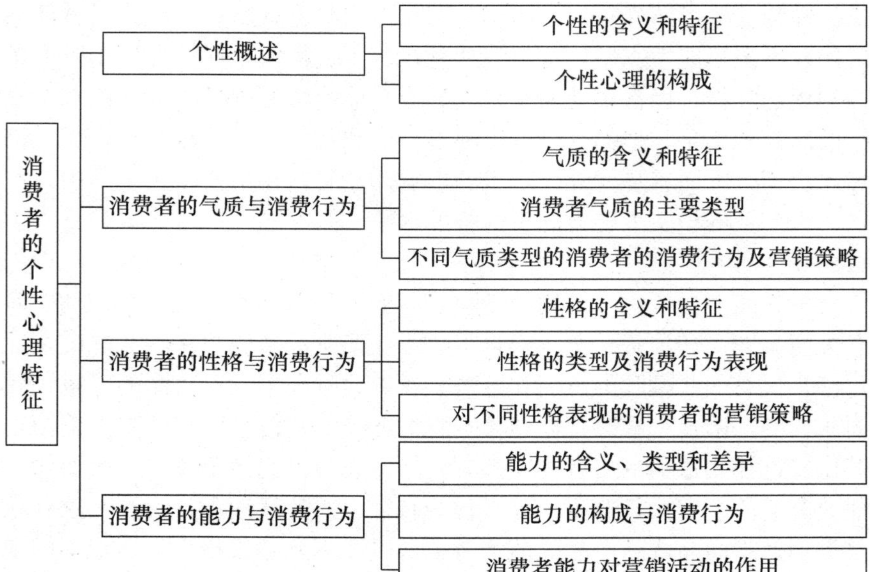

同步测试

一、选择题

1. 喜欢标新立异、追求新颖奇特商品的消费者属于（　　）。

A. 多血质　　B. 胆汁质　　C. 抑郁质　　D. 黏液质

2. 形成消费者稳定生活方式的心理基础是（　　）。

A. 性格　　B. 气质　　C. 动机　　D. 自我概念

3. 多血质消费者的消费行为往往体现出想象型和（　　）。

A. 不定型　　B. 冲动型　　C. 理智型　　D. 敏感型

4. 想象型的消费者，其主要气质类型是（　　）。

A. 多血质　　B. 胆汁质　　C. 黏液质　　D. 抑郁质

5. 易于接受导购人员介绍和帮助的消费者大多是（　　）。

A. 理智型消费者　　B. 经验型消费者

C. 确定型消费者　　D. 随意型消费者

二、判断题

1. 消费者个性的可塑性决定消费者需求的可诱导性。（　　）

2. 在生活中我们经常评价某人气质优雅或气质粗俗，即个性心理特征中所指的气质。（　　）

3. 活泼好动，反应迅速，动作敏捷，思维灵活，但往往不求甚解，注意力易转移，情绪不稳定，这些都是抑郁质气质类型的典型特点。（　　）

4. 性格无好坏之分，而气质有好坏之分，人们都愿意和多血质的人交朋友。（　　）

5. 对慢性的消费者，营销人员要有充分耐心，千万不能因为消费者选购商品的时间长而沉不住气，更不能急躁，显出不耐烦的表情。（　　）

三、简答题

1. 消费者个性心理的基本特征有哪些？

2. 气质对消费者行为有哪些影响？

3. 感性消费的主要特征有哪些？

4. 多血质的消费者在消费行为中表现出的特有活动方式和表现形式有哪些？

综合案例分析

Kappa：运动也时尚

Kappa，一个来自意大利的时尚运动品牌，Logo为两个背靠背的小人，如图3－9所示。自2002年进入中国市场，短短六年左右的时间就在中国获得了快速的发展，成为在国内运动服装方面仅次于阿迪和耐克的国际品牌，不仅国内几乎所有的大百货商场及运动品牌专卖区都有Kappa专卖店，并且位置大多靠近Nike和Adidas，而且当前穿Kappa的人越来越多。不同于Nike、Adidas等的产品功能诉求，

图3－9　Kappa品牌

Kappa 给人的感觉是年轻、活力，品牌定位为时尚、运动、性感及品位。

一、市场深度细分

Kappa 最初在中国以意大利产品为主导，其品牌推广思路延续意大利市场的发展模式，销售规模稳步发展，但在专业性上不敌 Adidas 和 Nike。与此同时，年轻一代在消费的过程中日趋追求个性化和多样化，他们不喜欢传统，不愿意总是黑白灰的感觉。于是 Kappa 通过深挖市场，深度细分，一改过去专注运动服的路线，转为在运动元素之中注入时尚潮流的风格，因为在 2004 年前中国运动用品普遍倾向于运动的实用性，欠缺时尚潮流元素，Kappa 迅速把握机会，高薪聘请知名设计师，在设计过程中讲究色泽及剪裁，使用大胆、夸张的颜色搭配和醒目的标识，让运动也时尚。推行运动、时尚风格的服装，强调生活化，采用紧身时尚活力运动的设计风格，将运动和休闲很好地结合起来，把体育的精神融汇在里面，但它又不是纯粹专业的体育用品，它们更像出现在 T 台上的时装，迎合了消费者特别是潮流一族的喜好，如图 3-10 所示。

图 3-10 Kappa 时尚运动设计

二、选料与时俱进

一流的产品需要一流的原材料，为了“量体裁衣”，Kappa 在选料方面不断突破，与潮流同行。如在 2007 年夏季，为了适应当下流行的时尚运动风潮，Kappa 采用高品质、功能性的面料，配以 Kappa 独特的配色风格，黄蓝、黑红等极具赛车风格的色彩，彰显出赛车运动的速度与时尚感，金色、银色演绎浓郁的时尚生活，蔚蓝、纯白，充满海洋气息……除了服装设计，更多的风格体现来自面料。如在 2008 年春夏之际，Kappa 在沿袭了以往靓丽和性感的基础上，增加了如条纹、徽章等更多经典元素，推出了系列新品。

三、渠道精耕细作

Kappa 在渠道策略方面先是“借船出海”，即借助已成规模的经销商快速建立渠道，在 2005 年后调整为“抛砖引玉”，即借助一套店铺评级体系及公开的店铺支持标准，给予店铺直接的货架返利或者装修返利，通过“抛砖引玉”，极大地刺激了分销渠道的快速拓展，除了代理商在数量上的增长，其实力都在随企业发展而不断提高。在渠道运作过程中，Kappa 精耕细作，如在全国范围内，除了上海和深圳，采取的都是单一客户制，通过资源集中让经销商在特定区域快速做大做强。Kappa 的成功满足了社会消费的潮流趋势，其产品的设计特色不易被复制，Kappa 的时尚性让它在运动用品的卖场中脱颖而出，夸张而出位的设计和颜色搭配，更符合意大利品牌的“血统”，偏瘦的版型让购买者都成了其品牌的代言人。

四、传播嫁接整合

在传播策略方面，Kappa 非常善于嫁接和整合，如：Kappa 牵手百事可乐推出影舞系列运动时尚新品；在第十届北京国际车展上推出 Kappa 版 C2 特装车，引领改装车新潮流；在2006年世界杯上赞助黄格选、黄健翔、李明、景冈山等明星组成的观摩团，赴德国看球，请他们穿上Kappa服装，在电视上评论足球，讨论时尚话题，分享德国见闻等。另外，牵手中网，表现了Kappa专业化的品质和时尚化的品位。作为中网的官方服装赞助商，Kappa首先为比赛中的裁判、官员以及服务人员提供装备，同时也参加了中网赛事组织的推广活动，体现了Kappa在竞技层面的专业性；其次体现了休闲时尚化上的品位，他们在赛场为网球比赛首次融入娱乐元素，让观众在娱乐中感受网球运动带来的乐趣，如“中网”狂欢日，Kappa Day的推出。Kappa Day上丰富多彩、炫丽动感的活动，掀起了“中网”赛场外的一个高潮。赛场内外成了Kappa的大秀场，Kappa Day由每天活跃在赛场内外的“啦啦秀”们奔放夸张的舞姿开场，如图3－11所示。

受到“啦啦秀”时尚奔放舞曲的吸引，刚刚欣赏完一场精彩双打比赛的观众纷纷驻足“中网”主舞台，而此时丰富多彩的“嘉年华”游戏也在旁边的游戏区拉开帷幕，平时少有机会摸球拍的球迷们也可以在游戏区中试试自己的发球速度能够达到多少千米，试试用新型次世代游戏机WII来和朋友打上一场电子网球比赛。Kappa邀请ATP和WTA球员对观众进行特别集训，推广国际网联的“疯狂网球”课程（两小时网球速成），让观众在娱乐中感受网球运动带来的乐趣。

图3－11 Kappa的嫁接整合

总之，伴随着中国经济的发展和消费者可支配收入的增加，运动休闲市场还在以每年近20%的速度增长，Kappa正在不断将运动与时尚相融合，将娱乐营销和体育营销相结合，快速发展中的Kappa，本着目标单一化、产品多样化的思路，让运动也时尚，正在全力将Kappa打造成为时尚领域中的品牌族群。

资料来源：http://www.ldnews.cn/qyfc/fc/200808/3607.shtml.

【问题讨论】

1. Kappa品牌在中国快速发展的主要秘诀是什么？
2. Kappa品牌的广受欢迎，反映了消费者的哪些个性化的心理特征？

项目实战

测一测你属于什么气质类型，并分析将来你作为一名营销者怎样面对这一气质类型的消费者。

气质问卷调查表

指导语：以下60个问题可以帮助你大致确定自己的气质类型，只要你能根据自己的实际行为表现如实回答，就能帮助你确定自己的气质类型，但必须做到以下几点：（1）回答时请不要猜测题目内容要求，也就是说不要考虑应该怎样，而只回答你平时怎样，因为题目答案本身无所谓正确与错误之分。（2）回答要迅速，不要在某道题目上花过多时间。（3）每一题都必须回答，不能有空题。（4）在回答下列问题时，你认为：很符合自己情况的，记2分；较符合自己情况的，记1分；介于符合与不符合之间的，记0分；较不符合自己情况的，记－1分；完全不符合自己情况的，记－2分。

1. 做事力求稳妥，不做无把握的事。
2. 遇到可气的事就怒不可遏，把心里话全说出来才痛快。
3. 宁肯一个人干事，也不愿很多人在一起。
4. 到一个新环境很快就能适应。
5. 厌恶那些强烈的刺激，如尖叫、噪声、危险镜头等。
6. 和人争吵时，总是先发制人，喜欢挑衅。
7. 喜欢安静的环境。
8. 善于和人交往。
9. 羡慕那种善于克制自己感情的人。
10. 生活有规律，很少违反作息制度。
11. 在多数情况下情绪是乐观的。
12. 碰到陌生人觉得很拘束。
13. 遇到令人气愤的事，能很好地自我克制。
14. 做事总是有旺盛的精力。
15. 遇到问题常常举棋不定，优柔寡断。
16. 在人群中从不觉得过分拘束。
17. 情绪高昂时，觉得干什么都有趣；情绪低落时，又觉得什么都没有意思。
18. 当注意力集中于一事物时，别的事很难使我分心。
19. 理解问题总比别人快。
20. 碰到危险情景，常有一种极度恐惧感。
21. 对学习、工作、事业怀有很高的热情。
22. 能够长时间做枯燥、单调的工作。
23. 符合兴趣的事情，干起来劲头十足，否则就不想干。
24. 一点小事就能引起情绪波动。
25. 讨厌做那种需要耐心、细致的工作。
26. 与人交往不卑不亢。
27. 喜欢参加热烈的活动。
28. 爱看感情细腻、描写人物内心活动的文学作品。
29. 工作学习时间长了，常感到厌倦。
30. 不喜欢长时间谈论一个问题，愿意实际动手干。
31. 宁愿侃侃而谈，不愿窃窃私语。
32. 别人说我总是闷闷不乐。
33. 理解问题常比别人慢些。
34. 疲倦时只要短暂的休息就能精神抖擞，重新投入工作。
35. 心里有话宁愿自己想，不愿说出来。
36. 认准一个目标就希望尽快实现，不达目的，誓不罢休。
37. 学习、工作同样长时间，常比别人更疲倦。
38. 做事有些莽撞，常常不考虑后果。

39. 老师或师傅讲授新知识、新技术时，总希望他讲慢些，多重复几遍。
40. 能够很快地忘记那些不愉快的事情。
41. 做作业或完成一件工作总比别人花的时间多。
42. 喜欢运动量大的剧烈体育活动，或参加各种文艺活动。
43. 不能很快地把注意力从一件事转移到另一件事上去。
44. 接受一个任务后，就希望把它迅速解决。
45. 认为墨守成规比冒风险强些。
46. 能够同时注意几件事物。
47. 当我烦闷的时候，别人很难使我高兴起来。
48. 爱看情节起伏跌宕、激动人心的小说。
49. 对工作抱认真严谨、始终一贯的态度。
50. 和周围人们的关系总是相处不好。
51. 喜欢复习学过的知识，重复做已经掌握的工作。
52. 希望做变化大、花样多的工作。
53. 小时候会背的诗歌，我似乎比别人记得清楚。
54. 别人说我“出语伤人”，可我并不觉得是这样。
55. 在体育活动中，常因反应慢而落后。
56. 反应敏捷，头脑机智。
57. 喜欢有条理而不甚麻烦的工作。
58. 兴奋的事常使我失眠。
59. 老师讲新概念，常常听不懂，但弄懂以后就很难忘记。
60. 假如工作枯燥无味，马上就会情绪低落。

评分方法：将每题得分填入下表相应“得分”栏内，计算每种气质类型的总得分数。如果某种气质得分明显高出其他三种（均高出 4 分以上），则可判定为该种气质；如果两种气质得分接近（差异低于 3 分）而又明显高于其他两种（高出 4 分以上），则可判定为两种气质的混合型；如果三种气质均高于第四种的得分且相接近，则为三种气质的混合型。

胆汁质	题号	2	6	9	14	17	21	27	31	36	38	42	48	50	54	58	总分
	得分																
多血质	题号	4	8	11	16	19	23	25	29	34	40	44	46	52	56	60	总分
	得分																
黏液质	题号	1	7	10	13	18	22	26	30	33	39	43	45	49	55	57	总分
	得分																
抑郁质	题号	3	5	12	15	20	24	28	32	35	37	41	47	51	53	59	总分
	得分																

拓展阅读

中国富豪消费大揭秘

导读：根据中国某知名研究院的研究，压抑过久的奢侈品消费在2013年底随着中国经济的恢复而出现小幅反弹，定制、限量、小众高端品牌进入中国，拉动中国奢侈品市场的继续发展，带动奢侈品消费重新进入一个新的高潮。

一、消费信心暂时受挫，未来消费仍具刚性

越是高资产人群，奢侈品的消费越具有刚性。作为非价格敏感人群同时也是奢侈品核心消费群体，近七成的千万富豪表示经济形势的下滑并不会影响其消费水平，半数左右的资产过亿的富豪已为未来的奢侈品消费留够预算，其中43%的受访的身价过亿的富豪表示会增加未来的奢侈品消费，另有三分之一的富豪认为目前是投资收藏一些奢侈品的大好时机。当然，在持观望态度的中国富豪中，很多不是消费能力出了问题，而是对目前的经济形势有所观望，他们在等待中国经济的恢复，也在考虑未来投资与消费的方向。

二、奢侈品消费欲望曲线显现，低资产人群消费欲望强烈

据研究发现，资产低于1 000万人民币的消费者对奢侈品的消费欲望非常强烈，然而随着资产的增加，尤其在突破千万之后，奢侈品的消费欲望明显降低，反而高品质的生活消费与体验消费在逐步增加。其中，男性与女性的奢侈品消费欲望也不同，资产低于千万人民币时，女性的奢侈品消费欲望要强过男性，但是当资产高于千万人民币之后，女性的消费欲望反而低于男性，男性在艺术品、休闲娱乐等方面的消费欲望明显增加，我们称之为“奢侈品消费欲望曲线”。

三、奢侈品大众化消费渐成趋势

中国奢侈品市场经过20年时间的累积，消费群体日益下沉，整体呈现大众化的消费趋势。在我们所调研的消费者中，超过半数的消费者购买过的最贵奢侈品的价格区间主要在人民币50万以下，另有19%在50万～100万之间，16%在100万～200万之间，只有12%的消费者超过200万，购买的品类主要集中在名表、名车、箱包。其中我们发现，名表是各类资产人群都非常偏好的奢侈品，其实在腕表的消费上整个中国市场都呈现出大众化的趋势。因为高端腕表具有保值增值性及特殊的装饰作用，加之很多高端腕表的价格越来越亲民，几万元就可以买到品牌不错的腕表，所以很多一般的消费者也进入了中高端腕表领域，这也就使得一贯曲高和寡的高端腕表具有了更广泛的消费群体，直接促进了中国高端腕表市场的扩容。而对于中国富豪来说，个人消费最偏爱的是名车、名表与艺术品，也有少部分亿万富豪开始消费游艇与飞机。

四、奢侈品消费品位升级：由他需消费转向自用消费，从众消费转向个性消费

(1) 由他需消费转向向自用消费。

中国的奢侈品消费者主要分为两类：一是以奢侈品彰显社会地位与财力，这类消费者购买奢侈品更在乎的是“别人怎么看”；二是注重产品本身，购买奢侈品完全是从自身需要与兴趣爱好出发，这类奢侈品消费者更在乎“自我感受”。

本次调研发现，半数左右的消费者表示购买奢侈品的目的是自用消费，但自用消费与自需消费是两个概念。目前，中国的富豪人群“他需消费”的需求明显高于“自用消费”的需求，品牌知名度仍是中国奢侈品消费者最看重的要素，其次是朋友与有身份的人都在用。

但是，目前中国消费者购买奢侈品具有明显的自用消费趋势，特别是很多资产过亿的消费者表示，希望购买的奢侈品符合自身的个性与气质，对品牌概念越淡漠，尤其反感品牌 logo 过于张扬的体现，更强调的是奢侈品的私人性与服务性。

（2）由从众消费转向个性消费。

尽管中国奢侈品消费市场走过 20 余年，奢侈品消费者也在不断成长，从最初的需要借助品牌 logo 彰显社会地位和财富外，如今开始追求个性化产品。这是因为随着某些奢侈品的消费积累，其所代表的阶级符号作用明显降低，仅凭一件奢侈品，已经很难看出你与我的区别；同时，中国的富豪群体正在学习有品位的消费以及有质量的消费，而且学习的速度非常快，他们现在需要表达与众不同，一个逐渐趋同的奢侈品牌已经难以满足其更高的消费需要。因此，中国富豪们就会选择一些适合自己消费，同时其他人没有消费的独特产品。

更重要的是，现代社会已经发展到一个消费者导向的商业阶段，是消费者的个性与内涵赋予了品牌内涵的多元化，越是高端消费者越排斥品牌所标榜与强调的品牌个性，反而期待产品个性与个人特性的匹配。调研结果显示，48%的资产低于 1 000 万元人民币与 20%的资产在 1 000 万～5 000 万元人民币的消费者表示产品设计很重要，而资产过亿的富豪更热衷限量（25%）与定制（20%）产品，这也在某种程度上验证了中国消费者的差异化的消费心理。

（3）定制性需求更加明显，定制范围全面升级。

定制趋势是消费者由忠于产品品牌到忠于产品品质的一个转变，忠于产品品质的终极表现就是个性化定制，谁迎合了这个市场趋势，谁就能快速赢得市场的认可并赢得快速发展。当然，中国传统文化使得中国富豪更追求一种低调的奢华，这将会加速定制化市场在中国的发展，也为小众品牌的发展创造了空间。调研发现，2012 年中国奢侈品消费者整体出现了定制化的需求，最青睐的定制品类包括服装、珠宝、家居用品与高档礼品。但是，资产状态不同，定制范围也不同，有的亿万富豪追求生活方式的全面定制化。

（4）FCI 观点：定制的含义。

通过观察与研究，把定制定义为三个层次。一是品牌之下的定制，其实就是伪定制，消费者只能在品牌提供的选择范围内，进行所谓的定制。二是品牌之上的定制，在品牌提供现有的产品和服务的组合范围外，可以个性化地满足消费者的需求。这种定制仍然是基于品牌本身，核心价值仍然是品牌，定制是品牌的一个附加服务。三是自由的定制，消费者可以不考虑任何品牌因素，天马行空地实现完全的自由选择，这是基于产品的消费，是一个服务品牌的存在，而不是产品品牌的存在。这个级别的定制才是自由的定制。所以，在定制产业刚刚在中国兴起的时候，如何规范化、专业化发展立刻被提上了议事日程，而不是盲目性地发展、伤害市场与消费者。

五、奢侈品的社交功能凸显，中国富豪最爱收藏投资类奢侈品

与欧美国家不同的是，由于亚洲文化的特征，商务馈赠与投资收藏是中国消费者购买与消费奢侈品的两个明显的目的，奢侈品的社交功能凸显。调研结果显示，中国消费者商务馈赠类的奢侈品消费支出稳定在 20%～30%之间，其中资产 1 000 万～5 000 万元人民币的消费者因处于职业上升期，在奢侈品的礼品消费部分支出相对较高，达到 29%左右。

不同资产状况下，消费者青睐的商务馈赠的奢侈品品类也不同。1 000 万元人民币以下的消费者商务馈赠首选香化产品、箱包以及烟酒，当资产达到 1 000～5 000 万元人民币之间时，商务馈赠则首选名表、香化产品以及箱包。与以往不同的是，香化产品 2012 年首次进入较高资产人群商务送礼的范围，尤其是香水更得到各类资产人群的商务送礼的青睐。这不仅与香化产品的相对价位有关系，更主要的与东方人的消费心理相关。与西方社会的“口红效应”不同，近年来香氛、香道成为中国高端收入人群青睐的一种兴趣爱好，中国消费者更期望通过味道含蓄地体现个人的品位，“看不见的消费”成为一种时尚趋势。然而，中国富豪们进行商务馈赠时最爱的是名表、珠宝以及艺术品，不仅价值昂贵，而且保值增值与变现的能力较强。

对于投资与收藏奢侈品来说，主要还是富豪阶层更具有实力。根据我们的调研，在中国消费者眼中最保值的奢侈品品类前三甲分别为腕表、顶级豪车以及珠宝。其中，资产在 1 000 万元人民币以下的消费者认为皮具、珠宝与腕表更保值；资产达到 1 000 万～5 000 万元之间的消费者则首选了珠宝，其次是皮具与腕表；当资产突破 5 000 万元人民币后则首选腕表与珠宝。

对于亿万富豪来说，其偏好的资产形态完全不同于其他人群，在富豪眼中最具保值价值的是腕表、珠宝与皮具。在中国消费者眼中最具有投资价值的产品品类有艺术品、房产或土地、古董文物，奢侈品则只占到 7%，另有 6%的亿万富豪肯定了钻石的投资价值。

六、提不上来的品牌忠诚度

实际调研数据显示：中国奢侈品消费者的品牌忠诚度相对欧美奢侈品市场偏低。据境外团队调研数据，欧美奢侈品消费者 87%有重复购买同一奢侈品牌产品的习惯，而中国消费者重复购买奢侈品的比例只有 26%。其中，资产低于 1 000 万元人民币的奢侈品消费者品牌忠诚度仅为 8%，1 000 万～5 000 万元人民币的奢侈品消费者品牌忠诚度为 17%，超高资产类奢侈品消费者具有略高的品牌忠诚度，但即使是资产 5 亿元以上的顶级富豪，他们对奢侈品牌的忠诚度最高也仅为 32%。

FCI 观点：三人规则。

在中国富豪群体中存在一个“三人规则”，即当某人购买某品牌的产品后，如果连续有三人表示未曾听说过，他会明显产生消费挫败感，即使品牌与产品足够优质也会放弃购买或不再购买；但是，如果连续有三人表示认可他的选择，即使品牌与产品不够优质，他也会产生强烈的消费自信。

七、积怨日益加深的奢侈品牌服务

很多奢侈品品牌对客户进行差异化服务，在中国尤其严重。究竟中国消费者对目前奢侈品牌的客户服务还有哪些不满意的地方呢？据 2012 年的调研发现，70%的消费者认为缩短产品维修时间（28%）、增加产品维修点（22%）和降低维修服务价格（20%）是奢侈品牌最有待改善的服务项目，奢侈品牌在客户关系管理方面仍存在很大的提升空间。

资料来源：http://industry.luxtarget.com/20130821/9521.html.

项目四

消费者的个性倾向性与购买过程

学习目标

※ 知识目标

- 认识消费者的需要、动机、兴趣等个性倾向性的概念
- 理解消费者的需要、动机、兴趣和购买行为的一般规律
- 了解影响消费者购买决策及购买行为的心理因素

※ 能力目标

- 能够运用需要、动机、兴趣等概念分析消费者在购买活动中的心理过程
- 能够对消费者购买决策及购买行为进行初步的原因分析和决策判断，并初步有针对性地制定营销对策

导入案例一

一袋食盐的魔力

三伏天的正午，烈日炎炎。在一个街边市场上，只见一整排小贩在卖瓜，滚圆新鲜、翠绿诱人的西瓜堆得满满当当，吆喝卖瓜的声音此起彼伏。

“好瓜啊，包熟保甜，刚落秧的新瓜啊。”

“不甜不要钱，一元一斤最低价啦。”

“正宗官方认证的新疆昌吉瓜，慢了就没有啦。”

“××公司订制专营的品牌西瓜，快来看看啊。”

“现场品尝西瓜，不甜不要钱啦……”

这些瓜贩子各显神通，有的赫然挂着××机构认证西瓜的牌子，有的展开了免费试吃活动，有的甚至给西瓜贴上了二维码，声称扫描后可以知道西瓜的“祖籍”。然而，与热闹的瓜市相比，大多数摊位上，许多消费者只是路过看看，或问问就走了，好像并没有多少人下手买。只有贩瓜一条街的边缘地带，一个小伙子的摊位生意兴隆，一会儿一大堆西瓜就所剩无几了，不由令同行们刮目相看。

这个小伙子姓张，是新来卖瓜的，他经过调查发现，这里的西瓜多是同一个点批发来的，质量相当，成本接近，大家都在拼销售量，价格也没什么大的差异。但是，消费者普遍认为这个市场上的蔬菜果品价格低是因为秤做了手脚，不准确，担心上当受骗，所以迟迟不肯下手买。

小张灵机一动，到旁边小超市买了一袋320克的食盐（食盐是由国家监督、国家专营的产品，有很高的可信度），放在自己的电子秤上，他也吆喝，但他并不是夸耀自己的瓜有多甜多便宜，而是说自己的秤有多准。于是出现了大家一窝蜂去买小张的西瓜的一幕。

导入案例二

顾客导向促销

所谓顾客导向是指站在顾客的立场上想问题，深入地探讨顾客的需要，进而满足顾客的需求。任何一个制造商绝不能以为，只要产品好就一定会有人要，因为顾客的想法未必与你相同。

顾客导向促销，这个概念最初是由美国人发展起来的，1955年日本赴美访问团将其引入日本，不久便开花结果，并在国际市场上广泛应用。例如大众“甲壳虫”在世界小车市场上纵横10余年，可谓天下无敌手。日本汽车进入美国市场时，便以“甲壳虫”轿车作为自己的主要对手。首先，日本厂商展开了大规模的市场调查，调查用户对“甲壳虫”轿车的意见，通过广泛调查，总结出“甲壳虫”轿车的优缺点。其优点是外形不变、折旧低、品质好、耐用、一手车市场行情稳定。其缺点是颠得很厉害、冷暖气系统不尽理想、外形不甚美观等，一共收集总结了40余项意见。随后将这些意见送往日本母厂，日本母厂马上着手设计、改良。待日本的新车在美国市场上推出后，“甲壳虫”轿车不久就宣布撤退了。

日本新车制胜的关键在于它符合了顾客的需求，这也是它能够短时期内占有三成以上美国市场的主要原因。

【学习与思考】

1. 小贩们的西瓜为什么会卖得很吃力？小张的小措施解决了消费者心理的什么问题？
2. 这两个案例的共同之处是什么？

任务一　消费者的个性倾向性

人的心理现象错综复杂，丰富多彩，但并非虚无缥缈不可把握。个性倾向性与个性心理特征共同构成了个性心理。个性倾向性是消费者在社会实践活动中，对现实事物的看法、态度和倾向，包括需要、动机、兴趣、信念、价值观等，是对人的心理活动和行为具有激发作用的动力因素。

一、消费者的需要

（一）需要的概念

消费者需要，是指消费者生理和心理上的匮乏状态，即感到缺少些什么，从而想获得它们的状态。个体在其生存和发展过程中会有各种各样的需要，如饿的时候有进食的需要，渴的时候有喝水的需要，在与他人交往中有获得友爱、被人尊重的需要等。一种需要满足后，又会产生新的需要。正是需要的无限发展性，决定了人类活动的长久性和永恒性。

（二）需要的特点

1. 对象性和选择性

人的需要不是空洞的，总是包括一定内容或某种具体事物，离开了具体事物、具体目标、具体内容，就无所谓需要了。各种需要彼此之间的区别，就在于需要对象的不同，都必须有一定的外部物质条件才能满足。例如，居住需要房子，出门要有交通工具，娱乐要有场所。

人的需要是具体的，但也具有选择性。已有的知识经验决定着消费者的具体选择，消费者的爱好、层次、价值观、经济收入，都会影响消费者的选择性。例如饿了想吃东西，选择什么样的食品呢？是馒头、米饭，还是面包、蛋糕？消费者到商店购买商品时，对象性和选择性几乎是同时出现的。

2. 多样性和差异性

多样性和差异性是消费者需要的最基本特征之一，它既表现在同一消费者需要内容的多元化，也表现在不同消费者需求的差异上。

同一消费者不仅有生理、物质方面的需要，还有心理、精神方面的需要，而且对某一特定消费对象常常同时有多方面的要求，如既要求商品质地优良，又要求商品能够展示独特个性等。不同消费者在年龄、性别、民族传统、宗教信仰、生活方式、文化水平、经济条件、个性特征、所处地域的社会环境等方面千差万别，由此形成了多种多样的消费需要。例如有人以经济实用作为选择标准，有人则要求商品外形美观、新颖，从而鲜明地显示出不同消费者之间消费需要的差异性。

3. 连续性和发展性

人们不会因为某种需要得到满足就终止需要了，当一种需要被满足之后，另一种新的需要就会被激化，如饿了就需要吃饭，吃饱了又需要去运动，人的需要永远不会满足，这样就形成了需要的连续性。同时，需要是由人的社会环境和生活条件所决定的，所以需要是随社会的发展而发展的，如人们过去骑单车，后来开摩托车，再后来开汽车等。需要是永无止境、无限发展的，在质的方面不断提高，在量的方面不断扩大，连续性与发展性并存。

4. 伸缩性和可诱导性

伸缩性又称需求弹性，是指消费者的需要会随着某些因素的变化而产生变化。如支付能力、价格、储蓄、商品供给等因素的变化，会导致消费者购买商品的数量、品种、档次等的弹性变化。

可诱导性是指需要可以通过外部的干预，加以引导和培养。如许多企业正是利用消费者需要的可诱导性开展广告宣传、倡导消费时尚、创造示范效应、施以优惠刺激，从而有效地影响、诱导消费者形成、改变或发展需要。

5. 互补性与替代性

消费者对某一种产品的需要常常与对另一种产品的需要紧密相关。需要的相关性分为正相关和负相关，即互补性和替代性。如人们对私家车的需要带动了燃油消费的大幅度增加，这就是互补性；猪肉价格上升导致人们对猪肉的消费量下降，但同时对牛羊肉或鸡肉的消费量上升，这就是替代性。

（三）需要的分类

1. 按需要产生的原因可分为自然性需要和社会性需要

自然性需要也叫生理性需要，是指消费者为了维持个体的生存、发展和种族繁衍所必需的基本生活需要，如人们对衣食住行和配偶、子女等方面的需要。这种需要是在人类发展过程中与生俱来的，是消费者的生理特性决定的。

社会性需要是指消费者在社会生活中，为进行社会活动和社会交往而形成的需要，如求知、求美、荣誉、地位、友谊、爱情、威望等的需要。社会需要是人类社会维系与发展的重要动力。

案例 4-1

1992 年马化腾（见图 4-1）从深圳大学计算机专业毕业，发现当时的网吧流行一种从国外传来的 ICQ 的社交软件，很受大学生们欢迎，大家可以在网络上与陌生人自由地交流，他敏锐地觉察到，在解决了温饱问题的中国，社交将是一个重要的需求。

图 4-1 马化腾

1999 年他在 ICQ 软件的基础上开发了中国版的即时通信软件 OICQ，结果大受欢迎，但最初这款软件并未给他带来多少利润，反而被 ICQ 公司起诉侵权，后来以官司告负，以赔偿 ICQ 公司侵权费用并不再使用 ICQ 这个域名了结。这款软件从此改名为 QQ，这就是最早的腾讯 QQ 的雏形。此后，马化腾在经营过程中曾屡次因为资金周转困难差一点卖掉 QQ，后来在天使资金的介入下，终于才有了今天的强大的腾讯公司。

如今腾讯公司已经是全球最大的互联网公司之一，常年在线人数高达数亿人，2017 年市值达到 3 000 亿美元以上，成为名副其实的世界级互联网公司。

【学习与思考】

腾讯 QQ 取得成功的市场基础是什么？

---

2. 按需要的实质性内容不同可分为物质需要和精神需要

物质需要是指消费者为了维持生存并不断改善物质生活状况，而对社会物质产品产生的需要，包括自然性需要和社会性需要中的物质对象的需要，如人类有对衣、食、住、行的自然需要，随着社会生产力的发展，对衣、食、住、行的要求也越来越高。

精神需要主要是指消费者对精神生活和各种精神产品的需要，如对知识、文化、艺术、理想、审美、科学、尊重、成就等方面的需要。满足这些需要的商品和服务，往往超越物质的层次，如书籍作为商品，制作它们的纸张的成本并不能反映它们的内在价值。这类需要主要不是由生理上的匮乏感，而是心理上的匮乏感所引起的。

3. 按照需要的实现程度，划分为现实需要和潜在需要

现实需要是指消费者已明确形成的、迫切想采取购买行动的实际需要。只有当消费者的匮乏感达到了某种迫切程度，现实需要才会被激发，并促使消费者有所行动。

潜在需要是指消费者现在并未明确显现的，而在未来可能形成的需要。如我国绝大多数消费者可能都有住上更宽敞住宅的需要，但由于受经济条件和其他客观因素制约，这种需要大都只是潜伏在消费者心底成为潜在需要，没有被唤醒，或没有被充分意识到。潜在需要可以通过营销活动或者消费的传导和启发作用转化为现实需要。

(四) 马斯洛的需要层次理论

美国心理学家马斯洛在 1943 年发表的《人类激励理论》一书中提出了著名的需要层次理论，马斯洛将人的需要按由低级到高级的顺序分成五个层次，即生理需要、安全需要、爱与归属的需要、尊重需要和自我实现需要，如图 4－2 所示。

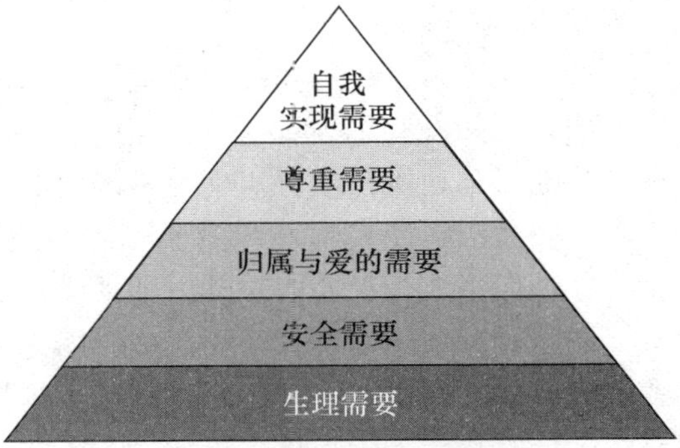

图 4－2 马斯洛需要层次金字塔

(1) 生理需要。这是人们维持自身生存的最基本要求，如对空气、阳光、食物、水、睡眠等方面的需要。生理需要是推动人们行动的最直接的动力。

(2) 安全需要。这是人们要求保障自身生理和心理安全的需要，如摆脱失业和丧失财产的威胁，避免职业病的侵袭，摆脱严酷的监督等方面的需要。当生存需要获得一定满足后，安全需要就变得强烈了，如消费者不再为缺少食物发愁时，就会考虑食物的绿色、环保、健康问题。

(3) 爱与归属的需要。也叫社交需要，这是人们在社会交往中的需要，包括友情、爱情、归属等的需要，如购买礼物送人以获得他人的喜爱。爱与归属的需要往往比生理需要更加细致和深刻，它不仅和个人的生理特性有关，还和个人的人生经历、受教育程度、宗教信仰有紧密的联系。

(4) 尊重需要。这是人们希望自己社会地位稳定，能力和成就得到社会的承认的需要，包括受人尊重和自我尊重两方面的需要，如乐善好施会受人尊重，严于律己是自我尊重的表现。尊重需要得到满足，能使人对自己充满信心，对社会充满热情，体验到自身对社会的价值。

(5) 自我实现需要。这是最高层次的需要，它是指实现个人理想、抱负，发挥个人的能力到最大程度，达到自我实现境界的需要。当前面几种需要得到满足后，个体自身的觉悟成为主要动力，他们会不断完善自己以追求卓越，从而感到极大的快乐和满足，如一些已经取得非凡成就的科学家并不满足于功成名就，仍在不断地攀登科学的高峰。

二、消费者的购买动机

(一) 购买动机的含义及形成条件

动机是指引发和维持个体行为并使之朝向一定目标的内在心理动力，是引起行为、保持行为、把行为引向一个特定目标的心理过程。购买动机是指为了满足一定需要而引起人们购买行为的欲望或意念，是直接驱使消费者采取某项购买行为的内在动力。

动机是在需要的基础上产生的，消费者需要是购买动机形成的原动力，但有需要并非就一定会有购买动机，需要转变为购买动机还必须具备一定的条件。

（1）只有当个体感受到对某种生存或发展条件的需要，并达到足够强度时，才有可能产生动机，以采取行动获取这些条件。

（2）需要产生以后，还必须有满足需要的对象和条件，才能形成动机。如因为消费者有避免堵车的强烈需要，一些商家提出了设计“会飞的轿车”的概念，但目前这种产品尚在概念阶段，还没上市，这种强度足够的需要因缺乏现实的基础，也不可能使消费者产生购买动机。

（3）除了由个体需要的内部刺激外，外部的刺激因素——诱因，也可以导致动机的产生。如某人并没有想去看电影，但网上介绍某电影拍得很不错，票房很高时，就可能产生去看的欲望和动机。动机实际上是需要的具体化，当个体受到某种诱因的刺激时，其内在需求会被激活，使其内心产生紧张感。这种紧张感能够迫使人们采取行动设法去消除紧张，这种促使人行动的内在动力即动机。

诱因对营销活动具有重要意义。因为在通常情况下，消费者的需要处于潜伏或抑制状态，需要外部刺激加以激活。外部刺激越强，需求转化为动机的可能性就越大；否则，需要将维持原状，不能转化为行动力。因此，商家如何给消费者以合理精准的外部刺激，是推动其购买动机形成乃至实现购买行为的重要前提。

（二）动机的功能及与行为的关系

心理学认为，动机在激励人的行为活动方面具有下列功能。

（1）发动和终止行为的功能。动机作为行为的直接动因，其重要功能之一就是能够引发和终止行为。消费者的购买行为就是由购买动机的发动而引起，消费者在某方面的需要一经得到满足之后，该动机会自动消失，相应购买行为也告终止。

（2）指引和选择行为方向的功能。动机不仅能够引发行为，还能将行为导向一定的方向。这一功能在消费者行为中首先表现为在多种消费需求中确认基本的需求，如安全、社交、成就等，其次表现为促使基本需求具体化，成为对某种商品或劳务的具体购买意愿。

在指向特定商品或劳务的同时，动机还势必影响消费者对选择标准或评价要素的确定。通过上述过程，动机使消费行为指向特定的目标或对象。与此同时，动机还可以促使消费者在多种需求的冲突中进行选择，使购买行为朝需求最强烈、最迫切的方向进行，从而求得消费行为效用的最大化。

（3）维持与强化行为的功能。动机的作用表现为一个过程，在人们追求实现目标的过程中，动机将贯穿行为的始终，不断激励人们努力采取行动，直至目标最终实现。另外，动机对行为还具有重要的强化功能，即由某种动机强化的行为结果对该行为的再生具有加强或减弱的作用。使人满意的动机的结果能够保持和巩固行为，称为正强化；反之，则减弱和消退行为，称为负强化。消费者在动机的驱使下，对某些信誉良好的商店和商品重复光顾和购买，就是这一功能的具体体现。

消费动机转化为消费行为的时候，有些动机会直接促成一种消费行为。例如，“饥不择食”，可以认为是个体处于极度饥渴状态下，觅食动机会直接导致不加选择的摄取食物的行为。有些动机则可能促成多种消费行为的实现，如展示个性、显示自身价值等较复杂的动机，会推动消费者购买新潮或名牌服装、购置高档家具、收藏艺术品等多种消费行为。在某些情况下，多种动机有可能支配和促成一种消费行为。例如，城市居民购置房产，就可能出于改善住房条件、投资增值、子女入学便利等多种动机。由此可见，动机与消费行为之间并不完全是一一对应的关系，同样的动机可能产生不同的行为，而同样的行为也可以是由不同的动机所引起的。

（三）消费者购买动机的特征

与消费者的需要相比，动机更为清晰外显，与消费行为的联系更加直接具体，消费者通常按照自己的动机去选择具体的商品类型，动机推动了消费者的需要行为化，因此，研究和探索消费者的购买动机可以更好地把握购买行为的内在规律，为商家采取针对性更强的营销策略提供依据。

1. 主导性

在现实生活中，每个消费者都同时具有多种动机。各种动机所处的地位及所起的作用互不相同，但有些动机表现得强烈、持久，有些动机表现得微弱而不稳定。通常人们的行为是由主导性动机决定的，尤其当多种动机之间发生矛盾、冲突时，主导性动机往往对行为起支配作用。例如，吃要营养、穿要漂亮、用要高档是多数消费者共有的动机要求，但受经济条件所限，上述动机无法同时实现时，一般会产生强烈的消费动机冲突，而决定购买行为发生的往往是主导性动机，如一个收入不高的年轻人可能选择购买昂贵的耐克品牌运动鞋，却选择廉价简单的快餐果腹。

2. 可转移性

可转移性是指消费者在购买过程中，因为新的消费刺激出现而发生动机转移，原来的非主导性动机由潜在状态转为显现状态，上升为主导性动机的特性。在现实中，许多消费者改变预定计划，临时决定购买某种商品的行为现象，就是动机发生转移的结果。例如，某消费者本来欲购买 10 万元左右的代步车型（如大众宝来），但在购买现场得知大众迈腾（20 万左右）降价销售，降价刺激诱发了该消费者潜在的求奢动机，遂转而决定购买大众迈腾。另外，消费者之所以改变动机也可能是由于原有动机在实现过程中受到阻碍。例如，由于售货员服务态度问题，消费者的自尊心受到伤害，其购物主导性动机被压制，诱发了维护个人自尊的动机，结果导致购买行为终止。

3. 内隐性

动机并不总是显露无遗的，通常处于内隐状态，难以从外部直接观察到。现实中，人的心理活动极为复杂，消费者经常出于各种原因而不愿意让别人知道自己的真实动机。早在 20 世纪 40 年代，美国心理学家关于速溶咖啡投放市场受到阻碍的调查结果就表明，家庭主妇之所以拒绝购买速溶咖啡，并非如她们所说的不喜欢速溶咖啡的味道，而是因为不愿被他人视自己为懒惰、不称职的主妇。因为当时的流行观念认为，传统方式煮咖啡的主妇必定是勤俭、善于持家、懂得生活的。除此之外，动机的内隐性还可能是由于消费者对自己的真实动机缺乏明确的意识，目前动机尚处于潜在状态。这种情况在多种动机交织组合、共同驱动一种行为时经常发生。例如，某消费者购买高档眼镜的主要动机是为了保护眼睛，但同时也可能怀有增加魅力和风度或者掩盖眼部缺陷等其他潜在动机。

4. 冲突性

当消费者同时具有两种以上的动机且共同发生作用时，动机之间就会发生矛盾和冲突。人们的欲望是无止境的，而拥有的时间、金钱和精力却是有限的，当多重动机不可能同时实现时，动机之间的冲突就不可避免。消费动机冲突的本质是消费者在各种动机实现带来的利害结果中进行的权衡、比较和选择，如表4-1所示。

表4-1　　　　动机冲突类型比较

冲突类型	不同类型动机冲突的特征	举例	商家的解决策略
利-利冲突	是可以给消费者带来收益的多种动机不能同时实现的冲突。两种动机越均衡，冲突得越厉害	一笔资金，是投资保险还是购买银行理财产品	这种动机冲突的解决有赖于外界的刺激。如商家可以加大促销力度，优化消费方案，引导消费者做出有利于商家的动机选择
利-害冲突	两种对立的动机可能由同一消费行为引起，致使消费者决策失调	面对美食诱惑，尽情享用还是为保持体形忍痛割爱	帮助消费者尽可能减少不利后果，趋利避害。如开发低热量美食，开发减肥保健品，大力推动健身事业等
害-害冲突	消费者面临两种都不利，但条件所迫又必须做出选择的冲突局面。消费者趋向选择不利程度较低的动机作为目标，以降低损失	一方面，房价不断攀升，买房拖不起；另一方面，获得出国进修机会，错过可能影响职场发展，如何选择	运用各种营销措施降低消费者的冲突焦虑，如分期付款购房，降低消费者因被迫延迟购房造成的涨价风险

动机冲突是消费者非常重要的动机特征，正是由于动机冲突的存在，企业多种营销措施手段才有了发挥的空间，营销才有了引导消费者购买动机，推动购买行为实现的机会和可能性。

5. 可诱导性

消费者的购买动机与其生理及心理需要是密切相关的，但并不是所有的需要都会转化为购买动机，购买动机产生的条件有两个：一是内在需要，二是外在条件（诱因）。没有恰当的诱导，消费者需要可能处于潜在状态。商家通常会利用各类媒体积极向消费者宣传商品优越的性能、美观的造型、精美的包装、实惠的价格等因素以诱发消费者的购买动机。例如，小米手机通常向消费者倾诉自己的性价比，即同等价格更高的配置，这种营销策略往往会对一些收入不高，但对手机配置要求较高的年轻人形成诱惑。而OPPO手机经过市场调查后认为，大多数消费者对手机高性能的配置并没有明确概念，摄影功能才是最现实的需求，于是加大力度在技术开发和营销策略上突出手机的摄影功能，尤其是自拍功能。尽管OPPO手机被“发烧友”吐槽为“高价低配”手机，但得到许多普通消费者的追捧，在竞争激烈的2016年手机市场大获成功。

（四）消费者购买动机的类型

1. 一般购买动机

消费者的购买动机往往复杂多样，一般来说，可以分为生理性购买动机和心理性购买动机。

生理性购买动机是由先天的生理性因素引起的，为满足、维持、保持、延续和发展生命等需要而产生的各种购买动机。

心理性购买动机主要是由社会性和精神需要所引起的，为满足社会生活，进行社会生产和社会交际，在社会实践中实现自身价值等需要而产生的各种购买动机。

在实际购买行为中，往往两种动机交织在一起，很难区分，市场营销实践中对消费者的购买动机往往需要更加具体的分类和研究。

2. 具体购买动机

（1）求实动机。

求实动机是指消费者以追求产品或服务的使用价值为主导倾向的购买动机。消费者在购买商品或劳务时，特别重视商品的实际效用、功能质量，讲求经济实惠、经久耐用，而对商品的外观造型、色彩、商标、包装装潢等不大重视。这类消费者在购买时大都比较认真仔细地挑选，也不太受广告宣传的影响。通常，消费者在购买基本生活资料、日用品的时候，求实动机比较突出，而在购买享受资料、较高档次的、价值大的消费品时，求实动机不太突出。此外也要看消费者的消费支出能力和消费的价值观念。

（2）求新动机。

求新动机是以注重商品的新颖、奇特、时尚为主要目的的购买动机。消费者在购买商品时，特别重视商品的外观、造型、式样色彩和包装装潢等，追求新奇、时髦和与众不同，而对陈旧落后时代的东西不屑一顾。这类消费者在购买时受广告宣传、社会环境和潮流导向影响很大。一般来说，具有这种购买动机的消费者观念更新较快，容易接受新思想、新观念，热衷于追求新的生产和生活方式。

（3）求美动机。

求美动机是以注重商品的欣赏价值和艺术价值为主要目的的购买动机。消费者购买商品时特别重视商品对人体的美化作用、对环境的装饰作用、对其身体的表现作用和对人的精神生活的陶冶作用，追求商品的美感带来的心理享受。购买时受商品的造型、色彩、款式和艺术欣赏价值的影响较大，强调感受，而对商品本身的实用性要求不高。从现在的情况看，有两个发展趋势：其一是随着人们生活水平的提高，收入的增加和用于非食物方面开支比重的增大，求美动机越来越强烈；其二是随着时间的推移，人们休闲时间的增加，越来越多的人注重对美的追求。

（4）求廉动机。

求廉动机是以注重商品价格低廉，希望付出较少的货币而获得较多的物质利益为主要特征的购买动机，价格敏感是这类消费者的最大特点。这类消费者在购买时不大看重商品的外观造型等，容易受处理价、优惠价、大特价、清仓价、“跳楼价”等降价宣传的影响。可能因为这类消费者收入较低或者经济负担较重，也可能因为其对商品的认识和价值观的影响。另外，在目标市场营销中，较低档次的消费者对于较高档次的消费品而言，往往是求廉购买。比如广州一些时装专卖店，本来是面向高收入者的，它们讲究时装的质地、款式、时髦与否、服务、购物环境等，普通大众一般不会光顾，但在换季降价销售时，则容易受到有求廉动机的消费者的追捧。

（5）求名动机。

这是一种以追求名牌商品或仰慕某种传统的名望为主要特征的购买动机。消费者对商品的商标、商店的牌号等特别重视，喜欢购买名牌产品。在购买时受商品的知名度和广告宣传等影响较大。一般而言，青年人、收入水平较高的人常常具有这种购买动机。

案例4-2

苹果手机的成功

2007年，世界上所有的手机产品仍然是以电话为中心设计的，那个时候深感手机产品不方便的乔布斯，开始跟手机“较劲”，在他的不懈努力下，手机从日历、地图、计算器向社交、游戏、新闻、金融、生活服务领域扩展，手机真正变成了“个人移动多媒体互联网终端”，变成了一个互联网平台，语音通话成了手机一个很小领域的功能。从此我们把电脑装进了口袋，完成了功能手机到智能手机的彻底变革。而追求极致体验、极致品质的乔布斯和他的苹果品牌则成了果粉们心目中的创造性、超前性、极客身份的象征，尽管在此后的十年间，几乎所有的手机都开始了智能化的历程，但直到现在iPhone手机仍然是手机市场当之无愧的标杆，每一次新品发布都受到千千万万果粉们的疯狂追捧。

实际上，苹果手机一直是一家利润导向的产品公司，虽然售价昂贵，但其实成本跟一部普通的智能手机相差不大。很多人仍然愿意花费两三倍的溢价，排着长队追逐苹果手机，很大一部分热情是源于对苹果品牌自身所承载的人文属性的认同。

【学习与思考】

苹果手机为什么会取得超越手机商品属性的成功？

（6）偏爱动机。

偏爱动机是一种以某种商品、某个商标和某个企业为主的购买动机。消费者由于经常使用某类商品的某一种，渐渐产生了感情，对这种商品、这个商标的商品或这个企业的商品产生了偏爱，经常指名购买。比如说有人喜欢购买德国品牌的汽车，有人喜欢购买日本数码产品，有人喜欢购买本地产品等都是属于偏爱动机。企业注重服务，善于树立产品形象和企业形象往往有助于培养、建立消费者的偏爱动机。

（7）从众动机。

从众动机是一种以求得大众认可为目的的购买动机。消费者在购买商品时主要以大众化为主，跟上潮流即可，人有我有，不求创新，也不要落后，有时也称为求同动机。在购买时受购买环境和别人的经验、介绍推荐影响较大。

案例4-3

快速流行的索尼随身听

1979年7月，索尼公司向市场推出携带的（用电池）的便携式耳塞立体声录音机，牌子叫“行人”（Walkman）。同时，索尼公司向市场投放了一系列广告，其中一条是一位健美的少女戴着耳机，挂着随身听在海边沙滩上晨跑。这一创意是前所未有的，摆脱了人们认为的笨重的录音机只能在固定位置播放的认知，掀起了一股消费潮流，无数青年男女迅速接受了这一清新、自然、愉悦的生活方式，无不以戴着耳机，听着音乐晨练为时尚，索尼随身听取得了巨大的商业成功。

这是根据索尼青年研究室（1972 年成立的索尼集团的市场调查部门）研究出来的成果开发的产品，适应了年轻人的习惯和文化生活的需要。“行人”并不包含新技术，是在构思方面决定胜负的商品，但是，这可以说是像哥伦布发现新大陆那样极少有的典型的“生活创新”示例。

【学习与思考】

索尼公司的“行人”（Walkman）品牌取得巨大的商业成功，试分析其消费心理依据。

（8）便利动机。

便利动机是一种以方便购买、便于使用维护为主的购买动机。购买价值不高的日用品时，消费者常常具有这种购买动机。对于日用消费品，消费者经常购买，经常使用，购买时不太认真挑选，主要讲求便利，他们对服务也有一定的要求。

一般情况下，市场营销者要针对自己所营销的产品类型和特点、市场的分类、目标市场的不同以及市场定位的情况，了解、分析消费者购买产品的动机到底是什么、购买角色如何等，以确定怎样才能激发消费者的购买动机，引导其购买行为。

在现实生活中，单一动机引起消费者购买行为的情况并不多。消费者的购买行为往往是在多个动机共同驱使下进行的，是种种有意识和无意识动机总和的结果。动机总和基本上有两种情况。一种是若干动机共同作用，促进购买行为方向。动机总和使消费者产生购买的欲望，更容易产生购买行为。这种情况下，营销者只要清楚了解消费者的购买动机、如何使指向购买的动机得到强化，就能起到事半功倍的效果。另一种情况是存在方向相反的若干相互抵触的动机，即有的动机促进购买行为，有的阻碍购买行为。此时占上风的动机将决定购买行为。这种情况下，营销者可能要正确判断消费的购买动机和顾虑，采取正确措施，强化促进购买行为的动机，消除阻碍购买行为的动机。

案例 4-4

一次性物品（便利性商品）使用情况调查问卷

1. 您在过去一周内使用过以下哪些一次性物品？

（1）餐巾纸	22.7%	1 957 票
（2）瓶装水或饮料	17.8%	1 530 票
（3）一次性餐盒	17.6%	1 511 票
（4）一次性筷子	14.2%	1 226 票
（5）一次性杯子	10.3%	884 票
……		
（12）从没使用一次性物品	0.8%	73 票

2. 您认为生产一次性物品消耗大量的水和能源的说法是否正确？

（1）是	93.5%	2 184 票
（2）否	6.5%	152 票

3. 您认为使用一次性物品造成大量垃圾的说法是否正确？

(1) 是	95.9%	2 241 票
(2) 否	4.1%	95 票

4. 如果认识到一次性物品在浪费资源、破坏环境方面的诸多危害时，您是否会尽可能减少使用一次性物品？

(1) 肯定会	76.4%	1 785 票
(2) 可能会（会的可能性大一些）	22.0%	514 票
(3) 可能不会（不会的可能性大一些）	1.2%	29 票
(4) 肯定不会	0.3%	8 票

……

调查显示，有高达九成以上的被调查者对生产使用一次性物品持否定态度，甚至认为自己会尽可能减少使用一次性物品。与此同时，几乎所有消费者都在经常性大量使用一次性物品。

【学习与思考】

1. 对于一次性消费品，消费者认知为什么和其实际消费行为相背离？
2. 一次性商品市场经久不衰的消费心理基础是什么？

三、消费者的兴趣

（一）兴趣的本质

兴趣是人们探究某种事物或从事某项活动时产生的心理倾向。当一个人经常主动地注意某种事物或从事某项活动时，他可能对该事物或此项活动产生了兴趣。兴趣是一种特殊的需要形式，也是产生动机的最活跃的因素之一，它反映了人的认识的倾向性，也从另一个侧面反映了人的个性。需要是兴趣产生和发展的基础，客观因素对兴趣的产生和存在有着极大的制约作用。

（二）兴趣的分类

1. 根据兴趣所包含的基本内容划分，可以把兴趣分为物质兴趣和精神兴趣

（1）物质兴趣是由对物质的需要所引起的兴趣。人的生存离不开物质需要，要满足这些需要，自然会对改善和提升物质生活条件的商品和服务产生广泛的兴趣。

（2）精神兴趣是由精神需要所引起的兴趣。人类对科技、文化、艺术、体育、社交产生浓厚兴趣是人类的特性。人的精神兴趣越高，精神生活就越充实，人的“幸福感”就越强。精神兴趣能表明一个人的精神境界，是个性发展水平的表现。

2. 根据兴趣持续时间长短划分，可以把兴趣分为短暂兴趣和稳定兴趣

（1）短暂兴趣一般是一时为某种事物或活动所吸引而产生的，随着某种事物或活动的结束，兴趣会随之消失。它经常与纯兴趣观点、追求一时的刺激或趣味联系在一起。通常情况下，意志薄弱、缺乏主观见解的人更容易被短暂兴趣所支配。

（2）稳定兴趣是指人们在对某项事物或活动长期向往和追求的心理状态下所产生的兴趣，具有高度的积极性和自觉性，它常会逐渐发展为人的主导兴趣，并且通常不会因某种约束条件而消失。如现在许多人热衷于探险、运动、旅游、艺术创作等，他们往往愿意为他们的兴趣付出很多金钱和精力，并乐此不疲，如图 4－3 所示。

3. 根据参与兴趣的成分或程度划分，可以把兴趣分为情趣和志趣

（1）情趣是情感作用于兴趣的结果，主要表现在人们对某种事物或某项活动的喜爱与追求上，如人们对音乐艺术、体育运动的喜好等，这种由人们参与或关注的某项活动或事物本身所引起的兴趣，通常也被认为是一种直接兴趣。

（2）志趣是意志作用于兴趣的结果，主要表现为人们热衷于某种创造活动的倾向，它可以使人的兴趣保持长久。如有的人对欣赏古董、字画并不感兴趣，但他却愿意收藏，因为他对古董、字画能保值非常感兴趣。这种对事物本身并没有兴趣，只是由于对这种事物的结果感到需要而引起的兴趣，通常也被认为是一种间接兴趣。

图 4-3　探险

（3）情趣和志趣既有联系，又有区别。二者的联系在于它们有着共同的特点，即广阔性和稳定性。情趣是志趣的心理基础，它比志趣发生的范围广，志趣则是某种情趣高度发展的表现，它比情趣发生的程度深。从它们在人身上的表现来看，有高低、雅俗之别；从它们的内容来看，有各种各样的类型，如娱乐型、运动型、艺术型和求知型等。

4. 根据兴趣的作用划分，可以把兴趣分为合理兴趣和不合理兴趣

（1）合理兴趣是有意义的兴趣，是同某种正当目的、任务相关联的兴趣。通常是指被社会普遍认可的兴趣，通常对社会有益，对他人无害，对自身有益，受社会欢迎。

（2）不合理兴趣是无社会意义或反社会的兴趣。如学生沉迷于网络游戏，严重影响学生的学习和他们的身心健康发展。

（三）兴趣的特点

兴趣是多种多样的，充分体现了人的个性心理倾向。这种倾向性又使得人们的气质、性格、能力等个性心理表现得更加鲜明、突出、生动、具体。归纳起来兴趣具有如下几个特点。

1. 兴趣的倾向性

兴趣的倾向性是指兴趣所指向的对象。人的任何兴趣都是由特定事物或活动而引发的，人的兴趣指向因人而异，兴趣差异主要可能是由人的生活实践不同而造成的。如有人对音乐感兴趣，有人对电影感兴趣，有人对厨艺感兴趣，而有的人则对自然科学或社会科学的研究感兴趣等。一般说来，人只有对某一事物表现出浓厚的倾向性兴趣，并投入其中，才能影响其个性特点的发展。

2. 兴趣的持久性

兴趣的持久性也称兴趣的稳定性，它是指兴趣的持续和稳定程度。兴趣的持久性表现在工作中，体现出一个人持久深入的能力。他们在克服困难，探求解决方案上表现出

极强的韧性，同时，随着困难的克服，其综合能力得到了提高，并且进一步提高了兴趣。可见，稳定的兴趣可以培养和提升人的恒心和毅力。只有暂时兴趣的人，往往趣味游移不定，不能深入事物的内在，浅尝辄止，知难而退，不能长久专注在恒定的目标上。

3. 兴趣的广泛性

兴趣的广泛性是指人的兴趣范围的大小，它是人的心理及行为充分发展的前提条件之一。一般说来，兴趣广泛的人，学习的知识多，经验丰富，自信自立意识较强；相反，兴趣狭窄的人，可能缺乏常识的信息、知识和经验，有时会表现出心理失调或行为不当。不过，广泛的兴趣应在正确的倾向性指导下和中心兴趣结合起来。兴趣过于宽泛，没有中心兴趣，往往会流于浅薄，失去使兴趣导向持久性的动力。

4. 兴趣的效果性

兴趣的效果性是指兴趣对人的实践行为所产生的作用和效果。如：有的消费者对某种商品不但感兴趣，而且购买意愿坚决，表现出很高的行动效能；而有些人的兴趣只停留在期望和等待状态中，不能促使人积极主动地去满足这种兴趣，这种兴趣缺乏推动力，不能产生实际效果。

(四) 消费者兴趣在购买中的表现

消费者兴趣是指消费者在购买行为过程中，对商品或服务产生的情绪和认识倾向。它是由客观事物引起消费者肯定性的情绪和态度而形成的，其存在前提是某种需要或动机的产生。因此，影响消费者兴趣的客观因素很多，且对同一事物不同消费者会有不同的兴趣表现。

1. 商品型

商品型指消费者兴趣表现在商品有关属性方面，如品牌、质量、外观、造型、色彩、价格、包装等。由于消费者的消费心理及消费需求不同，所以兴趣表现也不尽相同。如：年轻消费者大多注重商品的品牌、款式、色彩、包装装潢等，而对商品的实用性不太敏感；老年消费者购买商品，则关注的是质量、价格和适用性，对品牌和包装要求不高。

2. 服务型

服务型指消费者兴趣表现在社会服务的质量及范围上。随着经济的发展和生活节奏的加快，大多数消费者非常注重商品的售前、售中和售后服务，尤其是在购买耐用消费品时，人们对那些配套服务搞得好的产品兴趣更高。如随着家务劳动的社会化，人们对搬家公司、家政公司、出售半成品的食杂店、快餐店以及配送服务等，越来越感兴趣。

3. 时尚型

时尚型指消费者兴趣反映在社会的趋时消费或特殊性消费上。这不仅受社会风气及流行性消费的影响，还取决于消费者的个人收入水平。这类消费者往往对各类新潮的中、高档商品极感兴趣，敢于带头穿用，标新立异，以引导消费潮流。有些消费者甚至对一般人不敢问津的特殊性消费很感兴趣，并以此为荣，不惜一掷千金。此类消费者往往更注重商品的社会象征意义。

4. 情调型

情调型指消费者的兴趣表现在与商品和服务有关的环境格局与情调上。在购物、进餐、娱乐场所中，不同的建筑风格、装饰特点等都能给消费者营造某种特有的情调氛围，以引起消费者的兴趣。

案例 4-5

情趣的魅力

近年来，一些商家推出了西洋风格、东瀛情调的餐厅、食品及服务，受到一些“情调型”消费者的欢迎；还有一些商家推出了怀旧式的农村土装修风格的餐厅，这些餐厅摆设土炕、年画、水磨、手工农具等怀旧元素，并推出味道正宗的农家土菜、五谷杂粮作为招牌，受到一些怀旧人群的欢迎，取得了一定程度的成功。

在旅游服务行业竞争激烈的态势下，西安一些旅行社依托本地丰富的历史文化遗产，推出了穿汉唐服装、住古代风情酒店、品传统特色餐、看古代历史大剧等旅游产品，获得了不少旅游者的喜爱。

【学习与思考】

请尝试举一个利用人的“兴趣”成功开发商机的例子。

5. 娱乐型

娱乐型指消费者兴趣在物质生活基本得到满足后，消费更加倾向于追求精神生活的满足。如各地长盛不衰的旅游、演艺、游乐场、赛会经济的火爆正是体现了消费者娱乐需求的发展。

6. 节假日型

节假日型指消费者兴趣在节假日期间集中而明显地表露出来，形成了一波又一波的“节假日经济”现象。这种消费者兴趣从古至今一直表现得非常突出，如春节、儿童节、母亲节、情人节等。节假日消费对精明商家来说是难得的商机，他们采用各种方式大搞促销，节假日经济已经成了精明商家的重要销售机会。

任务二　消费者的购买决策

一、消费者购买决策的含义

消费者购买决策是指消费者为了满足某种需要，在一定的购买动机支配下，进行分析、评价、选择并且实施最佳的购买方案，以及购后评价等一系列活动的过程。

二、消费者购买决策的原则

在决策过程中，消费者总是依据一定的尺度、标准，对各种可行的方案进行比较、选择，从中确定最佳的方案。消费者要从一定的原则出发来拟定选择标准。贯穿决策过程始终、起着指导消费者决策作用的原则通常可分为以下两种。

（一）满意原则

1. 预期满意原则

有些消费者预先形成对所要购买产品的质量、款式、颜色等方面的心理预期，在对多种备选方案进行选择比较时，再与个人的心理预期进行比较，从中选择与预期标准相符合的方案作为最终决策方案，这类消费者所运用的就是预期满意原则。

2. 相对满意原则

消费者可能会花费大量的精力、金钱和时间去搜集并分析最佳决策所需的全部信息，但做到这一点并不现实，因为他们所面对的是变化无穷的市场信息和种类繁多的产品。正如下棋时的博弈，棋局瞬息万变，很难说哪一步是最佳决策。所以，消费者在制定购买决策时，只需做出相对合理的选择，达到相对满意就可以了。

3. 最大满意原则

通过选择、实施决策方案，使消费者某方面的需要得到最大限度的满足，这是一种理想化的原则。在现实中，因为各方面的约束因素，消费者往往难以达到完美的满意状态。

（二）遗憾最小原则

任何决策方案的后果都不可能使消费者完全满意，或多或少都有不同程度的遗憾，消费者通常要对所选择的方案进行评估，分析其可能产生的不良后果，比较其严重程度，从中选出最轻微的作为最终方案，以便使购买后的遗憾减小到最低程度。如当消费者因各类红茶的价格高低不一、品质无从判断，不知道该买哪一种时，可能会选购价格最低的一种以保证购买成本最低，也有可能选择价格最高的一种，以此来保证所购产品的品质最高。

三、消费者购买决策的内容

（一）购买原因决策（why）

购买原因决策是指因为什么要购买产品的决策。购买原因决策就是要权衡购买动机和购买的目的。例如，1996 年，四川一些地区的农民投诉说海尔集团的洗衣机容易堵塞。经过调查发现，这些地区盛产地瓜，本地农民经常用洗衣机洗地瓜，故而导致下水口堵塞。于是，海尔为了满足农民需求研发了“洗地瓜洗衣机”，并于 1998 年 4 月批量生产，型号 XPB40-DS，除了洗地瓜外还能洗水果甚至蛤蜊，价格 848 元，首批生产一万台，很快售罄。

（二）购买对象决策（what）

购买对象决策是指买什么产品的决策。消费者购买某种产品的决策受很多因素的影响，如产品自身的特性（质量、款式、色彩等）、消费者个人的原因（个性特点、个人收入等）、市场行情、服务、价格等。消费者做出购买决策需要平衡诸种因素，实现自己的最终目的。

案例 4-6

小于的首单生意

1999 年，小于进了一批验钞笔，最初几天，一双腿都跑断了，处处遭遇拒绝，真叫人绝望！

后来小于改变策略，到烟酒小卖部买东西时，顺便拿出两张 10 元假钞让老板帮助鉴定真伪，老板经过努力表示自己无能为力。小于问老板：“真假钞票不易分辨，您收到假钞怎么办?”老板说自己也没办法。小于趁机拿出准备好的验钞笔，在两张钞票上各划了一下，一张显示黑色，一张显示淡黄色。她说：“淡黄色是真的，黑色是假的。”这引起了老板极大的兴趣，第一单生意就这样做成了。

【学习与思考】

小于为什么能做成自己的首单生意?

（三）购买时间决策（when）

购买时间决策是指决定什么时候购买的决策。如产品本身的季节性、种类、存货状况、营业时间，消费者的生活习惯、工作性质、空闲时间等都决定了购买的时间。

精明的商家往往很了解购买者急于兑现优惠的心理，会敦促其结束犹豫、快速决策，常见的方式如下：

“现在，市场非常不景气，经济衰退，房产市场处于低位，正好入手，根据年度行情规律，房产价格就要上涨了！”

“对不起，这个地段，这个户型，非常抢手，每天有十几个客户看房，我不能保证您几天后还能买到……”

“我们这种型号的平板电视，只剩下 4 台，而且节假日优惠明天就结束了……”

“本型号产品将每天限量发售仅 500 部……”

（四）购买地点决策（where）

购买地点决策是指决定去什么地方购买的决策。根据自己所掌握的信息，消费者可对购买地点做出决策。如：贵重商品或选择性较强的消费品，人们可能去品牌商店和商业繁华区购买；特殊产品，人们通常喜欢去专业性较强的商店购买；日常生活用品，人们一般以购买便利为原则，习惯就近购买。

（五）购买数量决策（how many）

购买数量决策是指买多少产品的决策。消费者一次购买多少产品往往取决于自己的购买习惯、使用频率、生活方式、支付能力及市场供求状况。如大型耐用消费品，消费者购买的数量较少、频次较低，而日常用品可能购买数量较多且购买频繁。

（六）购买方式决策（how）

购买方式决策是指决定如何购买的决策。在购买产品前，消费者要决定采用什么方式购买。如：选择网上购物或者托人购买，还是亲临实体店购买；是分期付款还是一次付清；等等。

四、消费者购买决策的过程

消费者购买决策的过程是指消费者为解决自己的问题或满足某方面的需要，而对产品购买的一系列行为进行决策所经历的步骤。一般来说，该决策过程分为以下五个阶段。

（一）确认需要

任何购买决策的出发点都是从消费者的需要开始的。这种需要可能是由其内在的生理活动引起的，也可能是受到外界的某种刺激而产生的。当消费者感到自己的需要必须通过购买某种商品来满足时，就会集中精力到市场上去寻求该种商品，这时购买决策便开始了。

因此，企业必须通过市场调研，认定促使消费者确认需要的具体因素，不失时机地设计诱因，增强刺激，唤起和强化消费者的需要，从而巧妙地推销自己的产品，满足消费者的需要。

（二）收集信息

消费者对商品信息收集的积极性不尽相同，有的可能是粗枝大叶的了解，有的可能是近乎专业的刨根问底。在多数情况下，消费者要考虑买什么品牌的商品、花多少钱、到哪里去买等问题，需要搜寻的信息一般有产品质量、功能、价格、牌号、已经购买者的评价等。信息来源主要有以下四个方面：（1）个人来源，指由可信度高的家庭、亲友、邻居、同事等传递的信息，受传统认识影响，此种方式是消费者信息收集的主要来源；（2）商业来源，指通过广告、推销员、商品包装、商品展销以及有关商品说明书等渠道获得的信息；（3）公共来源，指通过大众传播媒体、消费者组织、政府机构等非营利性组织获得的信息；（4）经验来源，指通过消费者自身学习、操作、实验和使用商品的经验等获得的信息。

各种来源的信息，对消费者的购买行为产生的影响不同。广告宣传、报纸、杂志等，传播面广，但可信度不高，消费者心存疑虑。亲朋好友口头传播或已购买的效果信息影响最大，但营业员较难把握和控制。经验来源的信息，对消费者购买行为的影响较稳定。因此，把握消费者的信息来源，对营销人员制定相关销售策略有相当大的帮助。

（三）评估方案

消费者从各渠道得到的各种资料信息可能是重复的，甚至是矛盾的，因此还要进行评估和选择，这是决策过程中的决定性环节。在消费者的评估方案过程中营销者应注意以下几点：（1）产品性能是购买者所考虑的首要问题，其次是商品品牌、式样、价格、耐用性及售后服务等因素；（2）不同消费者对产品的各种性能给予的重视程度不同，或个人来源标准不同，因人、因时、因地而异，有的评价注重价格，有的注重性能，有的注重式样等；（3）多数消费者的评选过程是将实际产品同自己理想中的产品相比较。

消费者要评估的各种方案可能各有优劣，常常难以取舍，因此，营销者首先要努力提高本企业商品的知名度，使其商品进入到消费者评价的范围，才可能被选为购买目标；其次还要调查研究人们比较、评价某类商品时所考虑的主要因素，采取针对性的策略，最大限度地影响消费者的购买选择。

（四）购买决策

消费者通过对可供选择的商品进行评价后，会从中选择一个最佳或最可接受的方案作为购买决策的实施方案。该方案形成购买意向，其内容包括要购买商品的品牌、价格、数量、时间、地点、付款方式等方面的决策内容。但购买意向并不一定导致实际的购买行为，消费者还有可能受到下列因素的影响而改变原有的购买意向：

（1）他人的态度。他人的反对态度越强烈，或持反对态度者与购买者关系越密切，或反对者对该商品的认知越权威，消费者的购买意图越易被影响。如在购买钢琴等商品时，通常会请一位懂行的朋友作陪，当朋友提出不同的购买意见时，则消费者修改购买意图的可能性就较大。

（2）意外的情况。这包括消费者个人、家庭、企业、市场及其他内外部突发因素，如意外失业、家庭变故、欲购品牌出现重大问题等，很可能使消费者改变购买意图。

（3）预期风险。若所购商品存在较大的预期风险，消费者就可能采取推迟购买或改变购买意向等措施来避免或减少风险。如某人十分渴望购买一台 4K 液晶电视，但他预计一个月后的“双 11”期间会大幅降价，于是他决定暂时不买。

在这一阶段，一方面，营销者要向消费者提供更多具体的有关商品的信息，便于消费者把握和了解；另一方面，应通过服务形成方便消费者的条件，加深其对商品的良好印象。同时，营销者应当尽可能了解使消费者犹豫的因素和引起风险觉察的因素，设法排除障碍，降低风险，促使消费者做出最终的购买决策。

（五）购后行为

消费者决策过程并不随购买行为的结束而终止。消费者在使用了产品或接受了服务后，他还要进行购后评价。消费者的评价以购前的期望（E）和实际使用效用（P）相衡量的结果来决定满意程度。满意程度通常分为三种：满意（E＜P）、基本满意（E＝P）、不满意（E＞P）。购买后的满意程度决定了消费者的购后行为，决定了消费者对该品牌的态度，以及是否重复购买该产品，并且还会影响到其他消费者，形成连锁效应，产生引导更多消费者购买或阻止别人购买该商品的效果。

因此，营销者应积极主动地完善产品功能、提高产品质量和性能，还要加强售后服务，促使购买者确信其购买决策的正确性，提高其忠诚度。事实上，那些有保留地宣传其产品优点的企业，反倒使消费者产生了高于期望的满意度，并树立起良好的产品形象和企业形象。

任务三　消费者的购买行为

消费者购买行为是消费心理的行动表现，研究、认识消费者购买行为会加深对消费心理的理解和把握。认识这两者的关系，对于市场决策、管理活动有重要的意义。

一、消费者购买行为的含义

消费者购买行为是指人们为了满足个人、家庭的生活需要或者企业为了满足生产的需要，购买爱好的产品或服务时所表现出来的各种行为。消费者购买行为是复杂的，其购买行为的产生是受到其内在因素和外在因素的相互促进、交互影响的。消费者购买行为具有动态性、互动性、多样性、易变性、冲动性、交易性等特点。严格地说，顾客购买行为由一系列环节组成，即顾客购买行为来源于系统的购买决策过程，并受到内外多种因素的影响。顾客购买行为的复杂多变，对销售人员提出了更多、更高的挑战。

二、消费者购买行为的类型

（一）根据消费者购买行为的不同态度进行划分

（1）习惯型。习惯型消费者在购买中对某些品牌的商品具有特殊的偏好，倾向于反复购买，长期使用。这是由于以往的经验和使用习惯使得他们对这些商品十分熟悉和信任，以致形成某种消费定式。这种习惯往往不会因年龄的变化、环境的变换而改变，不受时尚风气的影响，购买行为表现出很强的专一性，如有的人通常会使用同一品牌的牙膏或洗发水等。

（2）经济型。经济型消费者对商品的价格变动敏感，消费计划性强，选择商品的能力也比较强。这种类型的消费者往往倾向于以价格的高低作为选购的重要标准。一种类型是对同类商品中价格较低者感兴趣，认为追求经济实惠，此类消费者对商品价格的差异特别敏感，因此对他们来说，削价、优惠价、折扣价、大甩卖等降价刺激会有效激发其购买的动机。另一些消费者则是对同类商品中价格较高者感兴趣，认为价高质量一定会好，这类消费者对优质名牌商品特别青睐。

（3）理智型。理智型消费者头脑冷静，善于观察、分析和比较，有较强的选择商品的能力。购买过程中，他们往往依靠自己的经验和知识，搜集商品信息，了解市场行情，仔细、慎重地反复比较和权衡利弊，自主地做出购买决定，更理性地面对他人的建议或各种营销方式的影响。

（4）冲动型。冲动型消费者选择商品的能力不强。他们通常个性突出，情感强烈而不稳定，消费缺乏计划性，选择商品容易受到激情的影响，往往容易受到商品的一些外部特征或商家的推销活动的影响，快速做出购买决策。

（5）疑虑型。疑虑型消费者的心理特征表现为购买过程中过度细致和谨慎，反复对比和分析，但难以做出决断。这一类消费者通常对商品的认知信心不高或对售后服务抱有疑虑，导致购买决心不够。商家可在介绍商品或承诺服务的方面给予其有效帮助，增强其购买信心。

（6）情感型。这类消费者的购买多属情感反应，往往以丰富的联想力衡量商品的意义，购买时注意力容易转移，兴趣容易变换，对商品的外表、造型、颜色和命名都较重视，以是否符合自己的想象作为购买的主要依据。

（7）不定型。这类消费者的购买多属尝试性，其心理尺度尚未稳定，购买时没有固定的偏爱，在上述六种类型之间游移，这种类型的购买者多数是独立生活不久的青年人。

（二）根据消费者购买目标的选定程度进行划分

（1）确定型。确定型消费者在购物前已有明确的购买目标，对所购商品的种类、品牌、价格、性能、规格等早已成竹在胸，一旦商品符合意愿，就果断购买。这一购买行为的全过程都是在非常明确的目标指导下完成的。

（2）半确定型。半确定型消费者在进店之前，对所需商品有大体认识，但缺乏具体深入的了解，因此在购买时仍需要进一步了解、比较与判别。此类消费者通常需要销售人员介绍商品并对商品进行重新判断，因此在销售现场一般注意力分散，指向不集中，在各种意向商品之间犹豫徘徊，购买的整个过程需要销售人员有效地辅助，帮助其明确购买目标。

（3）不确定型。不确定型消费者无论是在进店前还是在进店后，没有任何明确的购买目的，对商品需求处于潜在状态，如果在观看、浏览、体验商品过程中发现了购买目标或被激发了购买欲望，就可能发生购买行为。

（三）根据消费者在购买现场的情感反应划分

（1）冷静型。冷静型消费者情感稳定性高，性格沉着冷静，在购物过程中不易受促销活动或营业员态度的影响。此类消费者对商品的认识能力较强，购买态度自信，过分热情的推销往往会令其产生反感。

（2）顺从型。顺从型消费者态度随和，愿意耐心倾听，对通过营业员的推销了解商品有兴趣，做购买决策时比较容易受到环境和气氛的影响。

（3）活泼型。活泼型消费者性格活泼，情感活跃。他们既愿意倾听营业员推销，也愿意与营业员交流沟通，对商品或营业员表现出明显的喜好态度。

（4）抗拒型。反抗型消费者性格倔强，情感固执，对营业员的推销方式比较挑剔。

（5）傲慢型。傲慢型消费者性格高傲，对营业员的推销抱着一种盛气凌人的傲慢心理，表现出一种高高在上的态度，对营业员的推销和服务不屑一顾。

三、消费者的主要购买行为

（一）冲动购买

冲动购买常常与无计划的购买有关，购买行为往往伴随着强大的催促力和愉快兴奋的感受。它包括两个核心因素：一是在认知方面缺乏对所购产品的计划、了解和详尽考虑；二是在购买过程中产生了明确的情感反应，如愉快、兴奋和内疚等。有研究认为，某种情绪状态（如愉快、兴奋和力量的混合）也会引发冲动购买行为，消费者可能以冲动购买作为释放紧张和沮丧情绪的手段。

（二）习惯性购买行为

当产品被重复购买或者产品相对不重要时，消费者就不会在大脑里从事大量的决策活动。

习惯性的购买行为来自消费者履行习惯行为以减少思考成本的需要。习惯性购买不会进行积极的品牌评价和品质比较，重复购买不是因为对品牌的强烈偏好，而是体现了这种购买方式的简捷和便利性。所以通常消费者在购买过程中不会深度涉入，在产品无明显缺陷的情况下也不会反复广泛比较“品牌差异”。一般情况下，消费者在购买价格低廉、反复消费的日常用品（如盐、大米）时才会有习惯性购买。

（三）寻求多样化购买

寻求多样化的购买行为在现象上表现为频繁地换品牌，而制约品牌转换的最重要的因素是“转换成本”。通常消费者只有在购买成本较低的产品（如饮料、零食、小饰品）时才会有频繁的品牌转换。而对于这种不重要、低成本的产品，消费者在购买时了解程度较低，不会有复杂的认知和信息搜索过程。探究寻求多样化购买的原因：其一是察觉了同类产品中其他品牌的优点（差异性），对另一个品牌的某些属性满意；其二是希望通过尝试不熟悉的品牌或多种品牌，体验一种新鲜、刺激的感觉，享受情感激发的购买过程。

（四）忠诚购买

品牌忠诚的消费者可能愿意为品牌支付更高的价格，他们认为其察觉了特定品牌蕴含的独特价值。这种独特价值可能来源于对品牌可靠性的极大信任，也可能来自消费者使用这个品牌时的情感依赖。忠诚购买者会长期、持续、重复选择众多替代品中的一个品牌，这类消费者在长期的消费经历中，往往能够察觉各种品牌的品质、影响力的差异，并在情感上认同，而且消费者越是察觉到各种品牌间的质量差异，个人就越可能忠诚购买。

另外，由于对品牌的极端信任和有特殊的感情，使忠诚消费者对该品牌所具有的独特品质深信不疑，在购买时不会过多思考，也不会再反复评价和比较品牌（低度涉入）。通常情况下，消费者持续、重复购买的产品一般是实用型的产品。

（五）促销反应购买

促销反应购买行为是促销倾向和价值意识两方面的表现，消费者履行促销行为是因为促销形式降低了价格。在价值意识的作用下，消费者不仅关心低价，还要关心产品质量、关心是否物有所值。购买促销产品时消费者更倾向于搜索产品质量和价值信息，了解更多的产品知识和价格知识，表现为购买过程持久高度涉入和品牌差异的高度知觉。另外促销倾向的消费者最有可能发现“不可拒绝的购买”，可能他们购买的东西从来不用，因此可以设想消费者购买的促销品不是为了实用，而是从购买促销品的过程中得到一种心理的享受，即享乐价值。例如促销活动降低购买价格从而增加交易效用，使消费者感觉自己得了便宜，或者觉得自己很精明。

（六）复杂购买

复杂购买表现为较长时间和较为复杂的认知过程，有广泛且深入的信息搜集行为，有品牌比较的行为，对商品的种种属性进行深入的理解与比较。消费者一般对昂贵的产品、偶尔购买的产品、风险大的产品和引人注目的产品等的购买更加专心仔细，这些产品多是功能型的实用产品。

（七）减少失调购买

失调来源于情感与行为的不一致，也就是认知错位，认知不一致即意味着失调。比如说“吸烟能导致肺癌”“我吸烟”可以推出“我不该吸烟”的结论，吸烟者吸烟时会产生严重的失调感。通常吸烟者会为自己吸烟找一个借口，以缓解心理的失调感。另外，由于品牌差异性确实很小和一般消费者专业水平的限制，消费者购买产品前，往往把一些产品的许多替代品牌看成是基本相似的（如地毯），但实际上所有的品牌都不可能完全相同，即使非常相似的品牌也都有各自的优缺点。这种认知上的错位使消费者无论购买哪个品牌，事后都会发现该品牌的缺点或其他品牌的优点，从而产生失调感。失调的购买者都会产生后悔的感觉，通常消费者事后会通过一些方式慰藉自己不够理想的购买行为。

（八）影响购买

在影响型的购买行为中，消费者的购买行为之所以要受外界因素的影响，多是因为消费者对产品缺乏了解，凭眼看手摸难以对商品品质及品牌差异做出判断，此时亲朋好友的使用口碑及专家、权威人士的推荐或广告代言人的宣传被视为非常有力的证据，弥补了消费者关于这个品牌的信息知识的不足，从而使其认可和接受某一产品或品牌。通常咨询权威人士而购买产品多是功能性、实用性的或认知难度较高的商品。我们还可以预测，消费者受到外界因素的影响产生购买欲望后，会继续深度涉入，了解品牌的功能特性。

四、消费者购买行为的变化

（一）价值观的变化

人们购买商品的目的，往往并不局限于商品使用上的功能与价值。在使用价值之上，消费者可能更加重视商品附加的心理价值和社会价值，使人心灵丰富的、变美的、变快乐的商品往往更受青睐。例如，三十年前，购买衣物多是因为其单纯的使用价值，但现在选择的标准显然并非只是保暖、耐久，而是更重视其颜色、设计式样、时尚性等因素。

（二）品牌忠诚度的变化

产品和产品标识的结合形成品牌。商家通过产品良好的品质、强势广告敦促消费者持续性地购买商品。理想状况是消费者完全接受某品牌商品的品质并很便利地获得商品，并强烈认可品牌的独特价值，确保品牌忠诚度。

但是，在市场竞争白热化的今天，不同品牌商品不断模仿、学习、升级换代，各品牌间的差异愈来愈小，消费者必须靠品牌获得品质与功能保障的必要性下降，更多品牌消费可能是为了追求心理与情绪上的满足。也就是说，品牌多元化、个性化可能导致品牌消费的分散化，品牌的忠诚度将会持续下降。

（三）普通意识与个性化的发展

因为他人的消费过程的示范，自己也想跟着消费，即产生所谓从众心理。移动互联网时代，大众传播的普及使得某种消费很快成为一种时尚，刺激多数人模仿跟进消费，成为时代重要的特征之一。多数消费者认为与主流社会保持一致的消费水准比较安心，一旦收入增加，也希望能模仿原来不可能的上层消费。这种心态对日常生活影响深远，也是一波又一波的消费潮流形成的原因。

同时，由于经济发展和科技进步，个人实现其特殊的消费需求具备了更大的可能性，消费的多样化与个性化正在向纵深发展。消费的个性化，已经成为商家关注的重要营销目标之一。

项目重点内容结构图

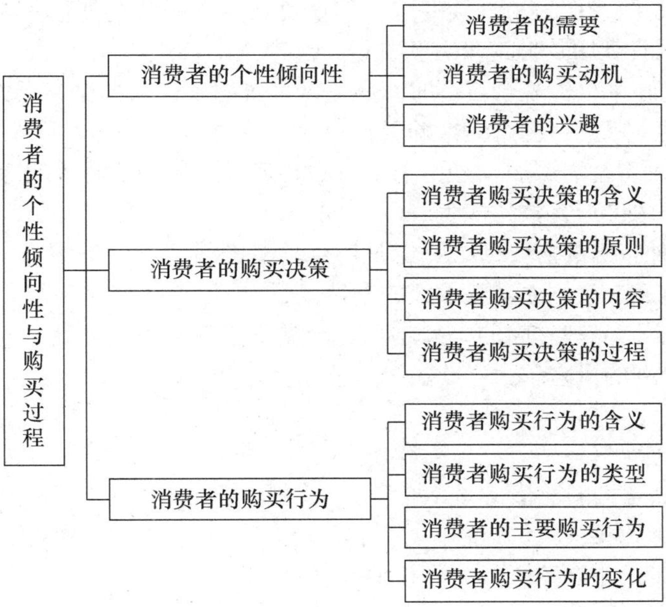

同步测试

一、选择题

1. 马斯洛将人的需要分为若干层次，通常只有满足了低层次的需要，才会产生高层次的需要，按照由低到高的顺序排列它们依次是（　　）。

A. 生理需要　　B. 安全需要

C. 尊重需要　　D. 爱与归属的需要

E. 自我实现需要

2. 消费者动机的特征有（　　）。

A. 主导性　　B. 可转移性　　C. 内隐性　　D. 冲突性

E. 可诱导性

3. 贯穿决策过程始终、起着指导消费者决策作用的原则通常可分为以下两种（　　）。

A. 最大满意原则　　B. 满意原则

C. 遗憾最大原则　　D. 遗憾最小原则

E. 最便宜原则

4. 消费者对于思想观念或精神产品的需要属于（　　）。

A. 社会需要　　B. 精神需要　　C. 生活需要　　D. 工作需要

E. 物质需要

5. Facebook 的创始人扎克伯格身家数百亿美金，但总是穿着基本款的价廉物美的“套头衫”，并成打地重复购买，他的这个消费行为类型为（　　）。

A. 经济型　　B. 理智型　　C. 从众型　　D. 习惯型

E. 冲动型

二、判断题

1. 消费动机是消费行为的直接动因，其重要功能之一就是能够引发和终止行为。消费者反复购入一种消费品说明此理论不成立。（　　）

2. “脑白金”在中央电视台黄金时间反复做广告的理论依据是习惯性购买理论，目的是使消费者对脑白金形成一种习惯性购买行为。（　　）

3. 消费者介入程度的深浅，是指消费者购买商品的谨慎程度和花费时间、精力的多少，或指购买过程中参与人数的多少。（　　）

4. 兴趣是一种特殊的需要形式，也是产生动机的最活跃的因素之一，它反映了人的认识的倾向性，也从一个侧面反映了人的个性。（　　）

5. 同类产品不同品牌之间的差异越大，产品价格越昂贵，消费者越是缺乏产品知识和购买经验，感受到的风险越大，购买过程就越复杂。（　　）

三、简答题

1. 如何理解需要？

2. 动机的形成需要具备哪些基本条件？

3. 简述消费者购买决策的过程。

4. 简述消费者的主要购买行为，并举例说明。

综合案例分析

反季节销售能够获得多大程度的成功?

一、小肥羊反季节促销

“现在夏天照样吃火锅!”经常乘坐公交出行的朋友最近可能会常在耳边听到这样一句广告词。自进入 5 月中下旬以来，内蒙古小肥羊餐饮连锁有限公司便开始在北京的地铁以及公交汽车的移动传媒上展开广告攻势，主推公司新产品“夏日清凉锅”，力图转变广大消费者夏天不爱吃火锅的观念，如图 4 - 4 所示。

图 4 - 4　小肥羊“夏日清凉锅”

“小肥羊”总部品牌中心经理朱志勇曾在接受某记者采访时说道：“这次推出的‘夏日清凉锅’是经过我们公司精心策划的，其实我们公司从去年就开始推出这个产品了，与之相应的还有其他一些营销活动，只不过营销力度没有那么大。今年自进入5月份以来，不仅在北京，凡是我们公司连锁店所在的区域都展开了相同力度的广告攻势。”

进入夏季以来，像白酒、火锅等季节性限制较强的消费品进入传统的消费淡季。2009年上半年世界经济整体走低的大环境，更使这些产品的销售雪上加霜，整个季节性消费品行业正经历着冰火两重天的煎熬。若沿袭传统的营销思路，这些季节性强的消费品很难突破消费瓶颈。

那么，面对传统的季节性销售淡季，这些季节限制性消费行业除了打折促销等传统营销方法是否还有其他良策？“小肥羊”的营销策略中又有哪些可供借鉴之处呢？

北京大学光华管理学院市场营销系教授符国群认为：“商家进行反季节销售应从观念创新、技术创新、营销创新、服务创新上下功夫。首先是概念上的转换，之所以称之为季节性消费品，关键在于广大消费者在长期的生活中形成了一种固定的消费观念，那就是到什么季节消费什么产品。但如果让消费者反季节消费的话就要给他们一个消费的理由，这就需要相应产品的生产商和经销商，通过一定的营销策略来转换消费者的观念。”

另外符国群教授也强调：“季节性消费品生产企业在转换消费者消费观念的同时，也需从产品本身的转变上下功夫，逐渐培养自己的季节性消费群。比如早期冰激凌在冬天反季节销售时大家也只是觉得新鲜，觉得冬天吃冰棍挺有意思的。后来随着冰激凌产品的日趋丰富，人们也渐渐将冰激凌是消暑食品的观念转换为休闲食品的观念，也就不再分冬天食品和夏天食品了。”

所谓“夏日清凉锅”主要是“小肥羊”公司突破消费者夏天吃火锅易上火的思维定式而推出的新品。至于消费者是否认同该“清凉锅”的口感也很难说，但“小肥羊”这种突破季节限定性销售瓶颈的营销思路，却给其他类似的消费品行业提供了借鉴。

综观“小肥羊”夏日营销的思路，恰恰与符国群教授的观点不谋而合：首先通过逆向思维转变公司的营销理念——夏天照样吃火锅，然后再根据该理念推出新产品，最后通过广告营销或打折促销的方式将公司的新理念和新产品推向市场，主动引导消费者的消费取向。

小肥羊的这种反季节营销方式可以供其他企业借鉴，但并不是所有的企业都可用，像服装这一类的产品，完全解决季节性的问题也不太可能。反季节营销的关键在于观念的创新和产品市场的准确定位，通过反季节销售来弥补消费淡季的供需失衡，但不能使企业从根本上获得盈利点。

二、关于反季节销售的调查

唐小姐至今还很清楚地记得几年前她初尝“反季节购物”甜头时的情形，“当时觉得反季节买东西真是太划算了，后来都养成习惯了，每年都想从商场的反季节销售里面‘淘淘宝’”。而如今，随着反季节销售已成为众多生产厂商与商家的“规定动作”，唐小姐的反季节购物热情也逐渐退下热度，“现在觉得那些反季节的商品没那么物美价廉了，都是随便看看的多，很少再去买了”。

同样想法的合肥市民不只唐小姐一人，调查结果显示，在“您购买过反季节商品吗？”这个问题中，选择“经常买”的市民只占11%，而选择“偶尔买”的市民占73%。在接受调查的100位合肥市民中，认为“反季商品比较实惠，价格比正季商品低不少”的市民只占不到30%，而60%以上的市民认为“不划算”或“不一定划算，要自己会选”，另有近10%的市民表示“不清楚情况”。

本次接受调查的100位合肥市民中，表示月收入超过5 000元的仅有两位，而这两位市民在“您更倾向于选择哪一类反季商品”这个问题中，均选择了“家用电器”。调查结果显示，收入在3 000元以下的市民占82%，他们大多选择倾向于购买的商品类别为“服装鞋类”。而从整个样本来看，75%的市民倾向购买的反季商品均为“服装鞋类”，只有20%的市民选择了倾向购买“日常生活用品”。

华女士在接受记者采访时就表示，自己现在不会为反季节销售而心动，“虽然遇上商场反季节销售时我也会去凑凑热闹，但我现在会买些我确实需要的商品，不会盲目图便宜，买些没有实用价值的东西”。华女士觉得，现在反季节销售市场鱼龙混杂，自己有时想买却觉得不放心。

在调查过程中，只有8位市民觉得“反季节销售市场还不错”，另外92位合肥市民均表示，近些年来反季节销售越来越“冷”。究其原因，有41%的市民认为是由于生活水平提高，人们购买商品最注重的不再是价格，另外现在竞争激烈，应季商品折扣也很多。还有35%的市民认为是由于“大家的消费观念转变了，理性消费成为主流”。另外，24%的被调查者认为“反季商品质量难以保证，看着便宜实际不便宜”。此外，在调查中，六成以上的市民表示曾经遭遇过反季商品维权难的情况，希望相关部门加强监管。

【学习与思考】

1. 请分析总结小肥羊反季促销成功的消费心理因素。

2. 关于反季节销售调查的结果表明，反季节销售并不容易取得成功，请试从消费动机形成的角度来分析这个问题。

项目实战

实训项目：观察消费者的一次重要购买（如耐用消费品）决策过程。

【训练目标】

1. 培养学生现场观察、发现、分析商家市场营销措施的能力。

2. 培养学生针对消费者的不同购买决策开展营销活动的能力。

【训练内容与要求】

1. 以小组为单位，利用业余时间对进行一项重要购买活动的消费者进行调查，请他列出其做出决策之前参考的所有信息资源的序列表，并标出哪一种信息对他的决策起了关键性的影响。

2. 分析营业员对消费者类型的判断是否正确。

3. 分析商场营销人员针对不同类型消费者的接待方法是否正确，并提出改进意见。

【成果检测】

1. 个人或小组写出观察分析报告。

2. 在小组或班级内进行一次交流，分析和分享购买过程中消费者与营销人员的谈判交锋过程及方法。

3. 通过交流活动，对彼此之间的调查成果进行评估。

拓展阅读

消费者是如何做选择的

- “为什么有时候明明比对手更有优势，产品就是无人问津?”
- “为什么花了那么多广告费，销量怎么就是上不来?”
- “为什么之前的营销手段突然就不奏效了?”

任何企业及营销人面对以上的问题，都会生闷气，好像一切的做法都是合乎逻辑的，就是得不到消费者回应，问题到底出在哪里?

最大的问题是通常假设只要做了大量的市场分析、竞品分析、消费者情况调查，明确产品定位之后，广告投放市场后就能得到消费者的强烈回应。

但是，成功营销案例的先决条件往往要明确消费者对商品是如何进行选择的。

那消费者到底是如何做选择的呢? 想知道消费者如何做选择就要看消费者依据什么来做决策。

通常消费者的决策类型为三种:

(1) 习惯性：无意识，偏向个人喜好做购买决策。

(2) 启发性：依赖以往的经验来做决策。

(3) 扩展性：经过大量对比、思考过后做出购买行为。

以上三种类型在消费者面对不同的产品类型时启动不同的决策过程，如何利用消费者的决策思路来引诱消费者选择你的产品，请往下看。

一、习惯性

通常消费者会产生一些无意识的购买行为，有时候连消费者自身都无法察觉，除非回头看一眼购物车才惊叹“哇，买了那么多了!”，这种情况下消费者通常是习惯性购买，对商品没有过多的挑选，完全是依赖熟悉度来做决策。

习惯性购买多发生于这几类商品的购买中，如图 4-5 所示。

图 4-5 习惯性购买商品

这对于营销人员来说可不是什么好事，日思夜想的产品到了消费者那里竟然仅仅依靠熟悉度来做决策?

对于新品牌要进入市场来说，更是灾难性的，难道就没有破局之道了吗? 有的。

(一) 利用消费者的条件反射机制进行喜好操纵，让消费者无意识地进行购买

人们通常遇到了阴雨天气心情就会格外烦躁，看到牙医，就会感觉牙酸，这是人们已经对特定的事物形成了特定的情绪反应，坏天气已经跟生活中倒霉的事情产生了关联，即使我们并不察觉，看到牙医，自然也会联想到修补牙齿的场景。

而在品牌中，利用条件反射成功的例子有以下几个:

- “送礼，就送脑白金”;

- “上火，就喝王老吉”；
- “支付，就用支付宝”。

这些品牌通过长期的轰炸式广告宣传，人们已经对它们形成了条件反射，例如当需要送礼的时候，首先想到的就是脑白金了。

对于已经产生习惯性购买的产品，该如何去利用条件反射机制呢？毕竟这个时候消费者的购买往往是无意识的，再多的营销口号也很难改变消费者的旧习惯。

这种情况下，找到消费者对事物已经产生的条件反射转嫁到产品上，跟产品属性越接近的条件反射效果就越好，反之亦然。

厨邦酱油就是利用了消费者对绿格子餐布的条件反射，将其转嫁到产品包装上，如图4-6所示。

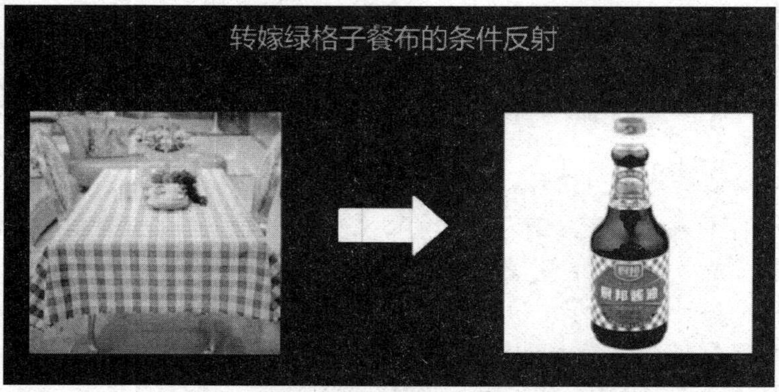

图4-6 厨邦酱油的产品包装

大众看到绿格子餐布往往都是伴随着美味的食物出现，经过长期的经验习得，已经形成一种条件反射，当消费者在超市看到厨邦酱油包装时，不由得想起美味的食物，自然而然会对它产生喜爱。

（二）利用锚定效应让消费者进行尝试

人们通常都会受到先入为主的事物影响，这些事物就像桩子一样，狠狠地插在脑海中，之后发生相似的事情都会以桩子为参考点。

换句话说：一个人手里拿着一沓钱让你猜有没有1 000元，你可能会说1 000多点或七八百，而说有没有200块的时候你也会围绕200来猜想，你始终都会受到第一个数字的影响，这就是心理学上的锚定效应。

消费者对这类经常性购买的价格非常敏感，当此类新产品想打开市场时，必须要利用消费者脑海中的锚进行旧习惯解锁。

这时候营销人员就要给消费者一个“购买的理由”，通常这种类型的理由是体验式、捆绑式促销，消费者参考锚之后心理上感觉占到便宜，就会愿意进行初始尝试，无论好坏都会得到心理强化，也就意味着企业只有一次打动消费者的机会，否则在市场上投再多的广告也改变不了消费者的习惯性行为。

二、启发性

有时候，人们会依赖以往的经验总结出事物的一般原理和普遍性，在面对具有共性的事物时就容易被想起，这样可以快速让人做出决策，节省大把的时间，这种思维方式心理学上称为启发性，通常的表现形式为：

● “便宜没好货，好货不便宜”；

● “穷山恶水出刁民”；

● “漂亮女孩一般都心地善良”。

但是，这样的决策思维也容易产生认知偏差，而消费者通常启动这样的启发性决策是为购买以下几类商品，如图4-7所示。

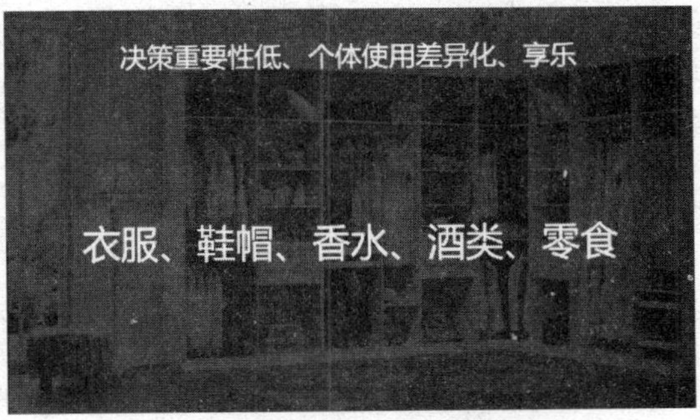

图4-7　启发性决策的产品

消费者购买此类商品的时候往往是享乐主义的，可能是为了得到某种情绪体验，无论是炫耀性，还是满足口腹之欲。

营销人员面对这样的商品的时候，需要利用消费者的认知偏差，释放市场信号：

（一）产品故事

如果你的产品背后有着不为人知的故事，且故事足够生动，跟消费者脑中已有的认知产生关联，消费者往往愿意为此买单，故事主角可以是企业的历程、产品的制造过程或者创始人。长城葡萄酒“三厘米的旅程，一颗好葡萄要走十年”的广告通过挖掘产品背后不为人知的故事，细致刻画之后，来释放一种很用心的产品信号，跟消费者脑海中的“好酒＝好酿造”的认知不谋而合。

（二）产地信号

产地营销同样也是一个强烈的市场信号，消费者经常会把具有强烈产地属性的产品和其产地画上等号，比如：瑞士＝手表，法国＝红酒，德国＝汽车。

图4-8　小米手机＝新国货

当产品所属的产地跟大众的某种认知产生关联，产品往往在市场上能获得比其他同类产品更高的溢价，如果消费者跟产品制造企业具有地域关联的话，甚至可以唤醒消费者的身份认同，如图4-8所示的小米手机。

（三）代言人

通过代言人可以改变其粉丝对待产品的态度，当代言人从正面转向负面的时候，对产品也是一种灾害。

从平衡理论上解释一下，如图4-9所示。

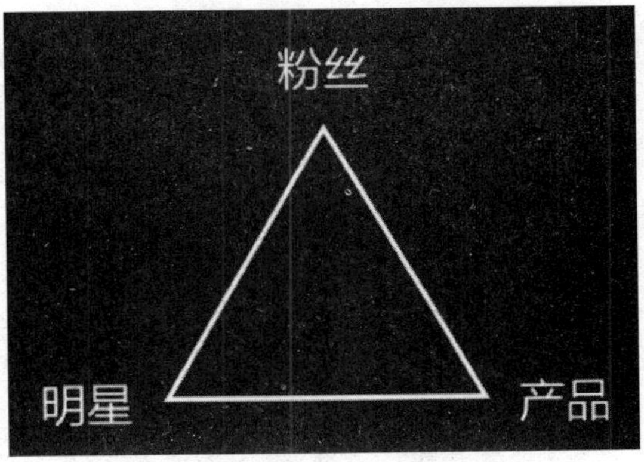

图4-9　平衡理论

假设粉丝对产品是一种消极的情感，这时候偶像代言，消费者会产生认知失调，为了保持心理一致性，他会改变三角中的某个方面来恢复平衡：

● 对偶像的爱促使粉丝觉得这款产品也很棒；

● 认为偶像因为某种原因被迫代言，否定偶像和产品的归属关系；

● 不再喜欢偶像。

（四）产品价值观

人有价值观，产品也同样具备价值观，通过释放产品的价值观，来吸引具有强烈价值认同的人，一旦建立起这种情感关联，产品就会被疯狂追随。

马丁·路德·金在1963年发表著名的《我有一个梦想》演讲，如图4-10所示。通过释放强烈的价值取向，立刻得到无数的支持。

图4-10 马丁·路德·金

而在释放产品价值观方面我们经常能看到的品牌如：

● 蚂蚁金服——每个认真生活的人都值得被认真对待；

● 豆瓣——有人驱逐我，就有人欢迎我；

● 下厨房——唯有爱和美食不可辜负。

除了以上的产品信号，还有产品背书、产品包装等市场信号……总之，在启发性决策思维下更适合释放这些产品信号来影响消费者做选择。

三、扩展性

当消费者购买的商品存在很大的不确定性时，会采取大量的信息收集，仔细评价每一个备选产品后再做出决策。这些不确定往往来源于潜在的风险，这些风险可能包含以下几个部分，如图4-11所示。

图4-11 不确定性风险

消费者会担心商品买贵了、功能属性满足不了自身、容易危害到自身及家人的健康、被身边的人说low等。扩展性决策多发生在以下几类代表性商品的购买中，如图4-12所示。

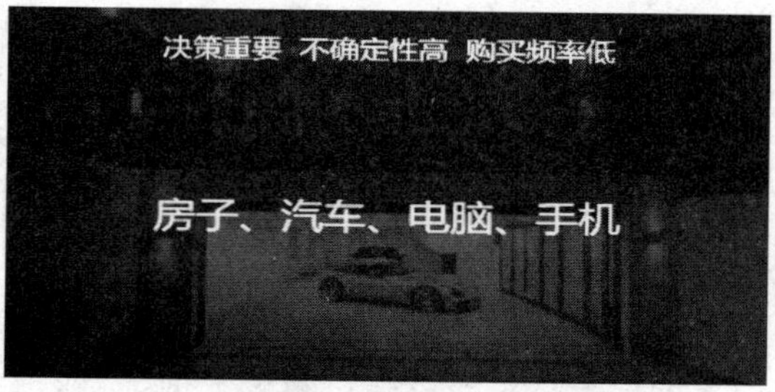

图4-12 不确定性风险代表性商品

当消费者挑选此类商品的时候，往往跟企业存在一种信息不对称关系，加上每家的广告以及营销话术基本雷同，更加增加了消费者的信任成本。

而这个时候另一种声音最能打动消费者，因为声音真实、鲜活、生动，就发生在我们身边，而企业要做的就是利用这种声音来打动消费者：

（一）意见领袖

意见领袖在于“懂行”，有可能是身边的朋友、网红、行业专家，必要的时候可以帮消费者做选择。产品更新换代速度快，购买频率低，消费者挑选产品难度高的时候，意见领袖的声音往往成为购买的决定性因素。

福特某场新车发布会，从中挑选100个年轻人，免费试用新车6个月，作为回报，使用者为其写博客，结合个人的体验感，写出来的评价更真实、生动，消费者易被说服，而不是面对企业冷冰冰的广告语时一脸怀疑。

（二）相关平台评测

假如你想买一台电脑，很在意系统稳定性和内存量，你反反复复看了不少的电脑，经过大量评价对比后，已经选好一台综合评价较高的高性价比电脑。

有一天，你在相关的电脑评测网站上，看到一个网友愤怒的评论，说这台电脑买回来不到一个月，上网玩游戏开始不流畅，系统还经常出现死机，太后悔买了，而且还附有几张照片。

你可能会想：幸好看到这条评论，不然买了之后出现同样的问题就麻烦了。可是你却忘了，从千万用户的综合评价来看，好评度仍然远远高过其他电脑，可是，这些生动逼真、细节丰富的活生生事例，就是那么容易打动人。

这是因为我们经常受到隧道视野的影响——往往夸大某个反常的点的作用。而企业在这个时候能做的，就是在相关的评测平台上进行营销推广及维护相关的评测，在出现反常的点时及时做好反馈，以赢取更多的信任。

（三）参考群体

人是社会性动物，我们都从属于群体，且在不确定的情况下往往会参考群体内的行为来指引我们的行动。

消费者购买此类商品时，由于难度复杂，为了避免潜在的风险，往往会参考具有相同属性的群体的行为来指导行动，而这也成了消费者的“购买原因”。

研究发现，当人产生购买需求时，而刚好最近的10位邻居中，有一位购买了汽车，这个人在一周半的时间内购买同样汽车的可能性就升至86%。

同样，越来越多的企业通过打造社群的形式去影响周边的人，小米刚开始时就通过聚集一批发烧友打造社群营销，不断去影响周边更多的人。

著名地产神盘阿那亚，通过打造社群以老带新，占据市场销售比例高达92%。

而社群设计必备三板斧——共同的使命、设计仪式、提供反馈，比如，阿那亚地产的社群可以是：

- 共同的使命——回归一种有灵性的本真生活；
- 设计仪式——规范业主行为公约、定期组织活动（要怎么去做）；
- 提供反馈——设置各类评分机制，评选优秀业主（到哪一步了，还差多少）。

总之，社群的搭建，必须由一个共同的使命去推动，凝聚一帮人来做一件事，来达到影响周边更多人的效果。

四、总结

从现在起，你已经知道消费者的三种决策类型，在面对何种商品时采取的是哪种决策思维，也知道哪种营销手段更适合当前影响消费者去做选择，而不是仅仅依照过往的经验，或者直觉去做营销策略，也许未来不会再出现“50%的广告费是处于浪费”的逃避责任话语。

资料来源：www.sohu.com/a/207183541_465378.

项目五
消费群体与消费心理

学习目标

※ 知识目标

- 了解消费群体的含义与分类
- 了解消费群体对消费心理的影响
- 理解社会文化、消费流行、消费习俗对消费群体的影响
- 掌握不同消费群体的消费心理特征和相应的营销方法

※ 能力目标

- 能够根据市场状况对消费群体进行细分
- 能够根据不同消费群体的心理特征开展相应的营销活动

导入案例

"95后"的消费观

"壹流研究"调查了"95后"在不同场景下进行的消费选择，从中概括出"95后"群体消费的一些共性特征，而这些共有特性，也将在未来一段时间内，时刻影响着"95后"的消费选择。

一、对颜值要求高

颜值既是"95后"对消费产品的外观要求，也是他们对于自身的要求。产品自身的外观设计已足以引起"95后"的购物欲望，苹果产品的简约，无印良品的质感，都能让"95后"眼前一亮，有设计感的商场、餐厅也能吸引"95后"前往。

"95后"对自我颜值有着更高的要求，他们对颜值的重视已经超过了前辈，并且愿意为此持续投入时间、金钱和精力。花钱进健身房流汗，吃减脂餐，购买线上健身课程，"95后"追赶着这一波健身热潮，锻造身体，以达到"身材好，穿什么都好看"的目的。

而"95后"对美妆护肤品的消费力更是惊人，一旦进入美妆护肤领域，就像打开新世界的大门，不同品牌的美妆护肤品不断推销产品的独特功效，让"95后"竞相追随，

实现变美的幻想。不管是哪一种形式的身体消费，"95后"都确信，颜值将成为他们在很多领域的竞争资本，他们对于颜值的要求是持续性的，不仅希望现在容颜焕发，也希望未来能青春永驻。

二、重娱乐爱尝鲜

在一切皆可娱乐、一切皆可成段子的时代，娱乐消遣在"95后"的生活中必不可少。满足着"95后"的精神消费需求，一切"95后"感兴趣的娱乐方式，都将转化为消费热点。

"95后"追逐真人明星，也热爱二次元偶像，创造段子，也消费段子，有着超强的娱乐消费需求。粉丝经济、网红经济进入"95后"的消费生活，发端于韩国的粉丝应援文化在"95后"群体中盛行，在钟爱的网红经验的网店购买同款也是一种潮流，而虚拟的二次元偶像吸粉能力丝毫不弱于真人明星，各类衍生品在"95后"当中拥有广阔的市场。

"95后"的娱乐至上也体现在他们强大的虚拟消费能力上，"95后"愿意为他们认为值得的东西付费。这些东西可能是能彰显自己身份的QQ会员，可能是爆款游戏充值卡，可能是视频网站会员，也可能是漫画App，无论是新鲜的刺激还是持续的愉悦体验，都能让"95后"为此买单。这些东西最终的指向其实是线上的优质内容和优质服务，这也体现出"95后"在进行娱乐消费时的主要关注点。

三、重视消费场景

"95后"看重的消费场景可以理解为两层意思：第一，身在其中；第二，身临其境。

身在其中，是指"95后"对于消费体验和消费过程的重视，"95后"注重内心的感受，乐意与消费场景发生某种互动，而良好的消费氛围能够满足"95后"的心理需求，提高他们对产品本身的好感度，从而在一定程度上愿意增加消费的时长和频次。

身临其境，指的是"95后"对于附加在产品之上的故事等内容更感兴趣，这些故事融入"95后"的需求场景之中，成为产品卖点，当自我情感与产品发生关联时，"95后"的消费热情也随之提高。

四、个性化需求强烈

消费品市场在网络影响下变得丰富，产品可选择的范围全球化、产品的设计多样化，单纯的物质消费已经很难满足"95后"。"95后"在消费时更加关注自己的个性化需求，以期望通过消费展示自己的品位和身份，"我"越来越多地在消费中得到体现。

当地理和社会经济差异逐步淡化，消费开始变得精神化，甚至符号化时，"95后"追求的消费不仅仅是产品本身，而是关注消费某种产品能否体现自己所追求的品位和身份，这种对品味和身份的追求，影响着"95后"的消费行为。消费的考量不仅仅是价格，而是在具备一定消费能力的前提下，对自己形象风格的一种塑造，也因如此，个性化定制消费越来越受到重视。

五、热衷圈子消费

社交媒体的强大带动了"95后"之中社群的盛行，"95后"群体中存在各种各样的圈子，这些基于兴趣或者其他原因建立起来的社交圈子，能够直接影响"95后"的消费过程。

圈子在"95后"消费过程中起到的作用包括，让"95后"获得某种身份认同，寻找到相同爱好，建立起消费信任。活在社交媒体中的"95后"乐于分享，分享自己的消费兴趣点，分享自己的购物心得体会。当圈子里的消费信任建立起来后，圈子中的"95后"完全相信圈友的分享体验，购买同款，以此获得与之相同的消费体验，并找到新的共同话题和身份认同。

在“95后”群体中，基于社交产生的购物需求正在不断增加，尤其是各类小众亚文化社群，产生消费需求与细分市场的迅速对应，让商家高效锁定目标消费群。

资料来源：http://business.sohu.com/20171011/n517233341.shtml.

【学习与思考】

结合自己或身边的朋友的经历，谈谈与案例中“95后”相比消费观有何异同。

任务一 消费群体概述

人是具有社会性的动物。从始至终，每个人都生活在群体中，并通过群体这种微观环境与社会发生关系，因此，群体必然对个体的消费心理和消费行为产生广泛的影响。

一、消费群体的含义与分类

（一）消费群体的含义

群体或社会群体是指两人或两人以上通过一定的社会关系结合起来进行共同活动而产生相互作用的集体。群体规模可以比较大，如几十人组成的班级，也可以比较小，如经常一起逛街购物的两个好朋友。

消费群体，是指具有某种共同特征的若干消费者组成的集合体，如青年消费者群体、高收入消费者群体等。同一消费群体的共同特征体现为思想与行为的共同之处，往往以认知与习惯的共性为具象表现；反之，不同消费群体之间，则存在差异性。

（二）消费群体的分类

根据不同的划分标准，可以将消费群体分为不同的类型。这些标准包括地理因素（国家和地区、城市和乡村、沿海和内地）、社会经济因素（性别、年龄、教育水平、职业、家庭、收入、民族、宗教等）、消费者心理因素（性格、生活方式、心理倾向）以及消费者购买因素（购买动机、品牌偏好、使用程度、使用量、敏感程度）等。

从消费心理学的角度，消费群体一般有以下分类。

1. 正式群体与非正式群体

按群体的组织程度，可分为正式群体和非正式群体两种类型。

正式群体是指有固定组织形式、明确组织目标、经常性群体活动的，或群体成员有着具体的角色规定的群体，例如，机关、学校都是正式群体。正式群体都有一定规范，对群体成员有约束力。这些规范既可是某种制度、纪律，也可是观念、情感、情趣等方面的心理规范，而对消费者的消费生活起作用的多是后者。

非正式群体是指结构比较松散，一般是为了完成某种任务或因有共同的兴趣、爱好和看法而临时或自发组成的群体，例如，旅游团、参观团、书法爱好者协会、团购群体等。非正式群体因组织结构松散，为成员交流信息和相互影响提供了一种极富诱导性的环境，虽然不会对其成员产生长期稳定的影响，但会加强或减弱其成员的原有观念。

2. 所属群体与参照群体

按个体是否是群体的成员，可分为所属群体和参照群体两种类型。

所属群体是一个人实际参加或归属的群体。这种群体既可以是正式群体，也可是非正式群体。例如，小王是某工厂（正式群体）的一名职工，同时他也是摩托车爱好者协会（非正式群体）的一名成员。在现实生活中，家庭是最基本、最重要的所属群体，学校、工厂、机关等均是重要的所属群体。所属群体对消费者的影响是直接的、显现的和稳定的。

参照群体是指消费者在做出购物决策时的实际比较群体。此类消费者往往会效仿、学习文艺、体育明星等“领导型消费者”的风格，而领导型消费者一般表现为“生活方式代表者”“消费代言人”。例如，小张刚大学毕业参加工作，非常向往拥有一辆明星黄晓明代言的日产天籁汽车（如图5－1所示），希望几年内也能购买，这里拥有明星代言的天籁汽车一族就成了他的参照群体。参照群体的标准和规范成为消费者行为的指南，成为消费者希望达到的标准。一般来说，消费者的参照群体都是处于较高社会阶层或具有消费者所向往的消费方式的各类群体。

图5－1 黄晓明代言的日产天籁汽车

3. 自觉群体与回避群体

按个体对某一群体的自我意识，可分为自觉群体和回避群体两种类型。

自觉群体是指个体根据自身的条件，主观上希望自己归属的群体，这里自身的条件包括年龄、性别、民族、地域、职业、婚姻状况、身体条件等自然与社会因素。例如，某大学生根据自己的年龄，把自己归到青年消费者群体中。消费者会自觉地按照这一群体的消费行为特点来约束自己的消费行为，追求这一群体的消费方式、消费习惯和消费时尚等。

回避群体是指个体根据自身的条件，认为与自己不相符、极力避免归属的群体，例如，男性消费者对女性消费品的排斥，青年消费者对于中老年服装的回避与排斥等。所以，企业在选择目标市场、进行产品定位时要特别注意这一点，如有不慎，就会造成一些消费者的抗拒心理。

二、消费群体对消费心理的影响

人们在群体中相互作用、相互影响就产生了群体心理，如模仿、从众、流行和暗示等。这些群体性的心理现象对消费心理及行为产生了各种作用。

（一）模仿

模仿是指在没有外界控制的条件下，个体受到他人行为的影响，仿照他人的行为，使自己的行为与之相同或相似。由此可知，模仿是自觉或不自觉地效仿一个榜样。模仿是普遍存在的心理现象，从个体对他人的无意识的动作到衣、食、住、行，再到对他人的风度、性格、工作方法、生活方式，乃至对与整个社会生活有关的风俗、习惯、礼节、时尚等都存在着模仿。例如，影迷们总是喜欢模仿他们崇拜的电影明星的装束打扮。

（二）从众

个体在群体中常常会不知不觉地受到群体的压力，而在知觉、判断、信仰以及行为上表现出与群体中多数人一致的现象，这就是从众现象。从众现象是一种较普遍存在的心理现象，在消费领域更是屡见不鲜。如图5－2漫画中所示，2009年6月底，一段谣言突袭福建，说盐场受到污染，食盐断货且要涨价，引发市民纷纷抢购食盐，造成部分地区断货，个别地方1元/包被不法商贩炒至3～5元。从众行为既有积极意义，也有消极意义。在消费中要量力而行、合理安排、讲究实效、不图虚荣，从而形成一种社会风气，使人们产生从众行为，这是有积极意义的。有的人经济条件不许可，却不顾自己的收入水平硬去与别人攀比甚至借债，更有个别人不惜铤而走险，以非法手段来达到目的，这样的从众心理显然是消极、有害的。

图5－2　抢购食盐

（三）流行

消费行为中的流行，是一定时期内常常出现的一种为一个群体、阶层的许多人都接受和使用的商品和服务。在消费流行中，形成了对某种商品、劳务的需求热，以及对某种消费形式的追求热，如时装、化妆品、旅游等的流行。

（四）暗示

暗示是指人或环境以含蓄、间接的方式向他人发出某种信息，而使之无意识地接收并做出相应的反应。营销活动中运用暗示方式对消费者的心理和行为施加影响可以使消费者产生顺从性的反应，或接受暗示者的观点，或按暗示者要求的方式行事。如人们在选择餐馆就餐时，不知道哪家餐馆的服务质量好，往往就会根据哪家餐馆里就餐的客人多来选择餐馆，这就是行为暗示的结果。

三、社会文化对消费群体的影响

（一）社会文化的含义

文化是一个非常广泛和最具人文意味的概念，对文化这个概念的解读，也一直众说不一。从狭义上讲，文化是指社会意识形态以及与之相适应的制度和组织机构；从广义上讲，文化是人类在社会历史发展过程中所创造和积累的物质财富和精神财富的总和。

在消费心理学中使用的社会文化，是指人们在社会发展过程中形成并世代流传下来的风俗习惯、价值观念、态度体系、行为规范、生活方式、伦理道德观念和宗教信仰等。文化是一种社会历史现象，每一个社会都有与之相适应的社会文化，不同国家由于历史、地理、民族以及物质生活方式等方面的差异，都有着各自独特的社会文化，如东方文化和西方文化就有很大差异。

（二）社会文化的特点

1．无形性

社会文化对人的行为的影响，已经造就和形成了人们的行为习惯和思维定式。只有当人们接触到其他类型的文化，或身处其他文化环境中时，才会从不同文化影响的差异中感受到文化对自己的影响。例如，中国人吃饭时使用筷子，我们都习以为常了，并不觉得有什么。可当我们到西方国家旅游时，看到西方人都使用刀叉吃饭，我们自己也不得不去使用时，就会感觉到文化对我们的潜移默化的影响。

2. 共享性

一种文化归属于一定的社会范围，并对该社会中的每个社会成员产生深刻的影响，同一文化环境中的社会成员在心理倾向和行为方式上表现出某些共同特征。就消费者而言，他们通过相互之间的认同、模仿、感染、追随等方式，形成共有的生活方式、消费习俗、消费观念、态度倾向和偏好禁忌等。例如：春节、中秋节是中国人家庭团聚、互赠礼品的传统节日等。企业应迎合特定文化环境中的消费者的共同消费要求，赢得人们对商品和服务的喜爱。

3. 民族性

在长期的发展过程中，每个民族都形成了自己的语言、文字、民族传统以及生活方式、风俗习惯、宗教信仰、伦理道德和价值观念等，使文化具有鲜明的民族性。例如，红色是中国人情有独钟的一种颜色，甚至被称为“中国红”。在中国人看来，红色象征着热烈、欢庆、吉祥、美好等，所以在婚礼、庆典等欢庆场合往往大量使用红色。但对于一些西方国家说，人们认为红色是一种危险、令人不安、恐惧的颜色，因为它容易让人联想到流血、事故和赤字。企业应根据消费者的不同文化差异展开营销活动，做到“入乡随俗，入境问禁”，只有这样，我们的商品和服务才能被不同的文化群体所接受。

今天，伴随全球经济一体化发展，不同民族文化的交流也越来越频繁，出现了相互融合的现象，但商品和服务往往越具有民族性，才越具有魅力、越具有世界性。例如，中国旗袍选料讲究，做工精细，裁剪合体，能彰显女性优美的身材，衬托出端庄、典雅大方、雍容华贵的民族风格，体现了中国传统服饰文化的深厚底蕴，被世界上许多民族的女性所喜爱。

4. 变化性

文化一经形成，就会在相当长的时间内保持稳定，但人类社会始终处在不断变化和发展的过程之中，文化也必然会随之发生变化。与之相适应，消费者的兴趣、爱好、生活方式、价值观念等也必然随之发生变化和调整，这很敏感地反映到消费市场上来。例如，过去人们要求服装质地精良、做工考究、款式庄重，而现在趋向舒适、潇洒、自然、宽松，注重穿着的个性化和自我感觉，休闲服饰因此很受欢迎。

社会文化的这种变化性为企业提供了重要的市场机会。企业要敏锐地抓住消费者消费观念的变化，及时开发适合消费者新的消费趋向的商品和服务，确保在激烈的市场竞争中占据主动地位。

5. 适应性

不同文化环境下的消费者的心理和行为存在客观差异，这不是企业可以控制的。企业唯有去适应它，才能使自己在激烈的市场竞争中立于不败之地。特别是从事跨国经营、保持高度的文化适应性是企业成功的先决条件。例如，阿拉伯国家地处沙漠地区，人们酷爱绿色，因为绿色对他们来说意味着生命和绿洲。畅销全球的可口可乐在世界大部分地区的包装采用的都是红白相间的颜色，而在阿拉伯地区则改为绿色包装，深受当地人喜爱，取得了巨大成功。

知识链接

中国传统文化对消费心理的影响

当今社会传统文化对消费的影响日趋明显，文化悄悄成为消费的新噱头，而中国传统文化源远流长，因此，重新认识中国传统文化，发掘其新的价值，对于引导消费活动有着不可估量的作用。中国文化对消费心理的影响有以下几点：

(1) 注重人伦。中国传统文化是以伦理道德为核心的儒家文化，而儒家文化的伦理观念就是从最基本的血缘关系发展而来的。所以，中国人非常看重夫妇、父子这些核心依存关系，以及在此基础上的家族关系、亲戚关系。个人的消费行为，往往与整个家庭紧密联系在一起，一个人不仅要考虑自己的需要，更要考虑到整个家庭的需要。

(2) 讲究中庸之道。中庸是中国人的一个重要的价值观，几千年来一直深刻地制约着我们的思想和行为。它一方面保证了民族文化发展的稳定性，另一方面也反对根本性的变革，鼓励墨守成规。这种价值观反映在消费行为中，就是强调与他人看齐，强调与社会保持一致的重要性；反对超前消费，反对消费中的标新立异；物品能用则用，实在对付不下去才去买新产品。

(3) 看重面子。中国人对自己的脸面特别关注，尤其注重通过自己的整体影响、角色扮演和行为举止在他人心目中留下好的影响，以获得一个好名声。中国消费者过于看重与自己的身份地位相一致、与周围的他人相一致的求同消费的人情消费，在许多时候出现了“死要面子活受罪”的不良消费行为。

(4) 重义轻利。中国文化的特点之一，就是与金钱物质利益相比，人们更注重情义。中国文化这种重义轻利的特点，使得人们在正常的交往和工作中容易感情用事，热衷于相互之间赠送礼品，讲究礼尚往来。购买商品时重视产品的美学价值和情感特征，因此应该树立企业的产品形象和品牌形象。在营销中突出产品的情感需求，使消费者在购买时不仅得到购买行为的满足，还得到心理上的满足。

(三) 社会文化对消费心理的影响

文化对人的影响是全方位的。就其对消费心理的影响来看，主要体现在消费观念、消费习惯、生活方式、宗教信仰等方面。

1. 不同的社会文化对消费观念的影响

不同文化背景下的消费者，消费观念是不同的，中国人普遍崇尚“勤俭节约、量入为出”，忌讳“卯吃寅粮，举债度日”，因而即期收入成为当前消费的最大极限。人们宁愿省吃俭用，也不愿意“负消费”或者“超前消费”。而西方人则喜欢挣了钱就花，很少考虑储蓄，即时消费心理明显；习惯借钱消费，分期付款、贷款购物非常盛行。中国人消费观念多属于求实型，即使有攀比心理、炫耀心理，也很少有盲目冲动、感情用事的消费行为；而西方人的消费观念多属于求新奇、好冲动型的。

但消费观念并不是一成不变的。随着我国改革开放和社会经济发展水平的不断提高，人们的消费观念也在不断发生变化。作为企业，应该及时敏锐地捕捉消费观念变化的新趋势，通过营销活动创新、引领新的消费观念，掌握市场竞争的主动权。

2. 不同的社会文化对消费习惯的影响

消费习惯是风俗习惯在消费方式上的表现。不同的社会文化会形成不同的消费习惯，这些消费习惯一经形成，往往与消费者的感情相联系，并被视为神圣不可侵犯的习惯。例如：我国出口到德国的鞭炮曾被要求换成灰色的外包装后才被接受；天津市某家鞋厂出口到埃及的女鞋，因鞋底的防滑图案与阿拉伯文“真主”二字相似，受到当地人的误解，被迫停止销售。所以，企业和营销人员在开发产品、开拓市场时一定要了解目标市场消费者的消费习惯。

3. 不同的社会文化对生活方式的影响

东西方消费者的社会文化不同，导致其生活方式有很大的差异。例如，西方人进餐馆吃饭，习惯实行 AA 制，而中国人一起进餐馆就餐，争先恐后地结账，最后由一人买单。

案例 5－1

海底捞美国水土不服　只获 2.5 星评级

2013 年 9 月 7 日，海底捞终于在美国洛杉矶富人区阿凯迪亚市（Arcadia）开了第一家分店，如图 5－3 所示。这次开店可谓是千呼万唤始出来：半年前就被美国年轻华人期待，《华尔街日报》也引用中国市场研究集团高管的话，称其“可能像日本铁板烧品牌 Benihana”一样受到美国人的喜爱。

图 5－3　海底捞美国第一店

Benihana 的特色就是厨师在食客面前烹饪食品，加上略微有趣的小表演，的确非常受欢迎，但别忘了其中一个重要的原因是，老美也是吃着烤肉长大的。

大多数中国企业到了美国市场都会花时间先行克服“水土不服”，不要说中国企业，中国人初来乍到，也要适应个一年两年，才能大略明白老美文化的不同。当然企业家们是清醒的，他们知道不是每个用在中国甚至亚洲市场备受欢迎的方法，都会在美国适用。

一、“改良”的海底捞服务

首先在中国流行的“美甲”服务，在美国是无论如何过不了美国食品安全检查这关的，脑子“一根筋”的老美检察员不会理解为何你在店内提供与吃饭这么不相关的服务，而且“修剪指甲”这件事对饮食标准而言根本就是“不卫生”。

此外，一些火锅汤底也不会在美国店出现，比如在中国大受欢迎的“酸汤鱼”锅底，对老外、土生土长的 ABC 们来讲，像中药汤一样难以接受。一方水土养一方人，这就好比麻辣火锅在上海没有“麻”一样，你不理解也没办法。因而，海底捞在餐馆点评网 Yelp 上只获得 2.5 星评级，如图 5－4 所示。

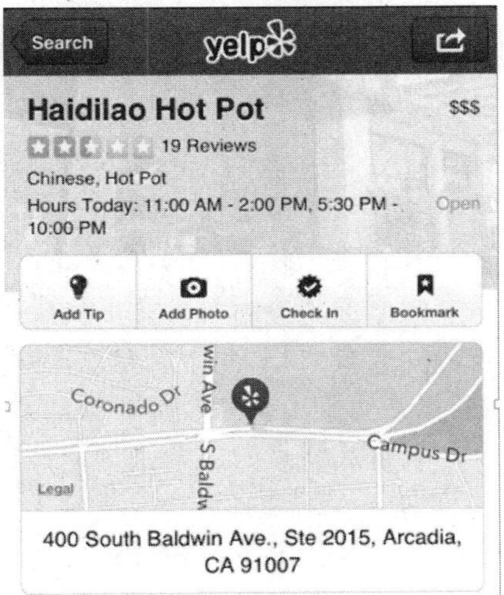

图 5－4　2.5 星评级

另外，海底捞把中国的大火锅改成了嵌在桌子里的小火锅（如图 5－5 所示），传统火锅的氛围即刻被改变。中国小伙伴们是多么喜爱围着大锅一起涮着羊肉那样热热闹闹的氛围啊，再来一瓶二锅头，开心、热闹又过瘾。可是这对在美国生活的人来讲，让他们一起用大锅就等于“让我吃别人的口水”，分餐制是必需的，“二锅头”这种烈性白酒也基本没有人沾，取而代之的，基本是冰水、冰可乐，偶尔才上几瓶冰啤酒。

图 5-5 桌上的小火锅

海底捞显然有备而来，在以上这几点上都做了改进，开业初始也只有“面条舞”的表演，这也让在中国尝过其特色味道以及在网上看了无数海底捞“传奇故事”的食客，多多少少有些失望。一位食客在网上写道：“如果你在中国是海底捞的粉丝，可别指望在美国能享受到同等服务。”

二、无英文菜单被吐槽

但最让美国食客无法理解的是，海底捞居然没有英文菜单和英文电话预订服务。要知道火锅在美国可并不陌生，尤其是在加州这种全世界各大民族都喜爱的地方，各种美食应有尽有，可就是没有哪家店不写英文菜单的。小肥羊在美国东西海岸开了12家门店，菜单从开业伊始就是中西合璧。

美国长大的娜塔莉还是很爱吃火锅的，她在海底捞开业第一周就开始打电话预订位子，惊讶地发现——电话接通只有中文服务，而靠她会的区区几句中文根本无法沟通。然后她就跑门店排队去了，结果发现店内有数个空位子也让等，且iPad提供的菜单也是中文的！于是一气之下就跑到别的餐馆去了。

海底捞的选址还是非常赞的，阿凯迪亚市在洛杉矶地区是富人区，亚洲人占将近50%，鼎泰丰、卢记火锅、北京烤鸭店都开在这里，而且海底捞还选择开在城市的商业中心里，自然不缺人流。但每位约40美元的价位，也是吃过的食客抱怨的另一个大问题。

来过美国的人都知道，相比美国当地人的其他生活费用，吃的东西最便宜，在普通餐馆人均消费20美元可以吃得很不错。小肥羊、卢记这样的火锅店，人均消费水平也不过如此，更何况在午餐的时候都会推出“午餐特价”。海底捞人均消费40美元，同样价格在美国可以吃牛排套餐、龙虾套餐，还能外带餐前小菜或甜品。

喜欢海底捞的艾伦（Alan）对其美国第一家店还是赞叹有加的，他喜欢这里的装修、温和的服务还有新鲜的菜，但是他也不由地感慨：“两个人消费了68美元，还只点了一盘肉，真是贵啊!”鉴于火锅并没有太高的技术含量，他在试过之后表示，如果花40美元，“我更愿意自己到菜市场买菜，回家吃火锅去。”

以海底捞这份菜单来计算，1个锅底+1个蘸料+1盘肉+1份鱼片+1份青菜就基本40美元了。

在中国，海底捞的人均消费大概是90元，普通火锅的人均消费为60元，海底捞免费零食、贴心的各种服务让人觉得贵上30元也值了。但在美国第一店，海底捞还没有提供适合美国人的贴心服务，价格却比其他火锅店贵了近一半，那海底捞就不得不动脑好好想想这部分多出的价钱美国人为啥要给你了！

三、海底捞应学习美式服务

海底捞之所以在中国被热爱，因为其宗旨是：顾客要什么，我们就给什么。而在美国市场，海底捞要找出顾客需要的服务，并适应当地的文化，可能还要花上一段时间。

比如：美国人不容易接受店家发给发卡，在吃火锅的时候别住头发；你也很难在下雨天帮顾客换上拖鞋，并提供烘干鞋子的服务，一来洛杉矶一年到头没几场雨，二来人人都开车，鞋子湿透的机会根本没有，美国人也不见得愿意把鞋给你，因为不习惯，还有就是，如果服务员听到顾客在交谈什么而马上表示“我们可以提供什么”，可能一分小费也得不到还要遭白眼，因为你偷听了顾客的隐私。

资料来源：http://finance.sina.com.cn/zl/international/20130927/091416868872.shtml.

【学习与思考】

海底捞在美国水土不服的原因是什么？你认为应做出什么样的改进？

---

4. 不同的社会文化对宗教信仰的影响

宗教属于社会意识形态范畴，其本质是人脑对支配着人们日常生活的自然力量和社会力量的反映。世界上影响最大的宗教有佛教、基督教和伊斯兰教，这三大宗教在我国都存在。

宗教信仰对消费者心理的影响，主要是通过两种渠道实现的。首先，通过宗教教规教义实现。各种宗教教规教义都对教徒的日常行为、婚丧嫁娶、饮食等方面有明确的规定或要求。教徒对宗教教规和禁忌看得非常神圣，自己不能触犯，别人也不能触犯。因此企业和营销人员要懂得常见宗教的有关规定以及由此形成的一些消费习俗，以便有效地销售商品，避免引起误会。其次，通过宗教主张、宗教宣传口号的感召力来实现。这必然会对消费者的心理和行为产生影响。

随着社会文化的不断发展，宗教信仰中一些禁忌可能会逐渐失去约束力，传统宗教节日所遗留下的消费习惯却大多被人们承袭下来，这为企业销售时令商品提供了市场机会。例如，圣诞节就是由宗教的节日逐渐演变成西方国家喜庆和亲友团聚的节日，圣诞节更是商品销售的旺季。

总之，在企业营销过程中，要充分考虑各国、各地区、各民族的文化因素和差异，特别是在进入一个新市场时，更要全面了解当地的价值观念、风俗习惯、生活方式和宗教信仰等，以便采取有效措施让当地消费者接受文化上全新的商品，或者使新商品与当地的文化相适应。

四、消费流行对消费群体的影响

（一）消费流行的含义

消费流行是指众多的顾客在一定时间和范围内呈现出的广泛追求某种商品或某个时尚的消费趋势。其主要特点是骤发性、集中性、群体性、周期性和变动性。消费流行往往是建立在一定消费习俗的基础上，是消费习俗的变异；消费习俗则是消费流行的巩固化、稳定化。

（二）消费流行的范围及方式

消费流行涉及的范围十分广泛，有世界性、全国性、地区性和阶层性的消费流行，也有一般流行、迅速流行和缓慢流行，还有短期季节流行、中短期流行和长期流行等。

从消费流行的起源来看，其方式一般有以下三种：（1）滴流，即自上而下依次引发的流行。通常以权威人物、名人明星的消费行为为先导，而后由上而下在社会上流行开来，如中山装、列宁装的流行等。（2）横流，即社会各阶层之间相互诱发的横向流行。具体表现为，某种商品或消费时尚由社会的某一阶层率先使用、领导，而后向其他阶层蔓延、渗透，进而流行起来。（3）逆流，即自下而上的流行。它从社会下层的消费行为开始，逐渐向社会上层推广，从而形成消费流行。如牛仔服原是美国西部牧牛人的工装，现在已成为下至平民百姓、上至美国总统的风行服装。

（三）消费流行对消费心理的影响

1. 消费流行对认知态度的影响

按正常的消费心理，顾客对一种新商品，往往在开始时持怀疑态度，通过学习建立对商品的认知，但由于消费流行的出现，许多消费者唯恐落后于消费潮流，消费者认知态度会发生变化。首先是怀疑态度取消，肯定倾向增加；其次是学习时间缩短，接受新商品时间提前。

2. 消费流行对需要和购买动机的影响

需要和购买动机是消费购买行为的内在驱动力。在消费流行中，消费者购买商品的驱动力会发生新的变化，禁不住对流行商品产生盲目购买的驱动力。如有些人有时并没有产生消费需要，但看到很多人购买，他也加入了购买产品的行列。

3. 消费流行对消费倾向的影响

在正常的消费生活中，消费者往往要对商品进行比较和评价后，再决定是否购买，以实现效用最大化。但在消费流行的冲击下，原有的消费心理会发生反方向的变化。如流行商品明明因供求关系而价格很高，但消费者为了追逐流行却毫不计较，踊跃购买。

4. 消费流行对消费习惯的影响

消费者基于对商品的长期使用，产生了信任感，形成了购买习惯。在消费流行不断的感染和冲击下，消费者也会逐渐失去对原有产品或品牌的偏好，改变原有的消费习惯。

总之，在消费流行的影响下，人们的消费心理会或多或少地发生变化。但综合来看，消费心理变化的基础仍然是原有的心理动机强化或发生转移，它并未从根本上脱离原有的消费心理动机。因为消费流行具有来得快、去得快的特点，这就要求经营者看准市场动态，既要抓住机遇，又要谨慎经营。

五、消费习俗对消费群体的影响

（一）消费习俗的含义

消费习俗是指一个地区或民族约定俗成的消费习惯，是社会风俗的重要组成部分。它是人们在长期的经济活动与社会活动中，由于自然的、社会的各种因素而形成的独具特色的消费习惯，主要包括人们对信仰、饮食、婚丧、节日及服饰等物质产品和精神产品的消费习惯。

（二）消费习俗的特点

（1）长期性，消费习俗都是在漫长的生活实践中逐渐形成和发展起来的，并潜移默化地对消费心理和行为产生影响。

（2）社会性，即消费习俗是某种消费活动在社会成员的共同参与下，随着社会的发展逐渐形成的。

（3）地区性，消费习俗带有强烈的地方色彩，和消费者生活所在地的传统相一致，如在重庆等阴冷潮湿地区，当地人素有吃辣椒的嗜好。

（4）非强制性，消费习俗的产生，不是强制颁布实行的，而是一种无形的社会习惯，使生活在这里的人们自觉或不自觉地遵守这些消费习惯。

（三）消费习俗对消费心理的影响

1. 消费习俗使消费心理具有相对稳定性

消费习俗的形成和沿袭大都经历了相当漫长的岁月，消费者长期受此影响，自然会对符合消费习俗的商品产生偏爱，形成相对稳定的消费心理，导致固定的、重复性的购买行为。

2. 消费习俗使消费心理具有普遍性

受消费习俗的影响，大量的消费者会重复购买那些符合消费习俗的商品，从而使消费心理和消费行为具有普遍一致性。例如，每逢春节来临，大江南北、长城内外的中国家庭，家家都要置办传统年货，在大年除夕要守岁、吃饺子等。

3. 消费习俗强化了消费习惯和消费偏好

消费习俗具有地域性。在消费习俗的长期影响下，特定地区的消费者形成了对地方风俗习惯的特殊偏好，并因此而产生一种自豪感。这直接影响消费者对商品的选择，不断强化已有的消费习惯和消费偏好。

4. 消费习俗使消费心理的变化趋缓

消费习俗具有稳定性，这一特点使消费心理和消费行为的变化极其缓慢，很难改变。有些沿袭下来的消费习俗已不符合时代发展潮流，但因消费者对此已形成习惯，很难改变；同时，也使消费者对新的符合时代发展潮流的消费方式适应变得缓慢，迟迟跟不上时代的变化。

因此，企业在从事生产经营活动时，必须尊重和适应目标市场消费者的风俗习惯。特别是从事跨国、跨地区经营时，更应深入了解不同国家和地区消费习俗的差异，使自己的商品和营销措施符合当地消费者的消费习俗。

任务二　不同消费者群体的消费心理

属于同一群体的消费者，在消费心理特征、购买行为等方面具有许多共同之处。因此，企业必须研究不同群体的群体消费心理，才能有针对性地制定市场营销的战略和策略，形成竞争优势。

一、家庭消费的消费心理

家庭是以婚姻关系、血缘关系或收养关系为纽带所结合成的共同生活的社会基本单位。家庭是现今我国社会最重要的消费群体，并对个人消费与购买心理具有重要的影响作用。家庭消费不仅包括家庭成员共同的消费，还包括每一个家庭成员各自独立的消费。

家庭对消费的影响，主要取决于家庭的经济收入、家庭结构和家庭生命周期等方面。

（一）家庭结构对消费心理的影响

家庭结构是家庭成员组成的情况，包括家庭人数，年龄、性别、各成员之间的关系等，家庭结构对消费决策产生直接影响。

我国现代家庭结构一般分为四类，不同家庭结构对其消费心理和行为也有不同的影响。

(1) 单身家庭，即只有一个成员的家庭。这类家庭对商品消费欲望低，消费随意性强，求便动机明显，而且需求量一般都不大。

(2) 核心家庭，即夫妇二人及其未婚子女构成的家庭。这类最常见的家庭结构稳定，消费心理和行为表现也十分稳定，消费欲望多元化且层次丰富，求新、求美、求名动机明显。目前，核心家庭的比例越来越高，家庭结构明显趋于小型化，父母舍得在子女身上花钱，这使得子女消费占比不断增大，且趋于多样化；家庭购买耐用消费品的数量、种类也逐渐增多；文化娱乐消费占比不断增大。

(3) 直系家庭，即夫妇二人加上已婚子女及其配偶，或者再加上第三代、第四代人组成的大家庭，但这种传统的家庭结构现在已大为减少。此类家庭，家中长辈处于核心地位，左右最终决策结构，其他成员消费心理明显受其制约，消费趋于保守，决策过程较为复杂，求实动机明显，对新产品消费态度谨慎。

(4) 联合家庭，即两个或两个以上核心家庭联合而成的家庭。例如，父母去世后，已分别结婚的兄弟姐妹们还在一起居住而组成的大家庭。不过这类家庭多存在于过去，现在并不多见。联合家庭中必然存在一对夫妇处于掌权地位，整个家庭成员的消费心理受这对夫妇是开放还是保守的影响。联合家庭的收入不可能全部集中起来统一使用，不同夫妇还可以各自决定不属于家庭集体消费的份额和结构，又有着不同的消费心理。

(二) 家庭成员角色对消费心理的影响

每个家庭都是由不同家庭成员组成的。由于家庭成员的身份、地位、经济收入、受教育程度、消费观念、消费习惯等不同，使不同家庭成员在购买活动中担当着倡议者、影响者、决策者、购买者、使用者这五种不同的角色。家庭成员在家庭中的角色、地位不同，对购买决策的作用也不同。家庭购买决策角色一般有以下几种类型：

(1) 丈夫决策型，是指家庭主要商品的购买决策由丈夫决定。例如汽车、家具、家电等大件商品的购买。在我国广大农村地区及不发达地区，丈夫决策型在传统观念较强的中国家庭中很常见。这类家庭通常文化水平较低，家庭经济来源以丈夫为主，丈夫的购买心理与行为代表了整个家庭。此外，丈夫的生活能力、理财能力大大高于妻子的家庭也可能采取这种决策类型。

(2) 妻子决策型，是指家庭主要商品的购买决策由妻子决定。这类家庭通常经济收入高，丈夫工作忙，或消费决策不是家庭生活的主要话题，或妻子持家能力大大超过丈夫。前两类妻子决策型家庭在购买行为上比较随意，并且机动性较大，是产品销售中较易吸引的对象；而后者则往往是市场上的挑剔购买者。

(3) 夫妻共同决策型，是指家庭主要商品的购买决策由夫妻二人共同协商决定。这类家庭通常夫妻双方关系融洽，文化程度较高，思想开放，适应时代潮流，家庭中民主协商气氛浓厚，购买决策慎重、全面，购买行为理智，冲动性较少。

(4) 夫妻自主决策型，是指家庭商品的购买决策由夫妻二人分别根据自己的需要单独决定。这类家庭一般经济收入较高，受教育程度较高，易接受新观念，夫妻双方在经济上相对独立，各自都可做出购买决策，而对方从不过多干预，购买行为自主性、随意性较强。

(三) 家庭生命周期对消费心理的影响

家庭生命周期是指一个家庭从开始组建、成长直至解体、消亡的整个过程。根据家庭主人的婚姻状况、家庭成员的年龄、家庭规模等因素，家庭生命周期一般可分为以下六个阶段。

1. 单身期

这一时期，消费者已长大成人，但尚未结婚，收入大多并不高。目前我国多数单身青年无经济负担，并还保持与父母共同生活的习惯，所以消费需要简单，主要用于自己的穿着、娱乐、交往、发展等方面的需要，因而求美、求新动机明显，消费弹性大，稳定性差，消费态度也较为积极，易形成超前消费。

2. 新婚期

这一时期，青年男女结婚自立门户，但没有要孩子，刚刚开始进入独立生活阶段，无过重的家庭负担。这一时期的消费者多以二人世界为核心，以规划自己的小家庭为目的，物质和精神消费都比较充分。求美、求新动机依然明显，但对商品房、汽车、家电、家居、服饰、化妆品等消费需要明显加强。

3. 生育期

这一时期，由于有了孩子，家庭开支增大，消费需要趋于多元化，购买心理随孩子的成长而发生变化，重视儿童食品、玩具、服装和教育费用开支。这一时期的消费表现出对家庭和社会的责任感，求实动机占主导地位，对时尚消费品的态度变得谨慎保守。

4. 满巢期

满巢期的家庭，夫妇从青年到中年，子女逐渐长大。满巢期前期阶段随着子女的入学教育，家庭消费以子女为中心，在教育方面投资较大；后期随着子女慢慢长大成人，家庭收入达到高峰，家庭支出开始稳定，有了储蓄，医疗支出下降，日用品、穿着、文化娱乐、户外消费支出上升。受年龄、阅历和经验影响，消费特点趋于理智，子女在家庭消费决策中起的作用增强。

5. 离巢期

夫妇已到老年，子女相继成家。这一时期的消费特点呈现两种类型：第一，崇尚节俭，重视储蓄，以应付外来疾病等突发事件或用于养老，实际支出比例下降；第二，购买活动开始更多地投向满足自己需要的商品，具备一定的补偿性心理，营养、身体保健、娱乐、旅游、自我修养等享乐型消费支出上升。

6. 鳏寡期

此阶段的家庭由于衰老和丧偶，生活自理能力较差，进而转向依靠子女或寻求社会性服务。家庭收入明显减少，消费能力大大下降，以满足日常生活需要和健康保健为主，社会交往和户外消费减少，服务性消费增加，消费决策较为慎重和稳健。

(四) 家庭经济收入对消费心理的影响

家庭经济收入制约着家庭与个人的购买能力、购买方式、消费结构和生活习惯等，往往会对消费心理产生决定性的影响，其影响主要体现在对消费支出结构和购买动机方面。

家庭经济收入越高，消费支出结构就越丰富，层次就越多；收入高的家庭求新、求美、求名等动机强烈，而收入低的家庭求廉、求实、求利动机强烈。

二、不同年龄阶段消费群体的消费心理

年龄是最常见的划分消费群体的标准。有关学者根据我国国民特征，将年龄划分为以下六个阶段：0～3岁为婴幼儿期；4～11岁为儿童期；12～17岁为少年期；18～35岁为青年期；36～59岁为中年期；60岁以上为老年期。不同年龄阶段的消费者有着不同的生理和心理特征，因而形成了不同的消费心理。

（一）少年儿童群体的消费心理特征与营销方法

1. 儿童群体的消费心理特征

儿童的心理出现较大的质的飞跃，即开始了系统的学习过程，认识能力、意识倾向、学习兴趣、意志及情绪等心理现象逐渐加强，还学会了在感知和思维的基础上解决简单的问题。

（1）从生理性需要逐渐向带有社会内容的需要发展。婴幼儿期的消费需要主要表现为生理性的，且纯粹由他人帮助完成。进入儿童期后，所需购买的消费品在花色、样式上逐渐增加个人的意识；在消费过程中逐渐形成对所接触的消费品的评价意识，开始为自己选择消费品确立目标，并逐渐具有列举出一定理由的能力。

（2）从模仿性消费逐步向带有个性特点的消费发展。随着年龄的增长，自我意识不断形成，儿童的消费心理逐渐由模仿性消费心理向按照自己的需求愿望、带有个性特点的消费方面发展，在面对众多同类商品时，能提出自己的购买意见、选择和要求。

（3）消费心理从感性消费逐渐向理性消费发展。儿童的消费心理多处于感情支配阶段，消费情绪极不稳定。但随着年龄的不断增长，接触社会消费实践，知识、经验等不断增加，调节与控制自己情感的能力也在不断增强，消费心理也渐趋理性。

2. 少年群体的消费心理特征

少年与儿童相比，他们的生理和心理都有了较大的变化，生理上呈现第二个发育高峰，心理上有了自觉与被尊重的要求。少年期是依赖与独立、成熟与幼稚、自觉与被动性交织在一起的时期。

（1）以成人比拟，独立性强。有成人感，这是少年消费者自我意识发展的显著心理特征。在主观上他们认为自己已经长大成人，就应该有成人的权利与地位，反映在消费心理方面，则是不愿受父母过多干涉，希望按自己的意愿行事，要求自主独立地购买所喜欢的商品，喜欢在消费品的选择方面与成年人相比拟。

（2）购买行为的倾向性开始确立，购买行为趋于稳定。少年时期由于对社会环境的认识不断加深，知识不断丰富，兴趣趋向稳定，鉴别能力提高。随着购买活动次数的增加，购买行为趋于习惯化、稳定化，购买的倾向性也开始确立。

（3）消费观念开始受社会群体的影响。少年消费者由于参与集体学习、集体活动，接触社会的机会增多，受社会环境的影响逐渐增加，其消费观念和消费爱好由主要受家庭影响逐渐转变为受同学、朋友、老师、明星、书籍及大众传媒等社会因素的影响。

案例 5-2

永葆青春的芭比娃娃

1959 年，全世界最时尚最美丽的女人芭比（Barbie）来到世上，将女人成为公主的梦想从 3 岁延续到 80 岁。根据美泰公司的统计，从那时起，一个 11 岁的美国小女孩可能拥有过 10 个芭比娃娃，同龄的法国小女孩则拥有 5 个。在全世界，平均每秒钟就销售出 3 个芭比娃娃。

从第一个芭比诞生之日起，它就一直在被不断地改进和创新。芭比娃娃的外形历经约 500 次以上的修正与改良，成为今日的样子。为了让“芭比”有漂亮的时装，从 1995 年至今约有 10 亿件以上的衣服生产出来，每年约有一百款芭比新装推出。现在“芭比娃娃”畅销世界 150 个国家，总销售量超过 10 亿个。这个介于小女孩和成年女子之间的美国少女，是世界玩具市场上畅销最久的玩具，成为全世界男女老少的心爱之物。

现在，芭比娃娃 59 岁了，但她依然年轻，她比曾经风行一时的椰菜娃娃、泰迪熊都要活得长。没有人知道这是为什么，即使是她的创造者露丝·汉德勒也无法解释。无论在玩具世界里还是在真实生活中，长寿都是神秘而不可捉摸的事情。曾经有人问露丝·汉德勒：芭比为什么会表现得这么好？她只是微笑地回答：“我是一个市场推广天才。”但是，美泰公司还生产很多其他类型的玩具，不但没有一个比芭比表现得出色，而且夭折的也的确不少。应该说，露丝当初的灵感给了这个娃娃永久的生命，她是贴近生活、真正为孩子们创造出“芭比”的“芭比之母”。

芭比已经远远超越了玩具的定义，成为一个不朽的文化符号。20 世纪 90 年代末的一段时期里，“芭比”几乎天天生活在美国人的收音机中，她是 20 世纪生活的代表，是美国女性的一个象征，是现代的蒙娜丽莎，就连以严肃自居的学院，也不得不屈尊研究“芭比现象”。学生们在社会学课堂上要完成这样的作业：针对芭比成为一种时尚都有过怎样的批评，你认为制造商是否应考虑这些批评？虽然这些问题可能永远没有“正确的”答案。

无论引起了怎样的讨论和赞扬，但有一点可以肯定，“芭比”是玩偶设计业诞生的第一个活生生的女人，而不再是一个被动的小孩子。“芭比”的成人化设计打开了小女孩们的视野，她们可以通过“芭比”感知到幼儿园以外的世界，与“芭比”一起体验成人生活的各个层面。从海滩女郎到政治家，芭比变化万千的形象激发了孩子们的想象力，她们希望自己在长大后也能像芭比一样。

芭比的成功为美泰公司带来了大量财富，1966 年露丝 50 岁时，美泰公司已经统治了竞争激烈的玩具世界，它控制了美国 20 亿美元玩具市场 12%的份额。露丝说：“那时我已经有我的事业，我的丈夫，我的孩子还有芭比和肯。我处于世界之巅。”

【学习与思考】

试分析芭比娃娃能够长时间畅销世界各国的理由是什么。

3. 少年儿童群体消费市场的营销方法

（1）针对儿童的消费心理特点恰当地运用商品定位方法。儿童、少年消费有两种基本情况。一是购买者和使用者一致，即儿童和少年的消费品由他们自购自用。到了少年期，儿童的消费行为由完全的依赖性过渡到半独立性，不但能购买少量个人消费品，而且能向家长提出自己的要求并参与家长的决策。二是购买者和使用者分离，即所用消费品由家长或其他成年人购买。从这一实际出发，为做好儿童、少年消费品的销售工作，必须恰当地进行商品定位，才能收到较好的效果。

（2）在营销中对儿童、少年自购自用消费品要尽可能运用儿童语言进行接待。相反，凡成年人为儿童、少年购买消费品，就要针对成年人对孩子的关怀与慈爱、情感与希望等进行接待，才能引起他们的购买欲望。

（3）针对儿童、少年的消费心理特点，充分发挥商品直观形象的作用。少年、儿童在购买消费品时仍较多地从简单、直观的感觉去判断商品的好坏，按照个人某一方面的爱好去概括商品的全貌，为了满足自己的好奇心理和时尚追求去确定购买某种商品。因此在产品设计、生产、营销中都要注意充分发挥商品直观形象的作用，科学地激发他们的购买欲望。

（4）提高商品识记程度，向少年、儿童灌输企业或商品形象。随着年龄的增长，少年、儿童逐步成为家庭购物的影响者、倡议者甚至是决策者。他们或说服长辈购买，或提出购买建议，有些商品还可自己做主购买，因此要将商品的厂牌、商标逐步印入少年儿童的头脑中。可见，设计一些为少儿所熟悉和喜爱的商标与造型，这对推销商品和开拓市场有着长远的影响。

（二）青年群体的消费心理特征与营销方法

青年消费群体人数多，是一股庞大的市场消费力量。青年消费群体的购买意愿大多为家庭所尊重，他们的购买行为具有扩散性。成为年轻的父母时，他们以独特的消费观念和消费方式影响下一代的消费行为，且对他们的长辈也会产生极大的影响。

1. 青年群体的消费心理特征

（1）追求时尚，强调实用。

青年人思维活跃，勇于创新，习惯于追求新颖与时尚，力图站在时代前列，领导消费新流，体现时代特征。他们总是对新产品有极大的兴趣，喜欢更换品牌体验不同的感受。青年消费者往往是新商品或新的消费方式的尝试者、追求者和推广者。

（2）突出个性，表现自我。

处于青春时期的青年人自我意识迅速增强，求新、求名、求美的心理动机强烈，非常喜欢个性化的商品，有时还把所购买的商品同自己的理想、职业、爱好和时代特征，甚至自己所崇拜的明星和名人等联系在一起，并力求在消费活动中充分表现自我。

（3）意愿强烈，需求多样。

青年正处于人生的成熟期，青年后期经济独立，能按照自己的意愿花钱，领到薪水就想去买自己相中的商品。同时他们对许多商品形成了自己的购买模式和商标依赖。

（4）注重情感，冲动性强。

与中老年消费者相比，青年人在消费活动中，情感和直觉起着重要作用。他们具有果断、迅速和反应灵敏的特点，也易受客观环境的影响而发生冲动性购买行为。这常使得他们忽略综合选择的必要，款式、颜色、形状和价格等因素都能单独成为青年冲动性购买的理由。

2. 青年群体消费市场的营销方法

（1）满足多层次的心理需要，刺激产生购买动机。企业开发的各类商品，既要具备实用价值，更要满足青年人社会交往、自尊、成就感等多层次的心理需要。如：个性化的产品会使青年感到自己与众不同，受人关注；名牌皮包、时装会表现拥有者的成就感和社会地位感，受到青年人的青睐。

案例 5－3

雀巢咖啡的成功

在 20 世纪 80 年代，两大速溶咖啡品牌——麦斯威尔和雀巢共同进入中国市场，而如今，雀巢咖啡在中国市场的销量远高于麦氏咖啡。2014 年广发证券的一份数据报告显示，在当前的速溶咖啡市场中，雀巢占据着 73.5%的市场份额，排名第一，而麦氏咖啡尽管比雀巢早 4 年进军中国大陆市场，其市场份额却仅为 11%。

这要从消费者的需求说起……

在刚进入中国市场时，两家公司各委托不同公司做市场调查，麦氏委托国际性的大公司调查的结果是向往西方文化的知识分子。于是广告语非常文雅，“滴滴香浓，意犹未尽”，如图 5－6 所示。

图 5－6　麦氏咖啡广告

雀巢咖啡认为，自己的产品目标消费者不是大学教授、知识分子，精准地锁定了受众群体。

并且当时发现一个特殊的现象，喝完雀巢咖啡的人都会把雀巢的罐子带到办公室当茶杯用，让人感到我买得起雀巢咖啡。

本来在国外一个非常普通的品牌，在中国却变成了一个炫耀品牌，所以雀巢咖啡的广告语非常简单：“味道好极了！”如图 5－7 所示。

雀巢咖啡炫耀其香浓诱人的味道，也洞察到消费者想炫耀自己是买得起、享用得起咖啡这样的高档饮品的身份的内心想法。

其实咖啡的味道并不好喝，尤其是对于以茶为主饮的根深蒂固的悠久茶文化国度的中国人来说。但是它的广告语天天暗示你：“味道好极了！”习惯成自然，人们就习惯地认为雀巢咖啡味道就是好。

就像“农夫山泉”的广告语“农夫山泉有点甜”，跟雀巢咖啡的“味道好极了！”有异曲同工之妙。

久而久之，雀巢咖啡就成为味道好极了的代名词，抢占到了目标消费者的心智资源，使其在 80 年代先期刚进驻咖啡市场便取得了无可替代的位置。

图 5－7　雀巢咖啡广告

相反，麦氏咖啡错失良机，没有找准目标消费者内心对咖啡品牌的真正需求是什么，只能屈居于雀巢咖啡之下。其广告语“滴滴香浓、意犹未尽”当时广告播了半年还有很多人认为是卖清香油的，要听懂这句广告语至少大学毕业，才能领会麦氏咖啡所要传达的语言意境。

当然，随着时代的发展，消费者内心的需求也发生了变化，雀巢为此先后推出这几个标语：

每刻精彩瞬间，每杯雀巢咖啡。

香醇体验，随时拥有。

再忙，也要和你喝杯咖啡。

…………

雀巢咖啡，与你迎接每一个新的日子。

每个时刻，都有雀巢与你为伴。

资料来源：https://www.sohu.com/a/23150270_122985.

【学习与思考】

为什么雀巢咖啡在中国市场上能够遥遥领先于麦氏咖啡而获得成功?

（2）开发时尚商品，引导消费潮流。青年人学习和接受新事物快，富于想象力和好奇心，因此在消费上追求时尚、新颖。企业在产品的开发、设计过程中，要针对青年人的心理特点注重开发时尚产品，使青年人能迅速接受新产品，以推动消费潮流。

（3）注重个性化产品的生产、营销。个性化的产品、与众不同的商品被青年人称为“酷”，容易大受欢迎。企业在产品设计、生产中，要改变传统思维方式，要面向青年人开发个性产品，尤其是在服装、装饰品、手机等商品的设计生产和营销过程中，要注重个性化的设计，寻求特性，以树立消费者的个性形象。

（4）推出同类不同档次商品，满足不同收入水平青年的需要。青年人由于职业、收入水平不同，分属不同的消费阶层，他们在商品的购买上表现出一定的差别。企业在开拓青年人市场时，要考虑到这些不同的特点，生产不同档次、不同价格水平、面向不同收入水平的同类产品，以满足不同收入水平青年人的需要。

（5）做好售后工作，推动市场开拓。青年人往往是新产品的率先采用者，在购买后，就会即时把他的购买预期与产品性能进行比较。企业在售出商品后，要收集相应信息，了解顾客反应，以及时改进产品。同时，要及时处理好顾客投诉，以积极的态度解决产品中存在的问题，使青年消费者感到满意，进而认可产品和企业的服务。

（三）中年消费群体的消费心理分析

中年消费群体人数众多，负担重，大多处于购买决策者的位置，且购买的商品既有家庭日用品，也有个人、子女、父母的着装类商品，还有大件耐用消费品。

1. 中年群体的消费心理特征

（1）理智性强，冲动性小。

中年消费者阅历广，购买经验丰富，情绪反应一般比较平稳，多以理智支配自己的行动，感情用事的现象不多见。注重商品的实际效用、价格和外观的统一，从购买欲望形成到实施购买往往是经过多次分析、比较后才做判断，随意性小。

（2）计划性强，盲目性小。

中年人大多是家庭经济的主要承担者。尽管他们的收入不低，但肩负着赡老育幼的重任，因此生活经济负担重。经济条件的限制使他们养成了勤俭持家、精打细算的消费习惯，以量入为出为消费原则，消费支出计划性强，很少有计划外开支和即兴购买。

（3）注重传统，创新性小。

中年人以稳重、老练、自尊和富有涵养的风度有别于青年。在消费方面，不再完全按照自己的兴趣爱好选择商品或消费方式，而是更多地考虑他人的看法，以维护自己的形象与众人保持一致。如选择服装，他们宁可压抑自己个人爱好而随俗，也不愿意让别人感到自己花样翻新和不稳重。

2. 中年群体消费市场的营销方法

（1）注重培育中年消费者成为忠诚顾客。中年消费者在购买家庭日常生活用品时，往往是习惯性购买。生产者和经营者要满足这种心理需要，使其消费习惯形成并保持下来；不要轻易改变本企业长期形成的历史悠久的商品品牌包装，以免失去顾客。商品的质量标准和性能价格比不要轻易变动。

（2）在商品的设计上要突出实用性、便利性，提供良好的现场服务。中年消费者消费追求商品的实用性、便利性。市场营销者应根据中年人的消费习惯，提供各种富有人情味的服务，如，提供饮用水、休息设施，物品保管、代为照看小孩等服务。

（3）重视售后服务。中年消费者购物后发现问题，多数会直接找经营者解决，而且态度坚定，理由充分。经营者应切实帮他们解决问题，冷静面对，切忌推诿、扯皮，不负责任，以免失去忠诚顾客。

（4）促销广告活动要理性化。面向中年消费者开展商品广告宣传、现场促销活动，要理性化，靠商品的功能、效用打动消费者，靠实在的使用效果、使用者的现身说法来证明。

（四）老年消费群体的消费心理分析

随着世界人口老龄化趋势不断增强，老年人在社会总人口中所占的比例不断增加。老年消费者在生理和心理上同青年消费者、中年消费者相比发生了明显的变化。

1. 老年群体的消费心理特征

（1）消费习惯稳定，消费行为理智。

老年消费者在几十年的生活实践中，形成了自身难以改变的生活、购物习惯——怀旧心理强烈、品牌忠诚度高，这也使得老年型商品市场变得相对稳定。老年人的消费观较为成熟，消费行为理智，冲动型热情消费和目的不明的盲目消费相对要少。对消费新潮的反应显得较为迟钝，他们不赶时髦，而是讲究实惠。

（2）商品追求实用性。

老年消费者一般都已退休，收入有所下降，过日子精打细算，购买商品常常把商品的实用性放在第一位，强调质量可靠、方便实用、经济合理和舒适安全。至于商品的品牌、款式、颜色和包装是次要考虑的。

（3）消费求便利，要求得到良好的售后服务。

老年消费者的生理机能有所下降，他们总希望购买场所交通方便些，商品标价和商品说明清楚些，商品陈列位置和高度适当，便于挑选，购买手续简便，服务热情、耐心、周到，也要求商品能够易学易用、方便操作，减少体力和脑力的负担。

(4) 消费需求结构发生变化。

随着生理机能的衰退，老年消费者的需求结构发生了变化，保健食品和医疗保健用品的支出增加，穿着类和其他奢侈品方面的支出大大减少，满足个人的嗜好和兴趣的商品支出有所增加。

(5) 较强的补偿性消费心理。

在子女成家立业、没有了过多的经济负担后，部分老年消费者产生了较强的补偿性消费心理，在美容、衣着打扮、营养食品、健身娱乐和旅游观光等消费方面，有着与青年人类似的强烈消费兴趣，以补偿那些过去未能实现的消费愿望。

2. 老年消费市场的营销方法

老年人用品的使用者是老人，但购买者既可能是老人自己，也可能是子女、孙子女等，因此，研究老年人用品市场，要注意采用以下方法：

(1) 开发适合老年人需求的各类商品。老年消费市场广，消费潜力大，目前市场上真正适合老年人的商品品种仍显单调，大有潜力可挖。如图 5-8 所示的专为那些行动不方便，但是又要拿东西的老年人生产的可以折叠的拾物夹，如图 5-9 所示的用于安排老年人每天要吃的药物的小药盒，简单又可靠。小药盒颜色每天都不一样，这对视力不好的老年人来说，很方便识别。

图 5-8 拾物夹

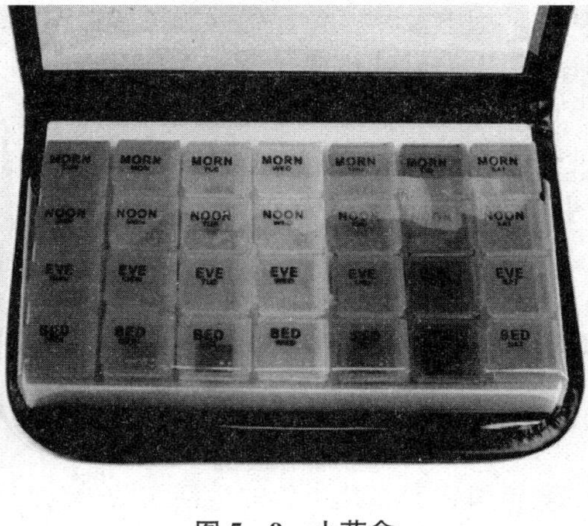

图 5-9 小药盒

(2) 重视全方位的良好服务。在销售老年人用品时，应提供良好的专门服务场所，以满足老年人心理上所要求的方便、舒适的购物环境，并提供亲切、体贴的服务。营业员要满足老年人自尊的心理要求，耐心、热情地服务。

(3) 开展对老年人及其子女的双重促销。促销活动不但要针对老年人，还可以针对老人的子女开展。有些商品，如老年人健身用品、营养品等，不但可以面向老年人设计广告，还可以面向青年人，提倡尊老敬老的社会风尚，激发青年人孝敬老人的心理，从而产生购买行为。

案例 5－4

威力洗衣机：献给母亲的爱

“妈妈，我又梦见了村边的小溪，梦见了奶奶，梦见了您。妈妈，我给您捎去了一样好东西。”——这是 20 世纪 80 年代威力洗衣机广告的轻柔女生的画外音，伴随着画面上的一家人围绕着威力洗衣机的欢声笑语，广告故事定格在一个淳厚的男声上：“威力洗衣机，献给母亲的爱！”广告如图 5－10 所示。

图 5－10　威力洗衣机广告

小时候，妈妈带着我到河边洗衣服。冬天，水冷刺骨，妈妈毫不犹豫地把手伸进河水里。洗完衣服后，妈妈的手总是冻得通红，开裂。我暗下决心一定让妈妈像城里人那样用上洗衣机。妈妈不习惯城市的空气，执意住在乡下。但是，农村家里没有装自来水，洗衣机能用吗？

趁着母亲节前一天，我特意在一大型家电卖场逛了一圈，最后来到威力洗衣机的专柜前。威力的导购员一看见我就笑着上前跟我打招呼：“现在购买威力洗衣机可以参加我们的抽奖活动，如果是在母亲节当天购买我们的洗衣机，就可以得到我们特意为您亲爱的妈妈准备的康乃馨一束。”看着热情的导购员，我便问起有没有适合农村使用的洗衣机。

导购员带我到一款浅灰色的洗衣机前说，这就是他们公司特为农村用户研发的泵抽水洗衣机，没有自来水也能用！这款洗衣机独有泵抽水功能，配上吸水过滤器，能够把水吸进去过滤成干净的水，随时随地，没有自来水也能洗衣服。而且我顺便查了威力的相关信息，发现这是个老品牌，品质可靠，售后服务也不错，在农村地区也有完善的服务网点。

第二天，我把这台洗衣机和康乃馨带回了那个生我养我的小山村。现场试验，盆里的水很快被抽进了洗衣机，衣服洗得干干净净。

资料来源：http://ctjb.cnhubei.com/html/ctjb/20090601/ctjb732301.html,2009－06－01.

【学习与思考】

这则由威力洗衣机电视广告（曾被评为十大经典广告之一）引出的软广告，是怎样满足消费者心理需求的？

三、不同性别消费群体的消费心理

（一）女性消费群体的消费心理分析

女性在家庭中充当女儿、妻子、母亲等多种角色，因而往往成为许多儿童用品、老人用品、男性用品的购买者。此外，女性的审美观影响着社会消费潮流，年轻女性的心境和感性更支配着流行。因此，研究女性消费，尤其是中青年女性消费，可以洞悉社会消费心理的发展变化趋势。

1. 女性群体的消费心理特征

（1）求美心理。爱美之心人皆有之，而这在女性身上表现得尤为强烈。具有欣赏价值的、款式新颖、造型优美的产品往往对她们能够形成较强的刺激，使她们情不自禁地产生兴奋，进而产生某种购买或占有欲望，从而为购买行为的实现奠定基础。

（2）求实心理。女性在购买时装、首饰、高级化妆品等高档消费品时，主要受当时流行时尚的影响，将满足自己精神需要的因素放在首位，而把产品的实用程度置于脑后。但在购置各种基本生活用品时，她们非常注重产品的实用性和具体利益，往往会不厌其烦地挑选，全面衡量购买的利弊、得失。产品某些细微的优点或不足都会引起女性消费者的注意，并影响其购买决策。

（3）追求方便性心理。我国女性就业率高，在家忙家务，在外忙工作，因而对日用消费品和主副食品的方便性要求日益强烈。同时，女性喜欢通过自己创造性的劳动使生活更丰富、家庭更美满，一些半成品就满足了这种需求。

（4）攀比炫耀心理。当代女性，特别是家庭收入较高的中青年女性，喜欢在生活上和人攀比，通过追求高档次、高质量、高价格的名牌产品或更漂亮的外观来显示自己的优越。

（5）情感性心理。女性容易在情感的支配和影响下产生购买欲望或形成对某种产品的偏爱，产生非理性消费心理。例如，广告渲染的温馨气氛、食品的诱人香味、服饰的款式和色彩等，都能在女性消费活动中产生影响力。

（6）自尊自重心理。女性往往以购买的内容和标准来评价自己和别人，她们总认为自己的购买最有价值、最为明智，对别人的否定意见很不以为然。当别人购物时，她们也乐于发表意见，并希望自己的意见能被采纳。

2. 女性群体消费市场的营销方法

现代女性消费者具有普遍的时尚心理和强烈的自我表现意识，在消费行为中注重表现自身的时代感，崇尚流行与时髦，通常会表现出较强的从众性或创新性。因此，要注意以下营销方法：

（1）销售环境布置要典雅温馨、热烈明快，具有个性特色。

（2）注重商品外观与包装设计，广告要注重细节、色彩、款式、形状，要体现流行、时尚，并且使用方便，以便最大限度地吸引女性消费者的注意。

（3）注意开展多种形式的促销活动，巧妙利用口头传播渠道，注意传递商品的实用性、具体利益等信息，传递有关商品的质量、档次、时尚的信息，传递商品的品牌、性能、价格等方面的信息，激发女性消费者的购买欲望。

（4）强化销售服务，提高服务水平，讲究语言、服务艺术，以满意的服务促进销售。

（二）男性消费者群体的消费心理分析

男性消费者去商店一般都有明确的购买目标。与女性相比，男性消费者购买产品的范围要窄一些。但他们往往是家庭中高档产品购买的主要决策者。

1. 男性群体的消费心理特征

（1）求新、求异、求解心理。男性相对于女性而言具有更强的攻击性和支配性。这种心理在消费上表现为求新、求异和开拓精神。他们对新产品的奇特性往往有较高的要求。此外，男性大多数有特殊嗜好，例如有人爱好钓鱼、养鸟，也有人酷爱收集古董、珍藏古画等，而这些在女性中表现得不太普遍。

(2) 购买产品的目的明确，理智性强。男性消费者购物时往往都有明确的目标，他们进商场后直奔目标而去。与女性相比，男性消费者购买产品时的理智和自信要多一些。他们一般在购买前就选择好要购买对象，往往不愿意在柜台前花更多的时间挑选产品，询问究竟。

(3) 注重产品的整体质量和使用效果。男性对产品，特别是价格昂贵、结构复杂的高档产品的性能与知识了解较多，购物时很注重产品的整体质量。只要整体质量可靠，他们就能做出购买决策。同时，男性消费者购物时善于独立思考，很注意产品的使用效果，不会轻易受外界环境的影响。

(4) 购买产品时力求方便、快捷。一般男性消费者很少逛商场，遇到自己所需要的产品，他们一般会迅速购买，尽快离店。他们对商家出售产品时的种种烦琐的手续、拖延时间的作风十分反感。在购买日常生活用品时，这种心理表现得尤为突出。

2. *男性群体消费市场的营销方法*

男性消费者在购买商品前一般注意对有关资料进行收集，经过自我分析和判断后才做出购买决策，不轻信口头信息传播，有主见、有魄力，一旦做出购买决定会毫不迟疑地实施。因此，要注意以下营销方法：

(1) 注意商品内在价值与外在价值的统一，以完善的商品吸引这类消费者。

(2) 注意品牌形象的塑造，争创名牌，巩固名牌地位。

(3) 注意商品信息传播的科学性与完整性，尊重消费者的自我判断。

项目重点内容结构图

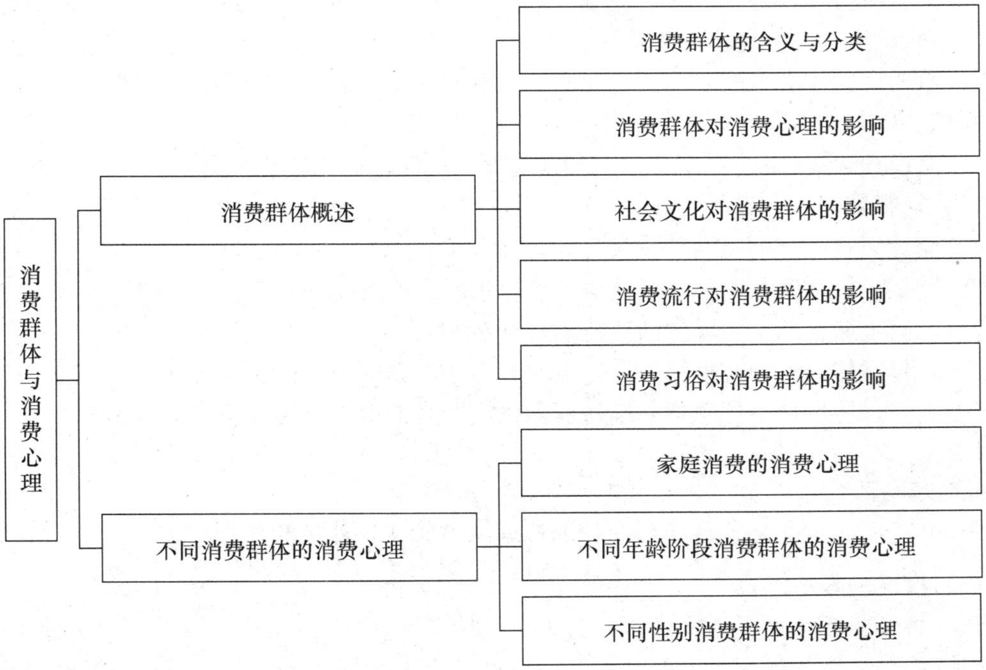

同步测试

一、选择题

1. 下列属于社会群体的是（ ）。

A. 消费者协会　　B. 商场里的人群

C. 同一次列车上的乘客　　D. 学校里的书法社团

2. 中国北方消费者在作为主食的面食消费上通常比南方消费者更多，是属于（ ）对消费群体的影响。

A. 社会文化　　B. 经济因素

C. 年龄结构　　D. 男女比例

3. 属于消费流行的特点的是（ ）。

A. 骤发性　　B. 集中性

C. 长期性　　D. 全国性

4. 消费习惯稳定、消费行为理智的消费群体是（ ）。

A. 儿童消费群体　　B. 青年消费群体

C. 中年消费群体　　D. 老年消费群体

5. 在购买商品时喜欢挑来挑去的消费群体是（ ）。

A. 青年消费群体　　B. 老年消费群体

C. 女性消费群体　　D. 男性消费群体

二、判断题

1. 社会文化对消费心理和行为的影响是直接的。（ ）

2. 由许多人集合在一起就形成了一个社会群体。（ ）

3. 消费流行往往是建立在一定消费习俗的基础上，是消费习俗的变异；消费习俗则是消费流行的巩固化、稳定化。（ ）

4. 收入高的家庭求新、求实、求利等动机强烈，而收入低的家庭求廉、求美、求名动机强烈。（ ）

5. 女性在购买商品时，具有较强的注重商品外观形象、追求情感满足的心理。（ ）

三、简答题

1. 简述消费群体的概念和分类。

2. 什么是社会文化？社会文化对消费心理的影响有哪些？

3. 家庭生命周期各阶段的消费特点是什么？

4. 青年群体的消费心理特征是什么？其消费市场的营销方法有哪些？

5. 女性、男性群体的消费心理特征是什么？其消费市场的营销方法有哪些？

综合案例分析

“江小白”是怎样成功做到文化营销的？

一、精准的客户定位

任何的商业活动都有定位问题，就是服务群体是什么？这几年，常常说到产品定位和服务定位的以自媒体居多。但是，在互联网经济大潮中，尤其是国家提出供给侧改革后，实体经济在对服务群体的定位上往往滞后，随之而来的商品调整、经济模式调整等的落后导致了不少实体经济面临倒闭破产等经济困境。

“江小白”在2012年创建品牌，在2015年之前，这个品牌并未获得广泛认可。但是，在2015年左右，借助于互联网经济的发展契机，在短短半年时间完成了逆袭，其产品定位尤为重要。江小白酒业说自己是生产“情绪饮料”的，在其官网上，赫然写着这么一段简介：“江小白提倡直面青春的情绪，不回避、不惧怕。与其让情绪煎熬压抑，不如任其释放。”

这个宣言直接决定了“江小白”的市场定位就是年轻群体。在当下市场多元化，尤其是互联网经济的介入造成市场资本重组的今天，年轻人如同我们创业的先辈，经受着市场的考验和内心的阵痛。而“江小白”对自己产品的界定并没有仅仅局限在白酒，而是将其称为“情绪饮料”，并且提出了自己“不回避、不惧怕，任意释放情绪”的宣言，这种对年轻客户群体心理的把握可谓切中要害。

如果说对年轻群体情绪释放的把握为“江小白”的成功奠定了群体基础。那么，利用互联网科技反互联网生存状态，则在一定程度上表现了制造商的温情主义情怀。它这样塑造了温情主义的面纱：“随着互联网的普及，朋友之间的正常交流时间正越来越多地被移动社交软件所占据。线上的热络取代不了面对面的沟通。江小白号召放下手机，暂别网络，与朋友重新在现实中进行社交，不要让网络完全占据了生活。”

互联网普及以及移动终端的快速更新换代造成了一个奇怪的社会现象，就是人和人之间的正常交流成为难题。随之而来的各类经济现象开始兴起，比如《奇葩说》《好好说话》等收费节目。这些节目的目的很明显，就是消除线上平台长期以来形成的社交恐惧症，让人能够面对面地进行交流。而“江小白”摸准了这个脉搏，在提出释放情绪的基础上，进一步强调社交回归。这是个大众化的噱头，但是它缔造出了它自己的情绪释放逻辑。

所以说，“江小白”精准定位了客户群体，同时，它也对这个客户群体的生存状态、经济收入、心理问题等有一定的研究，并针对这些提出了自己的品牌文化理念，这是它能够逆袭成功的最重要的群体基础。

二、成功的文化营销

事实上，任何一种具有核心竞争力的实体现象必然会成为一种文化现象，如苹果公司、黑莓公司以及最近几年发展迅猛的华为集团，在这些公司的发展中，文化是一种很重要的内在推手。“江小白”作为一个新兴的实体经济，很好地借助了文化的外衣，成功实现了文化营销。如果说准确的客户定位为其成功逆袭创造了消费群体，那么文化营销则是“江小白”打赢这场逆袭战的“盔甲”。它是通过以下这些手段实现文化营销的：

(1) 对碎片化话语的系统整理。“碎片化”是这几年比较流行的涵盖面很广的一个词语。我们时常听到碎片化时间管理、碎片化学习等。实际上，在“互联网+”语境下，一切都有碎片化的可能，包括人自己的情绪、举动。比如你现在不高兴，在推特或者微信上发了一个倾诉的句子，但是，这个并不能持续很久的情绪相对你的整体情感来说可以说是碎片化的。碎片化是针对整体而言的，但是，如果你用一个放大镜去看一些碎片化语言，它所折射出的或许就是一种观念。“江小白”很好地利用了这种情绪化的碎片语言对自己进行包装。在最为流行的“江小白”瓶子封带上，会出现一段看似无趣却能折射现象以及情绪的话，比如：“关于明天的事，我们后天就知道了”，“你心里想念的人，坐在你的对面，你却在看你的手机"，"稀饭江小白，9494喜欢简单生活"，等等，这些我们熟悉不过的话语在酒瓶最醒目的位置出现，可以给消费群体很大的情绪认同感，"江小白"用这些话语对"情绪饮料"进行了首次包装。

（2）媒体宣传造势。现代商业的发展如果脱离媒体死守"酒香不怕巷子深"的套路无疑是死路一条，当然，不包括政府垄断性行业、军工行业等。而很多商家习惯采用的宣传策略还是仅仅停留在大横幅、贴海报的时代，这种现象在各大商场很常见。近几年，微商等借助微信客户端进行推销，但是，微信客户端有个致命的缺点，就是人脉资源直接决定了产品的销量。因此，资本雄厚、有远见的企业都会想尽办法拓展产品的覆盖面。"江小白"也借助了这样的东风，在确定了自己的消费群体后，"江小白"投资了《好先生》《火锅英雄》《致青春》《小别离》等影视剧，当那个已经被包装得很有质感的磨砂酒瓶出现在这些为年轻群体喜欢的影视剧当中时，为了寻找一种心理认同感，观影者会去尝试，只要口味不是太差，加上影视剧的麻醉作用，评价自然就比实际高出很多。

所以说，基于客户心理之上的文化营销将"江小白"塑造成了一个文化现象，文化现象有其滋生性和影响力，这就是文化软实力的核心价值所在。

三、"江小白"的经验给我们的借鉴

"江小白"作为一个成功的商业个例，其成功还有其他的因素，比如公司管理、产品链的跟进等。但是，作为能够折射现代青年心理的文化载体，我认为这是"江小白"与传统白酒生产行业不同的地方，而它将这个不同运作得很成功。这个商业案例或许对创业者、经营者都有着很强的借鉴意义。

（1）经营商品上，对客户要有精准的定位。只有精准定位要服务的客户群，才能有的放矢。精准定位的首要前提是确定客户群体，很多企业和实体店面喜欢做很全的东西，比如我们进入一家服装店，里面有一个人各个年龄阶段的服装，这种大而全的营销策略本身就存在概念不明确、客户群体不明确等问题。因此，确定一个特定的服务群体很重要，这取决于你能够给客户提供的需求。在确定群体后，仔细研究这个群体的心理、生理、收支、生活等习惯，在这个基础上去打造属于自己的、不同于其他行业的产品。

（2）寻找合适的文化推广方式进行营销。随着社会物质生活的进一步提升，以及供给侧改革的进一步落实，基于用户定位的商品销售会成为商业运作的主流形态。因此，如何包装自己的产品很重要，比如针对不同年龄阶段的用户，应该如何进行商业推广，如何给产品包上文化的外衣。这一点很重要，在产品生产出来后，进入流通环节，如何将你手里的东西卖出去，不仅仅是一种商业行为，更是一种文化行为。所以，要找到一个合适的方式，扩大自己产品的推广面。

未来的经济发展有个大的方向，就是用户的需求成为第一位。在这个方向的基础上，能够盈利的无疑分为两类：一类是技术创新对生活空白领域的弥补，比如各类疾病的特效药等；一类是基于文化营销上的市场运作，也就是说你不再是为你自己打工，不是为你自己赚钱，你首先要提供一种独一无二的文化形态和服务，让更多的人记住你的产品。而未来的实体经济和互联网直销经济恰恰属于第二类范围。因此，未来的商业市场是具有挑战性的市场，不仅挑战你做产品的能力，更挑战你的知识储备和沟通能力，它需要你有多学科的知识背景和强大的语言交流能力，毕竟，你生产的东西是要卖出去的，不是吗？

资料来源：http://www.jianshu.com/p/31a4aeccc07e.

【问题讨论】

你认为“江小白”的目标消费群体定位准确吗？其文化营销策略能打动你或你年轻的朋友们吗？理由是什么？

项目实战

以手机为例，对顾客的需求情况进行市场调查，分析少年儿童群体、青年消费群体、中年和老年消费群体对手机的需求情况，分析是否有差异及存在差异的原因，思考这给企业的营销工作带来哪些启示。

要求：调研后经小组讨论，完成调研报告。

拓展阅读

中年人，一个正走向人生巅峰的群体，为什么活得这么累？

有人将中国人太累的原因归结为以下几种：太看重位子，总想着票子，倒腾着房子，放不下架子，撕不开面子，眷顾着孩子。中年人，一个知识仍在积累增长、人生阅历丰富的群体，为什么会活得这么累呢？

从心理学的角度来说，压力大致可以分为两类。

一类是无法应对的破坏性压力，比如洪水、地震等自然灾害，或者车祸等意外事故，或者亲友去世等重大变故，或者自己的问题导致的一些无法弥补的后果等，这些压力都超出了人们的应对能力。

另一类压力是日常生活中我们内心的种种冲突，比如与同事之间的冲突、与家人之间的矛盾、繁重的工作、对未来生活的迷茫等。

这些事情虽然不会给我们的心理造成毁灭性打击，但是会在每一天的日常生活中给我们造成持续不断的困扰，很多时候都会让我们感到无所适从和焦虑。

这种温水煮青蛙式的压力是一种生活的常态，它会像空气一样填充在我们生活中的每一天、每一个地点和内心的每一个角落。

一、生理原因

人在20～25岁时，生理功能达到一生中的全盛时期。经过短暂的稳定，大约从30岁始，人体各器官系统功能开始缓缓衰减，每年约递减1%。随着年龄的增长，中年人的各项生理机能开始退化，器官系统功能也在减退。如：肌肉开始萎缩、弹性降低、收缩力减弱；骨骼出现脱钙过程，致使骨质密度降低；胃功能减低，清除体内废物的能力下降；等等。随之而来的是大大小小的疾病，生理机能的衰退引起心理压力，让他们觉得疲倦不已。

当一个人感受到生理衰退和内心无力时，就可能在潜意识中引发一项思考：活着的意义是什么？有些人能感知到并尝试与它面对面，有些人则本能地运用心理防御机制来减缓它产生的痛苦，这种对自我价值的心灵拷问加重了人的心理负担，最终使人呈现“中年危机”的心理态势。

二、来自工作的压力

在今天的硅谷，苹果雇员的平均年龄是31岁，谷歌和特斯拉是30岁，Facebook只有29岁。英特尔的一项裁员计划中，超过八成的人是40岁以上的员工……

在所有的硅谷高科技公司里，一个员工到40岁的时候，可能就面临要被淘汰的局面了。这个时代，放眼国内外，一个人年龄到了40岁的时候，就真的是进入了一个“危险期”。

新技术日新月异，人才层出不穷，跟不上时代的步伐就面临着被淘汰的危险，每天都要战战兢兢地做好工作，生怕老板请自己吃“椒盐鱿鱼”，这大概是中年群体的内心写照。

三、来自生活的压力

中年人不但工作繁重，而且还有家庭重担。事业成败、职务升降、人事变动、家境优劣、生老病死、婚丧嫁娶，无不在心理上掀起波澜，需要他们去适应，去应付。

社会角色的适应。社会地位的转变，职务的变动迫使他们加快适应的脚步，原本的同事变成上级或下级，如何处理关系，适应角色的转变加重了他们的心理压力。

中年丧偶的危机。“少来夫妻老来伴”，很多人再婚是想等自己老了之后有个伴。在生命的长廊里有的人走得快，有的人走得慢。婚姻是两个不同生命体之间的遇见和磨合，夫妻之间经过多年的相濡以沫，患难与共，相互扶持，一旦面临丧偶危机，会对整个家庭的稳定造成影响。

英国伯克斯等人做过一份报告，他们调查了4 500位55岁的寡妇，其中有213人于丈夫故去后6个月内死亡，占下一年龄组死亡总数的40%。他们观察903例近亲死亡的家属(主要是丧偶)，发现一年内他们的死亡率高出常人7倍多。这些数据说明丧偶带来的精神创伤会极大地损害身心健康。

亲子关系的困境。父母辈和子女所处的时代背景不同，接受的知识也有所差异，因此他们的世界观、人生观、价值观难免有差异，如果父母不能很好地处理这些差异，容易影响亲子关系的和谐。

由林永健、蒋欣、童蕾主演的《凡人的品格》讲述的就是人到中年面临的种种困境。

在剧中，林永健饰演了一位曾经做过战地记者的金牌制片人展大鹏。这位深藏功与名的冷酷大叔在职场是战斗力很强的“杀手”，生活中却因长期疏于陪伴家人，在人到四十的年岁接连失去家庭和事业，跌入人生低谷。进入人生下半场的他，不仅要步履维艰地重启事业，还要处理好和儿子、父亲之间的微妙关系。

蒋欣饰演的畅歌拥有新闻理想，她的人生因为遇到铁血长官展大鹏而改变，也在他最低落的时候，帮他重整旗鼓、直面人生，并最终收获了与展大鹏的爱情。

四、中年危机来了，怎么办?

人本主义心理学创始人之一的马斯洛曾在与米特曼合著的《变态心理学原理》一书中提出了11条人的心理健康的标准。其中三条对于中年群体的心理健康有重要启示。

(1) 具有适度的安全感，有自尊心，对自我和个人的成就有“有价值”的感觉。

(2) 与现实环境保持良好的接触，能容忍生活中挫折的打击，无过度幻想。

(3) 有自知之明，了解自己的动机与目的。

很多时候人的痛苦是因为能力和欲望的天平不能平衡，适当地减少自身的欲望可以换来更真切的幸福感。在孔子看来，“吾十有五而志于学，三十而立，四十而不惑，五十而知天命，六十而耳顺，七十而从心所欲，不逾矩”。

规划好时间。人到中年，很容易感觉时间飞逝，很多事情来不及做或者没有时间做，这个时候，时间的正确规划显得尤为重要。

学习多种技能。所谓“技多不压身”，多掌握一门技能，意味着多了一种可能，多了一份实力，多了一条出路，即使面临着失业的危机，也可以笑看风云。

增长个人财富。按照家庭生命周期理论，35岁以后的生活属于成长期。它又可分成两个时段：一是家庭成长初期，即新生儿诞生到九年义务教育结束，此时由于家庭人口增加，生活费用大增；二是家庭成长后期，即子女进入高中、大学直到参加工作，此时子女教育费用猛增，且子女生活费用也大幅度上升。正确的理财观念和理财选择显得十分重要。

资料来源：http://www.sohu.com/a/222465051_99913796.

项目六

商品因素与消费心理

学习目标

※ 知识目标

- 了解商品整体概念、商品生命周期各阶段的消费心理及营销策略
- 理解新产品的认知心理与策略
- 掌握商品命名的心理功能和心理策略
- 理解品牌的含义、商品品牌的心理功能和商品品牌设计的心理策略
- 掌握商品包装的心理功能、商品包装设计的心理要求及心理策略

※ 能力目标

- 能根据消费者心理需求进行商品开发、商品命名、品牌设计和商品包装
- 能运用与商品有关的心理因素，解决实际营销问题

导入案例

少林寺品牌的营销策略

图 6－1　少林寺

2006 年，中国又多了一个旅游名片，那就是少林寺（如图 6－1 所示）。这一年，少林寺成为新闻的焦点：俄国总统普京造访少林寺、方丈释永信获百万越野车、启动《禅宗少林音乐大典》、全球海选功夫明星、全球武僧巡演……一系列眼花缭乱的活动后，这座被佛光照耀了 1 500 余年的少林再一次让世人瞩目，也再一次被融入了时代的符号与元素。从少林寺现象背后，我们会发现：如果我们把少林寺作为一个公司，释永信在少林寺这

个品牌的运作上，有很多值得我们现代企业，特别是老字号品牌企业学习和借鉴的地方。

一、战略：与时俱进

作为中国禅宗的发祥地，嵩山少林自诞生之日起，虽历经兴衰，但一直是中国宗教文化创新的一面旗帜，与时俱进已经成为少林寺的一个特性。如十三棍僧救唐王，不仅代表着正义，还带来了佛教的鼎盛。随着社会的不断发展，少林寺逐渐淹没在历史的海洋中。此时，对于少林寺的发展方向，释永信有了一套独特的理念，那就是和现代社会保持亲近。事实证明，这是少林寺走向新的辉煌的一块基石。

1996 年，在众多企业还不了解互联网的时候，少林寺就建了网站。这个网站为少林寺文化的传播做出了很大的贡献。2003 年，释永信又把中国互联网新闻宣传高峰论坛搬到了少林寺古老大殿藏经阁，他说，“互联网快速发展，少林寺如果不能利用好这种新的交流方式，将会离世界越来越远”。

这些与时俱进的做法，再次把少林寺带到世界焦点的前沿。随后，各种活动水到渠成。释永信还积极地协调与政府的关系，修缮扩建塔林也因此被提上了日程。经过征地和文物报批，塔林大幅扩建，让游客可以停留住，少林寺的品牌传播也随之扩大。

2006 年以来，俄罗斯总统普京、中国国民党副主席江丙坤、老挝人民革命党总书记朱马里、柬埔寨副首相贺南洪以及来自世界 87 个国家和地区的世界旅游小姐、美国联合武馆 500 名洋弟子等相继造访少林寺，少林文化在世界的传播中不断扩大，“少林”品牌的影响迅速飙升。

释永信在《禅露集》中就表达了这样的观点：“佛教不避世，佛教如果避世，早就自取灭亡了。”这就是少林寺的战略思想——走进社会、走进大众，且与时俱进，也就是在这样的思想的指引下，少林寺的“历史性格”才与其他寺院有所不同。

二、产品：做成“产业”

作为一个产品，如果仅仅停留在表象，将无法达到消费群的拓展。因此，需要打破常规框架，极大地发掘内涵，形成产品链的产业化、传播面的产业化。

提到少林寺，大家最直观的印象就是少林功夫，这得益于 1982 年首部在少林寺拍摄的功夫片《少林寺》。释永信说：“这部电影就像为少林寺做了一个大广告。”但是，这个广告所代表的少林寺产品太单一，甚至太表象。

释永信并不甘心将武术仅停留在“术”上，他还提出了“武术禅”的概念，“我要把少林文化上升到‘学’的高度，像‘东方学’一样成为一门‘显学’”。为此，少林寺和清华、北大、人大等几十所大学建立了合作研究关系，这样，可以使少林寺文化得到很好的发掘和传播。

其实，这种“学”不仅是简单的学术，还包括借势文化活动。也正是基于这样的思想，2005 年 10 月，由少林寺和郑州歌舞剧院联合编排的原创舞剧《风中少林》在北京保利剧院亮相。随后，该剧与美国蓝马克娱乐集团达成协议，《风中少林》赴美演出两年，约 800 场，演出收入达 800 万美元。这场浩荡的演出，也是一个产品的发掘，为少林寺的品牌再次增辉。另外，少林寺还独家授权网络游戏《少林传奇》，同时，同名动画片《少林传奇》也在海外 20 多个国家和地区播放，并获得了较多青少年的喜爱，收视率多次达到第一。这一切都显示少林文化的传承正适应时代的发展，渐渐融入了科技生活领域。2006 年，河南卫视发起为 999 对新人祈福的祈福会，也被安排在少林寺。

2006 年 3 月底，由少林寺和深圳卫视共同发起的“中国功夫之星电视大赛”正式启动。这个形式酷似“超女”的电视选秀大赛，共设深圳、北京、郑州、沈阳、成都、上海六个国内分赛区，及美国、德国、俄罗斯、意大利、法国、澳大利亚六个国际分赛区。在全球范围内，通过对“德、武、艺”多项素质的考评，从参赛者中选出 108 名“好汉”。大赛选出的“功夫之星”出演了少林功夫史诗电视连续剧《少林寺之僧兵传奇》以及其他一系列以“中国功夫”为背景的影视作品，并且在好莱坞制作的系列电影《新少林寺》中出演角色。

其实，少林寺做的活动远不止这些，而这些举措说明，只有把单一产品做成产业，才能实现最大化的价值。少林寺的核心产品就是禅宗和武学，但是，少林寺通过商业驱动文化，如舞剧、武僧巡演、网络游戏、功夫大赛等形式，把一个产品做成了系列化的产业。而这些产业再次促进了产品的增值，也终于使得少林寺与时俱进，为中华文明融入世界文明树立了一个鲜活的典范。

三、品牌：集中目标

既然以“少林寺”这一无形资产为最重要的一环，少林寺品牌的运作也完全围绕此展开。释永信曾经多次在媒体面前表示如何弘扬少林文化、佛教禅学，才是他真正所关心的。因此，从少林寺多方面的商业运作来看，任何举动都毫不犹豫地高举“少林寺”大旗，一方面要极大地利用自己原有的资本，另一方面也要借助各种活动使其品牌度越来越高，以此形成良性循环。

比如，自 1987 年释永信开始担任少林寺住持以来，少林僧人也逐渐走出国门，参加国际性的宗教学术会议和佛教法事活动，并把少林功夫带到了国外。释永信曾亲自带领的少林功夫表演团体走访了 60 多个国家，表演超过 1 000 场次。释永信把少林寺武僧团称为“少林寺的宣传队”他说：“外国人不理解中国佛教，少林功夫是能让他们理解的最直观方式。”另外，国家领导人出访韩国、日本、巴西、澳大利亚、北美、东南亚等国家和地区时，少林寺武僧团也作为中国的文化使者，去当地访问演出，受到了热烈欢迎。此时，武术、少林，在某种意义上成了中国文化的使者。热浪之下，美国加州设立了“嵩山少林寺日”，德国成立了少林文化中心。

释永信曾在方丈室里给客人介绍两幅英文地图，这是他去澳洲买下的 12 平方千米土地的地形图。释永信的理想是：“我要在山上建一个少林武术文化中心，必须是代表中国文化的官式建筑，在海边的度假村就可以看到；这个建筑应该是非常地道的中国建筑，要让当地搞建筑的学生以后去参观，使其成为建筑博物馆或教育基地。”

由此可见，品牌的传播一定要目标集中，这样才具有绵绵不断的力量。目前，很多企业在品牌传播方面，到处散金，目标散乱，其品牌效果必然大打折扣。

【学习与思考】

结合本案例，分析一个品牌对企业的重要性体现在哪里。

任务一　商品开发与消费心理

商品是消费者从事消费活动的对象和载体，消费者的各种心理活动、需求动机、购买决策及购买行为都是围绕商品发生和进行的。消费者对商品的认可、接受与购买，决定了商品在市场上的前途，从而也决定了企业在竞争中的成败。因此，在营销实践中企业要更好地生存和发展，就必须在商品命名、品牌、包装等方面考虑消费者的心理因素。

一、商品整体的概念

人们通常理解的商品是指具有某种特定物质形状和用途的物品，是看得见、摸得着的东西。而市场营销学认为，商品是指能提供给市场，用于满足顾客某种欲望和需要的任何事物，包括实物、服务、主意等，这就是“商品整体的概念”。可见商品的范围非常广泛，可以是电视机、空调等实物，也可以是律师、注册会计师等人提供的服务，甚至可以是一种观念或主意，如咨询公司的创意。商品整体的概念包含五个层次（如图 6-2 所示）。

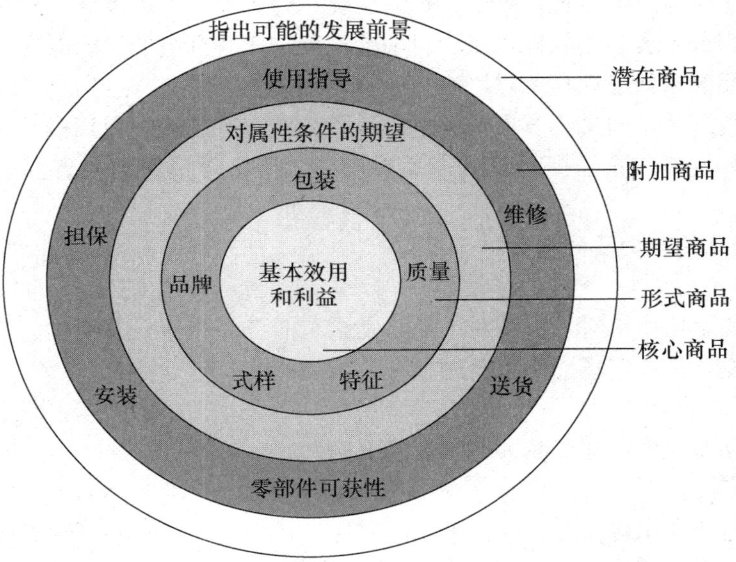

图 6-2 商品整体的概念

（一）核心商品

核心商品又称为实质商品，是指商品向顾客提供的基本效用或利益。这是商品最基本的层次，是满足顾客需要的核心内容。顾客购买某种商品不是为了获得它的所有权，而是由于它能满足自己某一方面的欲望或需求。如人们购买化妆品并不是为了获得它的某些化学成分，而是要获得“美”。

（二）形式商品

形式商品是指核心商品借以实现的形式或目标顾客对某一需求的特定满足形式。形式商品包含品牌、质量、包装、式样、特征等要素。这些要素实体产品都具备，而服务也具有部分或全部相似的要素。形式商品是呈现在市场上可以为顾客所识别的，因此它是顾客选购商品的直观依据。

（三）期望商品

期望商品是指顾客购买某商品时通常希望和默认的一组属性和条件。如：顾客在饭馆就餐时，期望使用消毒的餐具；旅客在旅馆住宿时期望有干净的床、洗漱用品、衣橱或者交通便利等。

（四）附加商品

附加商品指顾客购买产品时所获得的全部附加利益与服务，包括安装、送货、担保、维修等。如今的竞争主要发生在附加产品的层次上。正如美国学者西奥多·莱维特（Theodore Levitt）指出的，现代市场竞争的关键，并不在于各家公司在其工厂中生产什么，而在于他们能为其产品增加些什么附加价值。

（五）潜在商品

潜在商品是指商品最终可能的所有增加和改变的利益，是商品整体概念当中的最高层次。潜在商品指出了现有商品的可能的演变趋势和前景，如功能单一的彩色电视机发展成为基于 Internet 应用技术，具备开放式操作系统，用户除了可以欣赏普通电视内容外，还可自行安装和卸载各类应用软件，从而对功能进行扩充和升级的智能电视。

二、新产品的认知心理与策略

随着科学技术的不断进步及市场竞争的日益激烈，产品的生命周期越来越短。企业要在市场上生存和发展，除了提高现有产品质量外，还必须根据消费者的需要不断开发新产品。

（一）新产品的含义及分类

1. 新产品的含义

从市场营销学角度来看，所谓新产品，是指与旧产品相比，在结构、功能、用途或形态上发生了改变，推向市场能满足新的顾客需求的产品。

2. 新产品的分类

按产品的创新程度，新产品大体分为以下四种：

(1) 全新产品。

全新产品是指应用新原理、新技术、新结构、新工艺、新材料研制而成的前所未有的产品，如汽车、飞机等第一次出现时都属于全新产品。全新产品开发通常需要大量的资金、先进的技术水平，并需要一定的需求潜力，故企业承担的市场风险较大。全新产品在创新产品中仅占很小的比例。

(2) 换代产品。

换代产品是指在原有产品的基础上，采用新技术、新材料、新工艺制造出来的适应新用途、满足新需求的产品。它的开发难度较全新产品小，是企业进行新产品开发的重要形式，如计算机由第一代的电子管元件到现在的第四代大规模集成电路元件。

(3) 改进产品。

改进产品是指对老产品加以改进，使其性能、结构、功能用途有所变化，如电熨斗加上蒸汽喷雾、电风扇改成遥控开关等。与换代产品相比，改进产品受技术限制较少，且成本相对较低，便于市场推广和消费者接受，但容易被竞争者模仿。

(4) 仿制产品。

仿制产品是指对市场上已经出现的产品进行引进或模仿，然后研制生产出的产品。开发这种产品不需要太多的资金和尖端的技术，因此比研制新产品要容易得多。但企业应对原产品的某些缺陷和不足加以改造，而不应全盘照抄。

除此之外，企业将现行产品投向新的市场，对产品进行市场再定位或通过降低成本，生产出同样性能的产品，对市场和企业而言，也可以称之为新产品。企业开发新产品一般是推出上述产品的某种组合，而不是单一的新产品。

（二）新产品的购买者类型

某种新产品上市以后，并不是所有知晓它的消费者都立即采取购买行动的。不同的消费者由于个性心理特征、经济条件、文化知识等方面的差异，对新产品的认知反应的速度就不同，接受的程度也不一样。按购买新产品的先后顺序，可将消费者分为以下五种类型。

1. 创新购买者

任何新产品都是由少数创新购买者率先使用的。他们自信心强，社交活跃，对产品信息敏感，富于创新精神，敢冒风险。同时由于经济条件较优越，对风险有较强的承受能力。该类购买者约占全部潜在购买者的2.5%，尽管人数很少，但可以起到示范、表率、带动其他消费者的作用，因而是新产品推广的首要力量，是新产品消费带头人。

2. 早期购买者

早期购买者常是公众意见领导者，思想活跃，喜欢评论，约占全部潜在购买者的13.5%。这部分消费者经济条件较好，有较多的社交活动，注意从广告中了解新产品信息。求新、时髦心理对其购买行为影响较大，对新产品的态度积极，常跟在创新购买者之后购买新产品。

3. 早期大众

早期大众一般是经过前两种购买者对新产品的特点、性能、用途等认可之后才实施购买行为的消费者。该类购买者为数较多，约占全部潜在购买者的34%。他们的购买行为基本上发生在产品成长阶段，具有明显的同步和仿效心理。他们乐于接受新生事物，但是一般比较慎重，是促成新产品在市场上趋向成熟的主要力量，是新产品的基本消费群。

4. 晚期大众

晚期大众是当大部分消费者接受并使用新产品后才开始购买新产品的消费者。该类购买者约占全部潜在购买者的34%。他们多数人经济条件一般，社会活动较少，信息不灵，个性多疑，总是被动地顺应消费趋势，直到多数人都在购买且反映良好时才行动。他们对于新产品在市场上达到成熟与饱和状态的作用重大。

5. 落后购买者

落后购买者是当新产品处于饱和状态或趋于衰退状态时，才实施购买行为的消费者。该类购买者约占全部潜在购买者的16%。他们遵从传统观念，思想保守，文化水平和收入水平都很低，与外界缺乏沟通，信息闭塞。他们是最后的新产品购买者，随着经济的发展和文化水平的提高，这部分消费者的人数将越来越少。

（三）影响新产品购买行为的心理因素

影响消费者购买新产品的因素是多方面的，既有产品本身的原因，又有消费者自身的收入水平、职业特点、性别、年龄等因素，更受到消费者的需要、认知、态度、个性特征等心理因素的影响和制约。

1. 消费者对新产品的需要

需要是消费者一切行为活动的基础和动力，只有符合并能满足其特定需要的新产品，才能吸引消费者去踊跃购买。由于不同消费者的需要内容、需要程度千差万别，因而对新产品的购买行为也各不相同。另外，消费者对新产品的需要有现实的需要，也有潜在的需要；可以由消费者自觉意识，也可以因新产品的上市或广告宣传而引发。

2. *消费者对新产品的感知程度*

消费者感知能力的强弱直接影响其接收新产品信息的准确度和敏锐度，从而导致消费者在实施新产品购买行为中的时间差异。当消费者认为购买新产品能够为自己带来新的利益时，就会由此激发购买欲望，进而产生购买行为。

3. *消费者的个性特征*

消费者的兴趣、爱好、气质、性格、价值观等个性心理特征差别很大，这直接影响了消费者对新产品的接受程度和速度。如，性格外向和富于冒险精神的消费者，往往比性格保守、墨守成规的消费者更易于接受新产品，而且接受的速度更快。

4. *消费者对新产品的态度*

消费者对新产品所持的态度是影响其是否购买新产品的决定性因素。消费者在对新产品感知的基础上，通过对新、旧产品的比较、分析，形成对新产品的不同态度，如果消费者经过比较后，认为新产品具有独创、新奇、时尚等特点，能为自己带来新的利益及心理上的满足，就会对新产品持肯定的态度，实施购买行为。因此，企业应使其新产品尽可能迎合消费者既有的态度，而不是企图改变人们的态度。当然，如果改变态度能使所花费的高昂的成本得到补偿的话，则另当别论。如本田摩托车进入美国市场时，曾面临一项重大的决策：是只把摩托车卖给已对摩托车感兴趣的少数人，还是想方设法增加对摩托车感兴趣的人数。后者的成本很高，因为很多人对摩托车没有好印象，他们认为摩托车是同黑皮夹克、弹簧刀和犯罪联系在一起的。但是，本田公司采取了第二种方案，发动了一场大规模的"骑上本田迎亲人"的宣传活动，结果很成功，许多人改变了对摩托车的态度。

（四）新产品设计的心理策略

新产品设计与消费心理，不仅反映在市场销售过程中，也反映在设计生产过程中。为了使新产品适销对路，满足消费需求，在进行产品设计时，要求技术先进、经济合理，符合用户使用要求。

1. *产品功能设计要符合消费者的生理要求*

商品的基本功能，也就是商品具体的实用价值，是消费者购买商品时最基本的出发点。满足生理上的需要是初始的需求，因此，符合消费者生理需要，是许多产品功能设计中首先要考虑的因素。例如，服装的设计，冬衣必须能御寒，夏衣必须能遮体和便于散热，工作服必须耐磨耐脏并有劳动保护功能。

2. *产品造型设计要符合消费者的审美要求*

随着人们生活水平的提高，消费者越来越重视商品的造型美、艺术美、色彩美等外部形象，拥有优美独特造型的商品往往更受消费者青睐。从商品本身来说，除了要具有使用功能以外，还要具有观赏功能，通过感官刺激消费者，作用于消费心理。例如，中国八大菜系中的各种名菜佳肴，都是色、香、味俱全。

3. *产品结构设计要符合人体工程学的要求*

任何商品都必须符合人体工程学的要求，与人的机体构造相适应，才能给人以安全、方便、舒适的感觉，才能减轻人体疲劳，加速人体技能的恢复。例如，在公交车的设计中，车顶扶手设计的时候要考虑到人群的身高，拉环要考虑手部尺寸、抓握力，台阶要考虑人体步态特征，整车要考虑人体的振动承受能力，座椅要考虑人体尺寸和体重，等等。

4. 产品个性设计要符合消费者的个性特征

在当今个性化的消费时代，企业在设计新产品时，既要考虑产品的功能、结构等共性要求，还要考虑产品的独特个性，使新产品与同类产品有显著的区别，满足不同消费者个性化的需求。例如，同一款轿车，有不同的颜色、不同价位的不同配置供消费者选择。

5. 产品时代设计要适应社会消费潮流

社会潮流是反映多数人意愿的一种群众性、社会性的行为趋向，它是建立在消费者求新、求变、紧跟时代发展的心理活动基础上的。在设计时代产品时，要具有敏锐的观察力以及准确预见未来潮流发展的能力，依照社会道德风尚、结合民族传统习惯，对时代做全面分析，设计出最新、最美、最受消费者欢迎的时代商品。

案例 6-1

一个国产品牌的回归：永久自行车推出"永久 C"子品牌

2010 年 8 月，永久自行车推出全新品牌与车型的消息在各媒体出现。新的品牌"永久 C"（如图 6-3 所示）一改消费者平日对永久的印象，推出的车型时尚美观，兼具现代与复古风格，吸引了众多消费者的注意。

图 6-3 "永久 C"自行车

当机动车成为越来越多人的首选代步工具，电动车成为自行车主流之时，"永久 C"横空出世，为自行车领域注入了新鲜的血液。它的出世紧密迎合了如今低碳环保的生活理念，带来的影响和效应自然不言而喻。

据悉，"永久 C"中的 C 有六个含义：中国（China）、经典（classic）、都市（city）、多彩（colorful）、自行车（cycle）、文化（culture）。六个含义将品牌理念和定位阐述得具体周详。诉求是带你体验轻快、自由、低碳、时尚、充满温情与欢乐的全新都市生活。千元上下的价格定位无疑是要将"永久 C"打造成自行车的高端品牌。使人们在一睹新品牌的亮丽自行车时，也重温起永久自行车昔日的回忆。

一、前世今生，时代缩影

永久自行车的诞生可以追溯到 20 世纪 40 年代。1940 年，日本人在上海开了第一家全线生产自行车的工厂——昌和制作所，生产的第一辆自行车起名"扳手牌"，这便是永久牌自行车的前身。1949 年新中国成立后，昌和制作所开始生产永久牌自行车，1953 年正式定名为"上海自行车厂"。1986 年年底全国第一个自行车生产集团——永久自行车集团成立。

1993年，集团改名为上海永久自行车公司，7月改制为上海永久自行车股份有限公司，并于同年11月在上海证券交易所挂牌上市。但公司此后的发展不太顺利，产品和管理方面的问题让其曾经连续三年亏损，上海证券交易所不得不于2001年5月起暂停公司股票上市。现在的上海永久股份有限公司是被注入了民营企业资金的新面孔。

20世纪80年代的中国，自行车是主要代步工具，车型以28为主。在那个时代，拥有一辆自行车是人们心中的梦想，而拥有一辆永久自行车，是梦想中的愿望。青年男女结婚时，自行车是“三大件”中的重要“一件”，足以说明自行车在人们生活中的地位。当时物资紧缺，凭票购买的现象十分普遍，增加了人们对自行车的渴望。由于在人们心中的特殊地位和意义，自行车甚至引领了“单车恋情”的潮流。倘若是男生与女生约会时骑辆自行车，约会成功的概率便会大大增加。男生骑车，女生长发飘飘坐在后座是当时的一道风景线。电影《甜蜜蜜》便是自行车恋爱时代的典型代表。走亲访友之时，自行车也是必备的交通工具。永久自行车与另外两大自行车品牌“凤凰”和“飞鸽”均雄起于彼时。

二、“永久”不代表一成不变

时代在进步，历史在变迁，人们的代步工具由脚踏车转向电动自行车以及家庭汽车。作为远销世界各地的中国驰名自行车品牌，永久想继续发展，就不可能故步自封、停滞不前。目前产品品种已经由单一的传统自行车发展到电动车、LPG燃气助力车、特种车等八大类别二百多个品种，想得到的种类在这里都能找到。每年永久的专业开发中心都会根据市场需求提供数十种新产品，满足各方市场需要，并积极参加国外展会开拓国际市场。

当私家车的拥有量越来越多，电动自行车的品牌越来越碎片化时，永久自行车似乎被人们渐渐淡忘。而“永久C”重磅出现在人们视线中并广受好评，证明这个品牌并未老化，它依然很有活力并且一直在努力变通，紧跟市场的发展和人们的需要。70年后的成功转身，让这个经典的品牌给国人一个大大的惊喜。这一次，人们不但注意到了“永久C”，也唤起了对永久的全部回忆。希望永久能为自己找到一条明智之路，来延续这个品牌的传奇。

资料来源：http://blog.sina.com.cn/s/blog_49836db70100kp7g.html.

【学习与思考】

为什么“永久C”自行车的推出会吸引众多消费者的注意?

三、商品生命周期各阶段的消费心理及营销策略

商品生命周期是指商品的经济生命，即商品进入市场后，它的成长、成熟和衰退的过程。在商品生命周期的不同阶段，消费者的心理也呈现不同的特点。了解商品生命周期各个阶段消费者不同的心理特点，对于企业制定相应的营销策略来说至关重要。

(一) 投入期

1. 消费心理特点

投入期的商品以全新的形象出现，一般只有少数消费者购买，这一部分消费者以求新、求异、好奇的消费心理为特点，乐于接受新鲜事物，有自己鲜明的个性，一般不受群

体的影响。而大多数消费者对投入期商品信息了解很少，或者不愿承担风险，或者不肯轻易改变消费习惯，从而表现出拒绝购买的心理。

2. 企业营销策略

（1）快速撇脂策略，即企业以高价格、高促销费用推出新产品。实行高价策略可在每单位销售额中获取最大利润，尽快收回投资；高促销费用能够快速建立知名度，占领市场。实施这一策略的条件：产品有较大的需求潜力；目标顾客求新心理强，急于购买新产品；企业面临潜在竞争者的威胁，需要及早树立品牌形象。

（2）缓慢撇脂策略，即企业以高价和低促销费用将新产品推进市场，以多获利润。实施这一策略的条件是：市场容量相对有限，消费对象相对稳定；大部分购买者对产品已有所了解，愿出高价购买；潜在竞争的威胁较小。

（3）快速渗透策略，即企业以低价和大规模的促销活动将新产品推进市场，以最快的速度进行市场渗透和扩大市场占有率。实施这一策略的市场条件是：市场容量相当大，购买者对商品不了解而且对价格十分敏感；潜在竞争威胁大；商品的单位成本可因大批量生产而降低。

（4）缓慢渗透策略，即企业以低价和少量的促销费用将新产品推进市场，以廉取胜，迅速占领市场。实施这一策略的条件是：市场容量大；购买者对产品较为熟悉，对价格十分敏感；有相当数量的潜在竞争者，但威胁不大。

（二）成长期

1. 消费心理特点

商品进入成长期之后，购买人数大为增加，人们获得商品信息也相对容易，了解商品的兴趣及愿望更加强烈。在成长期开始购买该商品的消费者，一般具有好胜、求新的心理需要，愿意赶时髦，他们是商品信息的主要传播者。

2. 企业营销策略

（1）进一步提高产品质量，增加花色、品种、式样、规格，改进包装。

（2）广告促销从介绍产品、提高知名度转到突出特色、树立形象、争创名牌。

（3）开辟新的分销渠道，找到新的尚未满足的细分市场，扩大商业网点。

（4）在大量生产的基础上，适时降价以吸引那些对价格比较敏感的消费者。

（三）成熟期

1. 消费心理特点

成熟期是产品在市场上普及销售量达到高峰的饱和阶段，产品已为大多数消费者所认识与购买。成熟期企业竞争十分激烈，企业利润逐步下降，商品销售价格降低。这一时期的消费者购买欲望强烈并纷纷付诸行动，一般具有从众等心理特点，他人的意见和建议，以及广告等促销手段对他们影响较大。同时由于大量竞争者加入，市场竞争激烈，消费者购买时的选择心理加强，他们对企业的要求更高、更全。

2. 企业营销策略

（1）从广度和深度上拓展市场，争取新顾客，刺激老顾客增加购买。

（2）通过产品自身的调整来满足顾客的不同需要，吸引有不同需求的顾客。整体产品概念的任何一层次的调整都可视为产品再推出。

（3）改进营销组合策略，常用的方法包括调整价格、增加销售网点、开展多种促销活动、强化服务等。

(四) 衰退期

1. 消费心理特点

衰退期是产品的功能和特点已经落后于大部分消费者的需求，企业销售量、利润持续下降，同行企业为了减少存货损失竞相降价。大部分消费者已经失去对原有商品的兴趣，期待更适合他们需要的新产品出现，或者已经将消费兴趣转移到其他产品上去了。少数消费者则希望老产品削价处理。

2. 企业营销策略

(1) 淘汰策略，即企业停止生产衰退期产品，上马新产品或转产其他产品。

(2) 继续策略，即企业继续生产衰退期产品，利用其他竞争者退出市场的机会，通过提高服务质量、降低价格等方法维持销售。

(3) 集中策略，即企业把能力和资源集中在最有利的细分市场和分销渠道上，从中获取利润。这样有利于缩短产品退出市场的时间，同时又能为企业创造更多的利润。

任务二　商品命名与消费心理

商品名称是消费者认知商品的第一个触点，这个特定的名称通常与其产品的自然属性或主要特性等相协调，通过恰当的语言文字概括地反映商品的特点、用途、形状和性能等。它不但能使消费者易于了解商品的主要特点和记忆商品的形象，还能丰富消费者的心理活动，并刺激购买欲望。

一、商品命名的心理功能

商品命名的根本目的是使商品的名称与消费者的心理相吻合，对消费者产生积极的影响。

(一) 认知商品

商品名称一般都反映了商品的性能用途、特点或成分、产地等，消费者即使没有接触到商品，也能顾名思义地初步了解商品。如“热得快”电加热器，使人一望而知其用途和特点是在短时间内迅速加热；再如“洗发水”“脚气灵”“打气筒”等商品名称。认知商品是商品命名的基本心理要求，其他要求都以此为基础。

(二) 便于记忆

一个易读易记、言简意赅的名称会减轻记忆难度，缩短消费者的记忆过程。因而，商品命名的字数不宜过长，一般在五个字以内，最长不超过九个字，并通过音、形、意的有机结合，使人过目难忘，如“乒乓球”“鸭舌帽”“三九胃泰”等。

(三) 诱发情感

商品名称会刺激消费者的心理活动，使消费者对商品产生喜悦、美好、愉快等积极的情感，或者产生厌恶、恐惧等消极的情感，以此影响消费者对商品的态度。例如，中国名茶“茉莉花”，商品名称高雅美妙，给欧美消费者带来美的享受和心情的愉悦，因此享誉欧美，然而在东南亚国家却不受欢迎，原因是“茉莉”与“没利”谐音，当地人很忌讳。

案例 6-2

白兰地 VS 威士忌

据说曾爆发过一场“白兰地”（法国）和“威士忌”（英国）的销售大战。结果“白兰地”售出 400 余万瓶，“威士忌”却只售出 10 万瓶，相当于“白兰地”的一个零头。论质量和知名度，“威士忌”不比“白兰地”差，那为何一败涂地呢？经调查分析，问题出在“威士忌”这个中文译名上。“威士忌”，连威士都忌怕，谁还愿买？而再看“白兰地”，一个多么充满诗情画意、令人喜爱的名字。

【学习与思考】

该案例中两种洋酒为什么销量会差那么多呢？

（四）启发联想

商品命名的一项潜在功能是通过文字和发音使消费者产生恰当、美好的联想，从而刺激其购买欲望。如：可口可乐公司的“Sprite”饮料，中文译名为“雪碧”（如图 6-4 所示），使中国消费者联想到纷纷的白雪、清凉的碧水，产生晶莹剔透、清爽宜人的感觉；“孔府家酒，叫人想家”这句温馨的广告语会让人不由自主地在脑海中闪现出合家欢聚的喜庆画面。

图 6-4　雪碧饮料

二、商品命名的心理策略

商品命名涉及美学、语言学、心理学、民俗、宗教等诸多因素。商品命名要给消费者心理活动以某种刺激，促使其对商品产生积极的情感。

（一）以商品的主要功能命名

这种命名方法直接反映商品的主要性能和用途，突出商品的本质特征，使消费者迅速了解商品的功效，以取得消费者的信赖。化妆品、医药产品和日用工业品多采用这种方法命名，如“胃必治”“泻立停”等。这种命名方法迎合了消费者的求实心理。

（二）以商品的主要成分命名

这种命名方法突出了商品的主要原料和主要成分，多用于食品、药品和化妆品的命名，如“复方甘草合剂”“人参蜂王浆”“鲜橙多”等。这样的命名方法可使消费者从名称上直接了解商品的原料构成，以便根据自己的实际需要选择商品。

（三）以人名命名

这是指以发明者、制造者或历史人物等的名字命名。这种命名方法将特定的人与特定的商品相联系，使消费者睹物思人，引发丰富的联想、记忆和敬慕之情，从而使商品在消费者心目中留下深刻的印象，如“中山装”“李宁服饰”等。这种命名方法还可以给消费者以产品历史悠久、工艺精湛、用料考究、质量上乘等印象，以此诱发消费者的购买欲望。

（四）以商品的产地命名

以产地命名主要是由于产品具有悠久的历史，尤以产地的商品最具特色，享誉盛名，冠以产地名称可以突出该商品的地方风情、特点，使其独具魅力，如“北京烤鸭”“云南白药”“金华火腿”等。这种命名方法符合消费者求名、求特及求新的心理，可以增加商品的名贵感和知名度，使消费者感到买了货真价实的特色商品。

（五）以商品的外形命名

这种命名方法具有形象化的特点，能突出商品优美和新奇的选型，引起消费者的注意和兴趣，多用于食品、工艺品类商品命名，如“猫耳朵”“满天星”等。采用这种命名方法使名称与形象相统一，可以让消费者从名称联想到商品实体，从而加深对商品的印象和记忆。

（六）以商品的外文译音命名

这种方法多用于进口商品的命名，既可以克服某些外来语翻译上的困难，又能满足消费者求新、求奇以及求异等心理需求，如“Coca-Cola”音译成“可口可乐”，“Sandwich”音译成“三明治”等，这些名称非常适合中国消费者的语言偏好，而且名称中流露着一种亲切和愉悦。

（七）以制作工艺或制造过程命名

这种方法多用于有独特制作工艺或制造过程的商品，如“二锅头酒”“倒缸酒”等，是以酒的蒸制方法而命名。以此命名能使消费者了解该酒不同寻常的酿制工艺，从而提高商品声望。

（八）以吉祥物或美好事物命名

有些商品为迎合人们图吉利、盼发财的心理，起名为“百合”被、“熊猫”电视机、“吉利”汽车等。而我国的一些中药，由于其成分原来的名字会使消费者感到畏惧，所以常用能使人产生良好联想的名称来代替原有名称，如“地龙”原指蚯蚓，“天龙”原指壁虎。

任务三　商品品牌与消费心理

在现代市场经济中，品牌已是一种商品综合品质的体现和代表，是人们对一个企业及其产品、售后服务、文化价值的一种评价和认知，是一种信任。品牌已被公认为是企业极为重要的无形资产，如 2017 年全球最具价值品牌的谷歌，其品牌价值高达 1 094.7 亿美元。品牌与消费活动的联系也十分密切，时刻影响着消费者的购买心理。

一、品牌的含义

品牌，是指用以识别某个或某群销售者的产品或服务，并使之同竞争对手的产品或服务相区别的名称、术语、标记、符号或设计及其组合。品牌一般包含品牌名称和品牌标志，前者指可以用语言称呼的部分（包括单词、字母和数字），如华为、红双喜、可口可乐等；后者指不能用言语称谓的部分（包括符号、图案或明显的色彩或字体），如耐克的一勾造型、肯德基的山德士上校造型、IBM 的字体和深蓝色的标准色等（如图 6－5 所示）。

图 6-5　耐克（左）、肯德基（中）和 IBM（右）的品牌标志

二、商品品牌的心理功能

（一）品牌的心理作用基础

当代社会，消费者购买商品时，不再单纯是为取得商品的使用价值，而是同时要求获得心理上的满足，而这种心理层面的高层次需求是通过品牌消费来实现的。

1. 品牌的象征意义

在消费者心目中，品牌所代表的是与特定形象、身份、品味相联系的意义和内涵，不仅是一种符号、图形，更是一种精神、意义的载体。在一定意义上，品牌象征是商品品牌赋予消费者表达自我的一种手段。这种需要根据表达对象的不同又可以分为两种：

（1）自我个性的表现。

每个人内心深处都对自己有一个定位，也就是自我形象。如有的人认为自己大胆时尚，是引领时代潮流的领先者；有的人则认为自己沉稳审慎，有独立见解，不随波逐流；还有的人认为自己品味高雅、与众不同等。正是由于诸如此类的自我描述，使得消费者在购买商品时，总是寻求那些能表现自我形象的商品。例如乘坐奔驰可以表现主人的庄重和成功，佩戴斯沃琪（Swatch）手表则可以凸显主人对潮流的敏感等。

（2）自我价值的实现。

自我价值的实现是指消费者通过购买和使用商品，向外界表达自我、证明自我的价值。如抽烟的人相信能够通过不同的香烟品牌来传达自己的某些想法和追求等。

案例 6-3

“野马”是福特旗下的跑车品牌，最初是为追求刺激的青年人开发的一款车型，它以大胆奔放的外形、狂躁的声音、强劲的马力张扬自己的个性，成为无数为追求刺激的年轻人的梦想之车，也是象征美国精神的汽车。但是上市后，有很多老年人争先购买。公司调查发现，这些老年人希望驾驶“野马”车来表现自己仍然年轻且富有活力，以及在社会中的作用。

【学习与思考】

老年人购买和驾驶“野马”汽车是为了满足什么样的心理需求？

---

2. 品牌的情感意义

情感是与人的社会性需要和意识紧密联系的内心体验，具有较强的稳定性和深刻性。品牌的情感意义来源于消费者的情感需要，是指在消费者的心目中与品牌相联系的审美性、情感性文化意蕴。它巧妙地构建了一种生活格调、文化氛围和精神世界，引导人们通过移情作用，在商品的消费中找到自我、获得慰藉、表达情感寄托、引发心理共鸣。如一位美国报纸的编辑所说：可口可乐代表着美国的全部精华，喝一瓶可口可乐就等于把这些美国的精神灌注体内，其瓶中装的是美国人的梦。

3. 品牌文化

品牌文化是指文化特质（如经营观、价值观、审美观等观念形态结晶）在品牌中的积淀和品牌经营活动中的一切文化现象，以及它们所代表的利益认知、情感属性、文化传统和个性形象等价值观的综合。品牌的文化价值使品牌具有了人格化的魅力，如美宝莲提出“美来自内心”的文化理念，李宁提出“把精彩留给自己”的个性主张。一旦某种品牌文化在消费者心智上建立起来，选用该品牌就成为消费者理解、接近该种文化的一种途径。

（二）品牌的心理功能

成功品牌的一个重要特征，就是始终如一地将品牌的功能与消费者心理需求结合起来。

1. 识别功能

由于品牌与产品的一体化、品牌与品牌的差异化，使得品牌自然成为消费者识别某一产品、区别同类产品的最好线索。品牌的内涵集中了商品的属性、价值、个性、文化等内容，通过对品牌的认识，消费者可以建立品牌与产品的直接对应关系，快速、有效地识别不同企业的产品。

2. 形象功能

一个设计出色的品牌与商品有关信息一起，可以通过广告等各种媒介宣传，给消费者以深刻的感受和难忘的印象。有些“品牌忠实性”消费者坚持数年甚至终生使用某一品牌的商品，动摇这种习惯或改变对商品的印象非常不易。反之，若在消费者记忆中留下恶劣印象，也是很难转变的。因此，企业必须注意品牌与商品的名实相符。易记住的商品品牌，一般都会产生畅销商品，如形象地表现出“泡一泡”的奥利奥。

3. 促销功能

品牌作为企业形象和商品形象在消费者之间交流传播，深入人心，从而形成品牌偏好、相信品牌、忠实品牌等不同类型“认牌购货”的消费行为。如美国“堪农毛巾”公司与百货公司合作，将一部分品质完全相同的毛巾加上“堪农”品牌，另一部分则未冠上品牌，在这种情况下进行对比销售。结果显示：第一阶段双方的价格完全相同，“堪农”品牌的销售量为没有品牌的三倍。第二阶段将“堪农”的价格提高 4 美分，则销售量为没有品牌商标的两倍。第三阶段将“堪农”的价格提高 10 美分，销售量才拉平。随着生活水平的提高，人们必然要把物质消费同精神生活紧密结合起来，消费者购买商品时，大多会指定商品品牌。

4. 监督质量功能

品牌和商标是商品生产和销售合法化的证明，尤其是商标一旦注册登记，便立即获得使用专利，受到法律保护，任何人不得假冒仿造使用。为了维护其品牌的信誉，企业往往不敢随意地以次充好、降低质量。为了保持品牌的声誉，或者创造名牌产品，企业需要长期努力提高产品质量。而消费者还可以根据品牌、商标监督某种商品的质量，发现不符合质量标准的商品可以向相关部门举报。

知识链接

商标与品牌的关系

商标与品牌都是用于识别不同生产经营者的不同种类、不同品质产品的商业名称及其标志。但是两者的外延并不相同，商标与品牌既有联系又有区别，主要体现在以下两个方面。

一、商标是品牌的一部分

在企业的营销实践中，品牌与商标的基本目的是区别商品来源，便于消费者识别商品，以利竞争。可见，品牌与商标都是传播的基本元素。品牌与商标的不同之处，主要在于商标能够得到法律保护，而未经过注册获得商标权的品牌不受法律保护。所以说，商标是经过注册获得商标专用权从而受法律保护的品牌的重要组成部分。

二、商标属于法律范畴，品牌是市场概念

商标是法律概念，它强调对生产经营者合法权益的保护；品牌是市场概念，它强调企业（生产经营者）与顾客之间关系的建立、维系与发展。

商标的法律作用主要表现在通过商标专用权的确立、续展、转让、争议仲裁等法律程序，保护商标权所有者的合法权益，同时促使生产经营者保证商品质量，维护商标信誉。在与商标有关的利益受到或可能受到侵犯的时候，商标显现出的法律效力不可侵犯。

品牌与商标的关系，在中国基本是混用的，或者说，“商标”与“品牌”这两个术语几乎是通用的，没有什么区别，因为中国的商标有“注册商标”与“未注册商标”之分。另外，品牌与商标是可以转化的，如品牌经注册获得专用权就转化成商标，也就具有了法律意义。正是借助商标的法律作用，才使得品牌所产生的超过产品本身价值以外的利益受到保护。

三、商品品牌设计的心理策略

品牌设计是品牌运用的基础。一个蕴含美感、富有感召力的品牌设计必须考虑到商品的特色和消费者的心理，力求将丰富的信息浓缩出精华，最大限度地发挥出商品品牌应有的感召力。

（一）个性鲜明，富有特色

在品牌设计时，要与众不同，以精巧的构思来突出个性。品牌设计应力求有别于其他同类商品，满足消费者求美、求独特的心理，使之对品牌及商品产生好感。如江苏红豆制衣集团以红豆做商标，突出了中国源远流长的传统文化特色，显示了睹物思人、情谊深重的浓厚感情色彩，从而在众多的服装产品中脱颖而出，一举成名。

（二）简洁醒目，容易发音，便于传播

品牌设计要在一瞬间引起消费者的注意，便于消费者认识、记忆和传播，因此要容易发音、便于传播。如索尼、海尔、娃哈哈等品牌因其简洁醒目、发音朗朗上口，深受大众喜爱而广为传播，成为著名品牌。

（三）新颖别致，暗示属性

品牌设计应力求构思新颖，造型醒目美观，既要有鲜明的特点，与竞争品牌有明显的区别，又要切实反映出企业或产品的特征，起到提示和强化作用。如可口可乐的英文

商标是由“Coca”和“Cola”组成，其成分分别是古柯（Coca）的叶子和可拉（Kola）的果实，但翻译成中文“可口可乐”，则直接反映了其满足消费者物质需求和精神需求的特点。

（四）寓意美好，启发联想

品牌设计要包含美好的寓意，使消费者更容易对品牌及产品产生好感，容易想到品牌所能带给他们的价值和利益，进而乐于消费这样的产品，如“舒肤佳”——令人清爽神怡的香皂，“康师傅”——手艺、口味地道的方便面。

案例 6－4

“雀巢”（Nestle）是深受消费者熟悉和喜爱的品牌名称，此品牌是以瑞士学者亨利·内斯特（Henri Nestle）的名字命名的。内斯特研制了一种将牛奶与麦粉科学地混制而成的婴儿奶麦粉，成功地挽救了一位因母乳不足而营养不良的婴儿的生命。由于 Nestle 的英文含义有“舒适而温暖地安顿下来”“偎依”等意思，与英文 Nest（雀巢）是同一词根，所以中文译作“雀巢”。“雀巢”品牌标志是鸟巢图案，这极易让人们联想到待哺的婴儿、慈祥的母亲以及健康营养的雀巢产品。

【学习与思考】

“雀巢”名称与“雀巢”图案的组合，给消费者的心理带来了怎样的影响？

（五）遵守法律，尊重民族，避免忌讳

各国的商标法中有明文规定不允许注册为商标的事物，如与国徽、国旗、军旗和国际组织的徽章、缩写等相同或近似的，在品牌设计中要注意不要使用。品牌设计一定要符合各国的法律规定。商品品牌要设计独特，就必须了解各国的历史文化传统、语言文字、风俗习惯、价值观念、审美情趣等，要力求避免歧义，充分考虑不同的偏好和禁忌，有针对性地设计商品品牌。如日本人忌讳荷花、意大利人不喜欢菊花、印度人认为新月是不祥之兆等，使用这些图文的商品品牌，显然是不会受到有忌讳的消费者欢迎的。

任务四　商品包装与消费心理

商品包装是指为了在流通过程中保护产品，方便储存，促进销售，按一定技术方法而采用的容器、材料及辅助等的总体名称，也指为了达到上述目的在采用容器、材料和辅助物的过程中施加一定技术方法等的操作活动。商品包装过去只是用来承载和保护商品，如今已发展为集实用艺术、新型材料、新加工技术于一身。有研究表明，包装对消费者心理有巨大的影响，甚至可以左右他们对商品的认识和感受，因而商品包装被冠之以“无声推销员”的美称，对企业销售和消费者行为发挥着越来越大的影响作用。

一、商品包装的心理功能

（一）识别功能

商品包装及装潢已成为产品差异化的基础之一。一个设计精良、富于美感且独具特色的商品包装，会在众多商品中脱颖而出，以其独特的魅力吸引消费者的注意，并留下深刻的印象，帮助消费者对同类商品的不同品牌加以辨认。同时，包装上准确、详尽的文字说明有利于消费者正确使用商品。

（二）安全功能

一个结实、实用的包装可以有效保护商品，安全可靠的包装有利于商品的长期储存及延长商品的使用寿命，开启方便和能重新密封的包装便于消费者使用。总之，根据实际需要，设计合理、便利的商品包装，能使消费者产生安全感和便利感，方便消费者的购买、携带、储存和使用。

（三）美化功能

商品包装本身应具有艺术性，让消费者赏心悦目，得到美的享受。好的包装会使商品锦上添花，有效推动消费者的购买；而制作粗劣、形象欠佳的包装会直接影响消费者的选择，甚至抑制消费者的购买欲望。

案例 6－5

买椟还珠的故事

春秋时代，一个专门卖珠宝的楚国商人有一颗漂亮的珍珠，他打算把这颗珍珠卖出去。为了卖个好价钱，他便动脑筋要将珍珠好好包装一下，他觉得有了高贵的包装，那么珍珠的"身份"就自然会高贵起来。这个楚国人找来名贵的木兰，又请来手艺高超的匠人，为珍珠做了一个盒子（椟），用桂椒香料把盒子熏得香气扑鼻。然后，在盒子的外面精雕细刻了许多好看的花纹，还镶上漂亮的金属花边，看上去闪闪发亮，实在是一件精致美观的工艺品。楚人将珍珠小心翼翼地放进盒子里，拿到市场上去卖。到市场上不久，很多人都围上来欣赏楚人的盒子。一个郑国人将盒子拿在手里看了半天，爱不释手，终于出高价将楚人的盒子买了下来。郑人交过钱后，便拿着盒子往回走，可是没走几步他又回来了。楚人以为郑人后悔了要退货，没想到只见郑人将打开的盒子里的珍珠取出来交给楚人说："您将一颗珍珠遗忘在盒子里了，我特意回来还珠子的。"于是郑人将珍珠交给了楚人（见图 6－6），然后低着头一边欣赏着木盒子，一边往回走去。

图 6－6　买椟还珠

楚人拿着被退回的珍珠，十分尴尬地站在那里，哭笑不得。

【学习与思考】

"买椟还珠"的成语故事，从商品包装心理功能的角度给我们什么启示？

（四）联想功能

好的商品包装能使消费者产生丰富的想象和美好的联想，从而加深对商品的好感。如"雪碧"饮料以绿色瓶装，配以绿色底色和白色浪花的图案，可以使消费者一看便产生凉爽怡人的感觉。此外，商品包装高雅华贵，可以大大提高商品档次，使消费者获得受尊重、达到自我表现等心理需要。

（五）促销功能

包装采用不同的设计风格、规格和造型，不同的原料、材料，不同的颜色、图文，使商品富于不同的象征意义和审美价值。“包装是立在货架上的广告”，精美的包装可提高商品的魅力、档次和价格，促进销售。如苏州生产的檀香扇在香港市场原售价每把65港元，后来经过港商花5港元成本包装，售价提高到160港元，而消费者仍认为其物有所值。

二、商品包装设计的心理要求

商品包装设计是指对包装的形状、大小、构造和包装材料等方面的创造和选择。优秀的包装设计不但能体现商品的一般功能，而且能体现商品的心理功能，刺激消费者的购买欲望。

（一）方便、安全、适用

包装设计必须考虑消费者适用的场合，满足消费者对商品包装便于携带、开启、使用、保存，以及牢固、耐用、安全的要求，并且形状、大小适宜。如笨重物品在其包装上安置把手，以便于搬运（如图6－7所示）；香水采用喷雾式包装，以方便使用；易受潮物品用密封包装；药品在包装上标明保存方法、安全使用注意事项，使消费者产生安全感；儿童食品的包装分量不宜过大等。

图6－7　带把手的包装

（二）突出形象

要让消费者满足“先入为主”的心理，商品包装必须突出形象，直观地反映商品的特性，使消费者可以在不开启包装的情况下能清晰地观察到商品的外观形象。如：开窗式包装往往能满足那些急于了解商品“真面目”的消费者的求知和好奇心理；用鲜明而真实的实物彩色照片做包装，可以形象逼真、引人注意。

（三）富于美感

力求从包装的形状、图案到色彩，浓缩欣赏价值和艺术享受，以满足消费者的审美心理。美国最大的化学工业公司杜邦公司的一项调查表明：63%的消费者是根据商品的包装来选购商品的，这一发现就是著名的“杜邦定律”。另据英国市场调查公司报告，在超市购物的女性顾客由于受精美包装的吸引，所购物品通常超出她进门时打算购物数的45%。

（四）能诱发联想

包装中式样、构图、文字、数字、线条、符号、色彩各项中的任何一项设计，都会引起消费者的不同看法，产生不同的心理联想。如红色是一种温暖兴奋的色调，可使人产生热烈欢快的联想，适合用于中秋月饼（如图6－8所示）、春节礼品等的包装。包装设计必须高度注意这种心理现象，全面考虑消费市场的各种因素，充分掌握消费者的兴趣爱好与忌讳，力求包装的各项内容含义积极、健康、美好，符合消费者的心理愿望。

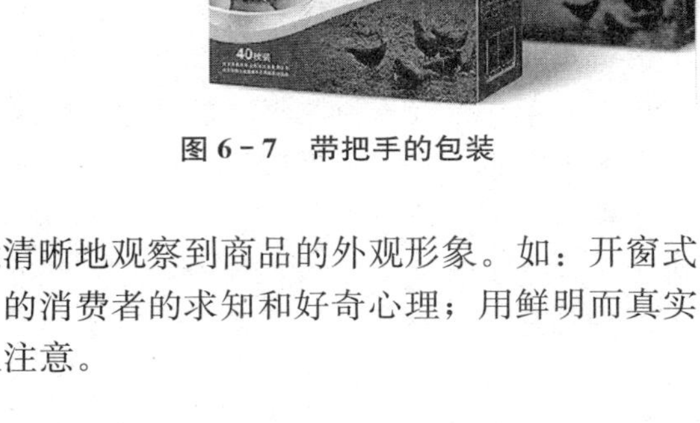

图6－8　红色的月饼包装

案例 6-6

包装在重新树立罗林洛克啤酒的形象中扮演了重要角色。营销专家约翰·夏佩尔为了克服广告预算的不足，决定让包装发挥更大的作用。为罗林洛克啤酒设计了一种绿色长颈瓶，并漆上显眼的艺术装饰，使包装在众多啤酒中很引人注目，让许多消费者感觉装在这种瓶子里的啤酒会更好喝。

公司也重新设计了啤酒的包装箱，为了突出罗林洛克啤酒是用山区泉水酿造的，包装上印有放在山泉里的绿瓶子，且印刷质量很高，色彩鲜艳，图像清晰，消费者很容易认出罗林洛克啤酒。

【学习与思考】

罗林洛克啤酒成功的主要因素有哪些？

三、商品包装设计的心理策略

在生活水平日益提高的条件下，消费者已不仅仅满足于高质量的名牌商品本身，他们对商品的包装的要求也越来越高。

(一) 包装装潢设计的四大要素

包装的心理功能很大程度上体现在色彩、形状、字号、商标四大要素上。因此，在包装装潢设计的过程中，必须重视和突出这四大要素。

1. 色彩

色彩是指附着于包装外表的图案、文字等装潢颜色，是最具吸引力的一个要素。从消费习惯来看，消费者大都喜欢色彩艳丽、图案生动、寓意美好、对比度强烈的包装，而不喜欢那些色彩暗淡、图案模糊不清、主题表达不明的包装。因此，包装装潢应注意色彩的协调性，在色彩处理方面，应尽量少用冷色调，多采用一些具有象征意义的色彩。如象征着青春、生命的绿色，象征着高贵、威严的紫色，象征着热情、喜庆的红色，象征着智慧、安静的蓝色，象征着纯真、洁净的白色等。

2. 形状

造型优美、独特的包装，往往最能吸引人的视线，并能给人以艺术享受，产生美的联想，还具有收藏价值。对于当代消费者来说，包装的造型在突出商品的基础上，主要是突出其实用性和欣赏性。这样，既可方便消费者携带和使用，又可美化生活环境。为此，销售包装的形状主要有陈列类——堆叠式（如图 6-9 所示）、吊挂式、展开式，识别类——透明式、开窗式、封闭式，使用类——普通式、便携式、礼品式、易开式、喷挤式、复合式。

图 6-9 堆叠式

3. 字号

字号，即附着于包装外表的商品名称。

其位置的高低、文字的大小、字体的选择以及颜色的调配等，都是非常讲究的。消费者认识商品时，总是习惯于从认识包装的字号开始。对货架上存放着的各种形状和颜色的商品，消费者的视线停留在每个包装盒上的时间仅仅是短暂的一刹那，在这稍纵即逝的一瞥之间，商品字号必须能迅速地吸引住消费者的视线，并留下鲜明的印象。因此，包装上的字号设计一定要醒目，要用比较艳丽的、对比度鲜明的颜色和字体，以便吸引消费者的视线，引起他们的注意。

4. 商标

商标除了附着在商品的实体表面之外，还要附着在包装的表面。商标是消费者辨认商品和企业的重要标志之一，也是消费者获得应有服务的重要线索。在包装表面的恰当位置上印上商标，可使消费者在较短时间内从众多同类商品中快速找到所要购买的商品。因此，商标应设计在包装表面引人注目的突出位置上，以便于消费者识别和选购。商标的大小要适宜，一般不应大于商品字号。

（二）包装设计的心理策略类型

包装作为参与市场竞争的手段之一，其作用已越来越被人们所认识。企业如何通过包装的各种不同表现形式来吸引消费者的注意，诱发他们的情感和激发他们的购买欲望，是企业必须予以足够重视的问题。根据消费者不同的心理要求，包装设计的心理策略类型一般有以下几种。

1. 按照消费习惯和实用需求心理设计包装

对包装的消费习惯是消费者在长期的消费实践中逐步形成的，或者是由于传统风俗的沿袭、生理特点的适应等原因而形成的。这种习惯一旦形成，则有相对稳定性，甚至根深蒂固。

（1）惯用包装。

这种方法是沿用长期以来所形成的并为消费者非常熟悉的商品包装。其好处是符合消费者的习惯或传统观念，便于识别和记忆商品。如洗涤用品特别是洗手液的包装往往更多地采用透明清亮的淡蓝色。

（2）分量包装。

这是根据消费者购买或使用的习惯和特点，将商品按一定分量进行包装。其好处是给消费者的购买和使用带来方便，也能适应消费者尝试性购买新产品的心理，有助于新产品的推广。如白酒现在大都有小瓶包装，洗发露大都有一次性小包装等。

（3）配套包装。

这是将用途相近或有关联的产品配备成套，装在同一包装容器内销售的包装，便于消费者购买和使用，如一盒成套的化妆品、餐具、电工工具、玩具等。

（4）系列包装。

这是将同一企业的若干用途相似、品质相近的商品，设计成图案、形状、色彩相同或相近的包装。这种方法可以节约设计费用，容易识别和记忆，增强广告宣传的效果，形成品牌效应，如统一饮料的系列包装（如图 6－10 所示）。

图 6－10 统一饮料系列包装

2. 按照消费者消费水平设计包装

由于经济收入、社会地位和生活方式的不同，消费者的消费水平存在很大差距。因此，不同消费水平的消费者，对商品包装的要求也不同。

（1）等级包装。

这种方法是按照商品的档次专门设计与商品身份相匹配的包装，以适用于高、中、低档消费水平的需要，满足消费者购物的心理需求。因为消费者一般都有档次越高的商品，包装的等级越精美的心理。如高等级礼品茶叶和一般自用茶叶包装差别很大。

（2）特殊包装。

这是一种专门为那些市场稀缺、用途特殊、价格昂贵的商品设计的具有较高欣赏价值和专门用途的包装形式，如名贵药材、文物古董、珠宝首饰、艺术珍品等的包装。这种包装设计，构思奇妙独特、用料考究名贵、制作工艺精湛，能显示内装商品的贵重特点。

（3）礼品包装。

这是一种为适应消费者参加社会活动和进行人际交往的需要，对商品进行的礼品化的包装。如：用于新年祝贺的礼品包装，常印有“恭贺新禧”“年年有余”“吉祥如意”“岁岁平安”等红字彩贴；用于祝寿的礼品包装，常印有“福”“寿”等字样和青松、仙鹤等图案。礼品包装不仅可以增强喜庆气氛，而且能增加礼品的价值。

（4）简便包装。

这是一种成本低廉、构造简单的包装，如利用塑料袋、纸袋包装。一般用于日用品和低值消费品的包装，其目的是降低销售价格，以迎合普通大众的消费心理。

（5）复用包装。

这是指商品包装在产品使用完后，包装物还可用作其他用途，使消费者在购买商品的同时，又得到另一件用具，如月饼盒、茶叶桶等。

3. 按照消费者性别、年龄设计包装

由于消费者性别和年龄不同，生理和心理上存在差异，对包装的要求也不尽相同。为适应不同性别和年龄消费者的心理，对商品分别设计适合的包装具有一定的促销作用。

（1）男性化包装。

对于男性用品采用男性化包装，重点表现男性粗犷、豪放、刚劲、稳重的形象特征，突出实用性和科学性，可采用以黑色为主的色调进行包装的设计。

（2）女性化包装。

对于女性用品采用女性化包装，重点体现女性温柔、雅洁的形象特征，突出艺术性和流行性，可采用优美的线条、艳丽的色彩、高雅的形象，以增强商品的女性魅力。

（3）少儿用品包装。

针对少儿活泼好动、求知欲强的心理特点，利用生动的形象，鲜艳的色彩，趣味性、知识性的画面设计包装，可以引起少年儿童的兴趣，激发购买欲望。

（4）青年用品包装。

针对青年人精力充沛、追求时髦、标新立异的特点，设计新颖、美观和具有流行性的包装，能引起他们的好感，从而促进购买。

（5）老年用品包装。

根据老年人求朴实、庄重、便于携带的心理要求，设计具有实用性和传统性的商品包装，可以满足他们的需要，引起购买和重复购买的欲望。

总之，成功的商品包装设计，既要能满足消费者的生理需要，又要能满足其心理需要。这是一项复杂的艺术性和创造性的劳动，需结合商品特点和主要销售对象的特征来设计，否则便不能发挥包装的心理功能，不利于提高商品的市场竞争力。

项目重点内容结构图

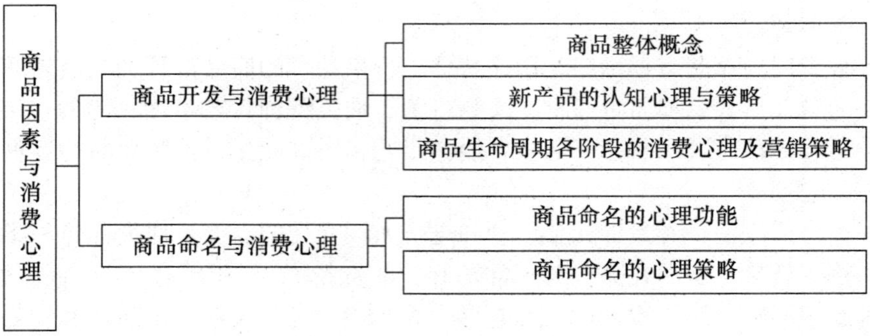

同步测试

一、选择题

1. 对同类商品根据质量、档次差异进行不同的包装设计，这种包装设计策略是（　　）。

A. 特殊包装策略　　B. 等级包装策略
C. 复用包装策略　　D. 赠品包装策略

2. 商品因素中被誉为“无声的推销员”的是（　　）。

A. 商品品牌　　B. 商品价格
C. 商品功能　　D. 商品包装

3. 商品外包装设计成盒、包、杯等可供消费者多次使用的包装策略是（　　）。

A. 特殊包装策略　　B. 赠品包装策略
C. 复用包装策略　　D. 礼品包装策略

4. “雪花”啤酒、“健力宝”饮料、“欢乐谷”游乐园等这些商品名称所体现的商品品牌名称的心理功能是（　　）。

A. 反映特性　　B. 便于记忆
C. 引人注意　　D. 启发联想

5. 商品包装的作用不包括（　　）。

A. 增加产品附加值　　B. 便于运输、储存和携带
C. 便于说明　　D. 美化商品、促进销售

二、判断题

1. 商品品牌和商标是完全相同的。（　　）

2. 新产品就是在市场上待出售的产品。（　　）

3. 商品外观设计的好坏对消费者心理没有什么影响。（　　）
4. 商品包装可以提升商品的价值，促进商品销售。（　　）
5. 商品包装应满足消费者求便、求实、求新、求信、求美、求趣和求异的心理。（　　）

三、简答题

1. 常见的商品命名方法有哪些？
2. 什么是品牌和商标？品牌具有哪些基本功能？常见的品牌设计心理策略有哪些？
3. 商品包装设计的心理策略有哪些？
4. 商品命名的心理策略是什么？
5. 食品包装应采取哪些心理策略？

综合案例分析

百事可乐变身：由“蓝”涉“红”为哪般？

导读

2007年9月初，百事“13亿激情，敢为中国红”发布会在北京国际金融中心举行，一改百年来坚持的蓝色包装（如图6－11所示），推出和老对手可口可乐相同的红色包装（如图6－12所示）——“中国队百事纪念罐”，这在业界引起极大关注。

图6－11　百事蓝色装

图6－12　百事红色装

面对这样的“大手术”，百事中国最高统帅时大鲲坦言：“对百事中国以至于百事国际而言，百事可乐变装红色绝不是一个轻易的决定，有着不简单的考虑。”那么，不简单的背后究竟是为哪般？

是为2008，还是为中国市场

很明显，这个不简单的考虑具有鲜明的指向性——2008年奥运会。相对于老对手可口可乐的奥运营销风生水起，“非奥运选手”的百事可乐相形见绌，自然也要贴合地域特色做点文章。在传播高度稍逊一筹的情况下，就应该在传播深度上盖过对手。

当年百事选择蓝色作为品牌包装主色调，为的就是与对手形成区别；而如今不爱“蓝装”爱“红装”，这刚换上的一身红与可口可乐的红，自然也应该有所不同。可口可乐一直采用的就是红色包装，初入中国市场时，这一贴近中国传统文化观念的色彩很是讨巧，可口可乐也借此大打传统喜庆牌，春节时采用福娃包装，刘翔夺冠时又是一片祝福红，在迎合消费者消费心理和文化的本土化方面，可口可乐堪称典范。李志起（北京志起未来营销咨询集团董事长）认为，可口可乐对于红的运用一直流于表面，要知道碳酸饮料的主流消费人群在25岁以下，属于反传统的一代，“福气”“团圆”之类的红色诉求，并不能深刻地击中他们的内心。李志起认为，这正是百事的机会所在。对于中国市场最有潜力的这一批青少年，深刻洞察其内心的情感需求缺口，将红色演绎出更为丰富的内涵，填补目标人群内心的渴望，才应该是百事换红装的主要目标。如果此次“红红大战”中，百事能以自身的深刻演绎，将红推向一个更振奋人心的价值高度的话，那么百事将一举扭转在中国奥运市场的颓势，重新夺取市场话语权。

是小浪花，还是给对手的小麻烦

除了换包装色彩外，百事最近还在推出新的“百事我创，我要上罐”活动（如图6-13所示）。

图6-13 “百事我创，我要上罐”活动

应该说，中国市场上超女、郭德纲、芙蓉姐姐等草根的迅速蹿红，使企业普遍认识到，中国已经进入一个张扬自我的反偶像时代了。这样的一场轰轰烈烈的草根运动，其中隐藏的中坚力量和推动者，自然是自我意识开始觉醒的年轻人。

百事显然看到了选秀这一活动类型和成名效应在中国的巨大号召力，在打响百事换红装运动的同时，又推出“百事我创，我要上罐”活动。借助网络的力量在民间寻找代言形象，针对的同样也是年轻人。

李志起认为，作为百事奥运营销战略的一部分，这样的组合活动至少能达到三个目的：第一，这一部分年轻人既是百事的目标人群，又是奥运会的热衷者，以关注消费者内心的需求为纽带，可以巧妙连接百事和奥运；第二，充分张扬年轻人的个性追求，实现他们对于名望的渴求，从而深刻区分可口可乐红与百事红的价值取向的高下，增加品牌好感度；第三，百事可以在可口可乐万千宠爱集一身的情况下，以这一系列“怪招”扰乱对手计划，分流媒体注意力，为自己制造出新闻点从而引发舆论热潮，在公关聚焦度上缩小与对手的差距。

但是，不论百事换装还是选秀上罐活动，李志起认为这些都只是百事战略布局中的一步，在某个发展阶段符合具体市场情况的有针对性的一步。百事一定还会坚持自己的蓝色包装，不会失去与可口可乐差异化诉求。换红，只是在奥运这一历史时段的应对之策，不会是终点。但每个决策都有成败的可能，在市场诊断和决策方案敲定之后，决定成败的就是执行的坚决与否。可惜的是，百事这样一场需要传播广度的大声势运动，出于谨慎考虑，结果只是以“雷声小，雨点无”告终，仅供闲谈而并不具备变革的力量。

营销之妙在于法无常法

品牌做到百事、可口可乐这一段位，反而容易陷入陈规。促销、广告等小打小闹通常热火朝天，一旦涉及战略及文化方面的重塑时就缩手缩脚，难以施展。感性治企不免意气用事，技术管理又限于雷池，企业自身的局限就是这样，往往难以突破。这时唯有借助外脑，才能够获得全局观和行业外视角的优势，从而更清晰地了解自己的症结所在。

资料来源：http://www.emkt.com.cn/article/334/33449.html.

【问题讨论】

1. 百事可乐变装的主要原因是什么？

2. 你认为百事的此次变装有何利弊？

项目实战

1. 利用节假日到食品超市进行市场调查，观察消费者选购饮料的情况。对消费者购买最多的三种饮料进行分析，其在品牌名称、包装（包括瓶罐形状、包装材料、容器大小、封口方式）等方面吸引消费者购买的主要因素有哪些。

2. 在网络上搜索几个国内著名企业的商品，试分析其商品包装装潢对消费者心理的影响。

拓展阅读

商品包装装潢中的色彩与图案心理

色彩是客观世界中的一种物理现象，是人们接受光的刺激而产生的一种视觉反映。所谓颜色，在日常生活中有广义和狭义两种：广义的颜色包括非彩色和彩色，非彩色指白色、黑色和各种不同程度的灰色等，彩色指红、橙、黄、绿、青、蓝及紫色等；狭义的颜色仅指彩色，红、绿、蓝是三种基本色，其他颜色由这三种基本色按一定比例混合而成。

颜色视觉是由不同波长的光线引起的，正常人在光波条件下能看见光谱的各种颜色。白光不是单色光，它是各种光的混合光线。色光通过三棱镜的折射，可以产生全部颜色，赤、橙、黄、绿、青、蓝、紫七种色光有规律地排列成光谱，有的吸收，有的反射，因此，在视觉上产生五光十色的反映。

色彩三要素是指色彩的色相、明度、纯度这三种基本性质或属性，它们是分析与比较颜色的标准和尺度。

色彩对人具有生理功能和心理功能。色彩的生理功能包括对人的眼睛的色相、明度和纯度等刺激作用。它主要有冷暖感、兴奋感、膨胀收缩感和轻重软硬感等。色彩的心理功能是指色彩刺激人的心理从而激发种种不同的感情。一般来说，喜欢黄色、橙色和红色的人大多是乐天派，他们热情、充满活力、容易激动；喜欢灰色和蓝色的人，大多性格内向，多愁善感，不善于与人交往，但他们往往文静，办事认真周到。

我们生活在一个五彩缤纷的世界里，色彩是人类最敏感的一种信息，也是视觉神经反应最快的一种信息，不同的消费者对商品颜色有不同的倾向性，而不同的商品颜色会使消费者产生不同的心理感受，影响消费者的购买行为。

一件好的商品使用合理的色彩，不仅能吸引消费者的注意、唤起消费者的兴趣，刺激他们的购买欲望，还能使消费者获得愉悦和美感，获得精神享受。而商品质量虽然良好，但如果颜色不合适，往往容易造成消费者心理上的忧郁、厌烦和不安。如用红色设计的产品或包装在销售上往往是成功的，因为红色代表兴奋，能刺激人的大脑、脉搏和食欲等。事实上，商品颜色对消费者的心理作用，是通过对消费者产生的主观心理感受而实现的。

一、商品颜色的冷暖感

色彩对人的刺激可以使人对色彩产生冷暖的感觉，如：赤、橙、黄称为暖色，使人感受到激情和兴奋；蓝、青称为冷色，绿、紫称为中性色，冷色和中性色能使人感到安定平静。消费者对商品颜色或色彩的要求是适度的，色彩的过度会影响人们的消费心理。如果色调过暖，则会给人造成刺眼等不适感觉；如果商品的色调过冷，即使其显得清净高贵，也会使人感到不舒服。掌握商品颜色对消费者心理产生的冷暖感受，应根据不同的商品设计使用不同的色彩这一基本原则。如：电风扇、电冰箱及洗衣机等多用冷色；结婚用品多用红、黄色系的暖色，以烘托喜庆、热烈、兴奋、快乐的气氛和表达对未来充满希望之情。

二、商品颜色的轻重软硬感

轻重是物体的一种量感，软硬是物体的一种质感。明度高、色相冷的色彩感觉较轻；明度低的颜色感觉凝重；纯度和明度中等的色彩感觉较软；单一色和灰暗色感觉较硬。

商品的颜色、软硬与商品本身的轻重、软硬特征以及所体现的商品质地相联系，在设计商品色彩时，应充分考虑商品颜色这一心理特征。如对于重量大的商品色彩，为了不显得过于笨重，表面色彩多用浅色；对于一些轻型商品，为了给人一种稳重感，表面色彩多用深色；对于一些轻型商品，像灯具、工艺品等，其表面多用浅色、明色，以显得和谐悦目。另外，服装颜色除随年龄、性别、季节不同而相异外，一般上衣多用浅色，下衣则多用深色，给人一种上轻下重的稳重感。

三、商品颜色的空间感

色彩的明度不同可令人产生不同的面积感和空间感。明度高的色彩看起来有膨胀感，感觉面积大；明度低的色彩看起来有收缩感，感觉面积小。高明度的暖色，如红、橙、黄，会使人感到物与人的距离近些，突出感也强些；低明度的冷色，如青、蓝、紫，能让人感到物与人的距离远些，压迫感稍强些。

商品颜色与心理上空间感的关系将影响消费者的商品购买基准。不同消费者的心理要求是不一样的。空间感较强的消费者可能要求商品颜色的明度低，偏冷色；长期在宽松空间环境生活、空间感较弱的消费者，则可能要求商品颜色的明度高，偏暖色。所以，商品颜色的设计必须根据消费者的不同要求，利用色彩的空间感选择商品的颜色。如家具颜色应根据居民住宅面积大小加以考虑，房间较小的消费者，家具多采用冷色，这样会使狭小的房间感觉上显得宽敞些；反之，房间较大的消费者，家具宜选用暖色、避免房间给人空旷的感觉。

四、商品颜色的舒适感

在人们的视觉中，饱和度、对比度适中的颜色，能使人产生一种视觉上的舒适感。如在面积较大的橱窗里，如果长期陈列过于鲜艳的红、黄等颜色的商品，人们在观赏或选择商品时就容易产生疲劳，以至于对这类橱窗敬而远之，这就起不到橱窗宣传、美化商品的作用。根据商品颜色与人们视觉舒适感觉的关系，在进行日用品颜色的设计时，对那些人们长期接触的日用品和装饰品，一般应尽量避免或少用饱和度、对比度较强的颜色。

五、商品颜色的明亮度

一般浅色系的色彩显得明亮，而深色系的色彩较暗淡。商品的色彩设计应根据商品的不同用途，选择商品色彩的明度。

六、商品颜色的联想作用

商品颜色能引起消费者的联想，从而对商品产生好感，影响其购买决策。如：绿色给人以清新、柔和、惬意之感，使人联想到生命和理想；红色、黄色给人以希望和激情，使人联想美好的未来；蓝色给人以淡雅、安静、忧郁之感，使人联想到天空、海洋、湖泊、远山和严寒；黑色给人以庄重、悲哀之感，使人联想到神秘、恐怖等。商品颜色对消费者的心理影响，为商品的色彩选择提供了依据。消费者对商品颜色的选择，很大程度上取决于消费者的个性、文化及情趣等因素，它与人们的性格、生活习惯、爱好、情趣及审美心理等紧密相关。对于企业来说，掌握运用色彩的心理作用，从多方面、多角度加以审视，才能实现使消费者对产品有良好印象的目的，并使其产品在市场上拥有众多客户。

七、商品颜色的味觉感

色彩在表现食品的味觉感上有重要作用。如：人们一见红色的糖果包装，就会感到甜味浓，一见清淡的黄色用在蛋糕上，就会感到奶香味；乳白色的奶油、冰激凌，橙色的鲜橙汁会给人以美味可口感；而某些晦暗、陈旧的色彩则会引起食物的变质感、腐臭感。

资料来源：王官诚．消费心理学．北京：电子工业出版社，2004.

项目七

商品价格与消费心理

学习目标

※ **知识目标**

- 了解商品价格的心理功能
- 理解消费者的价格心理特征
- 掌握商品定价的心理策略和影响心理因素
- 掌握商品调价的心理策略

※ **能力目标**

- 能够根据消费者的消费心理要求进行正确的商品定价
- 能够根据市场的变化和消费心理的影响对商品价格进行正确的调整

导入案例

巧定高价，与众不同

被誉为美国20世纪六七十年代的食品大王、推销怪杰的吉诺·鲍洛奇（如图7-1所示）是美国鲍洛奇食品公司等几家公司的总裁，他出身寒微，白手起家，在20年间，就成为具有亿万资产的巨富。

图7-1　吉诺·鲍洛奇

鲍洛奇的推销才干在他10岁那年就显露出来了。那时他还是个矿工家庭的穷孩子，他发现来矿区参观的游客们喜爱带些当地的东西作纪念，他就拣了许多五颜六色的铁矿石片向游客兜售，游客们果然争相购买。不料其他的孩子立即群起仿效。鲍洛奇灵机一动，把精心挑选的矿石装进小玻璃瓶，阳光之下，矿石发出绚丽的光泽，游客们简直爱不释手，鲍洛奇也乘机将价格提高了4倍。也许正是这个有趣的经历，使得鲍洛奇对销售与定价总有独到的见解，以致他在一生的商业生涯里，都注意研究制定销售价格的艺术。

鲍洛奇认为，以降价促进销售、击垮竞争对手，是零售业的一种重要的销售手段，也是他常用的一种手段，但是，他绝不一味地搞降价销售。鲍洛奇深知，优质高档产品所带来的利润是低档产品所无法比拟的，高档高价便会有所回报。

他在产品的品质和广告宣传上下功夫。鲍洛奇曾生产一种中国炒面，为了给人耳目一新的感觉，他在口味上大动脑筋，以浓烈的意大利调味品将炒面的味道调得非常浓郁，形成了一种独特的中西结合的口味，生产出了优质的中国炒面。同时，使用优质的包装和新颖的广告展开大规模的宣传攻势，打出“中国炒面是三餐之后最高雅的享受”的口号，把中国炒面暗示成家庭财富和社会地位的象征。鲍洛奇这一做法相当成功。他把注意力主要集中在了大量中等收入的家庭上。他认为，中等收入的人家一般都讲究面子，他们买东西固然希望物美价廉，但是只要商品有特色，哪怕价钱贵一些，他们也认为物有所值，他们是中国食品生意的主要对象。所以针对他们的心理，鲍洛奇在包装和宣传上花了很多精力。果然不出所料，中等收入家庭的主妇们皆以选购中国炒面为荣，尽管鲍洛奇的定价很高，她们依然不觉得贵。

鲍洛奇很会揣摩顾客的心理，常常利用较高的价格吸引顾客的注意力。由于新产品投放市场之初，消费者对这种相对高价格商品的品质充满好奇，很容易就激发了他们的购买欲，并且一种产品的定价较高，可以为其他产品的定价留出灵活浮动的空间，企业就能占据主动。当然，这一切都是建立在产品的品质的确不同凡响的基础上的。

鲍洛奇生产的一种蔬菜罐头上市的时候，由于别的厂商同类产品的价格几乎全在每罐50美分以下，所以公司的营销人员建议将价格定在47到48美分之间。但鲍洛奇却将价格定在59美分，一下子销量提高了20%！鲍洛奇向销售人员解释说，50美分以下的类似商品已经非常多，顾客们已经根本感觉不到每一种商品有什么特别，并在潜意识中认为它们都是平庸的商品。如果价格定在49美分，顾客自然会将之划入平庸之列，而且还认为你的价格过高，甚至产生一种被厂商欺诈的感觉；若你的产品定价50美分以上，立即就会被顾客划入不同凡响的高级货一类，定价至59美分，既给人感觉与普通货的价格有明显的差别，从而品质也有明显差别，还给人感觉这是高级货中不能再低的价格了，从而使顾客觉得厂商很关照他们，顾客反而觉得自己占了便宜。经鲍洛奇这么一解释，大家恍然大悟，但总还有些将信将疑。后来在实际的销售中，鲍洛奇掀起了一场大规模促销行动，口号就是“让一分利给顾客”，于是更加强化了顾客觉得占了便宜的感觉，蔬菜罐头的销售大获全胜。这59美分的高价非但没有吓跑顾客，反倒激起了顾客选购的欲望，公司的营销人员不得不佩服鲍洛奇的头脑。

后来，随着鲍洛奇经营中国食品的成功，效仿者日益增多，这已对鲍洛奇的高价策略形成了严重威胁。即使这样，鲍洛奇也决定不轻易降低产品的价格。道理很简单，如果商品价格总是下降，谁还敢抢先购买这种产品呢？而且，高价商品降到低价商品的价格，在消费者心中还有什么信誉？顾客会有一种被欺骗的感觉。一旦处于产品积压的不利情况，许多平庸的商人都会选择降价推销的老套路，但鲍洛奇决不轻易如此，降低价格似乎永远不在他思考的范围之内。那么，如何处理积压的产品呢？他采取赠送奖券、发放纪念品等形式，将产品赠送给顾客。这样，既吸引了顾客，又保护了产品的定价。鲍洛奇的这种做法维护了自己的产品声誉，并为公司以后的发展留下了后路，是似拙实巧的一步妙棋。合理地运用定价艺术，使他在竞争中获得了相当大的主动权。

资料来源：朱华，窦坤芳．市场营销案例精选精析．北京：中国社会科学出版社，2006.

【学习与思考】

1. 鲍洛奇将产品价格定高的基础是什么？他为什么不肯轻易降价？
2. 如果你是一位彩电经销商，你认为你能借用鲍洛奇的定价法吗？

任务一　商品价格概述

商品价格是消费者购买心理中最敏感的因素。在营销过程中，常出现一种在理论上合理的价格，消费者难以接受，而理论上不一定合理的价格，消费者却能够接受的现象。如：有人在市场上卖衣服，打出最低价 38 元时无人问津，涨到 88 元时有人问价了，而提高到 288 元时，人们开始纷纷购买。这种现象主要是由于许多消费者对于商品的价值和品质的认识过程的速度不同，知觉程度的深度和广度不同，再加上经济条件、消费能力、商品供求等因素的影响，对商品价格就产生了不同的心理反应。因此，企业在制定或调整价格时必须考虑影响定价的因素，明确消费者对商品价格的心理反应。

一、商品价格的含义

价格是商品同货币交换比例的指数，或者说，价格是价值的货币表现，是商品的交换价值在流通过程中所取得的转化形式。在现代社会的日常应用之中，价格一般指进行交易时，买方所需要付出的代价或付款。

商品的价格既是由商品本身的价值决定的，也是由货币本身的价值决定的，因而商品价格的变动不一定反映商品价值的变动（如图 7－2 所示）。商品的价值不能自我表现，一个商品的价值必须由另一个商品来表现，并且只能在同另一个商品相交换时才能实现。商品通过货币表现出来的价值，就是商品的价格。因此，价格体现了商品和货币的交换关系，是商品和货币交换比例的指数。在市场经济条件下，价格同时由供给与需求以及商品本身的价值决定。

图 7－2　价格的决定

二、商品价格的心理功能

在市场经济条件下，任何商品或劳务都必须定出价格，供需双方才能进行交易。商品价格是影响消费者购买决策的重要因素。这种通过影响消费者的购买心理来影响消费者购买行为的作用就是价格的心理功能。

(一) 商品价值认知的功能

由于对商品信息了解的非对称性，以及消费者购买行为的非专业性，消费者在选购商品时，总是自觉或不自觉地把价格作为衡量商品价值大小的最重要尺度。消费者认为商品价格高，则意味着商品的质量好，性能强；商品价格低，则说明商品的质量差，性能弱。这种心理认识与成本定价法和价格构成理论相一致。如所谓“一分钱一分货”“好货不便宜，便宜没好货”，便是这种心理的具体反映。所以，便宜的价格不一定能促进消费者购买，相反可能会使人们产生对商品品质、性能的怀疑。较高的价格，可以使消费者对商品品质、性能有“放心感”；打折促销的价格会使消费者产生物有所值，甚至物超所值的错觉。

案例 7-1

物有所值的定价

美国凯特比勒公司是一家生产和销售牵引机的公司，其分析顾客价值的定价方法十分奇特，也十分有效。一般牵引机的价格均在 2 万美元左右，然而该公司的牵引机报价是 2.4 万美元，比同类产品高出 4 000 美元，其销路却很好，这与它们有一套说服人的妙术有很大关系。公司营销人员的价目表是诸项分列的：2 万美元是与竞争者同一型号的机器价格，3 000 美元是因产品更耐用而必须多付的价格，2 000 美元是产品可靠性更好而多付的价格，2 000 美元是服务更佳而多付的价格，1 000 美元是保修期更长而多付的价格。总价应该是 2.8 万美元，2.4 万美元是打折的价格。

资料来源：张晓棠. 市场营销学. 北京：中国人民大学出版社，2003.

【学习与思考】

凯特比勒公司牵引机定价的依据是什么？你认为真的是物有所值吗？

(二) 自我意识比拟的功能

消费者在购买商品时，除了进行价值衡量外，往往还通过联想与想象，把商品价格与个人的愿望、情感、气质、性格、价值观、生活态度等联系起来，通过这种比拟来满足心理上的欲望或要求。这种自我意识比拟的心理机制往往因人而异，千差万别，但它们有一个共同点，就是都重视商品价格的社会价值。

1. 社会经济地位的比拟

有些人购买商品时，以追求高档、名牌来显示个人的身份地位。如有些人为了在其所处的环境和社交圈子里显示其优越于别人，不惜花数万元购买瑞士镶嵌着大量黄金钻石的手表，或者花很多钱去购买法国巴黎时装店昂贵的服装，而有些人则认为朴素大方才与自己的身份地位相符。持后一种观点的人中，有些人即使经济收入很高，也会购买大众化的商品。如雄踞世界首富多年的原沃尔玛百货公司董事长罗布森·沃尔顿（见图 7-3），同他父亲一样，

图 7-3　罗布森·沃尔顿

是一个非常俭朴的人。他深居简出，开老式拖车，办公室只有12平方米，而且陈设也十分简单，以至于很多人把沃尔玛形容成"'穷人'开店，穷人买"。因此，企业在其经营过程中，一方面应努力树立名牌；另一方面还应生产不同档次的产品，以满足不同消费者的心理需要。

案例 7-2

近年来，大学生高消费攀比现象日渐突出。据某高校一大三学生介绍，新学期刚开始几天他就已经花了2 000多元，其中包括请同学、同乡聚餐吃饭，以及购买新学期服装服饰、宿舍生活必需品等。按说这些消费本来也属于正常开支，但由于大学生中普遍存在"崇尚名牌、高消费"和"互相攀比"的心理，加上对不断更新换代的智能装备的追捧，花费便达到了令人瞠目的程度。据悉，高档笔记本电脑的价格近万元，高档智能手机达六七千元，这对于尚未有固定收入的大学生们来说，不能不让人觉得有些过分"奢华"。

【学习与思考】

谈谈该如何看待大学生高消费攀比现象。

---

2. 文化修养的比拟

有些人购买商品是为了显示自己有文化、有修养，不管商品是否是其真正需要的，只要达到心理上的满足，就不考虑所购商品的使用价值。如20世纪70年代末80年代初，因刚恢复高考而掀起了对知识分子崇拜的潮流，有的人明明不近视，却购买一副眼镜来戴着；明明没多少文化，却在上衣口袋里插上几支钢笔，以显示自己很有文化。

3. 生活情操的比拟

有些消费者购买商品是为了显示自己具有高雅的生活情趣。如：即使不会弹钢琴，也买来放在家里作为摆设；即使对绘画不感兴趣，也去看画展。

（三）调节消费需求的功能

商品价格高低对消费需求有调节作用。经济学的需求定理表明，在其他因素（非价格因素）不变的条件下，商品价格与消费需求量呈反方向变动，即当商品价格上涨时，消费需求量将减少；当商品价格下跌时，消费需求量将会增加。但在市场经济中，商品价格对需求的影响，还受消费者追涨等跌的心理因素的制约。如：当商品价格上涨时，有时会产生紧张心理，担心价格继续上涨，反而刺激消费者出现大量购买行为的现象；当商品价格下降时，又会产生期待价格进一步下跌等心理，出现持币待购的现象。

三、商品价格制定的方法

（一）成本导向定价法

成本导向定价法是以商品单位成本为基本依据，再加上预期利润来确定价格的定价方法。成本导向定价法中最常用的方法有以下两种。

1. 成本加成定价法

按产品单位成本加上一定比例的预期利润定出销售价。其计算公式为：

$$P=C\times(1+r)$$

式中：P——商品的单价；

C——商品的单位总成本；

r——商品的加成率。

知识链接

成本加成定价法简单易用，其优点是：

(1) 成本的不确定性一般比需求的不确定性小得多，定价着眼于单位成本，从而使定价工作大大简化，不需要随时依据需求情况的改变而改变定价。

(2) 要在同行业中都采取这种定价方法，则在成本和加成数相似的情况下价格也大致相同。这样就使价格竞争减至最小，而价格上的竞争易导致出售者收入减少。

(3) 成本加成定价法对购买者和销售者都比较公平，因而被广泛采用。

成本加成定价法的不足之处是：

(1) 没有考虑到市场价格及需求变动的因素，使定价缺少市场性。

(2) 没有考虑市场的竞争问题，成本导向定价法是通过假想的期望销售数字计算出的定价，如果销售数字没达到预期要求，则必然无法达到预期利润。

2. 目标利润率定价法

目标利润率定价法是根据企业总成本和预期销售量，确定一个目标利润率，并以此作为定价标准的定价方法。

其计算公式为：

单位商品价格＝总成本×(1＋目标利润率)/预计销量

只有在预测的销售量和估算的总成本都比较准确的情况下，目标利润率定价法才能保证达到预期的目标利润率。采用目标利润率定价法的企业应做好以下两方面的工作：一方面企业应制定几个不同的价格，用以测算价格变动对销售量和利润产生的影响；另一方面，生产企业应努力降低其固定成本和变动成本，以降低产品的损益平衡销售量，为保证目标利润创造有利条件。

3. 盈亏平衡定价法

即保本定价法，指在销量既定的条件下，企业产品的价格必须达到一定的水平才能做到盈亏平衡、收支相抵，即利润为零。此时，既定的销量就称为盈亏平衡点，对应的价格就是保本价。科学地预测销量和已知固定成本、变动成本是盈亏平衡定价的前提。

其计算公式为：

保本价＝(固定成本＋变动成本)/既定的销量

(二) 需求导向定价法

需求导向定价法是指把市场需求状况及消费者心理作为定价的基本依据，以消费者所能接受的价格作为销售价格的定价方法。需求导向定价法有下列两种。

1. 理解价值定价法

它是根据消费者对企业提供的产品价值的主观评判来制定价格的一种定价方法。理解价值定价法的特点是将定价的焦点放在购买者身上，把买方的价值判断与卖方的成本费用相比较，定价时更侧重考虑前者。因为消费者购买商品时总会在同类商品之间进行比较，选购那些既能满足其消费需要，又符合其支付标准的商品。消费者对商品价值的理解不同，会形成不同的价格限度。这个限度就是消费者宁愿付货款也不愿失去这次购买机会的价格。如果价格刚好定在这一限度内，消费者就会顺利购买。

2. 需求差异定价法

它是指以不同时间、地点、商品及不同消费者的消费需求强度差异为定价的基本依据，针对每种差异决定其在基础价格上是加价还是减价的定价方法。主要有以下几种形式：

（1）因地点而异，如国内机场的商店、餐厅提供的商品价格普遍远高于市内的商店和餐厅的商品价格。

（2）因时间而异，如春节、国庆购物黄金周，商品价格较平时有一些增长。

（3）因商品而异，如在奥运会举行期间，标有奥运会会徽或吉祥物的T恤及一些商品的价格，比其他同类商品的价格要高。

（4）因顾客而异，如商家对会员和非会员执行不同的价格。

实行差异定价要具备以下条件：市场能够根据需求强度的不同进行细分；细分后的市场在一定时期内相对独立，互不干扰；高价市场中不能有低价竞争者；价格差异适度，不会引起消费者的反感。

（三）竞争导向定价法

竞争导向定价法是企业通过研究竞争对手的生产条件、服务状况、价格水平等因素，依据自身的竞争实力，参考成本和供求状况来确定商品价格，以市场上竞争者的类似产品的价格作为本企业产品定价的参照系的一种定价方法。竞争导向定价法包括随行就市定价法、产品差别定价法和投标竞争定价法三种。

知识链接

竞争导向定价法的分类

（1）随行就市定价法，指将本企业某产品价格保持在市场平均价格水平上，利用这样的价格来获得平均报酬。在垄断竞争和完全竞争的市场结构条件下，任何一家企业都无法凭借自己的实力在市场上取得绝对的优势，为了避免竞争特别是价格竞争带来的损失，大多数企业都采用随行就市定价法，从而不必去全面了解消费者对不同价差的反应，也不会引起价格波动。

（2）产品差别定价法，是指企业通过不同营销努力，使同种同质的产品在消费者心目中树立起不同的产品形象，进而根据自身特点，选取低于或高于竞争者的价格作为本企业产品价格。因此，产品差别定价法是一种进攻性的定价方法。

（3）投标竞争定价法，是指在招标竞标的情况下，企业在对其竞争对手了解的基础上定价。这种价格是企业根据对其竞争对手报价的估计确定的，其目的在于签订合同，所以它的报价应低于竞争对手的报价。

任务二　消费者的价格心理

消费者的价格心理是消费者在购买过程中对商品价格的心理反应及其表现。它是由消费者的个性心理特征与对价格的判断共同构成。分析消费者价格心理现象，无论对企业制定与之相适应的价格策略，还是对消费者正确指导自己的消费行为都有重要意义。

一、消费者的价格心理特征

（一）习惯性心理

消费者评价商品价格是否合理的主要依据，是以往购买商品的经验，对商品的价格反复感知所形成的印象，这就是消费者对商品价格的习惯性心理。这种习惯价格，往往要维持相当长的时间，并支配着消费者的购买行为，如果某商品价格是在他们认定的尺度内，就乐于接受；超过上限则认为太贵，低于下限会对质量产生怀疑。形成习惯价格的商品大多是消费者使用比较普遍、数量比较大、适应面比较广的基本生活用品，如，水、电、气、粮食、蔬菜等，这些商品价格直接关系着广大消费者的生活水平，价格的变动会引起消费者的强烈反应，即使适应这种价格变动也要经历一个困难的、逐渐过渡的过程。因此，企业制定的价格超过了上限，就应千方百计地让消费者了解其商品的优秀品质；价格低于下限，则要想方设法打消消费者对此类商品是低档货或质量较差的顾虑。

（二）敏感性心理

敏感性心理是指消费者对商品价格变动在心理上的反应程度和速度。敏感性心理与习惯性心理密切相关，一般情况下，如果商品价格变动的幅度在习惯性心理认定的尺度内，消费者不大可能改变消费量或购买其他品牌的商品；超出了这个区间，会使消费者心理失去平衡，造成紧张和不安，甚至还会产生明显的反感情绪。敏感性心理既有一定的客观标准，又有消费者在长期购买实践中逐步形成的一种心理价格尺度，因而具有一定的主观随意性。

消费者对商品价格的心理反应程度的强弱与该商品价格变动幅度的大小通常同方向变化，但违反这种心理变化的情况也经常发生。有些商品即使价格调整幅度很大，消费者也不会产生强烈的心理反应，其原因是消费者对各种商品价格变动的敏感性不同。一般来说，消费者对经常购买的日用品价格变动很敏感，对购买次数少的高档消费品的价格变动则比较迟钝。如：有些消费者购买一提抽纸，每提价格贵了几角钱，往往会感到不好接受而与销售人员争执不休；而当他购买一块高档手表时，付出的价钱比普通手表多几百元，甚至几千元，也往往心安理得。

因此，企业对那些价格敏感性高的商品提价时，除了做好必要的宣传工作以外，可以采取渐进的、缓慢的提价方式。如可以通过提高商品质量、改进商品性能、改进商品包装及规格等形式提高商品的价格，以使消费者逐渐形成对价格的习惯心理。

案例 7-3

方便面集体涨价

浙江大学的学生小刘是个贫困生，平时省吃俭用，有时正餐就用一包方便面解决。8月2日，当他来到学校的超市购买方便面时发现，原本7.5元的康师傅椒香牛肉面五连包竟然标价8.5元，比前几天整整贵了1元。不解的他询问了营业员后才得知，原来所有的方便面都涨价了（如图7-4所示），这到底是怎么回事呢？

从2006年年底开始，由行业协会参与，国内方便面巨头就召开了多次内部价格协调会议，商议集体上调价格，最终达成一致意见：康师傅、统一、今麦郎、日清、农心等十多家知名企业全部参与此次统一调价，覆盖率高达95%。各方便面价格都上调了20%～40%不等，也就是说原本1元一包的方便面，现在要多收2角钱。有钱人或许不会在乎一包方便面涨几角钱，但对多数人来说，几角钱足以让他们在“买还是不买”“买什么牌子”等问题上掂量。

图7-4 方便面集体涨价

原材料价格上涨导致厂家提高售价，这样的事本不会引起大家多大反应。但是，这次涨价是通过行业协会统一涨价，则似乎有了垄断的嫌疑。

资料来源：http://news.sina.com.cn/c/2007-09-18/095313915894.shtml.

【学习与思考】

各方便面企业为什么不单独而要集体涨价？这会对消费者造成什么影响？

(三) 感受性心理

感受性心理是指消费者对商品价格高低的感知程度。消费者对商品价格高低贵贱的识别和判断，不完全基于该商品价格是否超过或低于他们认定的价格尺度，他们还会受到购物现场相同和不同种类的商品价格，商品销售的环境、方式、气氛，以及自身对商品需求的迫切程度等的影响，在多种因素的刺激下，结果往往会出现错觉。如，一瓶在商场售价20几元的葡萄酒，在二星级以上的酒店定价则上百元，甚至几百元，这些豪华幽雅的环境和气氛会影响消费者对商品价格的感受。因此，营销企业在组织商品销售的过程中，应加强对商品价格及销售环境、销售气氛、商品陈列、商品装潢等研究，以获得较好的销售效果。

(四) 倾向性心理

倾向性心理是指消费者对商品价格进行比较后而选择购买高价或低价商品的倾向。商品的价格有高、中、低之分，它们分别标志着商品不同的品质和配置。由于人们的生活环境、经济地位、文化素质、价值观念等不尽相同，不同类型的消费者具有不同的商品选择的倾向性。如：经济状况较好，怀有求名、显贵及炫耀动机的消费者倾向于选择价格较高的商品；经济状况一般，怀有求实惠动机的消费者倾向于选择价格较低的商品。因此，企业必须根据消费者的不同层次的需要，生产不同档次的产品，满足不同消费者的需求。

二、消费者的价格判断

(一) 消费者价格判断的途径

一般来说，消费者对商品价格高低的判断是通过以下三种途径获得的：

(1) 与市场上同类商品的价格进行比较。这是最简单、最明了的，并被普遍使用的一种判断商品价格高低的方法。直观的比较能让消费者快速做出购买决定。

(2) 与同一售货现场内的不同类商品进行价格比较。消费者在考虑商品价格时受周围商品价格的影响会产生一种错觉。如变频空调和定速空调摆放在一起，有的消费者会认为同样是控制温度，变频空调价位比定速空调高出许多不合理，却不一定了解变频空调集节能降噪、温控精度高、调温速度快、电压及环境要求低、智能控温、保持室温恒定等优势于一身的特点。

(3) 通过商品外观、品牌、产地、包装、使用特点、使用说明进行比较。价格判断也是商品特性的比较，如商品外观是否新潮、品牌知名度如何、产自何地、商品包装是否精良、商品是否易于使用、各个附件说明是否完备等。

(二) 影响消费者价格判断的因素

影响消费者价格心理的因素是多方面的，如消费者的经济收入、市场竞争状况、国家宏观政策、消费的时间等。在此，仅从以下六个方面进行分析。

1. 消费者的经济收入

消费者的经济收入是影响消费者价格心理的主要因素。一般来说，收入越高越能接受较高的价格，反之则不然。如：一双价格 500 元的皮鞋，对一个月收入在 1 万元以上的人来说不觉得特别昂贵，而对于月收入不足 3 000 元的人来说，确实很贵；节假日花上数万元出国旅游，对于年薪几十万元以上的人来说可以接受，而对于年薪不足四万元的人来说却是一种奢望。因此，不同的经济收入使得消费者对价格的感受和判断差异很大，企业必须根据消费者收入的不同特点，向市场推出针对不同收入层次的产品和服务。

2. 消费者的个人经验

消费者的个人经验往往是通过自身的感受形成的对某种商品某个价位是否合理的心理判断。如：消费者多次购买了某种价格高的商品使用后发现很好，这就会不断强化他的"价高质高"的判断和认识；当多次购买某种价格低的商品发现不如意时，这同样会增强他的"便宜没好货"的认识。

3. 商品的出产地和出售地

消费者通常会看重商品的出产地，认为原厂或原产地生产的商品才是原汁原味、货真价实、质量可靠的。如，从原产国进口的奔驰某车型售价 64.2 万元，而国内合资北京奔驰公司生产的该车型售价 48.98 万元。

出售地不同，同样对价格判断具有影响。如，有人曾经做过这样一个对比实验：把某大商场的名牌西服和地摊上的西服的价格标签互换，结果在地摊上标价 500 元的名牌西服没有卖出去，而标价 2 600 元的地摊上的西服在大商场却以 1 600 元的价格卖掉了。

4. 商品的类别

同一种商品因不同的用途可划入不同的商品类别。消费者对不同类别的商品评价标准不同，因而对商品价格的感受也不一样。如，我国每年发行的黄铜合金生肖币，既可以作为等值流通货币，又可以作为收藏品。2015 羊年生肖币的面值仅 10 元，而作为收藏品卖价达 72 元。

5. 商品的购买时间

购买时间不同，消费者对价格的判断也不同。如：在情人节到来之际，玫瑰花的价格要比平时贵几倍甚至十几倍，而买的人却比平时多。再者，人们普遍认为季节性商品在淡季时应打折销售，所以人们喜欢在夏季选购羽绒服，但如果与冬天的价格一样，心理上就很难接受。因此，企业应该适应消费者在不同购买时间的心理接受情况，在不同的时间制定不同的价格。

6. 消费者对商品需求的紧迫程度

当消费者急需某种商品而又无替代品时，价格即使高些，消费者的感受和判断也会趋于可接受。如春节期间急盼着回家团圆的人，即使是高价票也会购买，这也导致贩卖火车票的情况出现。

任务三 商品定价的心理策略

商品都是为满足消费者的需求而提供的，其价值的大小与消费者的心理感受有着很大的关系。根据经济学的边际效用递减规律，商品的边际效用越大，则消费者为购买这一单位的商品所愿意支付的价格就越高，而效用本身就是一种主观的心理感受。因此，企业在定价时可以利用消费者心理因素，有意识地将商品价格定得高些或低些，引导消费者购买，以满足消费者生理和心理的、物质和精神的多方面需求，通过消费者对企业商品的偏爱或忠诚，占据并扩大市场，获得最大效益。

一、新产品定价的心理策略

新产品是处于产品生命周期第一阶段——投入期的产品，它的定价关系到自身能否获得消费者认可，能否顺利进入并占据市场，从而取得好的经济效益以实现企业的预定目标。但由于消费者对其缺乏了解，定价时又缺少参照物，因而新产品定价是较为困难的。

（一）撇脂定价策略

撇脂定价策略又称高价策略，即在新产品进入市场的初期，还没有竞争产品和替代物时，利用消费者求新、猎奇的心理，将产品高价投入市场，尽快收回投资并取得超额利润。然后随着时间的推移，尤其是竞争对手进入市场后，再逐步降低价格使新产品进入弹性大的市场。这种方法就如从鲜奶中撇取油脂一样，从多到少，从厚到薄。一般而言，对于有显著优点的全新产品、受专利保护的产品、需求价格弹性小的产品、流行产品、未来市场形势难以测定的产品等，可以采用撇脂定价策略。

这种定价法的优点是：高价能够获得超额利润，迅速收回投资，减少经营风险；有利于树立企业产品高端、优质、名牌的形象；扩大了价格调整的回旋余地，吸引潜在需求者；有利于缓解因新产品初期生产规模小而导致的供不应求的状况，并利用超额利润逐步扩大生产规模。

这种定价法的不足是：在新产品尚未被消费者认可前，过高的价格可能导致商品无人问津，不利于开拓市场；高价高利会迅速导致竞争者大量涌入，仿制品、替代品的出现迫使价格急剧下降；价格远远高于价值，在某种程度上损害了消费者利益，容易招致消费者的抵制。

从根本上看，撇脂定价是一种追求短期利润最大化的定价策略，若处置不当，则会影响企业的长期发展，因此，采用这种策略必须十分谨慎。

案例 7 - 4

从大哥大到手机

移动电话最早是美国摩托罗拉公司在 1973 年发明的。20 世纪 90 年代初，移动电话常常出现在香港一些警匪片里被粤港人称为“大哥大”的黑社会大老板的手中，显得很“神气”，所以人们便把移动电话叫作“大哥大”，如图 7 - 5 所示。而此前，寻呼机已基本普及，但必须借助固定电话才能回复，非常不方便。大哥大无疑成了加速人们信息沟通和社会交往的重要工具。当时大哥大非常紧俏，公开价格在 2 万元左右，但一般要花 2.5 万元才可能买到，黑市售价曾高达 5 万元。这不仅让一般月薪仅三四百元的工薪阶层望而却步，就是中小企业主买得起的也不多。几年后，随着在中国市场的国内外移动电话品牌、种类及消费者数量的增多，其价格逐渐调整为一万多元、七八千元、四五千元……大哥大也逐渐跌下神坛，被改称“手机”了。

图 7 - 5　摩托罗拉的大哥大

【学习与思考】

摩托罗拉公司的“大哥大”为什么要采用撇脂定价策略？

（二）渗透定价策略

渗透定价策略又称低价策略，与撇脂定价策略相反，在新产品进入市场初期，针对消费者求实、求廉、求利等心理，以较低的价格实现薄利多销，从而迅速和深入地进入市场，快速吸引来大量的消费者，扩大市场占有率，以谋取远期的稳定利润。这种定价策略就像倒入泥土中的水一样，很快就能渗透到大片的土壤里。该策略一般适用于一些低档品、日常生活用品等的新产品定价，这类新产品市场规模大，已有类似代用品或易被竞争对手仿制，需求价格弹性较大，通过大批量市场能降低生产成本。

这种定价法的优点是：能在短时期内迅速打开产品销路，提高市场占有率；低价薄利不易诱发竞争者的进入，便于企业长期占领市场；有利于树立企业商品物美价廉的形象。

这种定价法的不足是：投资回收期较长，且价格变动余地小，难以应付在短期内骤然出现的竞争；后期提价时可能会引起消费者的反感和抵制心理，从而转移购买目标；长期使用低价策略易导致“价格战”，不利于企业进入高端市场获取高额利润，使研发投入降低，削弱产品竞争力。

案例 7 - 5

天美时钟表公司的低价策略

天美时（Timex）钟表公司是拥有百年历史的美国手表品牌，具有悠久的制表历史和时尚的外观，全球累计销量已超过 10 亿只。第二次世界大战结束时它还是一个不大起眼的小公司，因此公司极力想在美国市场上撕开一条口子，大干一番。20 世纪 50 年代初，当时著名的钟表公司几乎都是以生产名贵手表为目标，而且市场竞争十分激烈。天美时公司意识到，一个潜在的充满生机的大市场近在眼前。为了能够在手表市场中站住脚，并迅速扩大地盘，该公司采取了低价策略，推出了一款定价7美元左右价廉物美的男士手表，比当时一般低档手表的价格还低得多。1963年，公司首次生产的电子手表投入市场，定价30美元，仅为当时同类商品价格的一半。70年代初，豪华石英表开始在世界流行，当时瑞士、日本及其他一些公司的石英表在市场上售价高达200美元，而天美时公司的石英手表售价仅为125美元，再次以廉取胜，其市场占有率上升到50%。利用低价定价策略使天美时钟表公司由50年代的一家默默无闻的小公司逐步发展为70年代世界闻名的大公司，年销售额达到2亿美元，以至于在美国市场上每出售的3块手表中就有1块是天美时钟表公司的。现在，天美时手表已成为众多明星政要的挚爱，包括奥巴马（如图7-6所示）、小布什、克林顿等历任美国总统。

图7-6 奥巴马的天美时手表

【学习与思考】

天美时钟表公司采用低价策略取得成功的因素有哪些？

（三）满意定价策略

满意定价策略又称平价销售策略，是介于撇脂定价和渗透定价之间的一种定价策略，即按照本行业的平均定价水平，或按当时的市场行情来制定价格，是一种“随大流”的定价策略。满意定价考虑了消费者的购买能力和购买心理，能较大程度地适应广大消费者的需要，比较容易建立稳定的商业信誉；一般也能够实现企业既定的盈利目标，在长期稳定的销售增长中获取平均利润。但该策略实行起来困难较多，缺乏可操作性，特别不适用于更新换代较快的产品，因而主要适用于大量生产、大量销售、市场稳定的日用工业品和部分生产资料的新产品定价。

二、一般商品定价的心理策略

（一）尾数定价策略

尾数定价又称零头定价，是指企业针对消费者求廉的心理，在商品定价时有意定一个与整数有一定差额的价格。该策略利用消费者对商品价格的感知差异所造成的错觉来刺激他们的购买行为。一方面使消费者产生便宜的心理错觉。尾数可使消费者感到价格保留在较低一级的档次，从而减轻心理抵抗感，如定价为9.8元，就让消费者感到价格只是9元多，而不是10元。另一方面可以使消费者相信企业在科学、合理、精确地制定价格，连零头都算得清清楚楚，从而对企业产生信任感。这种策略过去多用于超市、便利店商品等以中低收入群体为目标顾客的中低档日常用品的定价，而现在高档耐用消费品也普遍采用，如变频混冷无霜多门冰箱标价5 998元，智能液晶电视标价13 599元。

知识链接

尾数定价在各国的应用

目前采用尾数定价策略的国家和地区很多，但由于文化传统、风俗习惯等不同而做法各异。在美国，5美元以下的价格中，末位是9的最受欢迎；在5美元以上的价格中，末位是9、5的销售情况最佳。在日本以十位数计价时，50、80、90最受欢迎。而在我国许多消费者喜欢8的末位数定价，因为8象征着“发”；另一些消费者喜欢9的末尾数定价，因为9象征着“长久”。同时，在定价中也要避免使用消费者忌讳的数字，如我国大多数消费者不喜欢4的末尾数定价，因为4是“死”的谐音。

（二）整数定价策略

整数定价又称方便定价，与尾数定价正好相反，是指企业针对消费者求名、求方便的心理，有意将商品价格定为整数。整数定价迎合了消费者将价格作为判别商品质量标准的“一分钱一分货”的心理，特别对于金额较大的商品，整数比尾数更有利于满足消费者炫耀的心理。同时，整数也便于记忆，方便购买，免去了找零的麻烦。该策略过去常适用于高档、名牌产品或者是消费者不太了解的产品，如一套阿玛尼（Armani）西服定价9 600元，而不是9 599元。随着电子支付手段的普及，采用整数定价策略更多的是为求方便，现在大部分企业使用整数定价。如，很多烟民每天都要购买的香烟，普遍使用整数定价，一包香烟定价50元，而不是49.8元。

（三）声望定价策略

声望定价策略是指企业利用自己的长期市场经营实践在消费者心目中树立起的声望，通过制定较高的价格，来满足消费者的求名、炫耀心理的一种定价策略。在消费过程中主要表现为对名牌产品、名牌商店、购物环境以及某种特定服务的追求。多数购买名牌产品的消费者往往不在乎产品价格，看重的是其一流的质量，特别是品牌所蕴含的身份、地位、名望等社会象征意义，价格越高，心理满足的程度也就越大。采用这种心理定价策略的产品通常是高档名牌、品质优良的一流产品，如，劳斯莱斯轿车、欧米茄手表、爱马仕包等，如图7-7所示。但为了适应一些爱慕虚荣、追求时尚而又不能鉴别商品优劣的特殊消费群体，商家通常会把一些价值不大的商品价格定得很高，首饰、化妆品和古玩等就是如此。有调查表明，这类商品定价太低反而卖不出去，相应地抬高价位之后，销量反倒增多了。

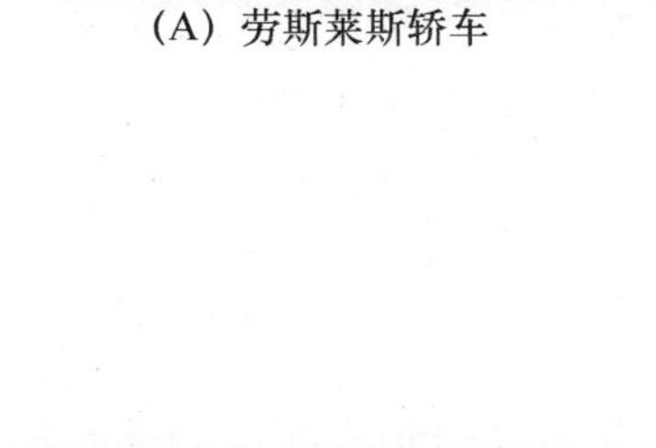

（A）劳斯莱斯轿车

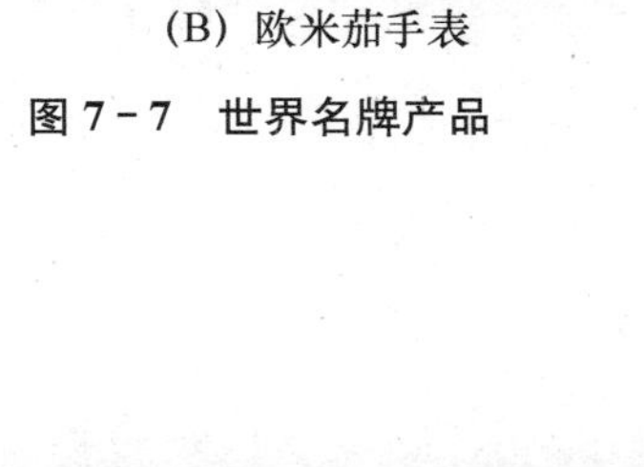

（B）欧米茄手表

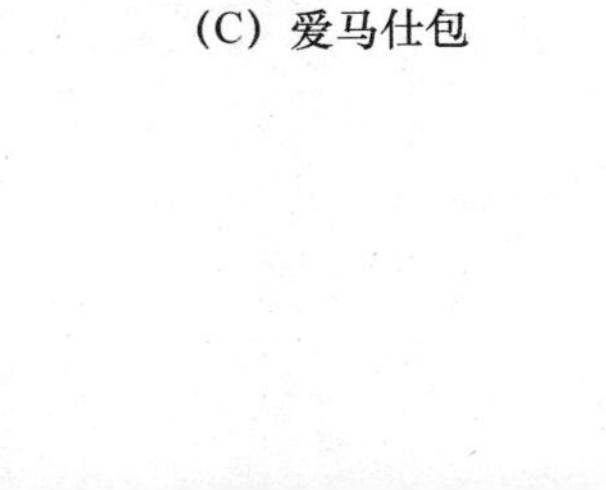

（C）爱马仕包

图7-7　世界名牌产品

案例 7－6

劳斯莱斯的声望定价

1906 年成立于英国的劳斯莱斯汽车公司，一直以“贵族化”的汽车享誉全球，其生产的劳斯莱斯（Rolls-Royce）是世界顶级超豪华轿车的代名词。劳斯莱斯是英国皇室的御驾车，引得各国元首、各地贵族，不少影星、歌星及富豪也想拥有劳斯莱斯轿车来炫耀自己的尊贵。凡要购买劳斯莱斯，不仅需提前预订，还要经过严格的身份及背景条件调查，劳斯莱斯只把车卖给与自己身份相匹配的人。该公司曾规定：只有贵族身份的人才能成为其车主，不会将车卖给钱财来历不明或有黑社会背景的人。后来条件虽有所放松，但仍分别针对不同身份的销售对象而生产了三种系列的轿车：黑蓝色的银灵系列卖给国家元首、政府高级官员、有爵位的人；中性颜色银羽系列卖给绅士名流；白、灰浅色银影系列卖给一般企业家、大富豪。劳斯莱斯汽车公司一直坚持手工生产。一直到今天，劳斯莱斯的发动机还是完全由手工来制造的。劳斯莱斯 2016 款幻影 6.7L 自动流光熠世·幻影典藏版在我国的售价为 1 398 万元。除了其精细的做工、优越的性能、奢华的配置外，严格控制产量也是其价格在所有汽车中雄踞前列的一个很重要的因素。自诞生起近百年时间里，劳斯莱斯公司总共只生产了 11.5 万辆汽车，美国艾森豪威尔总统因未能拥有一辆金黄色的劳斯莱斯汽车而引为终生憾事。直到 2003 年公司被德国宝马汽车公司收购后，年产量才逐渐放开，全球销量由 2009 年的 1 002 辆上升到 2016 年的 4 011 辆车，即使创最高纪录的 2014 年销量也仅 4 063 辆，连世界大汽车公司年产数千万量的零头都不到。这种只追求品质、不求数量的做法，在全球汽车工业中极为罕见。

【学习与思考】

劳斯莱斯汽车采用声望定价策略的依据有哪些？

（四）招徕定价策略

招徕定价策略是适应消费者求廉、从众、冲动性的心理，有意将个别商品价格定得低于一般市价，甚至低于成本，以吸引消费者购买的同时带动其他商品销售的一种定价策略。采用招徕定价的商品需要注意的是：应该是消费者熟悉的、质量得到公认的或容易鉴别的日常生活必需品；降价幅度要大，接近成本甚至低于成本；应实施限量销售；应与因残次或临近保质期而销价的商品明显区别开来。该策略广泛应用于综合性商场、超市、专卖店以及购物网站，在新开店中特别常见，目的就是集聚人气。

案例 7－7

有一家商场每逢节假日都要举办“一元拍卖活动”，所有拍卖商品均以 1 元起价，报价每次增加 5 元，直至最后定夺。这种拍卖活动由于基价定得过低，最后的成交价就比市场价低得多，因此会给人们产生一种卖得越多赔得越多的感觉。殊不知，该商场用的是招徕定价术，它以低廉的拍卖品活跃商场气氛，增大客流量，带动了整个商场的销售额上升。这里需要说明的是，应用此术来售的降价商品，必须是顾客都需要而且市场价为人们所熟知的才行。

【学习与思考】

招徕定价的商品与因残次或临近保质期而销价的商品有什么区别?

（五）习惯定价策略

习惯定价策略是按照消费者的习惯心理制定价格。消费者在长期的购买实践中，对某些经常购买的商品，在心目中已形成习惯性的价格标准，企业不能轻易地降低或提高价格，否则会引起消费者的疑虑或不满，从而影响购买。如当运输公司每千米的运输价格确定后，即使燃料的价格发生变动，其运输价格不轻易发生变动。即使调整价格，也应采用一些如提高商品质量、增加商品的功能、改变商品型号、商标与包装等办法，给商品以新的形象，让消费者逐步形成新的价格习惯。如食用盐价格的提高是由于盐里面加入了碘而增加了食盐的功能，这样消费者就容易接受新价格。

（六）理解价值定价策略

理解价值定价策略以消费者对商品价值的感受及理解程度为定价依据。该定价策略不是以企业的成本为基础，而是完全依赖消费者对商品或服务的需求、价值感受来判断其价格。因此，企业应该突出产品的差异性特征，综合运用市场营销组合中的非价格因素来影响消费者。如同样的商品，消费者会认为包装精致、广告宣传多或高档消费场所出售的商品价值大，反之则小。

这种定价方法的关键在于正确判断消费者的觉察价值，如果商品价格大大高于其值，消费者会感到难以接受；相反，如果商品价格远远低于觉察价值，也会影响商品的形象。

案例 7-8

某酒楼为了在消费者和经营者之间建立起一种信任感，大胆地向社会宣布：向顾客公开所有菜肴的进货价，在顾客就餐后，由他们自己定价付钱。这一招果然引起了不小的轰动，每天顾客络绎不绝，生意十分红火，营业额也较往日有较大提高。开始实行这一办法的当天晚上，有记者来到该酒楼，一进门就见到了一份菜肴进价目录，所列价格与市场价格相当。晚 8 点以后，20 桌就餐者陆续结账。当服务员请他们自己定价付款时，不少顾客颇感惊奇。某桌顾客当即争相猜价，有的说值 750 元，有的说值 800 元，也有的说值 900 元，最后决定付款 750 元。但服务员只收了他们 500 元，并说店里有规定：凡付款高于原定价的，一律按原定价（进货价加物价局规定的毛利）收取。这一桌原定价 500 元，所以只能按此价格收费。

【学习与思考】

你认为该酒楼的定价策略有推广的可能吗？为什么？

（七）分级定价策略

分级定价法是把不同品牌、规格及型号等的同一类商品划分为若干个等级，对每个等级的商品制定一种价格，以适应不同消费者的不同心理需要。这种方法简化了购买过程，便于消费者挑选。如服装厂可以把自己的产品按大、中、小号分级定价，也可以按大众型、折中型、时髦型划分定价。这种定价策略的不足之处在于等级间的价格差不好把握，若差价过小，消费者会怀疑分级的可信度；差价过大，一部分期望中间价格的消费者会感到不满意。

（八）组合定价策略

组合定价法是指企业在生产经营两种或两种以上的相互关联、互相补充的商品时，根据消费者的心理而采取的相互补充的定价技巧。对于有补充关系的商品中那些价值大、购买次数少、消费者对价格变动较为敏感的商品定价低些，以吸引消费者；对于补充使用的、价值小、购买次数多和消费者对价格变动感应迟钝的商品，价格可适当定得高些；对于两者同时购买的成套商品，则实行成套购买优惠价。如，打印机（含黑色、彩色墨盒）售价 319 元，而单买原装黑色墨盒需 109 元，彩色墨盒需 128 元，显然打印机本身的价值远不止 82 元。

（九）折扣定价策略

折扣定价策略是指商家为了争取顾客，扩大销量、回笼资金等，在一定时期内直接或间接降低价格的策略。其中，直接折扣的形式有数量折扣、现金折扣、功能折扣、季节折扣，间接折扣的形式有回扣和津贴。该策略迎合了消费者追求实惠、抓住机会的心理，利用优惠价格来刺激和鼓励消费者大量和重复购买，如淘宝的“双 11”、京东的“6.18”折扣活动。

任务四　商品调价的心理策略

企业在经营过程中经常会对价格进行调整，调价的原因是多方面的，除了企业自身的产品成本变动等因素外，还有市场需求、竞争状况、政策调整、通货膨胀等因素的影响。由于消费者对价格变动十分敏感，无论是提价还是降价，都应该既考虑内外各种因素的影响，还要考虑消费者的心理要求。

一、商品降价的心理策略

人们通常认为，商品降价有利于消费者，意味着消费者实际收入水平增加，可以花更少的钱买到同样的商品，激发他们的购买欲望，促进更多购买。然而实际情况并非完全如此，常常是商品降价了，购买的人反而少了。

企业商品降价的原因很多，既有商品供过于求、竞争者的挑战、企业生产能力过剩、库存积压严重、急需回笼资金、市场份额下降等的被动降价，也有企业已经收回投资、具有成本优势、进一步扩大产品销路等的主动降价。降价虽然能够促进产品销售，但如果不能做好宣传，给消费者合理的解释并使其接受，也会给消费者的心理带来负面的影响，可能会产生“便宜没好货”的心理联想，被误解为产品技术落后、质量低、功能少，甚至被认为是在出售过时的滞销品、残次品。有时降价还会造成消费者持币待购，以期继续降价的心理，因此企业应慎重把握降价时机与降价技巧。

（一）降价时机的选择

降价时机选择得好，会大大刺激消费者的购买欲望；选择不当，则会因无人问津而达不到目的。降价时机要视具体商品和企业的具体情况而定。

（1）对于时尚和流行商品，进入流行阶段后期就应降价。

（2）对于季节性商品应在换季时降价。

（3）对于一般性商品，进入成熟期的后期就应降价。

(4) 市场领导品牌率先降价，作为市场追随者采取跟进策略。

(5) 重大节日降价酬宾，如国庆节、春节等。

(6) 特殊时期应抓住机会适时降价，如店庆、新店开张、商店搬迁等。

(二) 降价技巧的应用

降价幅度要适宜，幅度过小则不能激发消费者的购买欲望；幅度过大则不仅企业可能会亏损，还可能引发消费者对企业信誉，商品实际价值、品质和安全卫生等方面的疑虑。经验表明：降价幅度在10%以下时，几乎没有效果；降价幅度应在10%～40%为宜，原则上不超过50%。此外，降价不能过于频繁，否则消费者会产生不信任的感觉，降价幅度要以能吸引消费者购买为度。

企业除了采用将商品的价格直接降低的直接降价方式外，还可以灵活运用间接降价的方式。如网络购物的在线支付免运费、预付定金100元抵200元、赠送优惠券、免费延长保修期等。直接降价会让顾客容易感觉到，但也容易刺激竞争对手的相继降价竞销。间接降价有一定的隐蔽性，可以暂时避免因刺激竞争对手而导致的“价格战”，但由于没有给直接用户带来直接的好处，可能难以达到应有的促销目的。

案例7-9

降价幅度太大，反而吓跑了顾客

在一次家具展销会上，各式新潮家具鳞次栉比，但顾客却寥寥无几。一位顾客带了2 000元钱，想买一套浅色电视柜，他转了几圈后，一套设计典雅的浅驼色电视柜吸引了他的目光，仔细一看，标价2 599元。心想：“或许讲讲价，2 000元能买下来。”这位顾客刚要开口，一位年轻的女售货员走过来小声说：“您要打算买，价格好商量。”“这价格有点贵，最低多少钱能卖?”“咱们也甭兜圈子，1 680元您搬走。”这位顾客一听就犹豫了，这价格水分太大了，他敲敲这儿，摸摸那儿，心里总是拿不准。这时，旁边又有一位卖主凑过来，硬把这位顾客拉到一套家具旁，很诚恳地对他说：“您看，这套不比那套差，标价1 980元，您要诚心要，1 380元拿去!”

“这到底是怎么回事?”顾客心里更没有底了，赶紧离开这“是非之地”。

【学习与思考】

第一位女售货员的降价幅度并没有超过40%，顾客为什么会犹豫？第二位卖主的降幅也没超过50%，顾客为什么要赶紧离开？

二、商品提价的心理策略

一般来说，商品的提价在一定条件下虽然能够增加企业的利润，但也会对消费者的利益造成损害，引起消费者的不满，从而减少实际购买需求。但是，在现实生活中，涨价也可能使消费者认为商品具有特殊的使用价值或优越的性能，是热门货，可能还会继续上涨，所以要“买涨不买跌”，如近20年来的房价持续上涨，让没及早买房的人后悔不迭。

企业商品提价的原因也很多，既有因成本提高、通货膨胀、国家政策变化等的被动提价，也有因改进生产技术、增加产品功能、提高服务质量、产品供不应求、品牌信誉卓著等的主动提价。对于任何一种商品提价，消费者都会感觉不适应，因此，企业应把握好提价的时机、速度、幅度、方式，特别要注意做好宣传解释工作，向顾客说明提价的原因，提供热情周到的增值服务，求得消费者的理解和支持。

（一）提价时机的选择

为了保证提价策略的顺利实现，可选择以下几种提价时机：

（1）商品在市场上处于优势地位，不会因提价而造成市场份额被竞争者抢走的局面；

（2）商品刚上市时采取低价渗透策略，现在商品已进入成长期阶段；

（3）季节性商品达到销售旺季；

（4）竞争对手率先提价。

总之，提价要掌握好时机，否则，很容易给竞争对手抢占市场的可乘之机。若企业提价失败后想再恢复原价，将对企业形象造成负面影响。

（二）提价技巧的应用

提价的幅度不宜太大，速度不宜过快，以避免引起消费者的抱怨和不满。国外一般认为5%为提价幅度上限，认为这样符合消费者的心理承受能力。而在我国某些商品以30%甚至更高的提价幅度出现，也能引起消费者的购买行为，但是，企业应尽可能避免大幅度提价情况的出现。

企业可以采用直接提价，如一碗面原先卖5元/100克，现在卖6元/100克，也可以采用间接提价的方式，如更换商品型号、外观、包装，缩小产品的尺寸、分量，缩短保修期等。企业应尽可能多地采用间接提价，使消费者不易察觉到价格的变化，把提价的不利因素减到最低程度，使提价不影响销量和利润。

案例7-10

降价没人要，大幅涨价反而抢购

美国纽约的第四十二大街上，有个生产经营服装的犹太商人叫鲁尔，他开设的经销店门面不大，生意也不怎么兴隆。鲁尔专门聘请高级设计师，精心设计出最新流行款式牛仔服首次上市销售。他对这一产品寄托了很大的希望，企盼一举改变自己经营不景气的状况。为此，他投入了6万美元的资金，首批生产了1 000件，每件成本为56美元，基于打开市场的需要，他采取了低额定价策略，把每件定为80美元，这在服装产品定价中算是比较低的了。鲁尔心想，凭着新颖的款式和低廉的价格，一定会开门大吉，发个利市（如图7-8所示）。

图7-8 鲁尔的服装销售

他亲自出阵指挥，大张旗鼓地叫卖了半个月，购买者却寥寥无几。急昏了头的鲁尔铁下一条心来，每件下降10美元销售，又呼天喊地地叫卖了半个月，购买者却仍不见多。鲁尔估摸着低价之下必有勇夫，于是又降低了10美元价格，这可接近成本了，但销售状况仍是“外甥打灯笼——照旧”。向来不服输的他，这时也顾不得那么多了，干脆大甩卖，每件50美元，工本费都不要了，实行赔本清仓，可除了吸引了不少看客外，顾客变得更少了，购买者“落花流水春去也”，不再光顾。彻底绝望的鲁尔认命该自己倒霉，索性也不再降价和叫卖了，他让人在店前挂出“本店销售最新款式牛仔服，每件 40 美元”的广告牌，至于能否销售出去，只好听天由命了。

在繁华的纽约大街上，有这么便宜的东西也真少见，希望顾客们可怜一把。谁知，广告牌一挂出，陆陆续续来了不少购买者，兴致盎然地挑选起来。站在一旁的鲁尔这回可傻眼了，呆若木鸡地立在一旁。原来，他的店员一时粗心大意，在 40 美元后多加了个 0，这样每件 40 美元就变成了 400 美元，价格一下子高出 10 倍，购买者反倒一拥而上，不一会儿的工夫，还真卖出了七八件，并且随后的销售状况越来越好，生意变得空前兴隆。一个月过去了，虽然鲁尔仍然是“丈二和尚摸不着头脑”，但他的 1 000 件牛仔服已经销售一空。差点血本全无的鲁尔，转瞬之间发了横财，高兴得不亦乐乎。

资料来源：http://baijiahao.baidu.com/s?id=1556047696247326&wfr=spider&for=pc.

【学习与思考】

鲁尔的最新流行款式牛仔服为什么降价没人要，大幅涨价反而被抢购？

项目重点内容结构图

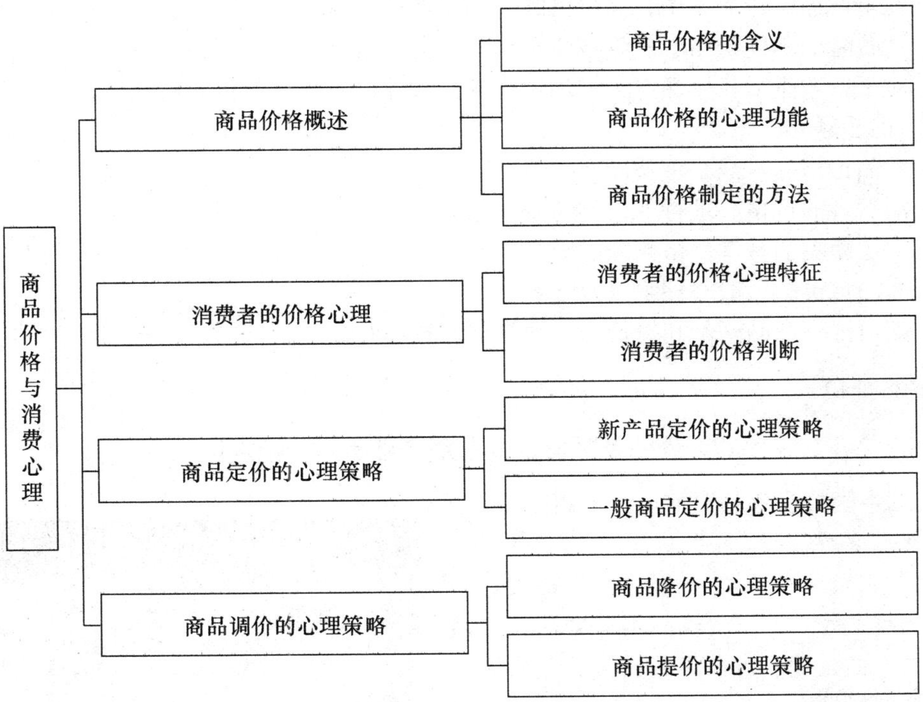

同步测试

一、选择题

1. 自我意识比拟功能包括（　　）。

A. 社会经济地位比拟　　　　B. 文化修养比拟

C. 购买习惯比拟　　D. 生活情趣比拟

2. 下列不属于新产品定价策略的有（　　）。

A. 习惯定价策略　　B. 撇脂定价策略

C. 渗透定价策略　　D. 满意定价策略

3. “一分钱一分货”是（　　）的体现。

A. 性价比功能　　B. 商品预期功能

C. 自我意识比拟功能　　D. 价格认知功能

4. 大众汽车公司的朗逸车型定价在10.99万～15.99万元，帕萨特车型定价在18.99万～30.39万元，这是（　　）策略。

A. 招徕定价　　B. 分级定价　　C. 习惯定价　　D. 尾数定价

5. 普通白兰地酒的价格在100元左右，而产自法国干邑地区的马爹利（Martell）白兰地酒定价在1 000元以上，马爹利采用的是（　　）策略。

A. 声望定价　　B. 习惯定价　　C. 撇脂定价　　D. 招徕定价

二、判断题

1. 商品价格是影响消费者购买决策的重要因素。（　　）
2. 在某种特定的情况下，价格升高反而会引起需求量的增加。（　　）
3. 在新产品定价策略中，高价策略会使企业迅速打开市场。（　　）
4. 消费者的不同价格心理特征将影响他们的价格判断。（　　）
5. 对于一般生活日用品，为增加销售额，往往可以采用降价的措施。（　　）

三、简答题

1. 商品价格的一般心理功能有哪些？
2. 消费者的价格心理特征是如何表现的？
3. 简述影响消费者价格判断的因素。
4. 商品定价的一般心理策略有哪些？
5. 如何把握商品降价和提价的心理策略及技巧？

综合案例分析

“天价榨菜”与奢侈迷失 企业急需营销定位

一、“中国式奢侈品”何以大多跟吃有关

随着一些先富起来的中国人挥金如土，“奢侈品”正成为一个越来越得宠的词汇。而随着越来越多的人民币倾注到国外奢侈品市场上，打造“中国自己的奢侈品和品牌”成了不少企业追求的目标，“天价榨菜”（如图7-9所示）就是这方面一项“新的”尝试。

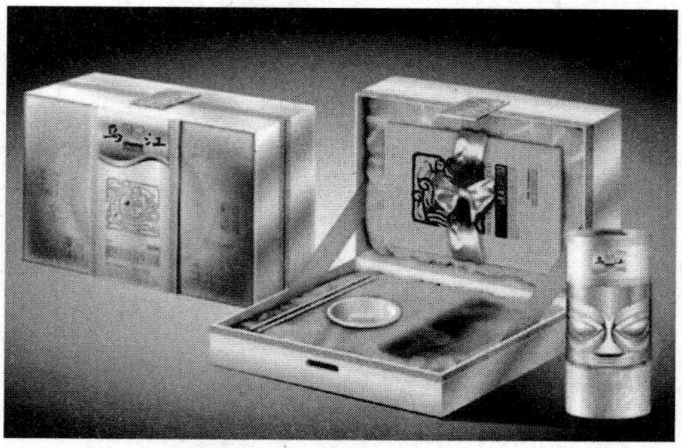

图7-9　天价榨菜

按中信证券研究员描述，上市公司“涪陵榨菜”推出的600克装沉香榨菜，“以2月江风自然脱水，压榨后用河沙封坛倒置沉入乌江底进行自然酝酿，全程均为手工制造，至少 3 年才能酿成，极品沉香榨菜则要酿制 8 年以上方能上市”。据说在特卖店里可以卖到 2 200 元。

600 克榨菜卖 2 200 元，百姓们的第一反应是：“这榨菜够奢侈的，都超过燕窝、鲍鱼了。”其实转念一想，无论燕窝、鲍鱼还是榨菜，不过一吃食，也就是几分钟的口舌之享；拿天价榨菜收藏？既费事，又费工，过了保质期还不敢吃了。

同国外的奢侈品比较，中国许多标榜为“奢侈”的物件有一大特色：跟吃有关。近年来所谓“奢侈品”又有新动向：不断向日常食品领域渗透，眼见着月饼、粽子等已经“榜上有名”，现在竟然轮到榨菜，往后不知哪道“家常便饭”也会上榜。

二、“买椟还珠”，是为某种不便明说的“礼尚往来”

开发“奢侈食品”似乎颇有理由，众多国产白酒已经卖到 500 毫升上千元乃至上万元，可行业中人仍然耿耿于怀：“凭什么‘拉菲’卖那么贵，中国白酒就不行？”无论从经营策略还是国粹荣誉感来说，这好像都不错。但观察现在一些国产奢侈品的品种选择、开发思路和市场效果，明眼人都能看出不少大毛病，真要以此树立“中国奢侈品牌”，不说缘木求鱼，也是事倍功半。

图 7－10　普通涪陵榨菜

无论月饼、粽子还是榨菜，虽有文化内涵，却没有“贵族血统”，本是常见食品，奢侈属性极其单薄，生活中随处可见，材料来源遍地都是（如图 7－10 所示）。为了人为制造“稀缺性”，仿冒“贵族血统”，厂家就往月饼或粽子里加鲍鱼、冬虫夏草之类本不相干的食材，再装入红木匣子，硬撑得身价不凡；而“天价榨菜”，则弄了一套纯银碗筷相配。殊不知越是额外加码，越表明原来价值有限，只应了那个古老成语：“买椟还珠”。

说白了，“买椟还珠”还真是开发“天价榨菜”的“思路”所在：“借榨菜之名，行送礼之实”。区区榨菜尽管“沉入江底数年”，捞出来还是只算一份薄礼，但配上了贵金属，便有货币的价值。夸张作为，不过是为了迎合当下社会“灰色交往”的需要，用于某种不便明说的“礼尚往来”。果真如此的话，殷鉴不远，当年的君子兰，现如今的天价月饼，等等，可有哪样哪件做成了“奢侈品牌”？动机不正，创意低俗，闹个笑话罢了。

三、扬正气、走正道，方能树立中国的产品形象和品牌

正因为“醉翁之意不在酒”，开发“天价榨菜”的企业不但不掂量创意，也不在乎技术工艺，根本无意于把榨菜做成精品。如此不把心思用在正路上，只求投社会歪风之所好，急功近利，贪图虚名，如何树得起品牌？如何发展中国的“奢侈品行业”？恐怕最后连从股东到职工的家常便饭都做不好。

公众关心“天价榨菜”，不仅是关心一种食品、一个企业、一个行业，更是在反思当下中国经济和企业发展的方向：我们不但需要核心技术，更需要正确的文化价值观，经营者只有发愤图强，扬正气、走正道，不要小聪明，不图歪财，方能真正树立中国的产品形象和品牌。

资料来源：http://www.shichangbu.com/article-491-1.html.

【问题讨论】

1. “天价榨菜”为什么不被消费者接受？它违背了哪些商品定价的心理策略？

2. 你认为企业要采用声望定价策略须具备哪些条件？可以采用哪些方法去实现？

项目实战

以小组为单位，查阅资料，对商品定价的每种心理策略各列举 2～3 个商品的实例（不得与本教材中的例子相重复）。

1. 说明所举商品定价实例符合各个心理策略的理由。

2. 选取本小组所列举的任一商品定价实例，分析该商品定价或调价后的市场表现，说明其对消费者心理有哪些影响。

拓展阅读

如何降低消费者对价格的敏感度，让她快速买买买

任何一个购买行为都是一个心理博弈后的结果，要想激发消费者对产品的购买欲望，降低消费者对产品价格的敏感度是一项必须要做到的工作。

为什么买彩票的人明知道中奖概率极低，还是坚持不懈地购买彩票？

为什么有些人平常看起来很小气，但是和情侣约会和送礼的时候却显得很阔气？

为什么人们失去 100 元钱的痛苦感远远大于人们得到 100 元钱的快乐感？

当我们了解了价格心理后，发现这一切其实都是“套路”，原来商家就是这样操控人性，降低消费者对价格的敏感度，促使他们消费。

一、概率消费

在这里把侥幸心理和低门槛消费两种消费心理行为结合在一起称为概率消费，概率消费能够有效撬动消费者的金钱和精力。

侥幸心理：认为最终的胜者很可能就是自己。

低门槛：在设置游戏规则时，游戏的门槛设置不要太高，一旦太高，参与的人数和人们的积极性就会降低。

买彩票就是典型的概率消费，只需要几块钱投资，就有可能获得几百万元，即使同时有几百万人在竞争，对于彩票销售方来说，也总是会赚的。对于未知，人们通常是抱有期待和幻想的。这对营销人的启示就是，你要举办一个活动，要想有更多的人参与进来，概率消费是一个不错的选择。让对方付出小成本就有可能获得大奖，虽然这个套路都被大家用烂了，但是依旧很有效。

这也是大家热衷于转发有奖的微博和朋友圈的动机了，反正又不需要多大的成本，为什么不试试运气？万一中奖了那多好呀！而商家在这样的过程中产品品牌不断曝光，从而达到自己的目的。

二、情感消费

特殊的消费场景和消费文化会大大降低消费者对价格的敏感性。回忆你的消费行为，

什么时候你会觉得价格贵也值得呢？情侣约会？送礼品给长辈？买学区房？

或许你平常是一个比较理智、节俭的人，但是在面对这三个消费场景时，即使商品消费价格高，你也依旧欣然接受，甚至是价格越高你越青睐。因为面对情、面对唯一，人的虚荣心会作怪，关于价格的敏感性就瞬间减少了。所以在开启消费者的钱包之前，首先启动他的情感按钮，打造稀缺性价值。这也是众多奢侈品和爱情纪念物能够受到大家推崇的原因。

三、得失心

捡一百块钱和丢一百块钱给人们心理带来的感觉是不对等的，捡钱带来的愉悦感是远远小于丢钱带来的痛苦感。对商家而言，有效使用“得”或“失”价格策略，则可以起到改变消费者购买行为的作用。

四、“快乐痛苦四原则”

一次捡75元，和先捡50元后捡25元，选哪个？一次丢75元，和先丢50元再丢25元，选哪个？实验证明，多数人选分着捡75元，一起丢75元。这就是经济学的“快乐痛苦四原则”：

（1）n个好消息要分开公布；

（2）n个坏消息要一起公布；

（3）一个大的坏消息和一个小的好消息，分别公布；

（4）一个大的好消息和一个小的坏消息，一起公布。

在定价中，如果你掌握了以上几个原则，那么就可以大大降低消费者的价格敏感性。

五、分割收益

将收益分割成众多小收益，给人们带来的成就感远远超过大收益本身。商场搞促销活动，给予消费者众多奖品，让消费者大包小包地把奖品带回家，事实上这些奖品的价格已经包含在支付的价格中了。电信套餐活动，按月给用户赠送话费，既培养了消费习惯，每月赠送的话费也能够提升消费者的收益价值等。总之给予客户的好处要慢慢给，分割收益在培育消费者的忠诚度和刺激消费者对产品的新鲜度上面起到了很大的作用。

六、打折形式策略

在现实的降价促销中，经常能够看到以下两种降价形式：以百分比形式打折；以降低实际价格形式打折。例如：一件25元的衬衫，打完8折后，顾客可以享受5元的优惠，那么20%的折扣就相当于5元的让利，哪一种更能够吸引消费者呢？再如：一台笔记本2 000元，降价200元同笔记本折价10%，哪一种更能够吸引消费者呢？

通常情况下，价格金额小，采取百分比的策略；价格金额大，采取减扣具体金额的策略。可以采用100元作为临界点来采取不同的降价策略。

资料来源：http://www.360doc.com/content/17/0422/22/40900340_647730589.shtml.

项目八
商业广告与消费心理

学习目标

※ 知识目标

- 理解商业广告的含义、分类、心理功能以及基本原则
- 掌握广告定位、广告创意、广告诉求与消费心理
- 掌握广告媒体的种类、特点以及选择的因素
- 了解广告心理效果的测定

※ 能力目标

- 能够运用理论知识对相应的产品进行广告定位与广告创意的基本把控
- 能够结合产品与市场实际情况选择适合的广告诉求
- 能够根据不同的产品与市场实际情况选择合适的广告媒体

导入案例

王老吉，“防火”让自己火起来

凉茶是广东、广西地区的一种由中草药熬制、具有清热祛湿等功效的“药茶”。在众多老字号凉茶中，又以王老吉最为著名（如图 8－1 所示）。王老吉凉茶发明于清道光年间，至今已有 175 年，被公认为凉茶始祖，有“药茶王”之称。到了近代，王老吉凉茶更随着华人的足迹遍传世界各地。

在中国大陆，王老吉的品牌归王老吉药业股份有限公司所有。20 世纪 90 年代中期，广东加多宝饮料有限公司取得了“王老吉”的品牌经营权。在国内市场，王老吉充当着本土饮料产品的行业领导者角色，究其原因，主要得益于以下几个方面：

首先明确红色王老吉是在“饮料”行业中竞争，其竞争对手应是其他饮料；其次，确

立品牌定位——“预防上火的饮料”，其独特的价值在于喝红色王老吉能预防上火，让消费者无忧地尽情享受生活。

“开创新品类”永远是品牌定位的首选。一个品牌如果能有与强势对手不同的定位，其广告只要传达出新品类信息就行了，而效果往往是惊人的。红色王老吉作为第一个预防上火的饮料进入市场，人们通过它知道和接受了这种新饮料，最终红色王老吉就会成为预防上火的饮料的代表，随着品类的成长，自然拥有最大的收益。广告传播者希望使品牌占领消费者的情感，就需要在洞察其心理需求的基础上，运用各种传播手段把产品的价值点无失真地传递到消费者的心智中。明确品牌要在消费者心智中占据什么定位，接下来的重要工作就是要推广品牌，让它真正地进入人心，让大家都知道品牌的定位，从而持久、有力地影响消费者的购买决策。

图 8-1　王老吉广告

红色王老吉制定了推广主题“怕上火，喝王老吉”，在传播上尽量凸显红色王老吉作为饮料的性质。在第一阶段的广告宣传中，红色王老吉都以轻松、欢快、健康的形象出现，强调正面宣传，避免出现对症下药式的负面诉求，从而把红色王老吉和“传统凉茶”区分开来。为更好地唤起消费者的需求，电视广告选用了消费者认为日常生活中最易上火的五个场景：吃火锅，通宵看球赛，吃油炸食品薯条、烧烤和进行夏日阳光浴，画面中人们在开心地享受上述活动的同时，纷纷畅饮红色王老吉。时尚、动感十足的广告歌反复吟唱“不用害怕什么，尽情享受生活，怕上火，喝王老吉”，促使消费者在吃火锅、烧烤时，自然联想到红色王老吉，从而购买。

红色王老吉在广告媒体选择上从一开始就主要锁定覆盖全国的中央电视台，并结合原有销售区域（广东、浙南）的强势地方媒体，在 2003 年短短几个月，一举投入 4 000 多万元，销量迅速提升。同年 11 月，企业乘胜追击，再斥巨资购买了中央电视台 2004 年黄金广告时段。正是这种疾风暴雨式的投放方式保证了红色王老吉在短期内迅速进入人们的视线，给人们一个深刻的印象，并迅速红遍了全国大江南北。

在地面推广上，除了在传统渠道的 POP 广告外，配合餐饮新渠道的开拓，为餐饮渠道设计布置了大量的终端物料，如设计制作了电子显示屏、灯笼等餐饮场所乐于接受的实用物品，免费赠送。在传播内容选择上，充分考虑终端广告应直接刺激消费者的购买欲望的目标，将产品包装作为主要视觉元素，集中宣传一个信息：“怕上火，喝王老吉。”餐饮场所的现场提示，最有效地配合了电视广告。正是这种有针对性的推广，使消费者对红色王老吉“是什么”“有什么用”有了更强、更直观的认知。目前餐饮渠道已成为红色王老吉的重要销售、传播渠道之一。

在频频的促销活动中，同样围绕“怕上火，喝王老吉”这一主题进行。如在“炎夏消暑王老吉，绿水青山任我行”刮刮卡活动中，消费者刮中“炎夏消暑王老吉”字样，可获得当地避暑胜地门票两张，并可在当地度假村免费住宿两天。这样的促销，既达到了即时促销的目的，又有力地支持巩固了红色王老吉“预防上火的饮料”的品牌定位。

同时，在针对中间商的促销活动中，公司除了继续巩固传统渠道外，还充分考虑了如何加强餐饮渠道的开拓与控制，推行“火锅店铺市”与“合作酒店”的计划，选择主要的火锅店、酒楼作为“王老吉诚意合作店”，投入资金与它们共同进行节假日的促销活动。由于给商家提供了实惠，红色王老吉迅速进入餐饮渠道，成为主要推荐饮品。

这种大张旗鼓、诉求直观明确的广告活动，直击消费者需求，及时迅速地拉动了销售；同时，随着品牌推广进行下去，一步步加强消费者的认知，逐渐真正建立起了品牌。

红色王老吉的巨大成功，根本原因在于企业借助了行销广告公司的力量，发现了红色王老吉自身产品的特性，寻找到了一个有价值的特性阶梯，从而成功地完成了王老吉的品牌定位。对中国企业而言，没有什么比建立品牌更重要的了。而要建立一个品牌，首要任务就是品牌的定位，它是一个品牌能否长久生存和腾飞的基石。

资料来源：https://wenku.baidu.com/view/7f66285e0c22590103029d01.html.

【学习与思考】

1. 查阅资料，叙述王老吉的广告语经历过怎样的演变。
2. 王老吉广告语的改变引起了目标市场怎样的反应，为什么？
3. 配合新的广告语，分析王老吉有哪些具体的营销举措，分别有怎样的收效。

任务一　商业广告概述

商业广告在我们日常生活中几乎无处不在，差不多每个人都能说出一两条印象深刻的广告，虽然人们对于各类广告的评价可能褒贬不一，但作为一种促销手段，商业广告是拉近与消费者距离的非常有效的形式。

一、商业广告的含义

广告，顾名思义，就是广而告之，即向社会广大公众告知某件事物。广告有广义和狭义之分。广义广告是指不以营利为目的的广告，如政府公告，政党、宗教、教育、文化、市政、社会团体等方面的启事、声明等。狭义广告是指以营利为目的的广告，通常指的是商业广告，或称经济广告，它是指企业为推销商品或提供服务，以付费方式，通过广告媒体向消费者或用户传播商品或服务信息的手段。

商业广告的本质是通过对商品、服务、品牌以及公司的正向宣传，以提升其在目标市场的知名度、美誉度以及忠诚度。商业广告的初期目的可以表现为品牌推广，而终极目的则一定是提升并维护销售额与市场占有率。

二、商业广告的分类

（一）按照使用观念分类

从商业广告问世至今，人类社会与科学技术都在不断地发展和变革，在继承传统的同时，不断有新生事物应运而生。因此按照人们对于商业广告的使用观念，可将商业广告分为传统媒体广告和新媒体广告。

1. 传统媒体广告

传统媒体广告，是指与新媒体广告相对、在传统媒体上发布的广告，如报纸广告、杂志广告、电视广告、电台广告、户外广告（如图 8-2 所示）、售点广告（也称 POP 广告）等。

图 8-2　两种户外广告

2. 新媒体广告

新媒体广告，是指建立在数字化技术平台上的，区别于传统媒体的，具有多种传播形式与内容形态的，并且可以不断更新的全新媒体介质的广告。根据制作平台的不同，新媒体广告可以分为三类：

（1）网络平台媒体广告，如博客广告、搜索引擎广告、电子邮箱广告、门户网站广告、聊天平台广告、网上即时通信群组广告、虚拟社区广告和电子报刊广告等。

（2）信息通信媒体广告，如手机短信广告、手机彩信广告、手机游戏广告、手机报纸广告和手机短剧广告等。

（3）移动媒体广告，如数字电视广告、卫星电视广告、移动电视广告、手机电视广告、IPTV（交互网络电视）广告、楼宇视频广告和播客广告等。

（二）按照表现形式分类

1. 硬广告

硬广告，是指以直接的、直白的“广告”的形式，宣传品牌、商品、服务等信息。换言之，目标市场内的受众人群接收到这些信息时，都非常明白接收到的是一个“广告”。比如我们常见的报纸和杂志上的广告、电视广告、电台广告、网站广告、公交车车身广告、电梯轿厢广告、高速公路牌、商业街区广告牌等。由于此类商业广告对其本身的商业目的“毫不掩饰”，就是以一个商业广告的本来面貌示人，表现形式相对较“硬”，有点勉强人接受的感觉，故而称为硬广告。

2. 软广告

软广告，是指为减少公众的广告躲避而将显明的、凸显的广告形式，通过更巧妙的、更迂回的、更隐蔽的方式传达出去，使消费者在不知不觉中把广告所传达的内容接受下来的一类广告。软广告和硬广告的差别在于，软广告并不直接坦明是广告，它是具有隐藏性的，硬广告也就是纯广告，是不掺杂于其他主体之中的。

由于过多的硬广告刺激使消费者眼花缭乱，无所适从，由适应而麻木，由厌烦而逆反，加之虚假广告也不断混入广告阵营，使消费者不仅对假广告反感，而且对真广告也小心提防起来，而广告一旦没有了效果，那就不得不改弦易辙；再者随着消费者文化程度、审美心理的提升，他们更喜欢艺术化的、能让自己参与的广告，而软广告正好满足消费者的这种发挥自己的创造才能和潜力的心理需求。常见的软广告包括软文与植入式广告。

（1）软文。

是指企业通过策划在报纸、杂志或网络等宣传载体上刊登的可以提升企业品牌形象和知名度，或可以促进企业销售的一些宣传性、阐释性文章。软文一般以文化类、文艺类、生活类等题材出现，在里面巧妙融入试图宣传的品牌、商品、服务信息，多以“生活方式”为契机，鲜活地展现在此类题材的文章中，使受众在阅读自己感兴趣的话题时，不知不觉地接收到相关商业信息，并不感到生硬与反感。例如，在文艺类杂志或者微博、微信上，时常会看到一些介绍世界各地风光的文章，图文并茂，引人入胜，但细心的读者不难发现里面会“顺理成章”地推荐一些旅行社的信息，供感兴趣的读者参考。另外，在一些人物访谈类的文章里，有时也会见到软文，比如一些名人、成功人士、KOL（关键意见领袖）的访谈中，受访者可能会在谈及自己的生活方式时，提到自己在某方面使用某某品牌的某产品，或者常常光顾某品牌的店，等等。

案例 8－1

她的人生全是 easy 模式

年轻读者也许对影后瑞茜·威瑟斯彭（如图 8－3 所示）并不熟悉。这位 1976 年出生，身高 156cm，长得不是传统美艳型的女星，却是好莱坞隐藏的头号人生赢家，整个人生 easy 模式一路通关。

瑞茜 7 岁就拍广告，11 岁在“10 州才艺秀”得到第一名。15 岁那年到电影《月中人》剧组试镜，想演个小角色，结果剧组决定让她演女主角。第一次拍电影就得到了“年轻艺人奖”提名。

图 8－3 瑞茜·威瑟斯彭

在学校里，瑞茜是高中啦啦队长，在美国，这个角色在同学们心目中可不得了。此外她还超爱读书，“每次到书店我就乐得发疯，恨不得把所有的书都买回去”。这样的“学霸”级女生，能进斯坦福大学念英国文学也是水到渠成。

不过，瑞茜实在太爱演戏，在斯坦福念了一年，就退学当演员。23 岁，她演了《校园风云》，演技获赞无数。后来，她凭借电影《与歌同行》获得奥斯卡和金球奖提名，成为双料影后。

如今的瑞茜家庭幸福，儿女三人中的女儿 Ava 长成了妈妈的翻版。一家人出门的画面，看起来颇为和谐。穿衣打扮方面，瑞茜品位非凡，善用素色与花卉图案混搭，打造清新又精明的现代女性形象。

图 8－4　凯迪拉克 ATS

最后，来看瑞茜开的车，凯迪拉克 ATS（如图 8－4 所示），2.0T 涡轮增压直喷发动机，百千米加速 6.2 秒，后轮驱动，50：50 前后重量配比，Brembo 高性能刹车，每秒响应 1 000 次的 MRC 主动电磁感应悬挂……斯坦福学霸 ＋ 奥斯卡影后在选车方面，也是自有主张！

凯迪拉克 ATS-L 长轴版现已到来，轴距加长 85mm 提升豪华感。顺着人生赢家指明的方向，你现在知道，该怎么选择一款充满时尚和运动气息的座驾了吧！

资料来源：http://blog.sina.cn/dpool/blog/s/blog_14ecb17b10102vzxb.html.

【学习与思考】

你认为这篇文章的真实目的是什么？能向读者传递哪些主要信息？你作为读者能形成怎样的心理效应？

（2）植入式广告。

是指将产品或品牌信息放在各种娱乐项目及非商业沟通领域中进行的策略性展示。即将被宣传的产品或服务作为背景、道具或情景，通过最形象、最生动的方式展示在电影、电视等娱乐项目或节目之中，如图 8－5 所示。往往会毫不生硬地给观众留下相当深刻的印象，并被广泛传播与效仿，从而达到营销目的。

图 8－5　影视剧中的植入式广告

案例 8－2

电影广告植入不是罪 只看做得好不好

近几年的几部贺岁大片，几乎不约而同地和“广告植入”扯上了点关系。《让子弹飞》的制片人马珂主动向媒体爆料自己曾经因为姜文拒绝植入而与其闹僵，两人一个月都没说话；《非诚勿扰 2》则直接创下了六千万元的单片广告植入新高，又一次在影片上映前就开始数钱。

长久以来，冯小刚电影都是“反植入小分队”的主要攻击目标，但是这并没能阻挡冯小刚电影的票房在攻击声中越“植”越高。有趣的是，收成更好的《非 2》植入看上去却没有第一部植入那么眼花缭乱、密不透风，至少在商业植入这个问题上，《非 2》确有进步。

《非诚勿扰》曾在国内引发了一阵旅游热，今年《非诚勿扰 2》中，冯小刚把主要的场景放在了海南，整部影片用大段时间来展示海南美景，海角、海景房成为影片的重要组成部分，美景也让影片看上去十分养眼，并与整部影片情节关联得比较紧密。影片上映后，不少影迷已经开始四处打探片中度假村的具体位置，讨论去那边度假的计划。据报道，开通的《非诚勿扰2》旅游团效果非常好。游客对海南的热情除了归功于当地的气候及旅游资源外，还源于对这部电影的喜爱。

007系列电影无疑是史上植入广告最成功的一个范本，007系列把植入广告变成影片文化。史上最强特工007詹姆斯·邦德人尽皆知，这部誉满全球的电影系列中同样充斥着各路植入广告。通过007系列电影，我们不难发现不同新车型、概念型手机、新型手表、饮料等产品不知不觉地出现在公众面前。

阿斯顿·马丁、莲花和宝马等名车，以及手表和手机等，这些产品常常作为电影道具以特写镜头出现，观众可以清楚地看到产品的形象、logo甚至特性。观众可以从这些商品中看出主人公的身份、地位、职业或生活态度，它们和主角仿佛是作为一个共同体而存在的。作为普通观众来说，完全可以接受这样的广告植入，且由于广告很细微地成为影片的一部分，传播效果大大加强，更成为影片本身文化体系中一个可以延续的传统。从这个方面来讲，007系列电影无疑是史上植入广告最成功的一个经典范本。

资料来源：http://ent.163.com/special/guanggaozhiru2.

【学习与思考】

1. 结合案例，请简要阐释你对上述植入性广告的心理反应。
2. 试分析成功广告植入案例的成功原因。

硬广告正是具有传播速度快、杀伤力大、涉及人群广的优点，所以一直以来成为大多数企业的首选，而且很多企业都是首先通过硬广告来打响自己品牌的。因此，软硬广告各有优劣，可以互为补充。许多广告主，如格兰仕、海尔、奥克斯等企业在注重硬广告投入的同时，建立起其完善程度不亚于销售网络的软广告发布网络和平台，然后再根据自己的市场推广策略，遍地开花地发布自己的软广告，对促进销售及提高品牌知名度起到至关重要的作用。企业应该结合自己企业的实际、硬软广告的各自特点，去探索适合本企业的广告方式。

（三）按照传播的商业目的分类

1. 产品广告

产品广告，是以“广而告之”为目的，着重向消费者传达商品信息，推销商品并加速商品的流通。日常生活中看到、听到的广告，以此类广告居多。此类广告不论采取何种形式，其主要内容是突出商品或服务的功能、优势，突出品牌的形象等。有时甚至可以看到“简单重复关键信息”的广告手法，比如“恒源祥”的电视广告，就是以连续重复三遍的“恒源祥，羊羊羊”为广告词。换言之，此类广告解决的是如何提升产品与品牌“知名度”的问题。

2. 形象广告

形象广告，是塑造企业的形象，以建立某种观念为目的的广告。这类广告的宣传目的是要建立或改变一个企业或一个产品在社会公众心目中的原有地位，建立或改变一种消费意识、树立一种新的消费观念。而这种新消费观念的树立，可以使社会公众倾心于某个企业或某项产品。此类广告的内容几乎不涉及“产品功能、产品优势”等基础信息，而更多以“文化传播”“生活方式引导”等形式呈现。例如，红塔集团的“山高人为峰”，给人的感觉就是一种“会当凌绝顶，一览众山小”的气概。

形象广告通常是在已解决其品牌“知名度”的前提下，提升并维护其品牌“美誉度”与“忠诚度”，需要更多地以“生活方式引导者”“文化价值观传播者”“社会责任承担者”的形象示人，在意识形态的层面强化受众的接受程度，扩散社会影响力。如丽珠得乐的“其实男人更需要关怀”的形象广告，引发一场社会大讨论，这场讨论使人们对“丽珠得乐”留下了更美好的印象。

案例 8-3

如何评价耐克讲述 C 罗与球迷灵魂互换的广告？

这是一则美国体育用品品牌耐克（Nike）请葡萄牙足球运动员克里斯蒂亚诺·罗纳尔多（Cristiano Ronaldo，又称 C 罗）拍摄的广告短片，讲的是一名普通球迷与 C 罗发生碰撞后产生了灵魂互换，在经过一番波折后，两人在英格兰与葡萄牙的大战之中再度相遇。这个故事线完全可以作为一部微电影，确实是很不错的灵感，核心主题也是近年来被多次采用的草根足球成长故事。

整部片子里，耐克帐下的欧洲大牌球星都有出镜，其中还有马夏尔代表法国队出战的画面。在 2006 年团队之星超级经典的创意之后，反而是耐克将这种类似复仇者联盟的团队创意继续发扬光大。

从内容来看，耐克把能加的基本都加上了。除了上面提到的“球星联盟”之外，自己的核心产品也有足够的曝光，并同时将自己在欧洲杯赞助的几支核心球队都带出来展示了一遍。配上浓烈的大赛氛围营造后，观众看完会有扑面而来的欧洲杯感觉，这一点再次胜过了德国公司。

一支微电影广告片，耐克把球队、球星、球鞋、球衣都拿出来展示了一遍，并奉上了一个漂亮的故事。广告本身挺有创意，制作也足够精良，也起到了耐克所想要的作用。

先说广告本身，广告开始时是一场葡萄牙对阵英格兰的友谊赛，英格兰前场角球开出，被葡萄牙解围。葡萄牙就势提速打反击，C 罗在前场右路得球，由于这球提前量不小，所以 C 罗全力加速，下底传中时没刹住车，和场边的一个球童撞在了一起。

第二天早上，奇妙的事情发生了，就是广告标题“the switch（互换）”。接下来就是灵魂互换后比较有意思的一段，这里不再一一讲述。

这个广告给人影响最深的就是出色的代入感，让人觉得这是足球比赛视频而非广告，首先有足够的球星，保证了技术动作质量的同时，也给了球迷亲切感；其次，耐克在剪辑、动作捕捉、镜头运用等方面做得很好；最后，剧情非常励志，而且逐步递进不会显得突兀。

“新 C 罗”从一开始带球都带不稳，并且在友谊赛上失误给了对手打反击的机会，再到后来的出色表现，经历了刻苦的磨炼，一步步追上自己附体的这位巨星。

变成了球童的“原 C 罗”在最初的不适应之后也接受了事实，没有抱怨，扎扎实实地从最底层开始做起，并开始一步一步往更高的地方前进，一步一步用这个球童的身体登上了巅峰赛场。

最终，勤奋的两个人在巅峰赛场上会师，灵魂交换，让年轻人懂得了赢得的一切都不是白来的，都需要努力获得。而C罗明白了成名之后依然不能忘记初心，需要继续努力。

而这也是耐克所想传达的文化：无论你是什么身份、什么天赋、什么能力，成功没有捷径，只有不断地努力进步，才能获得成功。

资料来源：https://www.zhihu.com/question/47288541.

【学习与思考】

1. 耐克已经是一个家喻户晓的品牌了，为什么还要做广告？
2. 你认为这则广告有真正推介耐克的产品吗？能起到怎样的广告作用，为什么？

三、商业广告的心理功能

商业广告的心理功能是指商业广告对消费者的心理和行为所产生的作用与影响，其功能的发挥是商业广告宣传获得成功的标志之一。

（一）传播功能

传播功能是指商业广告采用多种传播渠道和形式，不受时空的限制，向不同地区、不同层次的消费者公开传递有关企业的理念以及商品的商标、品牌、性能、质量、用途、使用和维护方法、价格、购买时间与地点、服务的内容等信息，使消费者对其有所认识，并在头脑中形成记忆、留下印象。据统计，生活在中心城市的当代中国人，每天会受到数百条广告的刺激，消费者会在这些广告信息的“轰炸”之下，有意或无意地对广告中的商品产生或多或少的认识。

（二）诱导功能

商业广告在介绍商品信息的同时，还要通过各种媒体和手段来唤起消费者美好的联想，给消费者以某种美的享受，从而改变其对商品的态度，激发其购买欲望和动机。通过新奇、幽默或富有情趣的方式以理服人，以情动人，迅速有效地吸引消费者的注意力，进而激发其对新产品的兴趣和向往，形成新的消费需要，促进购买实现。

（三）促销功能

促销功能是商业广告的基本功能，是促销组合中重要而不可或缺的因素。广告的效果越好越能促使消费者下决心做出购买行为，广告的魅力就在于能使消费者克服各种购买障碍与不便，达到购买目的。然而并非任何广告都能具备上述功能，许多消费者对那种司空见惯的“王婆卖瓜，自卖自夸”式的广告会产生抵触心理。因此，广告的发展趋势日益向着更加科学、人性、艺术和合理的方向迈进。

（四）便利功能

现代社会，人们的生活节奏越来越快，面对无数的产品，特别是层出不穷的新产品，如果没有广告的介绍和指引，消费者无疑会感到无所适从。广告能及时、反复地传播产品信息，便于消费者收集有关资料，在较短的时间内对各种产品进行较为详尽和有效的对比，为做出购买决策提供依据，从而为消费者节约搜寻和购买产品的时间和精力。

（五）教育功能

商业广告不仅指导消费，而且也影响人们的消费观念、文化艺术和社会道德。文明、健康的广告，对于扩大消费者的知识领域、丰富精神生活、陶冶情操、引导消费者树立合理的消费观念、丰富人们的精神生活、进行美育教育和促进社会公德等都有潜移默化的作用。有调查显示，消费者知晓的商品知识有50.9%来源于商业广告。

四、商业广告的基本原则

（一）真实合法原则

广告的真实合法原则，是指广告的内容必须客观、真实、准确地反映商品或服务的有关特征，不能做欺骗性的或者令人误解的宣传。维护广告的真实性，对减少社会污染、保障广告业的健康发展、促进社会主义市场经济建设，具有十分重要的意义。例如，2007年央视“3·15”晚会爆出“藏秘排油”减肥茶广告，经专家鉴定与藏茶没有关系，该广告不但误导、欺骗消费者，也使代言人的公信力受到公众的强烈质疑。

（二）科学合理原则

商业广告从制作、发布、管理等各个环节都应符合科学的传播规律。既要符合具体媒介的发布特点又要遵循人的认知心理。任何违反科学规律、自然法则的，不合乎人类常理的信息都不会被消费者接受。例如，2015年法兰琳卡推出的全新化妆品广告，本意或许是想强调自家产品的“天然”，却因为洗脑般地重复“我们恨化学”（如图8-6所示），被专家指出没有任何化妆品可以做到不含化学成分，这样炒作伪概念涉嫌欺诈消费者。

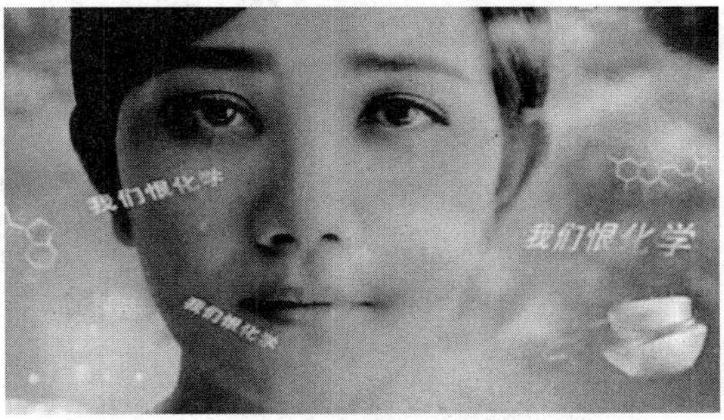

图8-6　法兰琳卡广告

（三）有效创意原则

商业广告是一种艺术创作，要通过大胆新奇的手法来制造与众不同的视听效果，最大限度地吸引消费者，从而达到品牌传播与产品营销的目的。但又有别于纯艺术创作，广告创意需要遵从其目标人群的客观情况，传递其能接收且乐于接收的信息，从而使得广告成为一个有效的行为过程。例如，有一个笑话：大学老师讲完微积分后问大家，“学习微积分，我们的目标是——”“没有蛀牙!”学生回答道。虽是一个笑话，却反映出了高露洁的广告创意深入人心。“没有蛀牙”，显然成了高露洁广告的最大记忆点。

任务二　广告设计与消费心理

商业广告的终极目的就是让消费者了解并购买产品，其作用能否发挥或发挥的大小取决于对消费者心理的影响程度。因此，企业应根据消费者的消费心理来进行广告的定位、创意与诉求设计。

一、广告定位与消费心理

（一）广告定位的含义

“定位”是一个在多领域被广泛运用的语汇，其原始含义是“确定方位、明确界限”。定位理论的创始人艾·里斯和杰克·特劳特曾指出，“‘定位’是一种观念，它改变了广告的本质”，“定位是你对未来的潜在顾客心智所下的功夫，也就是把产品定位在你未来潜在顾客的心中”。

可见，广告定位是现代广告理论和实践中极为重要的观念，是企业根据社会既定群体对某种产品属性的重视程度，把自己的广告产品确定于某一市场位置，使其在特定的时间、地点，对某一阶层的目标消费者出售，以利于与其他厂家产品竞争。它的目的，就是要在广告宣传中，为企业和产品创造、培养一定的特色，树立独特的市场形象，从而满足目标消费者的某种需要和偏爱，以促进企业产品销售服务。

因此，在商业领域，广告定位是指企业通过广告的途径向目标市场推送并强化“差异化产品”，以确定其产品在消费者心目中的位置。

（二）广告定位的心理策略

1. 市场定位策略

即把产品宣传的对象定在最有利的目标市场上。根据消费者的地域特点、文化背景、经济状况、心理特点等不同，进行市场细分，确定目标受众。

例如，宝洁号称“没有打不响的品牌”，这源自宝洁成功的市场细分理念。以洗发水为例，宝洁有飘柔、潘婷、海飞丝三大品牌，每种品牌各具特色，占领各自的市场。海飞丝特点在于去头屑，“头屑去无踪，秀发更出众”；飘柔突出“飘逸柔顺”；潘婷则强调“营养头发，更健康更亮泽”。三种品牌市场个性鲜明，消费群体需求划分明确，可根据自己的需要对号入座。这种细分，避开了自己同类商品的竞争，强有力地占领了市场。

2. 产品定位策略

即最大限度地挖掘产品自身特点，把最能代表该产品的特性、性格、品质、内涵等个性作为宣传的形象定位。可以从产品的特色定位、文化定位、质量定位、价格定位、服务定位等方面入手。通过突出自身优势，树立品牌独特鲜明的形象，来赢得市场和企业发展。

例如，在奶制品竞争激烈的环境下，伊利牛奶广告充分体现了“健康的牛，运动出好奶”的定位策略。此定位的优势是在奶源上做文章，充分挖掘消费者追求健康、新鲜、优质奶的心态，从而抢先占领了奶制品市场，赢得了良好的市场效益。

3. 观念定位策略

即在广告策划过程中，通过分析以迎合消费者的心理，赋予产品一种全新的观念，从一种更高层次上打败对手。这里融入更多的是一种思想、道德、情感和观念等。

例如，美国的七喜汽水，在广告宣传中把饮料分为可乐型和非可乐型饮料两大类，从而突破了可口可乐和百事可乐垄断饮料市场的局面，使企业获得空前成功。

4. 企业形象定位策略

即把定位的重点放在如何凸显企业的形象和树立一个什么样的企业形象上。企业根据环境变化的要求、本企业以及竞争对手的实力，通过注入某种文化、某种感情、某种内涵于企业形象之中，形成独特的品牌差异。真正成功的企业形象，是恰到好处地把握住时代脉搏，击中人类共同的感动与追求。

例如，劳斯莱斯公司以过硬的产品及服务为基础，将“不求廉价便利，只求高档豪华”作为自己的形象定位，获得了消费者的广泛认可。

5. 品牌定位策略

即把定位的着眼点落在扩大和宣传品牌上，使品牌在消费者的心中占领一个特殊的位置，当某种需要突然产生时，随即想到的品牌所代表的商品。目前的市场竞争已进入了同质化时代，消费者无法从简单的识别中辨别出同类商品的优劣，使得他们购买商品时往往就是选择自己所喜爱的品牌。因此，谁抢先树立了自己的品牌，就抢先赢得了商机。

例如，浙江纳爱斯的雕牌洗衣粉，在品牌塑造上大打情感牌，在借助社会对下岗女工生活的关注而创造的广告宣传片中，一句“妈妈，我能帮您干活啦”的真情流露，引起了消费者内心深处的震颤以及强烈的情感共鸣，使得该品牌更加深入人心。

(三) 广告定位的方法

1. 抢先定位

抢先定位是指企业在进行广告定位时，力争使自己的产品品牌第一个进入消费者的心目中，抢占市场第一的位置。经验证明，最先进入人们心目中的品牌，平均比第二进入的品牌在长期市场占有率方面要高得多，而且这种关系是不易改变的。如“皮尔·卡丹”在法国名牌服装中只能排在中间的位置，但是它在中国被认为是法国最有名的服装品牌之一，拥有广泛的品牌忠诚者，只因为它是改革开放后第一个进入中国的法国服装品牌。

2. 强化定位

强化定位是指企业一旦成为市场领导者后，还应不断地加强产品在消费者心目中的印象，以确保第一的地位。实行强化定位应做到以下两点：

(1) 不断加强消费者起初形成的观念。例如，可口可乐公司所用的强化广告词是“只有可口可乐，才是真正可乐”，仿佛可口可乐是衡量其他一切可乐的标准，其他任何一种可乐类饮料都是模仿“真正的可乐”。

(2) 绝不给竞争者以可乘之机。领导者绝不应盲目自大，自以为地位很稳固，沉浸在自满自豪之中，而应密切注视竞争者的动向，掌握竞争优势。

3. 比附定位

比附定位是指企业在广告定位中，不但明确自己现有的位置，而且明确竞争者的位置。竞争者的位置与自己的位置一样重要，甚至更加重要。然后用比附的方法努力建立或找到自己的品牌与竞争者的品牌、自己想要占据的位置与竞争者已占据的位置之间的关系，使自己的品牌进入消费者的心目之中。例如，不含铅汽油、无糖汽水等都是新观念相对于老观念的比附定位。

4. 逆向定位

逆向定位是指企业在进行广告定位时，面对强大的竞争对手，寻求远离竞争者的“非同类”的构想，使自己的品牌以一种独特的形象进入消费者心目之中。例如，在娃哈哈、乐百氏的纯净水占绝对市场优势的情况下，农夫山泉提出“天然水”的概念，成功地抢占了市场。

5. 补隙定位

补隙定位是指企业在进行广告设计时，根据自己产品的特点，寻找消费者心目中的空隙，力求在产品的大小、价位和功能等方面独树一帜，如“舒肤佳”香皂的去菌功能的定位、“立白”的不伤手的定位、“沃尔沃”最安全的汽车的定位等。只要悉心研究，在广告定位时总能找到所需要的空隙。

二、广告创意与消费心理

广告定位是广告创意的前提，而广告创意是广告定位的表现。即广告定位是解决“做什么”的问题，广告创意则是解决“怎么做”的问题。据统计，在被收看的众多广告中，只有 1/3 的广告能给观众留下一些印象，而这 1/3 中只有 1/2 的能被正确理解，仅仅 5% 能在 24 小时内被记住。因此，创意是广告的灵魂与生命，只有那些富有心理感染力和震撼力的优秀创意广告作品，才可以吸引消费者注意，并被理解和牢记。

（一）广告创意的含义

在广告定位成功表达出来，并且有效地、艺术地传递给目标人群，形成令人印象深刻的心理应答后，需要有创造性的广告内容设计。因此，广告创意是指在广告定位的基础上，在一定的广告主题范围内创造性地进行广告整体构思，以最大限度地吸引消费者产生购买行为的活动。

（二）广告创意的原则

1. 原创性

创意的本质就是不墨守成规，拥有新的爆发力，带领人们从一个新的角度去看待事物，创造性地传达信息。但是原创性并不一定是去发明一个从前没有的东西，更多时候是借鉴艺术，学习生活，让某种艺术形式服务于广告本身。比如，某品牌在地铁内部办画展，就是借鉴了环境艺术，将之做成一种广告活动。但是如果其他品牌再这样去做，就不具备原创性了。

2. 简明性

广告创意的简明性是指广告创意必须主题鲜明而又突出，整个创意清晰明了，没有其他概念的加入，以免冲淡效果或给人散乱的印象。在当今这个信息爆炸的年代，消费者看广告多半是简单浏览而不是仔细观看，信息越单纯越容易被记住。最好的创意往往是最简单的创意，比如麦当劳广告：有 Wi-Fi，有薯条（如图 8-7 所示）。

图 8-7 麦当劳广告

3. 实效性

广告创意能否达到促销的目的基本上取决于广告信息的传达效率，这就是广告创意的实效性原则，其包括理解性和相关性。理解性即易为广大受众所接受。在进行广告创意时，就要善于将各种信息符号元素进行最佳组合，在“新颖性”与“可理解性”之间寻找到最佳结合点。而相关性是指广告创意中的意象组合和广告的主题内容必须相互关联。如有这样一个广告：一辆行驶的轿车在红绿灯路口正要飞驰而过时，一个止咳药外包装盒从天而降，落在车上，轿车戛然而止，绿灯变成红灯，广告语为“某某止咳药，想停就停”。如此牵强地将轿车与止咳药联系在一块，这样的创意，只能让消费者摸不着头脑。

4. 震撼性

震撼性是指广告创意能够深入受众的心灵深处，对其产生强烈的冲击。广告作品使受众心理受到强烈的震撼，对提升产品的知名度、美誉度，增加品牌的附加值起到重要作用。某健身品牌的广告，将文艺复兴时期雕塑巨匠米开朗琪罗的代表作——一个充满着旺盛生命力、有着必胜信念的健与美的英雄形象《大卫》，变成一个大腹便便、浑身赘肉的胖子，强烈的对比震撼了消费者的眼球和心理。

（三）广告创意的心理策略

1. 示范型策略

指通过实物的实验表演、操作、使用等来证实商品品质优良，从而激发消费者的购买欲望，推动产品销售。如宝洁公司的汰渍洗衣粉的广告，采用了现场洗涤油渍斑斑的白色衣物给消费者做示范，污渍荡然无存，给消费者留下了深刻印象。

2. 证言型策略

指通过援引有关专家、教授、学者的证词来证明商品的特点、功能或作用，或者援引有关荣誉证书、奖杯、奖状、历史资料、鉴定证书或事实等，使广告商品产生威信效应，获得广大消费者的信任，如高露洁牙膏引用牙科专家的证言。

3. 情感型策略

指把商品的特点、功能和用途，融入人的情感，进行人格化、情感化和心理化的定位和渲染，以喜怒哀乐的形式在广告中表现出来。例如，绿箭牌口香糖广告以绿箭牌口香糖为“媒”，使火车上两个陌生的男女从相遇、相识到相爱，通过爱情故事的演绎，赋予了商品浓浓的情意。

4. 定式型策略

指广告人员根据特定时机人们所特有的定式心理或根据人们已形成的定式观念，策划出相应的诉求意境、进行广告创意的一种策略。在社会生活中，可用作广告创作素材的时机是多方面的，包括国庆节、春节、情人节等主要的社会节假日，以及奥运会、亚运会、大型展览会等重大的社会活动时间。如在我国“神舟五号”“神舟六号”飞船成功实现载人航天的时候，蒙牛乳业公司迅速推出“蒙牛牛奶是中国航天员专用牛奶”的广告，充分利用引起大众的爱国热情和民族自豪感的这一新闻事件来吸引消费者。

5. 联想型策略

指利用人们的联想心理，通过在其他事物上发现与广告商品相同的属性，借以表达广告主题。例如，法国雪铁龙公司的广告中，一辆雪铁龙汽车在航空母舰上追逐着一架在天空飞行的喷气式歼击机，忽然，雪铁龙汽车腾空而起，居然越过飞机一大截，接着一头栽入大海之中，就在人们惊愕之际，一艘核潜艇载着这辆汽车，在进行曲的音乐中破浪而出。消费者在欣赏这些惊险广告镜头的同时，自然会联想到雪铁龙汽车的卓越性能。

6. 对比型策略

指通过比较的方式，显示某一商品品牌或服务优于其同类竞争商品的特性。对比型广告创意策略的具体应用就是比较广告，如 1983 年美国农业部一项正式调查表明麦当劳公司的巨型汉堡包缺斤少两，温迪公司对此迅速推出“牛肉在哪里?”的比较广告，美国农业部的证词使广告主张可信而有力，因而大获成功。在我国，由于对比较广告有严格的要求，所以在进行该类广告创意时一定要慎之又慎。

7. 悬念型策略

指通过设置悬念，让消费者产生好奇心理，然后将商品委婉地表现出来，从而给消费者留下难以磨灭的印象。例如，菲律宾国家旅游公司曾以到菲律宾旅游有“十大危险”作为广告主题，利用悬念吸引读者进一步阅读广告的详细内容，从而让人们认识到：菲律宾是世界上名副其实的旅游胜地。

8. 幽默型策略

指在广告中用富有情趣的方式来表达自己的思想、感情、见解、态度以及营销观念，使广告创意体现出风趣、机智和亲切的一种广告策略。例如，立邦漆的广告——小屁股篇（如图8-8所示）。八个不同肤色的孩子屁股上涂满了五颜六色的油漆，伴随着欢乐的音乐怡然自得，通过轻松幽默的方式，透露出浓浓的人情味。

图8-8 立邦漆的广告

三、广告诉求与消费心理

（一）广告诉求的含义

广告诉求是商品业广告所要强调的内容，俗称"卖点"，它体现了整个广告的宣传策略，往往是广告成败关键之所在。作为广告定位和广告创意的结果，广告诉求得当与否，往往会影响消费者的心理反应，从而最终影响其购买行为。

广告诉求是广告内容中很重要的部分，是创意性的企图，也是企业为了改变消费者的观念，在广告传播中所应用的某些心理动力，以引发消费者对于某项活动的动机，或影响其对于某种产品或服务的态度。

（二）理性诉求广告和感性诉求广告

根据广告信息对消费者的心理影响方式的不同，广告诉求可以分为理性诉求和感性诉求两种类型。在实际应用中，采用什么样的广告内容和广告形式对消费者进行说服，与商品自身的特点有很大关系，很多广告采用了情理结合的诉求方式，即用理性诉求传达信息，以感性诉求激发受众的情感，从而达到最佳的广告效果。如汰渍洗衣粉通过一位家庭主妇讲述自己的亲身体验，来证明产品的特点：清洁、清爽、清香。

1. 理性诉求广告

理性诉求广告是指广告诉求定位于受众的理智动机，通过真实、准确、公正地传达企业、产品、服务的客观情况，使受众通过概念、判断、推理等思维过程，理智地做出决定。它主要告诉受众如果购买某种产品或接受某种服务会获得什么样的利益，反之，会产生什么样的影响。理性诉求广告有一定的强制性，需要消费者理性思考。恰当地使用理性诉求策略，可以起到良好的劝服效果；使用不当，又常常会变成对消费者的一种说教，使消费者从本能上产生抵触情绪，从而造成广告的失败。如力士润肤露广告：含有天然杏仁油及丰富滋养成分，清香怡人，令肌肤柔美润泽，适合中性和油性肌肤。这则广告，简单明了，将产品的特性和由此产生的功效一一准确阐述，可以使消费者对这种产品产生全面认识。

案例 8-4

治疗感冒，黑白分明

1995 年，“白加黑”（如图 8-9 所示）上市仅 180 天销售额就突破 1.6 亿元，在拥挤的感冒药市场上分割了 15%的份额，获得了行业第二品牌的地位。这一现象被称为“白加黑”震撼，在营销界产生了强烈的冲击。

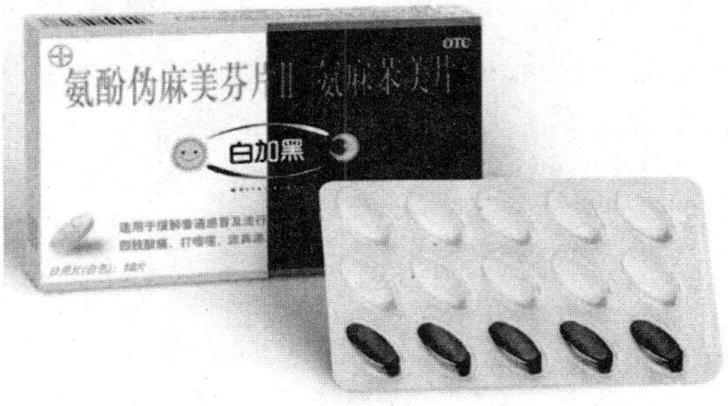

图 8-9 “白加黑”

感冒药市场已呈高度同质化状态，很难发掘出“独特的销售主张”（USP）。无论中、西药，都难以做出实质性的突破。康泰克、丽珠、三九等“大腕”凭借着强大的广告攻势，才各自占领一块地盘，而盖天力这家实力并不雄厚的药厂，竟在短短半年里就后来者居上，其关键在于崭新的产品概念。

“白加黑”广告是个了不起的创意，它把感冒药分成白片和黑片，并把感冒药中的镇静剂“扑尔敏”放在黑片中，其他什么也没做：五彩缤纷的电视画面突然消失了，屏幕上一半黑一半白，此画面一下子引起人们的注意，突然屏幕上出现一行字“感冒了，怎么办？你可选择白加黑呀!”“白天吃白片，不瞌睡；晚上吃黑片，睡得香。”这则电视广告不但引人注意，而且给人留下深刻印象。

【学习与思考】

“白加黑”广告这种理性诉求方式为什么能给消费者留下深刻的印象？

2. 感性诉求广告

感性诉求是指在广告中融入亲情、爱情、友情等情感，通过赋予商品生命力和人性化的特点，激起消费者的怀旧或向往的情感共鸣，从而能诱发消费者对商品的购买动机的广告。

感性诉求广告中，消费者首先得到的是一种情绪、情感的体验，是对产品的一种感性认识，得到的只是产品的软信息。这种软信息能够在无形中把产品的形象注入消费者的意识中，潜移默化地改变消费者对产品的态度。感性诉求广告以消费者的情感或社会需要为基础，宣传的是广告品牌的附加价值。

案例 8-5

雕牌产品的广告转型

雕牌系列产品的广告策略经历了一个从理性诉求向感性诉求的转变。初期，雕牌洗衣粉以质优价廉为吸引力，打出“只买对的，不买贵的”口号，暗示其实惠的价格，以求在竞争激烈的洗涤用品市场突围，结果这则广告效果一般。而其后的一系列的关注亲情、关注社会问题的广告，深深地打动了消费者的心，取得了良好效果，使消费者在感动之余而对雕牌青睐有加，其相关产品连续四年全国销量领先。

“妈妈，我能帮您干活了”，这是雕牌最初关注社会问题的广告。它通过关注下岗职工这一社会弱势群体，摆脱了日化用品强调功能效果等差异的品牌区分套路，对消费者产生深刻的感情震撼，树立起贴近人性的品牌形象。其后跟进的“我有新妈妈了，可我一点都不喜欢她”延续了这一思路，关注离异家庭，揭示了“真情付出，心灵交汇”的生活哲理，对人心灵的震撼无疑是非常强烈的。雕牌产品的广告策略通过诉诸情感的方式（见图 8－10），效果得到了明显的提升。

图 8－10　雕牌产品广告

【学习与思考】

1. 试分析雕牌两次广告语的广告诉求的区别与联系。

2. 从消费心理的角度，阐释第二次广告语为什么能取得更好的效果。

任务三　广告媒体选择与广告心理的效果测定

“媒体”又称“媒介”，其意为“中间的”“手段”或“工具”等。广告媒体是用于向公众发布广告的传播载体，是指传播商品或劳务信息所运用的物质与技术手段。传统的“四大广告媒体”中，电视媒体和电台媒体被称为电波媒体，报纸和杂志媒体被称为平面媒体。

一、广告媒体的种类与特点

随着社会科技的发展，现代广告媒体的种类越来越多，主要有电视、广播、报纸、杂志、网络、POP 广告（销售现场广告）、户外广告（路牌广告、电动或电子户外广告、灯箱广告、交通广告、海报与招贴、运动场地广告等）等。各种媒体的优缺点如表 8－1 所示。

表 8－1　几种常见媒体的优缺点

广告媒体	媒体优点	媒体缺点
电视	能够综合地运用语言、文字、声音、图像等多种方式，具有优质的视听效果，感染力强，且信息传播速度快、范围广	受到时间、地点设置等条件的限制，成本高；保存性差；过多的重复播放容易引起消费者的逆反心理
广播	传播速度快，表现方式灵活多样；传播对象较为广泛；针对性强；价格比较低廉	不便记忆；有音无文，无法查存；听众过于分散，效果难以估计

续前表

广告媒体	媒体优点	媒体缺点
报纸	信息量大；准确性强；读者稳定，宣传覆盖率高；传播迅速，反应及时；可自由选择刊登日期；制作简单，费用较低	保存性差；时效性短；内容繁杂，易分散注意力；画面清晰度较差，不易引人注目
杂志	促销对象明确、稳定，收效率高；阅读率和保存率比较高；广告画面鲜明，易引人注目；读者稳定；时效较长	读者群比较窄，广告宣传面有限；制作周期固定而且较长，信息传递延迟性较大；制作和印刷费用较高，成本较高
网络	传播范围广，速度快；具有即时互动性；表现手法生动；具备持久性和可检索性；目标顾客针对性强；能够展示产品；统计性强；信息量大，广告费用较低	目标对象具有较大的局限性；广告效果难以把握；会受到电子设备、网络通信设施的限制
POP广告	美化购物环境，提高顾客购买兴趣；使顾客就近观看商品，容易产生购买行为	设计成本高；要求设计人员有较高的营销策划、设计能力
户外	地理选择性好；持续时间长，过往行人可以反复观看；成本费用低	针对性差，表现内容少

二、广告媒体选择的主要因素

广告作为一种传播行为，面对现阶段纷繁复杂的广告媒介，必须考虑到媒介具体特性的差异，以最小的投入换取最大的广告效果。影响广告媒介选择的因素主要以下几种。

（一）广告要求

广告媒体选择必须依据广告要求来确定，与广告主的经营策略与经营活动紧密配合。例如，为确立企业形象，或是巩固品牌忠诚度等长期目标，广告在媒介选择上，可以以户外广告、报纸广告为主，兼顾电视广告等其他形式。如果是新产品上市或是商店开业，目标就是在短期内提高知名度扩大影响，这时我们可充分利用电子媒介快速直观的优势，在很短的时间内造成轰动效应，达到短期广告目标。

在时机选择上，也应紧密结合广告目标来进行抉择。如旅游区，广告宣传的目的就是在旅游旺季吸引更多的游客；对旅游旺季是夏天的海滨城市，其旅游宣传广告的时间安排应以春末夏初为主，而对旅游旺季是冬天的北国雪域则为秋末冬初。

（二）广告对象

广告对象是广告的受众，即消费者。因此广告媒体选择还要考虑特定的消费者的性别、年龄、文化程度、消费心理、爱好、职业和生活规律等，这直接决定了消费者与媒体的接触程度。如果不了解消费者的特性和媒体习惯，广告设计再好、创意再独特、广告频率再高，也没有效果。

知识链接

消费观念对广告媒体的影响

一、广告内容受到消费观念影响从而影响广告媒体的选择

消费者在市场中占有绝对的主导地位，因此市场上各种商品的生产和宣传销售都要受到消费者的影响。我们知道，商家为了盈利需要做到迎合消费者，因此广告内容就更加会

受到消费者消费观念的影响。这样一来，在制作广告时就应当充分考虑消费者的心理，引起消费者的注意；并且能够达到说服消费者购买产品或是达到使消费者形成深刻印象的目的。

要首先做到使消费者在看到广告时引起注意，其次激发起消费者的兴趣，最后达到诱发消费者购买欲望的目的。为实现以上几点，首先需要做到的就是充分了解消费者的需求。一般情况下，能够贴合消费者需要的广告是能够达到效果的。当前各色广告林立，消费者也产生了一定的疲劳心理，并且许多商家的失信行为导致消费者对广告持有怀疑观念，因此，当前在广告的内容制作方面，一是要能够打破传统寻求新型的广告方式，力求能够在多样的广告中引起消费者的注意；二是要贴合消费者的内心，把广告做得更加真实，让消费者能够看到商家的信誉，从而打破消费者的怀疑心理，达到广告宣传的目的。

因此，我们可以看到，广告内容的制作与消费者的消费观念是息息相关的，这就很大程度上影响了广告媒体的选择，如果消费者的消费观念较为保守和传统，那么就应当在铺设广告时选择一些传统的广告媒体，例如报纸、杂志等，这些广告媒体给人以传统可靠、信誉度高的印象，如此选择就能达到很好的目的；而如果需要传达的是某种精神文化内涵时，就可以选择电视广播等具有较强情境性，能够给人带来较强感染力的媒体，因此我们需要针对不同的消费观念以及不同宣传目的来选择不同的广告媒体，以达到更好的广告目的。

二、消费观念影响广告表现方式从而影响广告媒体选择

广告的表现方式多种多样，包括声音、文字等，一般情况下对于文字、图片添加较多的广告就会选用纸质媒体，而以声音、影像为主时就可以选用电视、网络等多元化的表现方式。人们的消费观念影响着不同产品选择广告媒介的方式，例如家电的广告一般来说采用电视媒体的方式比较多见，这与消费者的观念是密不可分的。作为消费者，想要看到的就是这些家电为生活带来的实际方便，尤其涉及一些创新科技的地方，消费者就需要通过电视广告生动直观地了解，而在这一方面，纸质媒体与广播等就不能很好地发挥出宣传的作用，无法迎合消费者的观念。在生活中我们常见的食品广告能够采用的广告媒体有很多，比如杂志、报纸等，通过色彩鲜艳的照片配上生动的描述文字，能够很好地展现出广告效果，也能够迎合消费者的消费观念。

因此，针对消费者对不同商品所持有的不同消费观念来选择广告媒体是做好广告的基础，正确的方式能够为广告本身增添吸引力，达到宣传产品的作用。

三、广告发布时机受到消费行为影响从而影响广告媒体选择

现在社会人们的生活压力不断增大，生活节奏也越来越快，因此节假日成了人们放松休闲的时机。在这些时段内，消费者们往往都会选择旅游购物等，因而这些时段内产生的商机是十分巨大的，利用好这些时机来做好广告的宣传，就能够更进一步达到商家扩大收益的目的。

节假日期间的广告相比平时的广告要更加具有针对性和及时性，能够与节假日相关联，在这一时期，消费者处于放松愉快的状态，往往愿意购物，如果能够抓住这些时机多做宣传，消费者也是愿意购买的。针对消费者的购买意向制定一些优惠的政策并且将这些优惠加大宣传，让更多的消费者知道，从而在这一段时间内提高销售量。对于消费者来说，他们普遍认为商家会在节假日期间进行促销活动，因而就会主动留意这些信息。而作为广告方，就应该加大广告的铺设范围，包括常见的报纸、电视等，除此之外还可以针对

优惠的商品制作出专门的彩页突出宣传，这样就能够使消费者更容易接收这些广告信息。

资料来源：http://media.people.com.cn/n/2014/1008/c389664－25789800.html.

（三）广告媒介

1. 传播范围

不同的广告媒体传播范围不同，广告媒体的选择应与企业的市场定位相一致。如：企业的产品是行销全国的，可选择全国性的报刊、广播电台或电视台等做广告；区域性的产品，则可以选择地方性的报刊、电台等传播媒体。

2. 媒体声誉

不同媒体由于创办的历史、成就、地位不同，在消费者心中有不同的声誉。如在中央电视台播放的广告，其受信任程度大大高于在地方电视台播放的同一广告。

3. 媒体能力

媒体能力是媒体的播出时间、内容、色彩等对受众的吸引力和感染力。例如，可以通过报纸、杂志的发行量、阅读率，广播与电视的收听率、收视率，以及对各自内容的传闻率来判断。

4. 媒体广告成本

企业选择媒体，既要考虑媒体广告所应达到的理想效果，又要考虑企业的经济承受能力。如：实力雄厚的企业可选择电视等费用较高的媒介及价位较高的黄金时段或版面；一般中小企业可选择费用较低的媒介及低价位的时段或版面。此外，在有限的费用中创新运用新媒介会收到极好的效果。

（四）产品特征

实现消费者、商品、广告媒体的最佳组合是广告媒体选择的关键，也是提高广告心理效应的重要因素。不同的消费者对产品的关注点不同，对广告媒体的偏好程度也不相同。如：功能多、使用方法较为复杂的高科技产品，需要用较多的文字内容进行详细的讲解与说明，广告媒介就应以报纸、杂志等平面媒体为主；而技术含量不高的大众化产品，就可以选择广播、电视媒体。再如，因为许多老年人喜欢一边听广播一边晨练，适合老年人使用的保健用品选择早间广播就可以取得较高的收听效果。

案例 8－6

关于电梯广告的讨论

A 公司是一家中高端家具供应商，产品涵盖套房家具各个类别，目前已经进驻 X 城市五年，拥有三个门店，并已在该城市具有一定的品牌知名度。A 公司在市场战略方面一向定位明晰，锁定全市中高端新楼盘的业主为目标人群，因此在广告宣传上，目标楼盘为“必争之地”。

图 8－11　电梯广告

电梯广告（如图 8－11 所示）是 A 公司在 X 市之前尚未尝试过的广告形式。目前，就是否应该在全市重点楼盘做电梯广告一事，A公司在X市的管理层形成了正反两派意见：

赞成派认为：由于公司产品是中高端套房家具，潜在消费者肯定主要来自全市的目标楼盘，道理很简单，对于成套购买家具的需求，通常只有买了房的人才会有。因此，深入目标楼盘，在小区内做广告是非常重要的。电梯是小区内出入的“必经之道”，且人站在电梯内时，墙上的广告对目光有一种“强制吸引力”。因此，电梯广告无疑是很有益的接触目标终端的形式。

反对派认为：由于公司产品是中高端套房家具，目标楼盘中相当比例为别墅楼盘，而别墅是没有电梯的。即便对于有电梯的小区而言，经常乘坐电梯的人，是已经入住的业主，这部分人群是没有购买套房家具的需求的，应排除在目标人群之外。而买了房还没买家具的业主，实际上是住在其他地方的，就算房子在装修阶段，也未必每天来，经常使用电梯的人其实主要是装修工人。

【学习与思考】

1. 你更赞同哪一方的观点，为什么？

2. 如果你认为可以做电梯广告，广告内容应重点体现什么？如果你认为不应该做电梯广告，请提出至少一种其他广告形式的建议，并陈述理由。

三、广告心理效果的测定

广告心理效果的测定，是衡量广告有效性的行为措施，其目的是调查广告信息通过特定的介质传递至目标消费者后，消费者的心理接受程度。广告对于消费者的影响，归根结底，是对消费者心理的影响，具体可表现为一系列的心理效应，包括对广告传递信息的感知程度、记忆效率、思维状态、情感激发和态度转变。因此，对于广告心理效果，可以上述逐项心理效应为指标进行测定。

（一）感知程度的测定

广告只有通过人的感知，才能让消费者了解某个产品或企业的存在，达到影响购买的目的。在广告活动中，利用人们的感觉形象形成的规律，引起消费者的注意，以激发兴趣，创造欲求，是一种重要的心理手段。因此，测定消费者对广告内容的感知程度的深浅，是衡量商业广告是否有成效的标准之一。测定消费者对广告内容的感知程度，一般应在广告发布的同时或在其后不久进行，以求其测定的准确性，不致受遗忘的干扰。

测定的方法主要有机械调查法、日记式调查法、访问法等。调查的内容，主要是电视收视率、广播收听率和报纸、杂志的阅读率的高低，以及播出广告后广告企业或产品在消费者中的知名度的大小。

（二）记忆效率的测定

广告的累积刺激，对消费者的消费行为也能发挥很大影响。这是广告的返效性形成的原因之一。其作用原理则是累积刺激的作用，有赖于消费者对广告内容的记忆效率。

所谓记忆效率，是指消费者对广告内容的重点诉求的保持和回忆水平。广告媒介、广告内容、广告技巧和广告时间等因素，以及消费者的年龄、个性等，都会对广告诉求的记忆效率发挥作用。记忆对刺激潜在的消费者的购买行为极有价值。当他们产生需求时，往往会无意识地回忆起值得信赖的或有好感的商品，由此而影响购买决策。所以，消费者对广告内容记忆效率的高低，对具体广告的经济效益有很大的和很长远的影响。

测定记忆效率，一般要定期进行，其方法主要有回忆法、再认法和学习法等。

（三）思维状态的测定

消费者在对广告的内容发生感性认识后，往往会进入对广告内容的思维阶段。消费者对广告内容的思维，主要表现为对广告观念的理解。因此，对消费者的思维状态进行测定，事实上是在调查消费者对广告观念的理解程度。思维状态的测定，一般按广告的诉求重点或心理目标，以及广告创作的有关组织部分，调查消费者对其理解的程度。

一般采用询问调查法，对问题采取“剥笋式”。例如，意思是什么—为什么会这样—结果会怎么样，逐层进行分解，由此掌握消费者对广告的理解程度。

（四）情感激发测定

有意义的广告信息，往往对被宣传者产生信息刺激，容易激发消费者的感情反应，尤其是一些暗示性的广告在这方面的功效更显著。广告只有激发消费者的积极情感，才能更好地促进购买欲望。因此，情感激发的测定，也是判断广告效果的必不可少的依据。情感激发的测定，一般通过对比试验或询问来进行。

案例 8-7

耐克广告——定律是用来被打破的

在耐克“定律是用来被打破的”30 秒电视广告中，耐克跑鞋结合事件情节适时反复出现。

伴随着一段充满悬念的音乐，黑白画面闪入，在起跑线上，亚洲肤色的小腿肌肉有节奏地跳动，做起跑前的最后准备，还有穿在脚上的耐克跑鞋……此时音乐戛然停止，字幕打出：“定律 1，亚洲人肌肉爆发力不够?”

紧接着是镜头由远及近地拉向黑白栏杆，起跑线上蓄势待发的运动员，和枪响后的一连串起跑动作……音乐又一次戛然停止，字幕打出：“定律 2，亚洲人成不了世界短跑飞人?”

起跑后，音乐节奏骤然加快，运动员们一片争先恐后，耐克跑鞋再次出现，亚洲肤色的大腿肌肉更有节奏，刘翔的身影从侧面开始显现……音乐第三次戛然停止，字幕打出：“定律 3，亚洲人缺乏必胜的气势?”

但是此时此刻，音乐的旋律变得高亢，镜头下，刘翔在第四跑道一路领先，以绝对优势把对手抛在后面。再也没有疑问，字幕打出：“定律是用来被打破的。”面对镜头的刘翔挥舞着拳头，庆祝自己的胜利，而同时见证这一胜利的是穿在刘翔脚上的耐克跑鞋，如图 8-12 所示。

图 8-12　2006 年穿着耐克跑鞋打破世界纪录的刘翔

【学习与思考】

耐克的这则广告是怎样加深人们对耐克品牌的记忆、理解和情感的?

（五）态度转变的测定

广告，归根到底，是一种旨在改变消费者对某个企业、某个商标或某项产品的态度倾向，增强其购买信心并促进其购买行为的手段。因此，测定一个广告的功效发挥得如何，测定态度的转变是很重要的。

态度转变的测定，一般通过对消费者消费动机的调查来实现。通过了解消费者在受广告刺激后所发生的心理反应，测定广告对消费者态度转变的影响。

项目重点内容结构图

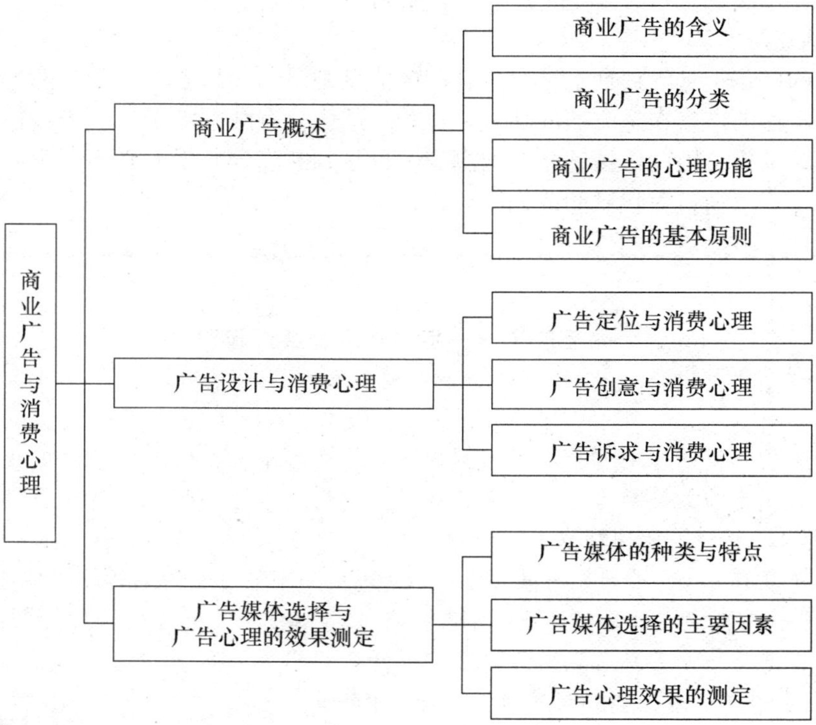

同步测试

一、选择题

1. 硬广告、软广告是按照（　　）进行分类的广告。

A. 使用观念　　B. 媒体介质　　C. 表现形式　　D. 商业目的

2. “影响消费观念、文化艺术和社会道德”属于商业广告的（　　）功能。

A. 传播　　B. 诱导　　C. 便利　　D. 教育

3. 在商业领域，（　　）旨在通过广告的途径向目标市场推送并强化“差异化产品”。

A. 广告定位　　B. 广告创意　　C. 广告诉求　　D. 广告评估

4. 广告创意必须以（　　）为前提，并作为其表现。

A. 艺术性　　B. 首创性　　C. 有效性　　D. 广告定位

5. 广告通过赋予商品生命力和人性化的特点，激起消费者的怀旧或向往的情感共鸣，称为广告的（　　）。

A. 理性诉求　　B. 感性诉求　　C. 情感体验　　D. 软性植入

二、判断题

1. 广告就是广而告之的宣传产品信息。(　　)

2. 软广告就是软文。(　　)

3. 广告应尽量多用感性诉求。(　　)

4. 广告创意也可借鉴艺术，学习生活，让某种艺术形式服务于广告本身。(　　)

5. 广告心理效果测定的目的是调查广告信息通过特定的介质传递至目标消费者后消费者的心理接受程度。(　　)

三、简答题

1. 请简要解释商业广告的含义。

2. 请简要解释商业广告的基本原则。

3. 试述广告定位有哪些方法。

4. 简述广告创意的心理策略。

综合案例分析

"最贵的床"广告如何做?

海丝腾(Hästens)是创立于1852年的瑞典奢侈品床具品牌，并从1952年开始，成为瑞典国王卡尔十六世古斯塔夫钦定的皇家供应商，并保持至今。其所有床具都以马尾毛为填充物，全部采用纯天然材料手工制作而成。海丝腾的瑞典语名称Hästens以及商标均即由此而来，因为Häst是瑞典语"马"的意思。"蓝白格"是其标志性的外观，也是海丝腾的产品象征，如图8-13所示。质感简约的蓝白格子与海丝腾内敛奢华的品牌风格很协调。如今，海丝腾的蓝白格子已成为世界上辨认度最高的设计之一。在瑞典，它甚至可以和国旗的知晓度媲美。作为世界上最贵的床，海丝腾被形象地比喻为"床中的劳斯莱斯"，其最高级的一款Vividus，每张床价格高达百万元人民币。

图8-13　海丝腾(Hästens)床具

海丝腾创立之初主要以生产马鞍和其他马具为主。制作马鞍的主要填充材料是马尾毛，在当时，马毛作为理想床垫的填充物已经成为常识。这家生产马鞍的制造商起初只提供订单制作的床垫。后来订单源源不断，使得海丝腾的业务开始转向制作床具，床具生产慢慢地成为海丝腾的主要业务。

手工和质量是如今依然秉承手工制作和天然选材的海丝腾床具的重心。海丝腾是在所有床具生产商当中被授予室内外环保的瑞典天鹅生态纺织标签的唯一生产商。在床具已进入大规模生产的时代，唯有海丝腾坚持用手工的方式制作床具。全球每一张海丝腾床都是在其位于瑞典的全球唯一工厂纯手工制作而成，没有任何代加工。海丝腾延续这种高成本的生产方式已有160余年之久，而且这种工艺在家族中流传了五代，并已自成体系。

资料来源：https://baike.baidu.com/item/%E6%B5%B7%E4%B8%9D%E8%85%BE/5414097?fr=aladdin.

【问题讨论】

假设你负责在一个海丝腾新进驻的城市为其设计广告，在暂不考虑费用的情况下完成以下任务：

1. 试在线上（新媒体）与线下（传统媒体）各选择三种你认为最适合的媒体，并阐释理由。

2. 简要描述你准备在各个媒体怎么做广告，重点陈述“广告定位”。

项目实践

请选择三家电台（分别为经济类、交通类、文艺类），在三个不同时段（分别为10点至12点、18点至20点、22点至0点），记录各个时段广告的主要产品类别及内容。试分析：

1. 各个时段的广告的产品与品牌有什么异同，各自有什么特点？

2. 各个时段的产品分别面向什么消费群体？主要针对其什么生活方式与消费心理特征？

拓展阅读

广告新趋势：移动终端广告浅析

随着新媒体技术的发展，各种形式的广告载体不断涌现，移动终端——广告界的新宠，正在迅速分食广告媒体市场的市场份额，成为众多客户商家青睐的对象。移动终端广告作为一种新的广告形式，有其显著的优势以及先天不足，如何扬长避短，开拓出可观的市场前景，值得我们深思。

一、移动终端的概念与功能

移动终端，狭义上我们多理解为手持移动通信工具，比如手机等；广义的移动终端还包括笔记本、POS机、PDA等通信设备。随着网络技术宽带化的发展和集成电路技术的进步，移动终端正在从简单的通话工具过渡成一种综合信息处理平台，现代的移动终端设备，其内存、固化存储介质以及操作系统已趋近于个人电脑，可以完成复杂的处理任务。

如今的移动终端功能多样化，不仅可以通话、发信息、拍照、摄像、上网、听音乐、玩游戏，还可以实现包括定位、信息处理、指纹扫描、身份证扫描、条码扫描、酒精检测等丰富的功能，移动终端已经深深地融入我们的日常生活中，成为各个领域不可或缺的重要工具。

二、移动终端广告的现状

移动终端广告，就是通过移动终端设备访问移动应用或移动网页时显示的广告，目前尚没有统一的定义。根据美国移动营销协会的相关界定，结合移动媒体的特点，可将移动终端广告定义为通过移动媒体传播的付费信息，旨在通过这些商业信息影响受传者的态度、意图和行为。

移动终端广告可按不同标准进行分类：按承载方式可分为IVR广告、短信广告、彩信广告、彩铃广告等；按形式可分为文本广告、图片广告、视频广告、音频广告等；按推广形式可分为推式和拉式等。目前的两种主要形式为Admob和Iad：Admob主要是在应用中嵌入Banner（横幅），点击广告后会通过浏览器打开网页；Iad则直接在应用中展示炫酷的广告。现在较知名的移动广告平台还有Vpon、MobiSage、点入、赢告等。

移动终端广告平台向客户提供的服务主要有：广告投放、网络产品营销、效果营销、品牌产品推广、数据监控、业绩查询等。好的移动广告平台大都具备公平、合理、高效的资源配置平台，为应用开发者和广告主创造价值最大化，为在手机网上发掘商机、塑造品牌和实现收益提供解决方案。

三、移动终端广告的优劣势分析

1. 优势

作为一种新型的广告形式，移动终端广告必然有其优势所在，主要表现为：

(1) 个性化定制，针对性强。移动终端用户可以根据自己的喜好和需求有目的地定制、点播终端广告，针对性强，广告受众细分化。由于手机与消费者个体的自然捆绑，广告商可以选择性地向目标消费者实现有效推送，双方各取所需，互利共赢。

(2) 互动性强，主动性强。每一个移动终端广告接受者，都是一位潜在的传播者和反馈者，通过移动媒介，广告收发双方可以相互实施影响。对于一则广告，消费者可以使用多种方式向广告商做回应。另外，移动终端广告具备自发扩散效应，消息服务的转发非常方便，有利于客户对于广告的自发宣传。

(3) 获取信息迅速及时，波及范围广。移动终端广告的接收不受地域、时间、场景和条件的限制，获取广告信息迅速及时，时效性强，接收范围广，具备“高密度集中短发”的特征。

(4) 新技术的支持。随着国内手机用户数量的持续上升，移动通信技术也愈加成熟，逐渐形成一条规模可观的广告信息电子传播渠道。文本短消息、多媒体消息、Wap浏览、Wappush业务的开展，在3G网络覆盖下，在技术上为广告发布提供了文案、平面、多媒体等多种可选择的形式。

(5) 成本低廉性。短信价格低廉，在移动终端广告业务中，广告商作为发送方群发广告短信，花费很少。移动终端广告业务的广告制作简单，构思和语音录制成本极低，可将更多资金投入到广告内容传递方面，另外由于受众中目标客户较多，降低了有效千人成本。

2. 劣势

作为处在成长期的广告形式，移动终端广告的劣势主要表现为：

(1) 用户敏感度过高。以手机广告为例，手机广告的发送对象、发送频率、发送方式等不当，都容易引起用户的反感情绪。另外，用户大多表现为对于手机广告的猜忌和怀疑，无法充分信任，由于发展的局限性，社会公信度不高。

(2) 受制于终端设备屏幕限制，无法充分表现广告形式，试听冲击力不足。移动终端屏幕小，广告内容形式受限制，冲击力较弱。另外，与其他广告的多次重复性相比，移动终端广告多为一次性宣传，无累积效果，很难给客户留下深刻印象。

(3) 垃圾信息，垃圾邮件阻碍移动终端广告发展。对于移动终端用户个人信息的保护和一对一的定制关系，已经成了移动终端广告供应商不容忽视的重大问题，垃圾信息和垃圾邮件降低了广告的社会公信力，造成用户的抵触反感情绪，这对于移动终端广告的发展是极其不利的。

（4）行业监管难度大，监管制度不完善。移动终端广告接收终端的私有性，使得行业监管者对其广告内容的监控难度大于传统广告，仅靠传统的监管手段很难达到对移动广告的监管目的，需要行业监管者针对移动终端广告的特性，制定相应的监管措施，然而现行的行业体制及规章制度还无法完全对其进行有效约束。

资料来源：http://www.xzbu.com/4/view－3167676.htm.

项目九

人员推销与营销谈判心理

学习目标

※ 知识目标

- 掌握人员推销的心理特点和影响要素
- 了解推销的各种心理模式
- 掌握推销过程中客户的阶段心理与异议转化
- 了解客户对谈判的影响，掌握谈判的阶段心理

※ 能力目标

- 培养在人员推销过程中观察、分析消费者心理的能力
- 培养在认识消费者心理的基础上，运用心理策略进行推销的能力

导入案例

吉米的保险推销之道

吉米是一名非常出色的推销员。有一家成衣公司的老总非常讨厌保险推销员，却是一个潜在的大客户。于是，吉米决定去会会那位老总，并向他推销保险。

事先，吉米做了周密的准备工作。首先，他调查清楚了这位老总的履历，资料显示：这位老总是大阪人，热心同乡会会务，兄弟中还有一个当大学教授。这位老总最初在三越百货公司服务，后来到东京从事成衣批发的生意，因此发了财。如今，在北海道还有一个规模非常大的牧场。

吉米想：一分耕耘，一分收获。收获的多，付出的自然也就多，一个人身体的承受能力是有限的，这样不停地劳累下去，一定会有垮的那一天，因此需要买保险。

掌握了这些情况之后，吉米来到该公司的前台，进一步打听消息。

前台有一位秘书小姐，吉米向她问道："请问总经理什么时候来上班？"

秘书小姐很客气地回答："10 点左右。"

随后吉米与秘书小姐拉起了家常，不经意间，从那位小姐的口中，吉米知道了那位老总的车子颜色、车型、车牌号码。第二天上午10点，吉米带着隐形照相机来到该公司的大门前，在那辆车开进公司停下后，吉米立即偷偷拍下那位老总的照片。

照片冲洗出来之后，吉米拿着照片到秘书跟前，请秘书小姐确认一下。其所以要拿照片来确认，是怕万一认错了人，而自己又不知道，那后果就可想而知了。

当确认无误后，吉米问秘书小姐："总经理目前是否在里间办公呢？"

秘书小姐回答道："不，他好像在外面的大办公室里。"

其实，通过调查吉米早已经知道，这位总经理有个习惯：他很少，甚至不在自己的办公室办公，而是喜欢与许多员工一起在大办公室里办公。看来，这位秘书并没有欺骗吉米。

趁里面有很多员工的时候，吉米走进那间大的办公室，里面的人真是太多了，大家忙忙碌碌，各自干着自己的事情。假如吉米不是事先做了充分准备，一时之间根本不知道哪一位是总经理。

根据照片，吉米看到那个只穿着衬衫，与职员们一样忙碌着的中年男人就是总经理。

吉米轻松而且自然地从他的斜后方走过去，拍了一下他的肩膀，说道："总经理，好久不见啦！"

看得出来，总经理可能是太投入自己的工作了，吉米这突如其来的一拍，使他稍感诧异，他转过头，问吉米："咦！我们好像在哪里见过面？"

吉米显出一副久别重逢的样子，对他说："贵人多健忘哦，就在同乡会呀！我记得您是大阪人，对不对啊？"

总经理高兴地说道："不错，我的老家是大阪。"

总经理有一种他乡遇故知的兴奋。见到他如此高兴，吉米才敢将自己的名片递给他。

一看吉米是推销保险的，他沉下了脸，很礼貌地推辞掉了吉米的名片。

做了如此精心的准备，吉米并不想中途放弃。于是，他放开喉咙说："总经理，我相信贵公司的员工原先并非立志终身奉献成衣业而到贵公司服务的，他们都因仰慕您的为人，才到这儿来的。"

这时，全办公室的人都能听到他们的谈话。这位经理是很注意他在员工心目中的印象的，这既是他的优点，也是他的缺点，吉米只要稳稳地抓住了，应该能够赢得这场博弈。

说到这里，吉米用目光扫视了一下在场的所有员工，然后继续说："全体员工既然都怀抱着对您的仰慕之情，那么您打算如何回报他们呢？我认为重要的是：您只有永葆健康，才能领导员工冲锋陷阵。如果您的身体已经到了无法投保的程度，您怎么对得起爱戴您的员工呢？您是喜欢还是讨厌保险，这都不重要，重要的是，您的健康是否毫无问题，您曾经去做过身体检查吗？"

说到这里，吉米突然打住了。此时，整个办公室鸦雀无声，都在静静地等待着总经理的回答。面对此种情景，总经理显得有点手足无措。有一个问题只等待着他一个人的回答，这个问题就像一个绣球，要是接了，在与推销员的博弈中，就处于被动的局面，等着别人的摆布；要是不接，面对所有的员工就显得懦弱无能，树立不起做领导的威信，从前苦心经营的一切都会隐隐地有了残缺……

总经理思索良久之后，慢慢地吐出了几个字："我没有去检查过。"

吉米总算抓住了机会，于是热情地说："那么您应该抓住机会去检查啊！机会必须自己去创造并好好把握。让我为您服务吧！我将带着仪器专程来贵公司给您做身体检查。"

总经理只好顺水推舟地说道："好吧！那就麻烦你了！"

就这样，一位不喜欢接待保险推销员的总经理被吉米给攻下了。

【学习与思考】

吉米是怎样成功做到向这位讨厌保险推销员的老总推销保险的？

任务一　人员推销心理

一、人员推销的概念和形式

（一）人员推销的概念

人员推销，是指企业的推销人员直接与顾客或潜在顾客接触、洽谈，通过介绍商品达到促进销售目的的过程。它是人类最古老的促销方式，在争取消费者的爱好、信任和促成产品当面迅速成交方面，效果非常显著。即使近年来网上营销等新营销手段的出现，使人员推销的重要程度相对下降，但是，对于建立和巩固购销关系，人员推销仍然是不可或缺的手段。

（二）人员推销的形式

1. 上门推销

上门推销是指由推销人员携带产品样品、说明书和订单等走访顾客，推销产品。这种推销形式可以针对顾客的需要提供现场问答、商品展示、示范表演等有效的服务，方便顾客，故为顾客广泛认可和接受。例如：把衣服展现在顾客面前，让其看一看、摸一摸、穿一穿；为示范去污剂的效果，当场表演超强的去污能力等。

2. 门市推销

门市推销又称柜台推销，是指企业在适当地点设置固定门市，由营业员接待进入门市的顾客，推销产品。门市的营业员是广义的推销员。门市推销与上门推销正好相反，它是等客上门式的推销方式。由于门市里的产品种类齐全，能满足顾客多方面的购买要求，为顾客提供较多的购买方便，并且可以保证产品完好无损，故顾客比较乐于接受这种方式。

3. 会议推销

会议推销是指利用各种会议向与会人员宣传和介绍产品的推销活动。例如，在订货会、交易会、展览会、物资交流会等会议上推销产品。这种推销形式接触面广、推销集中，可以同时向多个推销对象推销产品，成交额较大，推销效果较好。

知识链接

为什么很多人排斥销售员？

如果你做过销售员，你一定有被无端拒绝的经历，一些顾客似乎会本能地排斥销售员，即使他对销售员所销售的商品并不反感。销售员应该客观地看待这个问题，理解和帮助顾客解开心结。

例如，如果你有非常糟糕的经历，它会储存在你的心里，当某些事情恰巧唤起你对糟糕经历的回忆的时候，你会在不知道自己在干什么的情形下做出下意识的反应。下面有几个这样的例子：

(1) 我在4岁的时候从马上掉了下来，现在我30岁了，我不想跟朋友们出去骑马。

(2) 我买的第一辆丰田牌的小汽车，不幸小毛病不断，我花了很多钱和精力去修它。现在准备买第二辆车，但我不会考虑丰田牌的汽车了。

(3) 小时候，妈妈强迫我把饭吃完，恰好那个菜是鱼，我现在一点也不喜欢吃鱼了。

(4) 我在一个游泳池头朝下跳水时，我的头部撞到了池底，并受了轻伤。5年之后，我还是不会以跳水姿势入水。

(5) 我走进一家商店为一个很重要的场合选择套装，销售员在业务知识上很弱，但很有进取心，语言和行为上咄咄逼人，我再也不喜欢销售员了。

(6) 我想买保险。销售员给我的建议看起来不错，但我征求一个专家朋友的意见后发现，销售员并没有给我最好的建议，而只是为了卖出保险。我现在不信任销售员了。

(7) 我有一次被传销欺骗的经历，于是认为所有的直销都是欺诈行为。

二、人员推销的心理特点

推销过程中错综复杂的心理表现，都是由参与推销的推销人员和客户的心理特征决定的。

（一）直接性与互动性

非人员推销都是间接的促销方式，唯有人员推销是直接的、不需借助媒体实现的直接促销方式。推销人员是面对面地与客户洽谈，推销过程是推销员与顾客双向沟通协商的过程。推销员与顾客彼此的心理是相互影响、相互制约的，各自不同的心理表现，都会给对方的心理带来微妙的影响，并影响着推销结果。

推销心理的互动性和直接性，要求在实际推销中企业和推销员不能单方面地进行推销工作，要时时注意顾客的心理表现，既不能过分热情吓走顾客，也不要因疏远顾客而失去机会；要能准确地分析和预测顾客各种行为的表现，及时反馈顾客的心理信息。

（二）趋同性和针对性

推销过程中顾客的心理表现千差万别，各不相同，但又是有规律可循的，推销人员可以从不同的心理表现中找出共性的表现，从而找出其内在的规律，即趋同性，例如，多数男性顾客在购物时比较豪爽大方，表现出好胜心强的特点，而女性顾客购物比较挑剔，价格意识敏感，喜欢讨价还价。在推销过程中，推销人员对用户提出的各种质疑问题能及时回复和澄清，有较强的针对性，而且容易迅速成交，并可以直接了解用户购买企图和态度，便于及时传递给企业。同时，推销人员可以承担售后服务，解除顾客购买的后顾之忧。

推销心理的驱动性和针对性要求推销员能够正确运用顾客的共性，有效地开展工作。

（三）差异性和复杂性

推销心理具有趋同性，同时也具有差异性，主要是推销员和顾客的个体差异造成的，这些差异主要体现在年龄、性别、文化、宗教、民族和地域等方面，例如，在推销过程中，年轻人接受新产品较快，老年人接受新产品较慢，特别是时尚和流行的产品，这种心理差异就更大。在推销过程中，不同的销售环境、地点，营销人员的语言、感情、动作等都会对顾客的心理产生影响。顾客的自身素质、社会角色、心理特征等因素的制约，也会使顾客心理出现复杂的变化。

推销心理的差异性和复杂性，要求推销员善于洞察顾客心理变化，因人而异地开展推销活动。

(四) 灵活性和有效性

在人员推销过程中，买卖双方通过面谈易于形成一种直接、友好的相互关系。推销人员可以通过交谈和观察，掌握顾客的购买动机，有针对性地从某个方面介绍产品的特点和功能，抓住有利时机促成交易；根据顾客的态度和特点，有针对性地采取必要的协调活动，满足顾客的需要，还可以及时地发现问题，解除顾客的疑虑，消除顾客的不满意感。

人员推销过程是推销人员直接将产品“推”给顾客的过程，通过面对面地看货、议价、谈判来达成交易，使推销人员与顾客之间建立长期的关系，比非人员推销更具有人情味，因而成交率较高。但是，由于人员推销的开支比较大、费用比较高，对推销人员的素质要求也比较高，因此人员推销的运用具有一定的局限性，多用于产业用户和中间商的销售。

知识链接

推销方格和顾客方格

美国管理学家罗伯特·布莱克与简·莫顿教授，先后提出了推销方格理论和顾客方格理论。如图 9-1 所示的推销方格显示了由于推销员对顾客与销售关心的不同程度而形成的五种不同心理状态；如图 9-2 所示的顾客方格显示了不同的顾客对待推销员和商品购买也有着五种不同的心理状态。

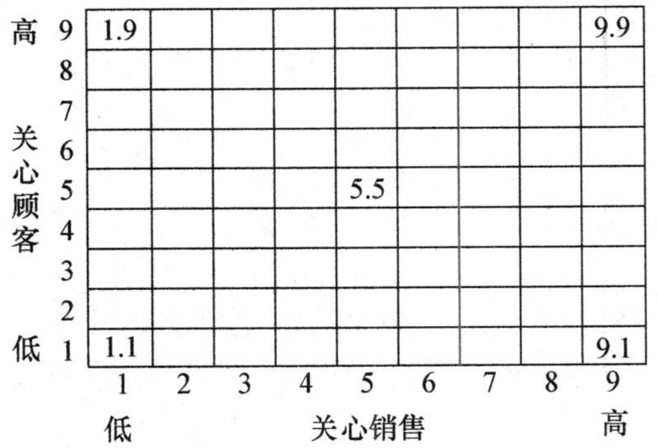

图 9-1　推销方格

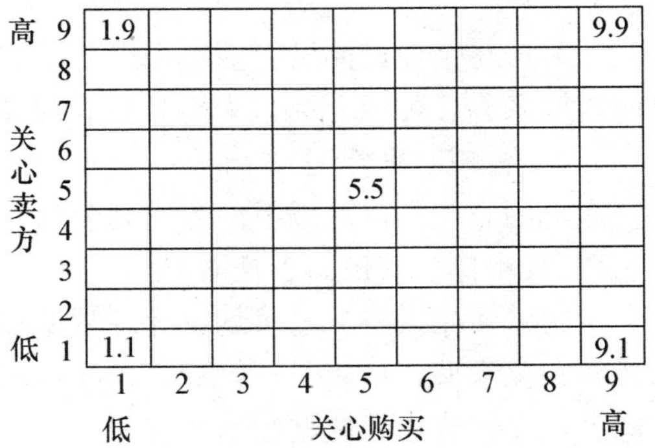

图 9-2　顾客方格

在现实的推销过程中，存有各种心态的推销员会遇到具有各种心态的顾客。布莱克与莫顿教授给出了推销方格与顾客方格的关系表，如表 9-1 所示。

表 9-1 是一个简单的搭配关系，其中符号“+”表示推销取得成功的概率高，“—”表示推销失败的概率高，“0”表示推销成功与失败的概率相等。

表 9-1　　推销方格与顾客方格搭配关系图

推销类型＼顾客类型	漠不关心型（1，1）	软心肠型（1，9）	干练型（5，5）	防卫型（1，9）	寻求答案型（9，9）
解决问题导向型（9，9）	＋	＋	＋	＋	＋
强力推销导向型（9，1）	0	＋	＋	0	0
推销技术导向型（5，5）	0	＋	＋	－	0
顾客导向型（1，9）	－	＋	0	－	0
事不关己型（1，1）	－	－	－	－	－

三、客户及其心理类型

（一）人员推销中的客户及其基本类型

1. 人员推销中的客户

人员推销中的客户，是指在人员推销过程中营销人员面对面沟通、说服与服务的对象，例如：某工厂营销人员向一家商场推销其产品，则该商场成为其客户；如果是直接向消费者家庭或个人推销产品，则这种家庭和个人即为其客户。

2. 客户的基本类型

人员推销中的客户主要分为两大类，即个人与组织。个人形态的客户即个人消费者，形形色色，种类繁多。组织形态的客户主要包括三大类：一是工业用户，指购买企业产品用作再生产的原料的工业生产型企业；二是再售客户，指购买企业产品为了转卖的商业企业；三是政府用户，指购买营销企业产品的各级政府和事业单位。

按显现状态，客户可分为潜在客户和现实客户。潜在客户是指现在没有业务往来，但将来有可能成为购买产品或服务的消费者的客户。有些行业根据客户可能订货购买的时间，将潜在客户分为近期可能订货的热客、三个月内可能订货的暖客、三个月以后才可能订货的冷客。企业的现实客户，指曾经购买或是正在购买企业产品的客户。

从客户与企业产品及企业本身的关系来说，可以将客户分为忠诚客户、游离客户；从时间角度来分，可以分为过去型客户、现在型客户。

（二）客户心理类型

客户的心理可以从以下两方面划分为八组心理类型。

1. 按对待购买问题态度划分

从购买商品认知上，可划分为理智型和盲目型；从进行购买决策的速度上，可划分为果断型和犹豫型；从接受推销观念和业务上，可划分为创新型与保守型；从对推销说服的反应上，可划分为固执型和易变型。

2. 按对待营销人员态度划分

在与营销人员接触时，表现为热情型与冷漠型；在对商品与营销人员关系的比较中，可划分为商品关注型与关系关注型；在与营销人员人际关系的协调中，可划分为融洽型与冲突型；在推销谈判过程中，可划分为配合型和挑剔型。

客户的这些心理类型，反映了客户的不同需要、个性特点以及对推销的不同态度。营销人员在推销实践中应注意对自己的推销对象进行认真分析，并有针对性地采取有效的心理策略，以谋求成功。

四、人员推销的过程心理

（一）推销准备阶段

推销工作做得好坏，直接关系到整个推销的全过程，关系到营销目标能否最终实现。

1. 客户心理

（1）决策心理。客户在此阶段首先会明确三个问题：一是采购活动是否必须进行；二是采购对象如何选择；三是确定采购人员，参与采购的人员是客户企业中比较懂技术、懂法律、懂财务的专业人员。

（2）人际心理。即客户对营销人员在人际关系上的种种心理。主要包括三种：一是戒备心理，甚至是拒绝心理；二是友好交际心理；三是希望受到尊敬的心理。

（3）期望成功心理。一是希望交易成功，获得最大利益；二是希望有好的开端，洽谈过程顺利，合作愉快。

2. 应对策略

由于客户采购与消费者购买有一定的差别，企业在应对客户时，应该特别重视其准备阶段的心理因素。

（1）了解客户的需要，有针对性地加以满足。应搜集有关客户的信息，弄清其心理类型，掌握其需求，并研究如何加以满足。对于现有客户，企业应定期主动联系，最好的方法是能够在日常的交往中逐步解除客户的戒备心理，形成固定的、相互信任的业务合作关系。

案例 9-1

昨天，我去超市时路过一个商店，看到一件短袖上衣的颜色和款式很好，又听服务员说在搞活动，全场 3.2 折，才 310 元，我试了常穿的尺码，很合身，就买下了这 A 品牌的上衣，两个服务员很高兴地看着我交钱后，将包装好的衣服给了我，恭恭敬敬地说了："谢谢您，欢迎下次再来！"

我刚走出 A 品牌店两步，被一个满脸笑容的姐姐叫住了，她说："美女，买了一件漂亮的上衣，不配条裤子吗？"她的一句话提醒了我，我是缺一条裤子呀，是要买一条搭配的！她紧接着说："我们家是 B 品牌，裤子有许多新款"。说着就把我带到了许多夏裤的面前，并且给我推荐了好几种款式和颜色，我最后选了一条淡绿色的裤子，3.2 折后 668 元，就成交了（如图 9-3 所示）。

图 9-3　成交

随后，她又对我说："你可以拿着付款单去领取个小礼物，我带你去。"

我走出了 B 品牌店的门，A 品牌的两位女士诧异地看着我说："我们家也有裤子呀！"

我说："你们没有给我介绍呀？而且我也没有看到呀，本来只需去一次收银台多好，哎！"笑了笑，我去交款了。

后来，我和帮我锁裤腿边的大妈聊到了这个过程，大妈笑了笑说："噢，B品牌店的那个服务员去年是我们商店服装部的销售冠军！"

【学习与思考】

A、B品牌的服务员在向客户销售产品方面有什么不同？

（2）创造令客户信任的条件。企业的产品质量高、技术标准过硬、售后服务优良，可使其在长期合作中得到客户信任；企业还应通过企业形象塑造，提高企业的社会声誉；要采取有力措施得到客户的认同，使其消除顾虑心理。

（二）初始阶段（摸底阶段）

1. 客户心理

（1）风险知觉。人们的消费行为含有冒险的成分，这是心理学家鲍尔（R. J. Bauer）提出的，这种风险由不确定性和后果两部分构成。不确定性是指客户对风险行为后果的不可预测性的知觉，后果则是指购买和使用商品后的可能得失。不确定性越小，知觉到的风险越小。

（2）采购前的思考比较。客户在获取足够的信息以后，为了进一步减少风险，在做出决策之前，要经过反复的思考，这是根据自己的标准对各种备选产品及企业进行较长时间的比较衡量、权衡利弊的过程。

（3）风险判断。为了减少购买风险，客户依据自己对商标品牌的信赖度高低进行风险判断。对于著名品牌产品，客户的信赖度高，在做出购买决策时知觉到的风险小；反之，则知觉到的风险大。在商品采购市场上，客户往往忠于原有采购品牌、忠于声誉高的品牌，而不会轻易选择不熟悉的品牌。

2. 应对策略

根据以上对客户心理的分析，厂商应把工作做在客户采购前，如对产品的"三包"承诺、产品的检验合格率公布、业务人员恰如其分的产品介绍、社会知名人士的推荐等。总之，设法利用各种渠道向客户提供充分的咨询和全面客观的宣传，设法减少产品功能、质量和使用后果的不可预测性，降低客户风险知觉水平。

案例 9-2

今天天气很好，但是店里一直在装灯箱，把灯都关了，店里很黑，一直都没顾客进店。到下午3点左右走进来一个二十岁左右的帅哥，我笑着上前打招呼："帅哥，请问你是看手机还是办业务？"他回答说："随便看看手机。"我接着说："那你看下我们的V品牌手机吧。"我拿出最新款给他看，看他不怎么感兴趣，也不想搭理我，我就没有介绍手机功能，也没有叫他看其他款手机。我看他拿着一款不知道是什么品牌的手机，我笑着说："帅哥你用的是什么品牌的手机，好用吗？"他回答我说："这个是杂牌的，一点也不好用，买了十多天就出问题，包换不了，拿去修了回来还是不好用。"我又接着问："这样啊。那你平时喜欢拿手机玩什么？"他说："我平时偶尔玩点小游戏，爱下歌曲和电影看，我一直用的移动卡，可是我上班的工地上移动信号不怎么好，用联通的信号要好一点。"我笑着说："帅哥你看这一款怎么样，款式非常好看，5.99寸的屏大小很合适玩游戏，双卡双待，运行内存4G，既可以插你的移动卡，还可以办一张联通卡一起用，这样你就不用担心在工地上信号不好了。内存有64G，下载歌曲和电影完全够用。还有一点我们V品牌手机是一个月包换、一年保修，而其他很多品牌的手机都只是十五天包换，我们这个品牌的包换时间是其他很多品牌手机的双倍，证明我们的质量更有保障！"（如图9-4所示）他一直拿着手机看，嘴里说："款式还可以。"我笑着说："帅哥别犹豫了，就拿这款吧，你以后一定不会后悔的。"他笑着说："好吧，就拿这个吧。"

图9-4　产品介绍

【学习与思考】

案例中消费者的态度为什么会发生转变？

（三）报价磋商阶段

1. 客户心理

（1）客户对产品营销价格习惯性的意识。客户对商品的价格认识一般是根据多年的购买经验形成的，这种对价格的认识一旦形成就很难改变，尤其是产品在市场上已经形成了习惯性价格以后，厂家再想改变就要花费较大精力。

（2）客户对产品营销价格的敏感性。即客户对商品的价格变动在心理上的反应程度与速度。如果客户的价格意识很强，报价太高将直接影响到购买需求，甚至使其产生抵触情绪。

（3）客户对产品营销价格的感受性。即客户对产品营销价格高低的感觉程度，一般来说，客户对价格的高与低的判断，是从他们对产品质量的判断而来的。客户对商品价值的判断会受到诸如商品的使用价值与社会价值、销售场所、服务方式、商品包装等因素影响。

（4）客户对产品营销价格的倾向性。这是指客户在购买过程中对商品价格的选择性倾向。这种心理的形成一般受客户个性、价值尺度、购买经验、文化修养等因素的影响。

2. 应对策略

针对客户在报价磋商阶段的心理状态，企业在报价时应该首先了解客户的看法，应该让客户知道：也许定价略高于竞争者产品，但是产品的高价意味着高质量，意味着产品的使用期更长，最终总费用摊在每一年上就可能低于竞争对手的产品费用；另外，企业提供给客户优质的服务节约了客户的时间与精力，购买快速优质的服务是值得的。

（四）成交认可阶段

成交认可阶段是销售工作的关键阶段。由于产品的不同、对象的不同、所处的社会环境和条件的不同，因而采用的成交技巧与策略也就不同。

1. 客户心理

成交阶段的最大障碍是客户的疑虑心理。要化解客户心中的疑虑，主要应设法引导客户说出顾虑之所在。一般来说，引发疑虑的原因不外乎与价格、货源、自己不能做主或忽然感到缺少全盘考虑等有关，这时，应以消除客户疑虑为目标，把成交以后的利与弊客观地加以比较，促使客户做出购买决定。

2. 应对策略

（1）给客户描述购买商品后在哪些方面能受益。应该重点描述使用这些商品以后为对方所带来的好处。

（2）要营造积极肯定的气氛。可以使用连续发问的方法，使客户回答时只能做出肯定的“对的”“好的”等回答，运用连续肯定法的技巧，需要推销人员具有敏捷的思维能力。

（3）把焦点集中在客户反应最强的地方，针对焦点问题说明销售要点。在成交时，要使客户再次想到该产品的优点，而且注意不要强迫客户下决心，要由客户自己最终拍板。

（4）虽然订立合同的营销人员自己不亲自交货，但是，营销人员须核实商品确实按照约定的时间、地点、数量等准确交了货，并主动打电话或去信表示感谢。

五、客户异议及其转化

客户异议，是指客户对推销品、推销人员、推销方式和交易条件发出的怀疑、抱怨，提出的否定或反对意见。顾客异议是普遍存在的，正确对待并妥善处理顾客所提出的有关异议，是推销人员必须具备的一项基本功。

（一）正确对待客户异议

（1）弄清产生异议的真正原因，有时异议的产生是表明对方已对产品产生了兴趣。因此，有些障碍来自对方对产品的兴趣，它是买卖成交的信号，当然，不能否认有一些客户异议并非是购买的信号，客户如实说出产生异议的原因倒也好办，如果弄不清异议产生的真正原因，就无法进入建议成交这一阶段。

（2）尊重客户的异议，把对方的意见听完。如果针对对方的异议立即加以解释，反而会引起新的逆反心理，因此，客户产生购买异议时，必须把对方的话听完，适当地岔开话题，避免客户对某一点异议感情用事，由表面的抵触变成真正的抵触。

（3）如果客户的异议对达到成交的目的没有大的妨碍，并不需要实行异议排除手段，而应抓住时机，商谈签约事宜。

（4）保持冷静的头脑。即使是面对巨大的异议以及受到对方的直接非难，甚至是对方的争辩理由站不住脚时，也一定要保持镇静，在回答对方的问题时，依然要小心谨慎。

（二）异议产生的心理根源

异议产生的最主要根源来自客户心理方面。因此，对客户的心理障碍进行分析，将有助于推销员施展推销技巧来转化顾客异议。

1. 客户认识障碍

认识障碍主要表现为：推销员的推销建议与客户所持的观点相距太远，以至显得相互对立，使说服遭到拒绝。从接受心理上分析，当一个人接触他人的观点时，如果觉得与原来认识结构不一致，就会在心理上引起不同的反应。

2. 客户情绪障碍

任何人的心理活动在不同时期，都有理智占上风和情绪占上风的交替过程，当一个人理智占上风时，他能尊重客观事实，接受正确建议；当情绪占上风时，会使其从主观愿望出发来排斥他人观点，形成情绪障碍。

3. 客户行为障碍

客户有时会对产品的各种属性或交易问题持某种态度，这时，当推销员的建议与客户不一致时，客户不愿意改变原来的态度而拒绝接受推销员的说服，成为对抗说服时的行为障碍。

案例9-3

卖车

一天，英国曼彻斯特一家二手车店里来了一个青年。店主艾伦向这个青年推荐了许多车，费尽口舌，然而青年看遍了库存的所有旧车，对每辆车都能找出毛病。艾伦感觉那青年是个很挑剔的人，如果不是他自己看中的车，任凭说得天花乱坠都没用，于是艾伦没有继续浪费唇舌，而是留下了青年的电话，表示有好车就立刻通知他。

几天后，店里新收购了一辆车，虽然外观有点旧，但各方面性能良好，艾伦猜测那位青年应该会喜欢，于是打电话邀请他过来，说有事要请教，青年听到要向他请教，心里很高兴，于是来到了艾伦的店里。

艾伦礼貌地问道："我觉得您是一个真正爱车的人，而且眼光一流，您能帮我看看这辆车吗？请您给一个建议，花多少钱买它才值得。"青年感到非常得意，居然连汽车商人都会请教他关于汽车的问题。于是他把车子开了出去，等他开回来时，他语气坚定地告诉艾伦，这辆车值7 000英镑，这个价格绝对是物有所值。

"那如果是以7 000英镑的价格把这辆车卖给您，您愿意吗？"那位青年最终爽快地买下了那辆汽车。

【学习与思考】

销售人员如何转化顾客的异议？"请教"顾客应注意哪些问题？

(三) 客户异议心理转化策略

1. 价格异议心理及其转化策略

价格问题直接涉及买卖双方的实际利益，是影响推销的重要因素，是双方争论和产生异议的焦点。因此，推销员在运用价格异议转化技巧时，应掌握多谈价值、少谈价格的原则，应将谈话重点放在介绍产品性能、耐用性、款式的新颖性等方面。当客户对产品有了较详细的了解后，客户提出的价格异议，才有可能会被转化甚至消除。

2. 货源异议心理及其转化策略

货源异议乃是客户对推销员提供的产品及企业不表示赞同或存有疑虑时，提出的使推销员处于不利地位的意见。此类异议的产生一般有以下四种原因：产品交货、运输不及时；产品规格不符合规定；销售服务不周到；企业声誉不佳。这种异议的产生皆与推销员所在企业的交货能力、售后服务、信用状况等问题有密切关系，一般货源异议的转化方式有：

(1) 缓和情绪、以礼相待的方式。应付货源异议，推销员唯有心平气和，尽量设法缓和顾客的情绪，然后进行说服。就一般常情而论，最初顾客的怨气最盛，经两三次洽谈后会逐渐缓和，最后，必然会因受感动而心平气和地再次接受推销员的产品。

（2）采用有效类比的方式。可运用比喻和类推来应付一些微妙的货源异议，如客户对于推销员所代表的企业，因某次交货缓慢而感到不满，以致使原可顺利成交的交易暂时中止，推销员在事不由己的情况下，只好将其苦衷用类比方式说出。

（3）理智与感情双管齐下的转化方式。举证是理智的劝导，劝诱是感情化的说服，可以用举证来证实产品质量的优良与供应能力，用感情化的说服来获得顾客的认可和信任。

3. 时间异议心理及其转化策略

时间异议是对方在谈到实际购买时，提出种种理由以示拒绝，不想当时拍板决定。现代市场经营环境瞬息万变，客户拖延购买时间越久，越可能导致不利于推销的变化产生。时间异议的转化技巧有如下几种：

（1）货币时间价值法，推销员向顾客讲清楚货币的时间价值观念，指出“立刻购买”与“拖延购买”之间客观上存在的利弊关系，早购买和晚购买货币的价值就大不相同。

（2）利用推销中的特定“稀有机会”或“意外受损”来激励顾客，最常见的如“我这里仅有这最后一批货了，将来什么时候进货就不知道了”，激励客户早日购买。

（3）利用客户预料不到但又将发生变动的因素，如物价上涨、政策变化、市场竞争等激励客户及早做出购买决定。

案例 9-4

嫌货才是买货人

“嫌货才是买货人”是一句俚语，意思是说，嫌货品不好的人才是真正的内行，才是愿意购买你产品的人。遇到挑三拣四的顾客，销售人员不能轻易地否定顾客的购买欲望，恰恰相反，我们要对自己的货物有信心，跟顾客诚恳地讲解产品的优势，不怕人嫌，不怕比较，嫌货才是买货人！

刘先生就曾遇到这样一位难缠的顾客。“你的水果也不怎么样啊，1斤也是5块钱吗?”这个顾客拿着一个水果仔细端详起来。

“呵呵，您放心，我的水果不能说是这一片儿最好的，但绝对不差，您可以和别家的比较比较。”刘先生满脸堆笑，不紧不慢地说。顾客说：“太贵了，4块卖不卖?”

刘先生还是笑眯眯地：“先生，我要是1斤卖你4块钱，对刚买我水果的人不好交代吧？何况都是这个价钱，不能再低了。”

不管顾客是什么态度，刘先生一直保持着微笑。虽然这个顾客嚷嚷着太贵，但最后还是以1斤5元的价格买了。

“嫌货才是买货人啊。”刘先生感慨地说。

其实，刘先生不仅仅是服务态度好，他的销售策略也是十分高明的。他在摆摊时，往往是先把那些外观漂亮的水果单独放在一边，定价定得高一些，而那些外观稍次的同类水果定价较低。刘先生说：“对比出效益。”靠着这种简单但有效的方法，他现在已经成了一家水果批发公司的老板。

【学习与思考】

刘先生靠着什么样的销售技巧成了一家水果批发公司的老板?

任务二　营销谈判心理

一、谈判者个性心理

（一）谈判者气质

1. 谈判者气质的含义

谈判者的气质可反映人的心理活动强度、均衡性和灵活性等方面的心理特点。气质无优劣之分，它只是个性形成的生理、心理基础，后天的社会实践可以改变或掩盖一个人气质方面的不足，而且气质类型的划分是相对的，人很难完全属于某种气质类型，一般都是混合类型。谈判者心理素质良好，谈判团队内各人员之间的气质类型互补，有利于应付各种谈判对手。

2. 应对策略

对于不同气质类型的客户，顺应对方的气质特点，对症下药，才能达到交易目的。例如，如果谈判对手是胆汁质气质，其神经系统强而不平衡，对成功的期望值很高，因此求成心切，心理急躁，他们往往宁愿谈判破裂，也不肯接受不太让他满意的交易，对于这种客户，可以采取比较缓和的谈判方式，否则很容易使谈判不欢而散。

（二）谈判者性格

谈判者要有效地辨别客户的个性类型和性格特点，并据此来调整自己的谈判技巧与策略。一般谈判者可归纳成三类，即主导型、说服型和保守型。

1. 主导型

主导型谈判者自我意识较强，其突出特点是权力欲强。这类人在谈判过程中力图不妥协地使自己成为权力的中心，驾驭或支配整个谈判过程；这类人敢于冒风险，决策果断且充满信心，能当机立断，大胆拍板；这类人需要不断地寻求挑战，并应对挑战和战胜困难，以显示自己的能力和实现自我价值；这类人在谈判中由于受到获得更大权力动机的驱动，处事干脆、利落。但这类人缺乏耐心，讨厌拖延，易于冲突，极易激动。

2. 说服型

说服型谈判者在谈判中十分随和，能迎合各种对手的兴趣，在不知不觉中将对手说服。他们往往很注重自己的名声，善结人缘，对社交和自尊的需求最为显著。他们有实现目标的雄心，但小心翼翼，以其热情、友好来感染对手，在不知不觉中说服对手，实现目标。这类人团体性强，不喜欢单独工作，需要同事的协作，善于处理与同事之间的关系，善于利用团体的力量取胜；他们不拘小节，害怕陷入琐事、长久局限于某个问题之中，希望以友善的方式解决实质问题。

3. 保守型

保守型谈判者习惯于墨守成规，对变革无动于衷，不愿接受挑战，维持现状是他们最大的愿望。其主要特点如下：独立性差，做事犹豫不决，怕承担责任；循规蹈矩，顽固地照章办事，喜欢以过去的方式来做工作，反对变革和创新；注意细节，对宏观格局缺乏把握，但喜欢把思路细节化、具体化，往往认为解决问题的最好方法是从细节着手，不轻信没证实的设想；安于现状，追求稳定和安全，缺乏进取精神，他们往往喜欢干以前做过并做得好的工作。

以上是常见的三种性格类型的谈判者，在实际谈判活动中，有的谈判对手性格属于某个类型，而且非常典型，有的对手则以某种性格类型为主，兼有其他类型的特点。因此，在辨别谈判对手的类型时必须具体情况具体分析，并在采用策略时进行相应调整。

（三）谈判者能力

谈判工作的完成是多种能力综合的结果，在谈判中，所需能力主要包括以下几种。

1. 观察能力

通过对客户的观察，从他们的行为模式中推断出对方的能力，了解对方的真实意图。有经验的谈判者都是善于观察者。谈判者在观察能力方面应该具备客观性与全面性：客观地看待事物，能有意识地克服谈判中各种因素造成的错觉；全面观察、仔细分析谈判中对手真实或虚假的表现。

2. 记忆能力

谈判者的记忆能力与谈判的成功与否关系重大。谈判者若能在谈判前迅速记住对方的姓名、爱好、数据资料，谈判中不必翻阅笔记资料就可以引经据典来支持自己的观点，这对于满足对方希望得到别人认可的心理需要，以及增强对别人的影响力与吸引力有很好的辅助作用。

3. 交际能力

这是谈判人员所必须具备的基本能力，谈判工作实际是以人为中心的交际活动。一个合格的谈判者，应当熟悉和了解交际的内涵与形式，并在谈判交际中树立良好的形象。同时，通过交际，掌握对手的心理特征及其为人处世的态度特点，在谈判活动中有针对性地施展交际手段，促使谈判顺利进行。

4. 领悟思维能力

在谈判中迅速领悟对方传递的信息并做出相应正确的反应，经过分析综合、判断推理等逻辑思维活动对面临的问题做出分析，这是谈判者应当具有的领悟思维能力，这种思雏活动的结果就是揭示事物的本质和规律。这种能力人人具有，但是对谈判者来说，这种能力要求应高一些。因为谈判中的信息判断与处理直接决定谈判的成败，而思维能力强可以使人深谋远虑、克敌制胜。

5. 应变能力

谈判不会按照固定的程序进行，在谈判中也可能出现突发事件，这就需要谈判人员善于运用自己的智慧与经验，对形势进行科学分析与预测，未雨绸缪，同时要有较好的应变能力，随机应变，顺利完成预定目标。

二、谈判阶段心理

谈判过程是体现谈判双方竞争与合作的过程。在复杂多变的谈判过程中，要审时度势，针对谈判阶段中对手的需求与个性特点，有针对性地采用相应的谈判策略，才能在谈判中取得积极的成果。

（一）谈判前期阶段心理

谈判人员应有良好的心理素质，在谈判前做好各种心理准备，以应付可能出现的各种困难局面。

1. 要有会遇到强硬对手的心理准备

所谓“强硬”一是指对手实力强大，让你觉得一点讨价还价的余地都没有；二是指对手地位较高，以气势压人，使你下意识地为其声望地位所慑服。这些“强硬对手”以强硬的气势先声夺人，谈判会出现一边倒的形势，使谈判者在没有心理准备的情况下进入他的圈套。出现这种局面的主要原因是准备工作没有做好，因此在遇到对方先声夺人的气势以后自己首先心理崩溃。

2. 应有打“持久战”的心理准备，避免急躁情绪

在谈判前制定方案时可以把谈判的过程考虑得复杂一些，把谈判的困难考虑得多一些，把谈判需要的时间考虑得长一些，要对谈判的艰巨性有充分的心理准备。

3. 要有谈判不成功的心理准备

由于谈判中双方利益上的不同及其他不可预知因素的作用，如果谈判不能满足双方最低限度目标，可能会导致谈判破裂。这虽然不是双方希望的结局，但是如果不是自己能力可以控制的，就不要过于沮丧。因此，要有谈判可能失败的心理准备，同时，还要做好各种应变措施，比如考虑新的、后备的谈判对手。

（二）谈判交锋阶段心理

要在谈判中发挥出高水平，就要客观、准确地了解对手。由于对手的心理活动、计划策略是内在的，而且通常会受到认识上、心理上、表面现象的干扰，从而使对谈判对手情况的认识产生误差。但只要我们发挥人的主观能动性，从认识上、心理上进行分析，就可以避免误差的发生。

1. 获取对手信息时误差的产生及克服方法

（1）第一印象的产生与分析。人的第一印象是非常鲜明、强烈而又牢固的。在谈判中，谈判对手给你留下的第一印象及你给对手留下的第一印象无论是好还是坏，在一段时间内都不会改变，并且对今后的洽谈也会产生深刻影响。人们往往会从积极的方面去理解风度优雅、谈吐不凡的谈判对手，认为他所讲的话的可信度高，甚至愿意与他合作。但是如果谈判对手面目可憎、谈吐平平，人们就可能从消极的方面去理解他，不愿意与其合作，在谈判过程中，对人的观察要善于透过现象看本质，只有这样，才能减少判断误差。为此要做到：第一，不要被对手的表象、假象所迷惑；第二，要克服心理上的障碍，用理性的力量去战胜它。

（2）心理定式效应与晕轮效应的产生与分析。心理定式是人们对一定活动的一种心理准备状态。这种心理准备状态对随后的反应活动、信息加工会产生一定的影响。晕轮效应则是指人们看待他人时往往由于其某一类品质的存在而推断其另外一些品质的存在。比如：如果知道对方是热情的，就可能认为他还是可信赖的；如果知道对方是沉稳的，就可能认为他是深思熟虑的；如果发现对方易怒，就有可能认为他是冷酷的和不通人情的人等。这种心理现象也往往会使我们在了解对手时产生一定的误差，我们要注意避免这两种心理现象的出现。为此要做到：第一，有灵活的思维、应变的能力，突破思维定式，看清对手，随机应变；第二，在了解对手的过程中，要提倡脚踏实地、一丝不苟的工作作风，对对手进行深入细致的调查、分析；第三，要注意在实践中检验和调整对对手的看法。

（3）权威崇拜心理的产生与分析。人们对权威常常有崇拜心理，这是谈判者经常利用的心理战术，他们可能利用上级领导、专家学者、知名人士的身份来抬高自己的身价，使

对方产生某种敬畏感或信任感、亲切感。因此，在谈判中，要克服由于对权威崇拜而产生的认识上的误差。为此应做到：第一，要有谈判成功的自信心，把谈判与对权威的尊敬分开来，既要尊重上级、名人，也要顾及企业的利益；第二，要有充分的谈判准备和退让底线，要了解对手的心理特征，不论与知名人士谈判，还是与普通人士谈判，都要在了解他们的目的和条件后再做定夺。

2. 根据对手的性格采用相应的策略

在谈判的交锋阶段，除了获取谈判对手的信息外，还要根据谈判者的性格特征采取相应的谈判策略。

遇到主导型的谈判对手应有充分的思想准备，并采取相应的对策：

(1) 欲擒故纵法。这往往是指己方占优势的谈判情境下，欲达到某些交易，却似满不在乎。采用时冷时热、似紧非紧的做法，不让谈判对手顺利地达到其目的。

(2) 旁敲侧击法。这是指谈判过程中通过此来说明彼，不道破真意，让谈判对手在达到目的的同时也付出一些代价。

(3) 以退为进法。这是指先让一步，顺从对方，然后争取主动、反守为攻。以退让的姿态作为进取的阶梯，使对方能从己方的退让中得到心理满足，不仅思想上会放松戒备，而且作为回报，对方也会满足己方的某些要求，而这些要求正是己方的真实目的。

案例 9－5

有一家大型知名超市开业，供应商可以用“蜂拥而至”来形容。王松作为一家弱势品牌的供应商代表与超市进行进店洽谈，谈判异常艰苦，超市要求十分苛刻，尤其是货款结算需 60 天的账期实在让人难以接受，谈判由此陷入了僵局并且随时都有破裂的可能。其间一天，超市采购经理突然打电话给王松，希望其提供一套现场制作的设备，以便能够吸引更多的消费者。王松的公司刚好有一套设备闲置在库房里，但他没有当即痛快地答应。他是这样回复的：“陈经理，我会回公司尽力协调这件事，在最短的时间给您答复，但您能不能给我一个结算货款的正常账期呢？”最后，王松终于赢得了一个平等的合同，超市因为现做现卖吸引了更多的客流，一次双赢的谈判就这么形成了。

【学习与思考】

王松采用了什么方法赢得了一个平等的合同？该方法一般在什么情况下使用？

说服型谈判对手是谈判者强有力的对手，他们外表总是那么友善、温和，对公司的工作充满热情，使对方很难产生敌意，在不知不觉中达到目的。对其通常可以采取以下策略：

(1) 吹毛求疵法。是指挑剔对方的商品和报价及条件的各处细节，并据此要求对方做出价格上的让步。吹毛求疵策略是讨价还价中最常使用的策略之一，在价格谈判的各个阶段都适用，特别是在讨价开始时的评价阶段运用得最为普遍。

(2) 步步为营法。谈判中先给对手一定的心理压力，然后逐渐让步，以达到自己的目的。针对说服型对手注重社交的特点先提出比较苛刻的条件，而对手也不好意思撕破脸皮来计较。

(3) 各个击破法。在谈判中分解对手，削弱其集体力量。如果顾客团体性强，单兵作战能力差，采用此对策往往行之有效。

案例 9－6

我国的一个汽车厂家同某国公司进行引进汽车生产线的谈判。外方以为我方没有掌握市场行情，一开始就漫天要价，我方代表见此情况则立即改变策略，只字不谈价格问题，而对该生产线展开了一场毁灭性的攻击，不断对其吹毛求疵，声称该生产线生产的产品有质量问题、该生产线的功能不尽如人意、产品的样式不够先进等。对方立即针对这些问题逐一予以解释和说明，双方你来我往争论不休，这样几个回合下来，我方突然提出价格条件，并表示不接受我们的价格条件就转向别国购买同类产品，该公司因一下没有准备，被打了个措手不及，于是只好接受我方的条件。我方谈判者终于如愿以偿，如图 9－5 所示。

图 9－5　成功签约

资料来源：齐宪代．谈判谋略．北京：经济科学出版社，2009.

【学习与思考】

谈判双方都采用了哪些方法以求达到自己的目的？

应对保守型谈判者的关键是要有耐心，特别是需要冷静、克制，不能急于求成。通常选用以下策略：

(1) 投其所好。在谈判过程中，应尽量接近对手，最大限度地满足对方的需要，从而赢得对手的信任。保守型谈判者往往安于现状，可针对其心理投其所好。

(2) 攻心为上。在谈判中运用心理学手段，影响和改变对方的心理活动。通过对对手的认同，唤起其对己的认同。保守型谈判者往往注重社会与其他人对他的肯定及认同。

案例 9－7

巧妙的砍价

"您这种机器要价 750 元一台，我们刚才看到同样的机器标价为 680 元。您对此有什么话说吗？"

"如果您诚心想买的话，680 元可以成交。"

"如果我是批量购买，总共买 35 台，难道您也一视同仁吗？"

"不会的，我们每台给予 60 元的折扣。"

"我们现在资金较紧张，是不是可以先购 20 台，3 个月以后再购 15 台？"

卖主很是犹豫了一会儿，因为只购买 20 台，折扣是不会这么高的。但他想到最近几个星期不甚理想的销售状况，还是答应了。

"那么，您的意思是以 620 元的价格卖给我们 20 台机器。"买主总结性地说。

卖主点了点头。

"干吗要620元呢？凑个整儿，600元一台，计算起来都省事。干脆利落，我们马上成交。"卖主想反驳，但"成交"二字对他颇具吸引力，几个星期完不成销售定额的任务可不好受，他还是答应了。买家凭借自己巧妙的砍价策略终以较理想的价格获得心仪的产品，如图9-6所示。

图9-6 巧妙的砍价

【学习与思考】

案例中买家是如何巧妙地砍价使卖家逐渐让步的？

（三）谈判成交阶段心理

在商务谈判活动中，成交是整个谈判过程的终点，也是谈判人员所追求的最终目标。谈判人员要善于捕捉成交信号，及时成交；要克服自身心理障碍，坚定信心，勇于成交；要积极诱导客户，使其主动成交。要做到这些，就须借助于一定的心理成交策略。

1. 假定成交策略

这是假定谈判对方已经做出购买决策，而准备办理成交合同或其他成交手续的一种策略。在实施该策略时可以轻松自如地拿出合同或订货单和签字笔，要求对方签字成交。假如对方没有反对，就证明已同意成交；如果遇到对方制止，还可采用其他的成交办法。这种策略如果运用得当，可以缓和成交时的紧张气氛，增强对方的购买信心，使之迅速做出成交的决策。

2. 选择成交策略

这是通过向对方提供多种谈判选择方案以达成交易的一种策略。这是由假定成交策略演变而成的，即在假定对方已决定成交的前提下，提供可供选择的交易方案，无论对方选择何种方案，结果都将是交易的成功。

3. 机会成交策略

这是指利益损失成交策略。谈判者利用某种限制销售的条件去制造购买机会，让对方感到如错过此时机，将受到利益损失，从而促使其成交的一种策略。这是抓住客户不能放过良好时机的心理，促使对方主动成交，以达到预期的目的。

4. 分段成交策略

这是指利用分段成交来推动整个交易成功的一种策略。谈判对方可能会对大笔生意的成交怀有较强的心理压力，决定是否成交时比较慎重。但是如果把一笔大生意分割成若干小段，在每一小段的生意上逐笔和对方谈判成交，能减轻其心理压力，使其比较容易做出成交的决定。需要注意的是，这种策略的运用，要求分段要有理有据，并能依据由易到难、由小到大的顺序组织成交。

5. 引导成交策略

这是谈判人员利用客户的权威崇拜心理来促成交易的一种成交策略。运用此种策略时，既可用知名人士的使用事例，也可向对方出示专家、权威人士的评定、技术鉴定资料、推荐书，或某些权威机构签发的合格证明等，使客户产生购买信心，从而促其做出购买决定。

6. 优惠成交策略

这是向对方提出各种优惠的交易条件去促使其成交的一种策略。它利用的是对方的求利心理，如通过“批量优惠”“免费送货”等优惠销售条件，提高对方的购买兴趣，促使其成交。

除了以上几种策略，谈判人员在实际运用中还可以根据具体情况发挥自己的主观能动性，创造出更多的、更为符合客户心理的促进成交的策略。

项目重点内容结构图

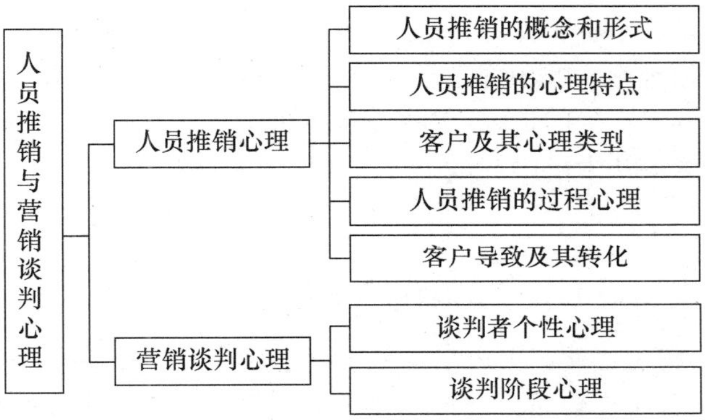

同步测试

一、选择题

1. 人员推销的形式一般包括（　　）。

A. 会展推销　　B. 上门推销

C. 电视网络广告　　D. 固定店面推销

2. 在推销准备阶段，营销人员要充分把握客户的心理，包括（　　）。

A. 人际心理　　B. 期望成功心理

C. 决策心理　　D. 保守心理

3. 处理顾客异议时必须遵循的基本原则，包括（　　）。

A. 欢迎与尊重顾客异议　　B. 永不争辩

C. 维护顾客的自尊　　D. 强调顾客受益

4. 谈判者要有效地辨别对手的个性、气质、性格、能力等特点，并据此来调整自己的谈判技巧与策略。从性格方面讲，一般可归纳成以下几类，即（　　）。

A. 主导型　　B. 说服型

C. 保守型　　D. 专家型

5. 谈判前期阶段通常要做好充分的谈判准备工作，包括（　　）等。

A. 搜集信息　　B. 组建谈判团队

C. 制定谈判方案　　D. 形象策划

二、判断题

1. 比起广告推销，人员推销的针对性较差，效率更低，无效劳动较多。（ ）

2. “干练型”顾客通常面对推销的具体表现为：对推销人员心存戒心，态度冷漠敌对，处处小心谨慎，精打细算，讨价还价，事事提防。（ ）

3. 推销的核心是“相信”，推销员一定要相信自己所推销的产品，相信自己所代表的公司，相信自己。推销业务的成交，是产品、公司和推销员三者综合作用的结果。（ ）

4. 爱迪生在转让他的一项发明谈判中，并不知道这项发明的市场价值，于是听从了妻子的策略，默不作声，谈判结果竟然以高于其期望值的十倍成交。这个谈判策略是欲擒故纵法。（ ）

三、简答题

1. 简述人员推销的基本特点。

2. 根据顾客方格理论，顾客可以分为哪些心理类型？各有何特点？

3. 试分析客户异议产生的根源，并举例说明。

4. 谈判过程分为哪几个阶段？每个阶段有什么特点？

综合案例分析

科恩在墨西哥

科恩是美国一位著名的谈判大师，他的谈判生涯富有传奇色彩。有一次，他同妻子去墨西哥城，一天，他们正在马路上观光，妻子突然碰了一下科恩的胳膊说：“科恩，我看到那边有什么东西在闪光。”科恩说：“哦，不，我们不去那儿。那是一个坑骗旅游者的商业区，我们来游玩并不是要到那儿去。我们来这里是为了领略一种不同的文化风俗，参观一些未见过的东西，接触一些尚未被污染的人性，亲身体会一下真实生活，遛遛人如潮涌的街道。如果你想去那个商业区的话，你去吧，我在旅馆里等你。”

科恩的妻子一贯是不听劝说、独立自主的人，于是挥手再见，独自去了。科恩穿过人潮起伏的马路，在相距很远的地方看见一个当地人。当科恩走近以后，看到他在大热的天气里仍披着一件披肩毛毯，实际上他披了好几件，并呼叫道：“1 200 比索。”“他在向谁讲话呢？”科恩问自己，“绝对不是向我讲，首先，他怎能知道我是个旅游者呢？其次，他不会知道我在暗中注意他，甚至在潜意识里想要一件披肩毛毯。”科恩加快脚步，尽量装出没有看见他的样子，他说：“朋友，我确实敬佩你的主动、勤奋和坚持不懈的精神。但是我不想买披肩毛毯，请你到别处卖吧，你听懂我的话吗？”“是。”他答道。这说明他完全听懂了。科恩继续往前走。

他一直跟着科恩，好像他们系在一条链子上了。他一次又一次说道：“800 比索！”科恩有点生气开始小跑。但他紧跟着一步不落，这时他已降到 600 比索了。到了十字路口，因车辆横断了马路，科恩不得不停住了脚步，他仍唱他的独角戏：“600 比索？500 比索？好吧，400 比索，怎么样？”当车辆走过之后，科恩迅速穿过马路，希望把他甩在路那边。但是科恩还没来得及转过身，就听到他笨重的脚步声和说话声了：“先生，400 比索！”这时候，科恩又热又累，身上一直冒汗，他紧跟着科恩使科恩很生气。科恩气呼呼地冲着他，从牙缝里挤出一句话：“我告诉你我不买，别跟着我了！”

他从科恩的态度和声调上懂了科恩的话。“好吧，你胜利了。”他答道：“只对你，200

比索。”“你说什么?”科恩叫道。科恩对他的话吃了一惊。“200 比索。”他重复道。“给我一件，让我看看。”

科恩为什么要看披肩毛毯呢?科恩需要吗?科恩想要吗?或科恩喜欢吗?不，科恩认为都不是。但是，也许是科恩改变了主意，别忘记，这个卖披肩毛毯的当地人最初可是要 1 200 比索，而现在他只要 200 比索了。经过一番谈判，科恩最终以 170 比索买下了这件披肩毛毯。科恩从这位小贩处得知，在墨西哥城的历史上以最低价格买到一件披肩毛毯的人是一个加拿大人，他花了 175 比索。而科恩买的这件花了 170 比索，使科恩创造了低价买披肩毛毯的新纪录。

那天天气很热，科恩一直在冒汗，尽管如此，他还是把披肩毛毯披到了身上，他感到自己很洋气且优雅。在回旅馆的路上，科恩一直欣赏着自己从商店橱窗里反映出来的身影。当科恩回到旅馆房间，妻子正躺在床上读杂志。科恩得意地说道:“嗨!看我弄到什么了。”

“你弄到什么了?一件漂亮的披肩毛毯?你花了多少钱?”妻子顺口问。“是这么回事，”科恩充满信心地说，“一个当地谈判家要 1 200 比索，而一个国际谈判家花 170 比索就买到了。”妻子讪笑道:“太有趣了。我买了同样一件，花了 150 比索，在壁橱里。”科恩沉下脸来，细细查看了壁橱，然后脱下自己的披肩，坐下来细想着刚才发生的事。

科恩在谈判中输给了墨西哥的小贩，说明谈判既是一门科学也是一门艺术，谈判大师未必就会在生活中场场赢得谈判。成功的谈判结果是靠前期的调研、谈判中的策略以及谈判中的心理等诸多因素共同作用的。

资料来源：http://www.chinavalue.net/Biz/Blog/2015-01-17/1151403.aspx.

【学习与思考】

1. 小贩为什么能发现科恩，并认定他是自己的买主?
2. 为什么科恩被勾起了购买欲望?小贩用了什么手段使科恩买下了披肩毛毯?
3. 请对小贩和科恩的谈判技术进行分析。

项目实战

现代社会，每个人都是消费的实践者和消费心理的实验室，每个人都可以在形形色色的消费决策活动中获得经验和智慧。请各位同学描述你购买手机（或其他品牌产品如运动鞋）的决策过程，和其他同学分享。

1. 个人总结出自己的购买决策分析报告。
2. 在小组或班级内进行一次交流，分析和分享购买过程中消费者与营销人员的谈判交锋过程及方法。
3. 通过交流，对彼此的总结报告进行评估。

拓展阅读

销售的观念

※销售过程中销的是什么?答案：自己。

(1) 世界汽车销售第一人乔·吉拉德说:“我卖的不是我的雪佛兰汽车，我卖的是我自己”。

(2) 贩卖任何产品之前首先贩卖的是你自己。

(3) 产品与顾客之间有一个重要的桥梁——销售人员本身。

(4) 在面对面的销售过程中，假如客户不接受你这个人，他还会给你介绍产品的机会吗?

(5) 不管你如何跟顾客介绍你所在的公司是一流的，产品是一流的，服务是一流的，如果顾客一看你的人像五流的，一听你讲的话更像是外行，那么，一般来说，客户根本就不会愿意跟你谈下去。你的业绩会好吗?

(6) 让自己看起来像一个好的产品。

为成功而打扮，为胜利而穿着。销售人员在形象上的投资，是销售人员最重要的投资。

※销售过程中售的是什么?答案：观念。

观——价值观，就是对顾客来说，该需求是重要还是不重要。

念——信念，客户认为的事实。

(1) 卖自己想卖的比较容易，还是卖顾客想买的比较容易呢?

(2) 是改变顾客的观念容易，还是去配合顾客的观念容易呢?

(3) 在向客户推销你的产品之前，先想办法弄清楚他们的观念，再去配合它。

(4) 如果顾客的购买观念跟我们销售的产品或服务的观念有冲突，那就先改变顾客的观念，然后再销售。

记住是客户掏钱买他想买的东西，而不是你掏钱；我们的工作是协助客户买到他认为最适合的。

※买卖过程中买的是什么?答案：感觉。

(1) 人们买某一件东西通常有一个决定性的力量在支配，那就是感觉。

(2) 感觉是一种看不见、摸不着的影响人们行为的关键因素。

(3) 它是一种人和人、人和环境互动的综合体。

(4) 假如你看到一套高档西装，价钱、款式、布料各方面都不错，你很满意。可是销售员跟你交谈时不尊重你，让你感觉很不舒服，你会购买吗?假如同一套衣服在菜市场屠户旁边的地摊上，你会购买吗?不会，因为你的感觉不对。

(5) 企业、产品、人、环境、语言、语调、肢体动作都会影响顾客的感觉。

在整个销售过程中为顾客营造一个好的感觉，那么，你就找到打开客户钱包的“钥匙”了。

你认为，要怎样才能把与客户见面的整个过程的感觉营造好?

※买卖过程中卖的是什么?答案：好处。

好处就是能给对方带来什么快乐跟利益，能帮他减少或避免什么麻烦与痛苦。

(1) 客户永远不会因为产品本身而购买，客户买的是通过这个产品或服务能给他带来的好处。

(2) 三流的销售人员贩卖产品（成分），一流的销售人员卖结果（好处）。

(3) 对顾客来讲，顾客只有明白产品会给自己带来什么好处、避免什么麻烦才会购买。

所以，一流的销售人员不会把焦点放在自己能获得多少好处上，而是会放在客户会获得多少好处上，当顾客通过我们的产品或服务获得确实的利益时，顾客就会把钱放到我们的口袋里，而且，还要跟我们说“谢谢”。

※在面对面的销售过程中，客户心中在思考什么？答案：在面对面的销售过程中，客户心中永恒不变的六大问句。

(1) 你是谁？

(2) 你要跟我谈什么？

(3) 你谈的事情对我有什么好处？

(4) 如何证明你讲的是事实？

(5) 为什么我要跟你买？

(6) 为什么我要现在跟你买？

这六大问题顾客不一定问出来，但他潜意识里会这样想。举个例子来说，顾客在看到你的一瞬间，他的感觉就是：“这个人我没见过，他为什么微笑着向我走来？”你走到他面前，张嘴说话的时候，他心里想：“你要跟我谈什么？”当你说话时他心里在想：“对我有什么好处？”假如对他没好处他就不想往下听了，因为每个人的时间都是有限的，他会选择去做对他有好处的事。当他觉得你的产品确实对他有好处时，他又会想：“你有没有骗我？如何证明你讲的是事实？”当你能证明好处确实是真的时，他心里就一定会想：“这种产品确实很好，其他地方有没有更好的，或其他人卖得会不会更便宜。”当你能给他足够资讯让他了解跟你买最划算时，他心里一定会想可不可以明天再买，下个月再买，或明年买行不行。所以，你一定要给他足够的理由让他知道现在买的好处、现在不买的损失。

因此，在拜访你的客户之前，要把自己当客户，问这些问题，然后把这些问题回答一遍，设计好答案，并给出足够的理由，客户会去购买他认为对自己最好、最合适的。

项目十
商场环境及其销售服务与消费心理

学习目标

※ 知识目标

- 了解商场的选址、招牌、店门、橱窗等外部环境对消费心理的影响
- 理解商场内部布局、商品陈列、照明、色彩、音响等对消费心理的影响
- 了解商场购物的一般心理过程及特殊心理反应
- 掌握商场销售服务的心理策略
- 掌握顾客抱怨及拒绝购买态度的转化

※ 能力目标

- 能够运用消费心理策略开展商场选址、命名和商品陈列工作
- 能够运用商场销售服务心理促进顾客购买行为

导入案例

三只松鼠最新实体店武汉开张，看看到底长什么样？

三只松鼠成立于2012年，是中国第一家定位于纯互联网食品品牌的企业，也是当前我国销售规模较大的食品电商企业。

一、布局华中首家实体店，线下体验深受好评

近日，三只松鼠在武汉开设的首家实体店——三只松鼠投食店开业了。据了解，这是三只松鼠布局华中的首家，也是全国第八家实体门店。根据“老爹”章燎原的1 000家门店的计划，未来还将有更多线下投食店进入“鼠迷”们的视野。

为什么会叫投食店呢？“投食”，指两个相爱的人互相喂食，喂食的对象可以是情侣、爱人、子女、长辈等。这个品牌名称非常好地诠释了品牌的使命：为主人带来爱与快乐！

此次开业的店铺位于武商广场一楼黄金位置，与国广一楼PRADA隔下沉式广场对望，视野开阔，展示面较好。

区别于常规门店，本店外观极具特色（如图10-1所示），现代感的弧形玻璃外立面造型凸出于武商广场，与商场整体白色建筑形成反差。门面采用统一风格，由绿色英文字母“Feeding Store”＋白色汉字“三只松鼠·投食”组成，简洁明了，易辨识。门口小美、小酷、小贱三只网红松鼠叠加而立，与站在另一端的松鼠萌动漫里的形象猫头道欢迎“主人们”的到来。

图10-1 三只松鼠店门

在“体验经济”流行的当下，“体验”成为线下实体对抗电商的有力武器。尽管是电商起家，这个互联网品牌走到线下并未水土不服，甚至可以说把线下体验与品牌IP化做到了极致。

二、300平方米松鼠形象深入人心，塑造IP化品牌

店铺设置两扇门，另一扇门直通商场内部，连接电梯口。两扇门内的地面上各有一块方形透明玻璃镂空，初次进店，因为透明玻璃带来的错觉人们会不自觉地对摆放在下面的松鼠动漫手办多看几眼。

在300平方米的空间里，五棵大松树竖立店内，各种小松鼠形象穿梭其间，货架设计成松树造型，灯光也是绿色叶子形状，整个店面被打造成一座欢乐的小森林。

进门时，店员发给顾客一个白色布质购物袋，挎着这么个袋子在“小森林”内挑选商品，有种果农采摘果实的感觉。

门旁边穿着“我爱武汉”小短袖的超级大的松鼠玩偶是最佳拍摄道具，拍照的人络绎不绝，小孩子更是零免疫。镜头再向右挪动一点点，顾客一不小心还会和超人气偶像组合TFBOYS同框。

线下体验投食店内不仅有大松鼠玩偶，各个角落还有松鼠的身影，从空间设计到产品包装，从选购布袋到店员服装，再到购物袋、餐巾纸、饮品打包袋甚至新制作的奶盖饮品上，松鼠形象随处可见。这说明，三只松鼠在从各个方面加强IP化的塑造。

店内共设置商品展示区、收银区、休闲区三大功能区。其中，休闲区占据约1/3的空间。木质桌椅与主题空间的营造较为契合；“投食大吉”的地方设置了K歌台，有“唱K送零食”的活动；还有一个动漫放映地，在由三只松鼠自己打造的动漫荧幕前，摆着几个小凳子，总有人驻足观看，以儿童居多。

三、两年100家门店，未来1 000家门店

三只松鼠投食店的收银区一直有顾客排队，可见其火爆的人气。其实，三只松鼠投食店最初的设想是不具备销售功能，只是作为广告手段，把线下的人流引到线上，却意外地收获了成功。

据了解，2016年9月20日，三只松鼠投食店全国首家——芜湖店第一个月销售额达到240万元，预计一年销售额将达到1 200万元，并实现盈利；2016年12月23日，第二家线下店在蚌埠开业，开业当天的客流量达1.3万人次，前三天销售额达到37万元；2017年6月23日开业的南京首家投食店，在开业首日销售额高达12万元。数据显示，截至今年5月线下实体店的总销售额已经突破1 000万元。

尝到了线下实体店带来的甜头，三只松鼠就有了两年100家门店、未来1 000家门店的远大目标。

其实不止三只松鼠，伴随着互联网流量红利的锐减，一些互联网品牌也开始不断调整自身来适应市场变化，打造全渠道营销，开始线上、线下两条腿走路。比如同样位于武商广场的茵曼就是一家起源于互联网的品牌。事实上，与三只松鼠相比，茵曼的实体店的数量要多得多，2011年，在广州开设第一家实体店，到2015年全国已有400多家门店。随后，茵曼宣布五年内将在全国1 000个城市中开设10 000个线下体验店。

四、投食店虏获年轻消费者的心

随着消费升级时代的到来，以80后、90后为主的新一代消费群体逐渐形成个性比较突出、消费观念更前卫的生活方式，在产品的要求上更注重个性化和差异化。

投食店在产品设计和组合上尤其注重抓住年轻消费者的心。店内除了主打产品坚果、果脯、肉类等休闲食品外，还有玩偶、抱枕、背包、文具等不少衍生产品，还“水＋轻食”的餐饮。

自助投食区，摆脱了包装的束缚，长长的透明玻璃罐内提供了碧根果、开心果、核桃等12种坚果供顾客自助挑选，用参与感和体验感加强了与消费者之间的深层联系。

当有新品上架时，三只松鼠通过包装设计吸引新一代消费者，广告语也多采用时下流行的网络语，总之看了之后就有一个感觉——“我要发朋友圈！”

“水＋轻食”的餐饮单价不高，销售火爆。

整体逛下来，这间投食店已不再是一个简单的零食店，通过产品的组合以及场景空间的打造，它已成为一个多元立体化的体验中心，客人可以在这里购物、休闲、娱乐，时间在不经意中度过，消费在无意识中完成。

三只松鼠投食店的出现可谓是独树一帜，为零食界送来了一股清风。随着消费升级促进休闲食品行业不断改革，线下零食门店将面临更多市场机会。

在年轻人群体中，零食代餐趋势越发明显，未来零食的市场规模或将进一步扩大，一块充满诱惑的蛋糕放在眼前，无论线上还是线下，休闲零食市场的竞争都会变得更加激烈。零食品牌的线下之争已是大势所趋，只是对于日益“挑剔”的消费者来说，未来满足“口腹之欲”并非他们对零食店的唯一期待。

资料来源：http://www.shichangbu.com/article-30297-1.html.

【学习与思考】

三只松鼠投食店的内外环境打造有什么特色？迎合了顾客的哪些消费心理？

任务一　商场环境与消费心理

商场环境是企业用来树立形象和吸引消费者的实体环境，它是激发消费者购买兴趣、产生购买动机，带来方便、趣味、想象和记忆等心理体验的一种特定场景。这里所指的商场包括百货公司、超市、连锁店、专业店、专卖店等。商场环境可分为外部环境和内部环境两个方面。

一、商场外部环境与消费心理

商场外部环境主要包括商场位置、商场招牌、商场店门、商场橱窗及霓虹灯、标识等，无论任何业态的商场，都希望能创造一种吸引消费者的注意力并使其产生兴趣，然后进入商场的氛围。

（一）商场选址与消费心理

商场的位置是权衡消费者购物心理与企业利益的商业布局安排的结果，它直接关系到企业能否实现其经营目标。其重要性表现为以下几点：（1）商场选址相对于其他人、财、物等经营要素来说，是一项长期性、固定性投资。无论是租赁还是购买，一旦选定就需要大量资金来营建，即使外部环境变化也难以及时变动。（2）商场选址是影响企业经济效益的重要因素。店址在一定程度上决定了所吸引顾客的类型和数量，从而决定企业的盈利状况。（3）商场选址是制定经营策略和目标的重要依据。不同地区有着不同的人口结构、交通状况及市政规划等，它们制约着所在地区顾客的来源和特点，必须考虑上述因素，才能制定出符合顾客需要的经营策略以实现企业目标。因此，商场选址应综合考虑与选定区域、经营商品、商场类型有关的顾客心理。

1. 区域与选址心理

商场选择区域要综合考虑所在区域的人口因素、地理环境因素、地段因素，并掌握与此相关的顾客心理。

（1）商场集聚心理。

商场选址首先要了解人口是否密集、顾客人数是否足以形成市场、规模性的目标顾客群是否存在等人口因素。很多顾客有强烈的从众心理，从而带来商业经营中的马太效应。人越多，顾客会认为商品越吸引人，购买兴趣就越高。而商场林立的商业街，由于商家聚集，就会形成一个规模大、密度高的顾客群。因此，人口密集、商家聚集的区域是开设商场的理想区域，如北京的王府井大街、重庆的解放碑商业步行街等。

（2）购买便捷心理。

消费者的购买便捷心理使他们总会选择进出道路通畅、商品运输安全省时、距离不远或停放私家车便捷、乘坐公交车站数不多且不必换乘的地方进行消费。因此，选择便于人群流动的地区，会给顾客提供便利的购物条件。

（3）最佳地段心理。

在一条商业街内，中间地段往往比两端的位置优越，因为两端的人流通常都要汇集于此，大部分人购物后就可能折返。如上海南京路上的第一百货商店（如图10－2所示）生意兴隆、享誉全国，云集了来自各地的顾客。从外滩到静安寺的十里南京路段中，它正好处在1/3距离处，接近黄金分割。从顾客心理角度分析，人们从外滩到达此地，购物的欲望恰好达到了最高潮。

图10－2　上海第一百货商店

2. 商品与选址心理

商场选址除考虑地理区域等因素以外，还要分析商品性质、顾客的消费习惯等特点，准确选择面向目标区域顾客的商品门类并进行商品价格定位。

（1）商品的性质与消费心理。

商品的性质与人们的消费心理密切相关，选址应充分考虑这一点。如，销售日常生活用品的超市应设在靠近居民区中间的地段，以便满足居民日常购物消费的需要；销售黄金饰品、钢琴等贵重物品的店应设在与高档商店相毗邻的地段，以适应顾客购买高档物品时对商场档次、商场信誉、外部环境的心理要求。

（2）商品的价格与消费心理。

商品价格的高低与其周围居民的消费品位、消费水平有直接的联系，应根据顾客对商品价格的需求心理选择店址。如销售高档文化艺术类商品、豪华生活消费品的商场应设在高收入顾客群生活地或商业街。

（3）消费习俗与消费心理。

不同地区、不同民族的人们消费习惯各不相同，商场选址应根据商品的特性，考虑人们消费习俗的不同，因地而异。如，北方气候寒冷，毛皮商店兴旺，南方则不宜开设；西南地区的重庆、四川等地麻辣味的火锅店生意兴隆，而在其他地区则不宜多设。

知识链接

形色各异的风俗习惯

英国忌用大象、山羊做商品装潢图案。

墨西哥人视黄花为死亡，红花为晦气，而喜爱白花，认为可驱邪。

德国人忌用核桃，认为核桃是不祥之物。

匈牙利人忌“13”单数。

在法国，仙鹤是愚蠢的标志；法国人特别厌恶墨绿色，这是基于人们对“二战”的痛苦回忆。

新加坡对红、绿、蓝色都比较喜欢，但视黑色为不吉利。

港台商人忌送茉莉花和梅花，因为“茉莉”与“末利”同音，“梅花”与“霉花”同音。

3. 商场类型与选址心理

在商业发达的地区，顾客购物除考虑商品因素以外，往往还考虑商场类型。

（1）业态分布与消费心理。

业态是服务于某一顾客群或某种顾客需求的销售经营形态，是目标市场进一步细分的结果，必须依据顾客对不同业态的需求心理来选择店址。如标准食品超市应靠近居民区，以居民区的常住居民为主要顾客群，并与大型超市保持一定距离，最好选址在距离大型超市 5 千米以外，这一距离可使自己处于对手边际商业圈以外。

（2）竞争环境与消费心理。

商场周围的竞争环境是影响消费者心理的重要因素，是商场选址心理的重要组成部分。商场选址要考虑业态种类以及业态分布，或与其周围的其他商品类型相协调，或能起到互补作用，或有鲜明的特色。同类小型专业化商家聚集设店，可形成特色街吸引人气，从而满足消费者到特定商业街购物时持有的特定心理预期。如在汽车配件一条街上开一家珠宝玉器商店，谁也不会相信它能够招揽顾客。

（3）配套场所与消费心理。

顾客在商场购物要求获得配套服务，因此商场在选址时要同时考虑配套场所。如仓储式会员店的停车场面积与营业面积之比一般为1∶1，以方便频繁进出的货车与大批顾客用车的停放。

（二）商场招牌与消费心理

商场的招牌即商场的牌号，是用以识别商店、招揽生意的名称和标志。设计精美、富有创意的招牌是无声的广告，不仅便于识别，给顾客留下深刻的印象，还能激发消费者的联想和想象，对其消费心理产生重要影响。

1. 招牌的心理功能

（1）引起注意，激发兴趣。

新颖独特、富有艺术气息、蕴含文化气质的招牌能迅速吸引消费者的注意，激发其浓厚的兴趣和丰富的想象。如重庆一家面馆取名“一碗江山”，既形象又富有寓意。江是汤，山是面，所谓民以食为天，气吞山河——一口气吃下，寓意味道好极了；山凸出于水，寓意分量充足；江山也寓意店家将自己的事业聚焦于这一碗面，专注于为消费者做好面。

（2）项目引导，方便顾客。

突出服务项目和经营特色的招牌在客观上充当了消费者购买活动的向导，有助于消费者迅速地找到购买目标。如“光明眼镜店”“雷士灯具旗舰店”等招牌，都一目了然地显示了商店的交易范围与经营项目，给顾客购物提供了极大的方便。

（3）突出传统，反映特色。

具有悠久历史的招牌，本身就是巨大的无形资产，店家的经营历史、特色和服务传统使消费者产生敬慕、信任的心理。如“同仁堂”药店、“荣宝斋”书画苑等，这些拥有数百年历史的店名古朴典雅，已成为中华传统文化的符号，对怀有求名心理的消费者来说这就是巨大的信誉保证。

（4）易于记忆，有助于传播。

通俗易懂、易读易记的招牌，往往会给消费者留下深刻的印象并广为传播，起着商业广告的作用。如“傻子瓜子”“王麻子剪刀”等，名称朗朗上口，商家以自嘲的方式以贬寓褒，便于消费者记忆和传播。

案例 10－1

同仁堂的金字招牌

“同仁堂”是我国中药行业的金牌老店，开业于清朝康熙八年（1669年）。在长达三个多世纪的岁月里，“同仁堂”历经风风雨雨，逐渐发展壮大，并于1997年在上海证券交易所上市。

“同仁堂”创始人是清代名医乐显杨，“同仁”语出《易经》，意为：“无论亲疏远近，一视同仁。”他说：“‘同仁’二字可以命堂名，吾善其公而雅，需志之。”他崇尚“可以养生、可以济世者，唯医药为最”的信条，把行医卖药作为一种养生济世的最高事业追求。同仁堂是个前店后作坊、自产自销的药店，在药制上一贯遵循“炮制虽繁必不敢省人工；品味虽贵必不敢减物力”。因此，他制作的丸药，都是取材纯正地道、制作精细严谨，患者用后疗效显著。

“同仁堂”地处北京大栅栏，地理位置不理想，为了方便顾客，扩大影响，在大栅栏胡同口树立一座金光闪闪的铜牌楼，上书三个大字“同仁堂”，如图10-3所示。

图10-3　同仁堂药店

【学习与思考】

“同仁堂”何以成为屹立三百多年的金字招牌？其命名符合了什么消费心理？

2. 招牌命名的心理策略

商店招牌的命名，应力求言简意赅、清新不俗、易读易记，如果再请名人或书法家题写店名，字体与背景的对比鲜明醒目，采用立体化的艺术造型，使用霓虹灯、灯箱、电子显示屏等新型材料，与人流方向相切侧向悬挂，招牌将是一种吸引消费者的有效工具。

(1) 以经营特色或主营商品命名。

这种方法通常能反映商店的经营特色或主营商品的优良品质，使消费者易于识别商店的经营范围，引导和方便消费者选购，达到招徕生意的目的。如，“三元饱”饭店，突出的是经济实惠；“万里自行车行”，突出主营商品自行车坚固耐用的可靠品质。

(2) 以服务精神或经商格言命名。

这种方法通常能反映经商者文明经商、讲究信誉、全心全意为顾客服务的商业道德和服务精神，使消费者产生信任。如，“精益眼镜行”寓意经营者精益求精地打造产品；“百信鞋城”体现让消费者完全放心、诚信服务的经营宗旨。

(3) 以名人或民间传说命名。

这种方法主要是为了满足消费者求名、求奢、崇尚传统的需求，使消费者产生浓厚的兴趣和敬重的消费心理。如，“皮尔·卡丹专卖店”，以传奇人物、世界顶级服装设计大师皮尔·卡丹来命名，显示了该店对所营产品的设计制造、材料工艺的满满自信；“杜康醉”，以中国古代传说中的酒圣命名，连酿酒始祖的杜康都沉醉其中，反映出经营者熟知品酒之道，具有丰富的美酒经营经验。

(4) 以寓意美好的词语和实物命名。

这种方法通常能反映经营者乐意为消费者的生活增添乐趣，同时包含对消费者的良好祝愿，引起消费者积极的联想，从而对经营者产生亲切的心理感受。如，湘菜馆取名“湘亲湘爱”，不仅能引起湖南老乡的思乡情结，强调湖南特色，还能引发人们对美好生活的向往；“戴梦得”珠宝店以销售高档珠宝饰品而闻名，寓意戴上其珠宝饰品能够实现梦中所得。

总之，商店命名具有巨大的潜在心理功能，无论招牌采用何种表现手段，从艺术欣赏的角度而言，除了必须满足特定的使用功能外，最重要的则是创意。这就要求在周密的调查研究基础上，利用各方面的条件，探索艺术表现的切入点，设计一个独具匠心、适应消费者心理的招牌，以求构思新颖、形象美观，并且耐人寻味，使其发挥最大作用，深深吸引消费者，从而实现自己的经营目的。

案例 10-2

“狗不理”店名的由来

享誉世界的天津“狗不理”始创于公元1858年（清朝咸丰年间），距今已有160多年的历史，如图10-4所示。

当时，在天津有一户高姓农家，四十岁喜得贵子，取名高贵友，为求平安乳名叫“狗子”。狗子长到十四岁时，来到天津学手艺，在一家蒸食铺做小伙计，由于狗子心灵手巧，勤奋好学，练就了一手好活儿。学徒期满，狗子便自己摆起了包子摊儿，唤作“德聚号”。他发明了水馅、半发面的工艺，做出的包子口感暄软、鲜香不腻，包子外表如同一朵绽放的白菊花，色、香、味、形独具特色，吸引了百里外的人们都前来吃包子，生意十分兴隆。狗子忙生意顾不上说话，人们都说“狗子卖包子不理人”，久而久之，人们喊顺了嘴，都叫他“狗不理”，把他卖的包子称作“狗不理包子”。

图 10-4 “狗不理”的店名

当时袁世凯吃过“狗不理”包子连声叫绝，随即进京入宫将包子奉献给慈禧太后。太后品尝了包子后大悦，连连夸赞，从此“狗不理”包子名声大振。

目前“狗不理”已成为拥有大型饭店、中型酒家、排挡式餐厅，快餐、早餐、早点、速冻食品生产，商品零售，物流商贸和烹饪学校，以及在国内外设有七十余家特许连锁企业的集团公司。

【学习与思考】

“狗不理”的店名有何特色？尝试为其取一个英文名，并对照其英文商标，说说各自的创意。

（三）商场店门与消费心理

店门是商场的“脸面”，它是商家带给消费者的第一印象，是商场内部和外部的分界线。装饰优美的门体和方便的出入口设计，会让众多消费者，印象深刻，产生进店选购的欲望。

1. 门体设计与消费心理

门体及其两边的侧翼是人们在商场外以平面视线注目的部分，是吸引人们进入店堂的面积较大的场景。门体设计在门面设计中具有重要的地位，为增加透明度和光亮感，门体一般使用透明的玻璃作为材料。透明、宽大的门体及其两翼可以使人对商场内部场景一目了然，使人充分感受到商家的坦诚与热情。

2. 出入口设计与消费心理

出入口是顾客从店门到货架、进出商场的通道，在设计上应方便顾客出入、形式大方、宽度足够、能吸引顾客的视线。考虑到大型商场进出人流较多，出入口应相应地在不同方位开设数个，以满足顾客便利进出的要求。如果出入口的位置和宽度设置不合理，造成拥挤的现象，会造成客源的流失。从出入口开放程度来看，可设计成以下几种类型：

（1）封闭型店门。

店门出入口较小，店内外一般用豪华、精致的门扉隔开，能隔绝噪声，阻挡寒暑气和灰尘，临街的一面用橱窗或有色玻璃遮蔽，顾客在这种封闭、舒适的环境中会产生神秘、幽雅、高贵、安全的感觉，从而延长顾客在店内的停留时间。这种设计适用于经营金银首饰、名贵工艺品、艺术瓷器等高档和特殊商品的商店。这类商店主体顾客通常为具有特定消费能力和意向的人群，客流量不多，故不会影响顾客的出入。封闭型店门如图 10－5 所示。

（2）半开型店门。

出入口占门面的一半左右，出入口两翼临街的一面常设橱窗，陈列各式新颖的样品。这种出入口布置适用于经营时装、化妆品、医药用品、文化用品等某一类或几类大众化商品的商店。购买这类商品的顾客一般预先有购买计划，通过橱窗和店门看到了感兴趣的商品后，才进入店内挑选，因而对店面开放度要求不太高，只要能比较方便地进出，安静地选购商品即可。半开型店门如图 10－6 所示。

图 10－5 封闭型店门

图 10－6 半开型店门

（3）全开型店门。

临街的一面全部开放，一般不设橱窗，使出入口尽可能大些，顾客在路过时很容易看清商场内部的商品摆设。这种设计适用于经营食品、水果、蔬菜等生活必需品的商店，方便顾客进出，没有任何障碍。此类商店销售客流量大、流动速度快，面向的顾客面最广，因此出入口设计较简捷，能满足顾客方便、实用、经济的心理需要。全开型店门如图 10－7 所示。

（4）畅通型店门。

通常设有两个以上的店门，有的还明确区分和标明出口、入口位置。这种类型的出入口适用于规模较大、客流量众多、经营品种繁多的百货商场、超级市场、大型商场等，可给人以方便、气派之感，能最大限度地适应人们进出商场的需要。畅通型店门如图 10－8 所示。

图 10－7　全开型店门

图 10－8　畅通型店门

（四）商场橱窗与消费心理

商场橱窗是商场门面总体装饰的重要组成部分，是商品宣传的第一窗口。它以经营商品为主体，通过新颖的构思，巧妙地应用布景、道具和画面装饰作衬托，并配合灯光、色彩和文字说明等，使其成为综合性艺术广告形式。

1. 橱窗设计的心理功能

（1）吸引注意，激发兴趣。

由于空间有限，橱窗内陈列的只能是有代表性、最能吸引消费者注意的商品，它们是当前消费的热门商品或流行趋势的代表，把它们摆在显眼的位置不但能给消费者提供一个经营项目的整体形象，还能为消费者带来新奇感，从而引起消费者对商场的注意，并对商品产生浓厚的兴趣。

（2）建立信任，增强信心。

橱窗内的商品，真实地介绍了商品的效能、用途、使用和保养方法，直接或间接地向消费者提供商品质量、性能等信息，这可以让消费者获得对产品直观、整体的印象，提高其选购商品的积极性，使消费者建立起对产品的信任感，从而增强其购买商品的信心。

（3）引发情感，促进购买欲望。

在橱窗陈列中，要让选择好的商品给消费者留下深刻的印象，并引发他们对商场、商品的积极情感，从而促进他们的购买欲望，还必须运用多种手段、精心构思，在体现商品特色的同时，运用各种富有感染力的表现形式，在无形中向消费者暗示商品的优良品质和使用效果，将一个主题鲜明、风格独特、色彩和谐的立体画面呈现在消费者面前。

案例 10-3

维纳斯婚纱影楼的启示

近年来，婚纱摄影作为结婚的时尚方式已经被越来越多的婚龄青年及其父母所接受，此项支出排在结婚消费中的前几位。在许多都市年轻人的心目中，引领这股时尚之风的是台湾婚纱摄影，尤以享誉各地的维纳斯婚纱摄影（见图 10-9）为最。

图 10-9　维纳斯婚纱摄影

对于很多上海人来说，最初接触到的台湾时尚就是来自台湾的维纳斯婚纱摄影。当上海人从“王开”等老字号的照相馆里拿着三张一套的结婚照走过普陀区长寿路，看到一家刚刚开张的名叫“维纳斯”的台湾婚纱摄影店的橱窗时，几乎都会大吃一惊，他们发现“老三篇”式的结婚照原来也可以这么拍：新娘、新郎身着绚丽耀眼的婚纱与礼服，仿佛电影海报中的男女主人公，在俯首低语或温柔对视间，营造出浪漫与温馨的气氛。这种创意新鲜、风格唯美的婚纱摄影一下子打动了上海人的心。虽然价格昂贵，但不少追求时尚的上海新人还是选择了这家台湾婚纱摄影店，留下了一生中最美丽的身影。

在上海的淮海路、南京路、徐家汇商业区等地，维纳斯台湾婚纱摄影店店堂设计新潮、时尚，前卫创新的橱窗内点缀着白纱与晚礼服，营造着浪漫而温馨的迷人情调。透过大幅落地玻璃窗，人们可看到店堂内摩登豪华的全景和正在化妆的美丽新娘。

每天一到太阳西下的时候，人们就会沐浴在从各家影楼的玻璃橱窗中透出来的柔和灯光中。流光溢彩的婚纱摄影广告与霓虹交相辉映，构成沪上夜色中一道美丽的风景。

【学习与思考】

维纳斯婚纱摄影的店门和橱窗给消费者带来了哪些心理影响？

2. 橱窗的类型

不同商场会采用不同类型的橱窗，但总体来说，橱窗的性质一般取决于所陈列货品的种类。如橱窗中陈列的首饰高度必须以顾客平均视平线为标准，避免令顾客难以接近细看商品。按照对展示商品的陈列方式，橱窗可分为五种类型：

（1）综合式。它是将很多不相关的商品综合陈列在一个橱窗内，以组成一个完整的橱窗广告的陈列方式。由于商品之间的差异较大，设计时一定要谨慎，不能显得杂乱无章。

（2）系统式。如果橱窗面积较大，可以按照商品的不同标准组合陈列在一个橱窗内。

（3）专题式。它以一个广告专题为中心，围绕某一特定的主题，组织不同类型的商品进行陈列，向顾客传递这个主题，如中秋节的各式月饼、黄酒陈列，世界杯期间的体育用品陈列等。

（4）特写式。特写式是指运用不同的艺术形式与处理方法集中介绍某一商品，它适用于新产品、特色商品的广告宣传等。

(5) 季节式。根据季节变化把应季商品集中进行陈列，以提醒和引导顾客购买应季商品。

3. 橱窗设计的心理策略

橱窗设计要吸引、打动消费者，就必须把实用性和艺术性以及商品陈列和主题背景有机地结合起来，使橱窗设计带给消费者选购的方便感、商品的新鲜感、强烈的艺术感等心理效果。

(1) 精选商品，突出主题。

橱窗设计的目的是向顾客推介商场的主营商品和经营特色，顾客观看橱窗是为了获得商品信息，进而为选购商品提供参考。但商场中经营的商品种类繁多，不可能把所有商品都陈列出来。因此，进行橱窗设计时一定要精心选择商品，把那些适应季节、功能独特、样式新颖、造型美观、易于流行的新产品或特色商品突出地介绍给顾客。

(2) 赋予美感，塑造形象。

橱窗设计既要突出商品，显示商品的使用价值，又要使消费者从中得到美的享受，它是一种街头艺术。因此，应运用各种艺术手段，层次分明、生动巧妙地布置橱窗，以主次对比、大小对比、色彩对比、远近对比和虚实对比以及冷暖调和等手法，使橱窗的布局给顾客留下明快、舒适、优美的整体印象，令顾客获得一定的艺术享受。

(3) 以景抒情，启发联想。

用以景抒情的艺术手法去体现主题，对陈列的商品进行描绘和渲染，创造出诱人的意境，引起消费者的美好联想，满足他们情感上的需要，激发购买欲望。如，夏季游泳用品的橱窗陈列，以大海、沙滩、椰林为背景，将各式游泳衣裤巧妙折叠，再配以冲浪板、救生圈、遮阳伞、躺椅等物品，使人于炎炎夏日中联想到海边消暑的欢快场景，仿佛置身其中，进而对商品产生购买的欲望。

二、商场内部环境与消费心理

消费者的购买行为最终要在商场内部环境中实现，因此，就消费者心理而言，商场内部环境在整体购物环境中起到主导性的作用。理想的商场内部环境是商场内部布局、商品陈列、音响、照明、色彩、装饰风格、空气质量等状况的综合体现。良好的商场内部环境不仅可以刺激消费者的感官，使他们在挑选商品时始终保持兴致勃勃，还能使其再一次光顾。良好的商场内部环境也能使店内工作人员精神饱满、情绪高涨、充分发挥自己的潜能，从而节约劳动时间、降低劳动成本、提高工作效率和服务品质。

(一) 商场内部布局与消费心理

商场内部布局设计应根据其经营类型、规模、特色及建筑结构，最大限度地使之符合大多数消费者购物的一般心理，使顾客乐于光顾本店购物、消费，从而达到提高企业经济与社会效益的目的。商场的布局设计一般应包括：店内面积分配，店内货位布局，出入口、通道的设计，其他方面的布局等。

1. 商场面积的合理分配

商场场地面积一般可分为营业面积、仓库面积和附属面积三部分。在这三者中，消费者接触最多、最直接、最重要的是营业区域，营业区域的面积、布局方位、陈列方式等直接影响消费者对商场的认识过程和情感体验过程。在安排营业面积时，既要保证商品陈列销售的需要，提高营业面积的利用率，又要为顾客浏览购物提供便利。仓库区域应安排在邻近营业区域的位置，以保证工作人员取货方便，提高工作效率，迅速、连续地满足消费者的需要。将管理办公室、营业员休息室、更衣室等安排在远离营业区域的位置，既保证管理人员能有一个安静、良好的工作环境，也能避免干扰营业区域的氛围。另外，卫生间、吸烟区、消费者休息室、接待室等配套服务设施，则应安排在紧邻营业区域的位置，以满足消费者追求方便的心理。

大型商场由于楼层高、面积大、客流量大，顾客在购物时极易产生生理和心理上的疲劳感，通常应设置一定的休息场所供顾客缓解疲劳。有些商场还借助于室内造园的手法，在一楼大厅布置奇山异石、移种花草树木、引进喷泉流水，满足人们回归自然的心理需求，如图 10－10 所示。一些商场的经营者本着为消费者服务的宗旨，还特意为儿童设立了游戏场所，并配有玩具和各种游戏设施，派专人看护，方便带小孩的顾客购物，虽占用了一些营业面积，但也带来了不可低估的社会效益和经济效益。

图 10－10　大型商场室内造园

2. 商场布局设计心理

商场布局是指营业区域内各种货架的基本摆放形式。现代商业竞争日趋激烈，商场销售情况的好坏，在一定程度上依赖于客流量，商场布局已不单纯是商品货架、柜台的组合形式，它还承担着重要的促销宣传的作用。

（1）格子式布局，也称线条式布局，是一种十分规范的布局方式，如图 10－11 所示。它利用直角通道将商场划分为若干规则的形状，各通道之间互相连接，形成迂回路线。采用这种布局方式可以最大限度地利用销售空间、节约成本。这种布局的优点是销售场地整齐、有序，方便消费者寻找商品。缺点是布局单调、缺少变化，会使消费者感到乏味。这种布局多用于超市、连锁便利店等。

图 10－11　格子式布局

（2）自由流动式布局，也称曲线式布局，如图 10－12 所示。曲线式是呈不规则的曲线通道的形式，可任意布置货位。曲线式布局是根据建筑物和经营特点而将货位灵活设计为各种不同组合，或独立、或聚合、或圆形、或方形，通道也自然形成弯弯曲曲的不规则形。这种布局方式的优点是富于变化，消费者浏览方便，它能创造出百货商店卖场活跃、温馨的销售气氛。不足之处是空间利用率低，装饰成本较高，

图 10－12　自由流动式布局

容易给消费者造成混乱的感觉。大型百货店多采用这种布局方式。

3. 商场通道及附属设施的设计心理

图 10-13　商场通道

通道是指顾客在商店内购物行走的路线。通道设计的好坏直接决定着店内消费者流动是否合理、消费者的心情是否舒畅、顾客能否顺利地进行购物、企业的商品销售业绩等诸多方面，如图 10-13 所示。所以，在设计通道及附属设施时应注意以下原则：(1) 通道要保证足够的宽度。商店入口等主要通道要宽敞，以双向多人相汇时也不需避让为宜；而售货场所之间的通道以在有消费者驻足浏览、挑选商品时，也不影响其他消费者的往来通行为准则。(2) 要尽量避免直而长的通道，以免使消费者产生走不到头，产生枯燥、单调的感觉。(3) 通道的装饰要有指示的作用，方便消费者区分各类通道和寻找所购的商品。但其装饰不宜过分花哨和鲜艳，以免因吸引了消费者过多的注意力，而削弱了对商品的关注。(4) 楼梯、电梯的位置应与主通道相连接。一般的大型商场中，应有两处以上的楼梯或电梯或自动扶梯，且应上下道分开，以利于客流的形成与循环。(5) 商场的问询处、接待处、服务处等应设在入口或主要通道附近，以满足消费者寻求方便的心理。

(二) 商品陈列与消费心理

商品陈列包括商品陈列位置的选择、排列方式的设计以及陈列的装饰衬托等方面。商品陈列是商店内部陈设的核心内容，摆放得体的商品本身就是激发消费者购买欲望的有力手段。

1. 商品陈列的心理要求

(1) 层次清楚，高度适宜。

顾客进入商场后，一般都会环视扫描陈列的商品，以进行商品的属类判断。因此，商品的陈列要有层次感，同类商品应尽可能地陈设在邻近的位置上，以缩短顾客寻找的时间；商品陈设的高度要比较容易地进入顾客的视线。据瑞士塔乃尔教授研究发现，普通身高的顾客无意识展望的高度为 0.7～1.7 米，上下幅度为 1 米左右，而且与水平视线大约成 30°的范围内的物品最易被人感受到。仰起头来观看陈列过高的商品或蹲下去俯视陈列过低的商品，往往会引起不舒适和不悦感，是人们不愿意做的事情。

(2) 适应习惯，便于选购。

为顺应顾客对不同种类的商品所具有的不同购买习惯，商品的陈列应体现一定的规律。

低值易耗商品。这类商品是人们日常生活中消耗量大、需求弹性小、价格常比较低廉、一般没有明显消费层次也不需提供售后服务的商品，如牛奶饮料、烟酒糖果、蔬菜瓜果、清洁用品、油盐酱醋等。这些商品使用频繁，同类商品性能接近，选择余地小，人们希望购买方便、交易便利，因此，可以陈列于最明显、易于速购的地方，如商场的底层、过道和出入口。

衣着出行用品。这类商品是人们生活中用于穿着打扮或出行使用的物品，款式、价格差异比较大，挑选性较强，使用期较长，如时装、皮鞋、提包、自行车等。人们在购买时往往要对商品的价格、款式、色彩、质量等进行综合性的比较，才会做出购买决定。因此，这类商品应陈列于商场内空间较宽敞、光线较充足的地方，便于顾客接触、试穿或体验，停留较长时间进行选购。

家用贵重商品。这类商品属于人们居家使用的高档生活消费品，体积比较大、使用寿命长，如电视机、电冰箱、空调器、组合音响、高档家具等。此类商品的规格、性能、质量差异常常很大，价格高昂。因其使用周期长、占用空间大、售后服务要求高，人们在购买前必然要花较长的时间考虑购买的时机、商家和品牌。因此，商场应选择店内比较安静的地方，设立专门的区域，提供咨询服务，以满足顾客慎重决策、求信誉、买放心的心理需求。

案例 10-4

领带为什么不好卖

美国一家大型商场订购了一批款式新颖、质量上乘且价格适中的金利来领带，商场经营者认为这批领带肯定销量不错，但是一个月过去了，销量却很差。为了一查究竟，店方在领带柜台前架起了摄像机，观察顾客在该领带柜台前的表现。结果发现，这批领带的柜台所处的位置正好在商场正门口，虽然有许多顾客一进入商场就对该批领带产生了兴趣，并停下脚步进行挑选，但由于身后涌动的进出人流，使顾客本能地感到了一种不安全感。这使得他们在急急忙忙翻了两下领带后，便匆忙地离开了柜台。

在了解了金利来领带销售不畅的原因后，商场经营者立即将领带柜台转移到了商场的一个购物空间相对舒适的地方，这批领带不久便销售一空。

【学习与思考】

对领带这类商品该如何陈列才不会影响销售?

---

(3) 清洁整齐、疏密有致。

商品的陈列不仅要讲究层次，还要给人以干净、整洁之感。货物上如有积灰应随时清除，否则会使人“倒胃口”。此外，要注意商品陈列与货架的疏密得体、错落有致。货架上商品的陈列必须丰满，随时填补货物销售后留出的空间，给人以丰富、充实的感觉，但也不能塞得严严实实，以免使人感觉沉闷、压抑。

知识链接

质感陈列与量感陈列

量感陈列原指商品陈列数量的多寡，实践中该含义一方面是指“实际很多”，另一方面是指“看起来很多”。量感陈列的具体方法有很多，如店内吊篮、店内岛、店面敞开、铺面、平台、售货车及整箱大量陈列等。

质感陈列着重强调商品的优良品质与特色，以显示商品的高级性，适合于珠宝、高档服装、艺术品等显示身份与地位的珍贵商品。质感陈列主要通过展示用具、光、色的结合，配合各种装饰品或背景来衬托商品极富艺术魅力的个性特色。

（4）引人注目，富于变化。

商品陈列要有新意或引人注目，突出商品的优点、性能、用途等个性特征，充分展示商品的美感和质感，通过特殊摆放店内广告、指引牌等增强对消费者的吸引力和说服力。如某童车的营业现场，在场地的一角装饰成一个小屋。小屋里放着一辆漂亮的童车，童车上拴着五颜六色的风铃、彩条，一个形象逼真的大布娃娃躺在童车里，手拿奶瓶。小屋的墙上贴着一张写满童趣的彩笔画，地上放着玩具狗、玩具熊……置身其中，不由使人充满生活的情趣。此外，还要根据季节变化、消费趋向、传统节日等，不断调整、更新商品摆布的内容和形式，体现时代感，富于变化，使消费者愿意经常光顾。

2. 商品陈列的方法

不同的商业企业，因其经营特点、出售商品和服务对象的不同，针对顾客的消费心理，商品的陈列的方法也不尽相同。

（1）分类陈列法。

分类陈列法是指根据经营商品的性能、品牌、档次、特点或不同的消费对象，将其划分成不同的类别，分别进行展示陈列的方法。如，家电企业往往按照电视机、电冰箱、洗衣机等不同产品分类陈列；而化妆品则往往根据品牌的不同分别进行柜台陈列。

（2）相关陈列法。

许多商品在使用上具有连带性，如牙膏和牙刷、书包和文具等。为了引起消费者潜在的购买意识，方便其购买商品，可以用该方法把具有连带关系的相关商品相邻摆放。

（3）重点陈列法。

现代商场经营的商品种类众多，不可能都进行重点陈列，因此，可以选择消费者大量需要的商品作为陈列重点，同时附带陈列一些次要的、周转缓慢的商品。这种以主带次、以畅销带滞销的陈列方法，可以引导顾客顺畅地逛遍整个卖场，达到使顾客增加随机消费和冲动性购买的目的。

（4）季节陈列法。

季节陈列法是指按照季节的变化及时调整不同季节消费商品的种类、方式。这种集中陈列使消费者随着季节的变化对商品产生新鲜感，既可以渲染卖场的气氛，又可以刺激消费者的购买欲望。如服装经营企业往往在季节变化前的一个多月，就将应季服饰摆在最佳陈列位置，而过季服饰陈列于边角的位置，并给予不同的价格设置。

（5）逆时针陈列法。

逆时针陈列法是把商品按逆时针旋转的方向有序陈列。在实际的调查中发现，90%以上的顾客总是有意无意地按逆时针方向行进。把商品按主、次进行逆时针方向陈列，有助于消费者更好地选购。如一些经营品种较多的大型百货商店和超市，通常把日常生活用品陈列在商店入口的逆时针方向，这样顾客进店后能很快地找到自己需要的商品。

（6）专题陈列法。

专题陈列法是指结合某一特定事件、时期或节日，集中陈列应时适销的系列商品的方法。如2008年奥运会期间全国各大商场都设置了奥运商品的柜台，总共分为玩具、衣服、小饰品、贵金属以及文具五大类，除了“福娃”布偶外，还包括带有浓郁北京风味的“糖葫芦”造型水笔、“福娃”塑胶玩具、奥运系列钥匙扣以及印有奥运会会徽图案的衣服等。

在实践中，上述方法经常可以灵活组合、综合运用。同时要适应环境的需求变化，不断调整，大胆创新，使静态的商品摆放充满生机和活力。

案例 10－5

沃尔玛的商品陈列

为了方便顾客挑选，沃尔玛在货品的陈列上很下功夫。一是有效利用陈列空间。依据销售量来决定每类商品的陈列面积，而不同商品的摆放高度也不同，一切以方便顾客为原则。例如，家电的最佳摆放高度为 1.25～1.65 米，顾客选看起来方便，而货架下层多用于放包装箱。二是陈列上具有量感。沃尔玛信奉“库存尽量放在卖场”的原则，堆头、端头、货架顶层均安放货品。三是尽力打破陈列的单调感。卖场内每隔一段，货架就有不同的高度，有时还用吊钩、吊篮来调剂陈列样式。四是展示商品诱人的一面。通过主通道沿线设计和副通道的搭配，使顾客所经之处，有大量的商品存放和不断出现的“特价”品等，凸显商品的特色，给人以强烈的视觉、味觉、嗅觉等多方面的冲击。

沃尔玛陈列商品的货架一般是 30 厘米宽展示一种商品。如果一种商品销售得不好，就会将它的货架展示宽度缩小到 20 厘米，以便节约货架位置，给其他商品用。如果销售数字还是上不去，陈列空间再缩小 10 厘米。如果还是没有任何起色，那么宝贵的货架就会让出来给其他商品用。

沃尔玛还将卖场中的每种商品的陈列面积夸张地加大，利用突出陈列将卖场的气氛发挥到极致。每类商品的尽头都有特价商品，顾客不仅能一饱眼福，也容易寻找到自己需要买的东西。沃尔玛大卖场的特卖商品都陈列于商场十分显眼的位置，如端头、堆头和促销区。为了更好地吸引消费者注意，用旗形、矩形或是一些有创意的图形来设计商品标签，以显示其有别于其他的促销商品。此外，特卖商品在标价签上还用各种不同的颜色来突出其特卖价格。

另外，沃尔玛在商品陈列中也遵循本土意识，按当地的消费习惯和消费心理进行摆放。在中国市场，为了迎合消费者有挑选比较的习惯，沃尔玛在货架上专门增加了同类商品的供应量，以方便顾客的选购。在重庆沃尔玛商场内，有不少的装饰品采用竹器及泡菜坛子等本地特有的容器，这充分显示出超市为吸引顾客而进行的本土装饰。

沃尔玛还将水果、蔬菜全部摆放在深绿色的篮子里，红黄色的水果和绿白色的蔬菜在深绿色篮子的映衬下，给人环保卫生的感觉。顾客会认为这些果蔬都是来自大自然的新鲜食材，对身体健康很有好处；再加上挂在篮子上空的照明灯的灯罩也是绿色，消费者徜徉其中，仿佛回到大自然，如图 10－14 所示。此种刻意营造的氛围树立了沃尔玛生鲜卖场环保新鲜的形象，消费者自然开心、放心地在此采购生鲜食品。

图 10－14　沃尔玛的商品陈列

【学习与思考】

沃尔玛的商品陈列有何特色？满足了顾客的哪些心理需求？

(三) 内部照明与消费心理

商场营业厅明亮、柔和的照明，既可以充分展示店面、宣传商品、吸引消费者注意力，又可以渲染气氛、调节情绪，为消费者创造良好的心境，还可以突出商品的个性特点，增强刺激强度，激发消费者的购买欲望。科学配置、调节商场照明度，是一种经济有效的促销手段。照明可以分为基本照明、特别照明和装饰照明三大类。

1. 基本照明

基本照明以在天花板上配置的吊灯、吸顶灯为主，来创造一个整洁宁静、光线适宜的购物环境。较强的基本照明光度，可以使顾客感到兴奋，便于感知和比较；而较暗的基本照明光度，则既使人心绪平静，也会给人一定程度的压抑感。如日用品营业场所的照明设计比较明亮，而销售古董一类商品的场所灯光则较暗一些。一般在营业厅最里面配置最大光度，前面和侧面光度次之，中部光度可稍小些。这样不仅可以使有效利用商场空间，使商场富有朝气，还可以使消费者的视线本能地朝向明亮的地方，吸引他们从外到内把整个商场走遍，始终保持较大的选购兴趣。

2. 特别照明

特别照明是为增加柜台光度配置的，多采用聚光灯等照明设备定向照射。特别照明的配置一般要根据主营商品的特性而定。如珠宝玉器、金银首饰、美术工艺品、手表等贵重、精密的商品，往往用定向光束直接照射商品。特别照明不仅有助于消费者观看欣赏、选择比较，还可以使商品熠熠生辉、光彩夺目，给消费者以名贵华丽的心理感觉。

3. 装饰照明

装饰照明大多采用彩灯、壁灯、霓虹灯等照明设备，对商场的美化、商品的宣传、购买气氛的渲染等方面能起到良好的促进作用。

此外，商场要善于利用自然光照明。虽然自然光会受季节、营业时间和气候的影响，有时不能满足商场内部照明的需要，但自然光柔和、明亮而且节能，使人心情舒畅，只要光度足够就是最理想的基本照明光源。

(四) 内部色彩与消费心理

在现实生活中，色彩的选择常常是与人们自身的性格、生活经验、爱好情趣相联系的，不同的色彩能引起人们不同的联想、使人产生不同的心理感受。商场内部装饰的色彩，包括墙壁、顶棚、地面、货架、陈列品、灯光等方面的色彩，是否调配得当、醒目宜人，对消费者和营业者的情绪调节具有很大意义。

1. 冷暖感

色彩可以改变人们对场所温度的感觉。在赤、橙、黄、绿、青、蓝、紫的光谱中，越是居于前面的赤、橙、黄色，温暖感越强，为暖色调；越是处于后面的绿、青、蓝、紫色，寒冷感越明显，为冷色调。如，在炎热的夏季，商场以蓝、棕、紫等冷色调为主，顾客心理上会有凉爽、舒适的心理感受；而若以红色基调为主，则使人感到更加热浪滚滚，不禁想赶快离去。

2. 大小感

明亮度高的色彩具有放大感，而明亮度低的色彩具有缩小感，因而空间小的营业场所一定要使用浅色作为周围环境颜色，这样可使人感觉场所并不小。如将天花板装饰成浅蓝色，会给人一种高大的感觉，将商场营业场所墙壁两端的颜色设计成渐变浅色，会给人一种辽阔的感觉。

3. 抑扬感

暖色调中的红、橙等颜色具有兴奋作用，能使人心情亢奋、活跃，但也会使人神经紧张，引起不安。冷色调中的青色、蓝色能使人精神受到抑制，产生镇静、肃穆的感觉。如商场一层营业厅入口处以暖色装饰，可以形成热烈的迎宾气氛；而在出口处用冷色调装饰，则可以缓解消费者紧张、忙乱的心理。

4. 象征感

不同的色彩还能引起人们不同的联想，具有某种象征感。黑色是严肃、悲哀的象征，给人以庄重、雅致之感；白色是纯洁、朴实的象征，给人以神圣、恐怖之感；红色是喜庆、热情的象征，给人以热烈、危险之感；绿色是青春、生命的象征，给人以恬静、新鲜之感；黄色是富贵、华丽的象征，给人以明快、跳跃之感；蓝色是安静、智慧的象征，给人以幽雅、寒冷之感。

此外，各种颜色的不同组合，也会使人产生不同的联想，引起不同的感觉。如服装商场内男性模特的服装应搭配不同的颜色，如果裤子是深色的，那么上衣最好配浅色的，因为这样可以显示男士健与美的感觉。

案例 10－6

肯德基快餐店所有店铺的颜色一律定为红色。因为根据美国科学家的研究，红色能令人食欲大增，且用餐后不愿久坐，一举两得。

【学习与思考】

对此你有切身体会吗？你最喜欢哪家店铺的色彩环境？原因是什么？

（五）音响与消费心理

音响是商场内部环境的重要组成部分，用声响来促进销售是一种古老的经商艺术。早在传统商业时期，叫唱或敲击竹梆、金属器皿物等就成为小商小贩招揽生意的独特形式。商场音响主要包括三个方面：一是背景音乐，目的是调节营业环境的气氛，调动顾客的购物情绪；二是经营单位播放的广告信息；三是服务员给顾客演示商品性能而产生的音响。音响的运用应注意以下几点。

1. 音响的播放要适时有度

音响切忌无休止、无变化地延续地播放，而应采取间断式播放。播放的时间应在营业较轻松的时段，不宜在营业繁忙紧张的时段。

2. 音响高低要适宜

音量过低，难以引起消费者的听觉感受；音量过高，会因刺激强度过大形成噪声污染。因此，以隐约听到为宜。

3. 控制乐曲节奏的选择

营业时播放较慢节奏的音响能消除顾客在选购商品时产生的疲劳，同时也增加了顾客的喜悦感，有很好的耐心来选购商品。快打烊时可以播放节奏较快的音响，提醒消费者加快选购。

知识链接

音乐对消费者的影响

有两个实验研究了音乐对消费者造成的影响。

第一个实验是在长达 9 周的时间内，让消费者在快、慢两种节奏的音乐播放声中购物。实验发现，购物者会根据音乐节奏的快慢行走，并且当播放慢节奏的音乐时，超市的日销量会激增38%。但是，当询问消费者是否意识到音乐的存在时，各组消费者都回答没有。

第二个实验是在美国一家中等规模的餐厅，在周五和周六时间播放快或慢的背景音乐，一直持续了 8 周。结果发现音乐的节奏影响了顾客在餐厅内停留的时间。在慢节奏的音乐中消费者们平均花费 56 分钟进餐，在快节奏下则仅用了 45 分钟。而在慢节奏下增加的那部分时间对于食物的销量并没有显著的影响，但对于酒水饮料的消费却直线上升。

（六）微气候与消费心理

微气候是指在商场范围内特有的气候条件，主要包括空气的质量、温度和湿度。在商场中，微气候对顾客和营业员的购销情绪有直接影响。

保持空气清新宜人，气味芬芳，温、湿度适中，才能吸引消费者欣然前往，并产生舒适、愉快的心理感受。而污浊的、有异味的空气有害于消费者和营业员的身心健康，容易引起人们的反感，无异于将消费者拒之门外。

研究表明，商场的空气湿度参数一般保持在50%左右会使人感觉比较舒适。为保证商场内空气清新通畅，应采用空气净化措施，加强通风系统的建设。

（七）POP 广告与消费心理

POP 广告简称售点广告，是指在营业现场设置的各种广告陈设，如吊牌、海报、小贴纸、纸货架、展示架、纸堆头、大招牌、实物模型、旗帜等。POP 广告直接与顾客接触，顾客一边选购，一边受到 POP 广告的冲击，这有助于唤起顾客潜意识中对商品品牌的认知记忆，快速拉近顾客与商品之间的距离。同时 POP 广告也是美化营销环境的一种手段，整洁的 POP 悬挂广告、精美漂亮的广告招贴等，都能带给消费者视觉上的愉快享受。POP 广告还是向顾客传递商品信息的工具，无形中起到了推销员的作用。一部分顾客可以自己阅读 POP 广告中的内容，有利于减轻营销人员的工作强度。

任务二　商场销售服务与消费心理

消费者不仅需要买到称心如意的商品，还要求获得体贴入微的接待与服务。在这种心理支配下，消费者对服务良好的营销企业和销售人员会产生信赖感，对其经营的商品质量更是深信不疑，形成习惯性的惠顾心理，心甘情愿充当忠实购买者，并乐意为之做友好宣传；反之，消费者不但会形成恶劣的心理印象，对营销企业和销售人员敬而远之，甚至可能进行不利宣传，影响其形象和商品销售。因此，营销企业应制定顾客满意战略，在销售人员心目中树立“顾客就是上帝”的服务理念，以消费者满意的服务去满足其消费过程的需要。

一、商场顾客购买心理分析

顾客购买商品的过程，是顾客接受和享受商店服务的过程，服务是影响其购买心理的最敏感因素。顾客满意的商场，不仅可以提供种类齐全的商品，更重要的是可以提供完善的服务。服务使消费者能随时体会到商场对顾客的关怀。

（一）商场购买的一般心理过程

顾客在商场购买的心理过程具有复杂性的特点，它是由寻找购买目标、产生购买行为以及消费体验等一系列相互关联的心理活动组成的。

1. 寻找购买目标

消费者的购买行动，是从寻找购买目标开始的。消费者会根据已获得的各种信息确定购买场所，进入商场之后就会留意寻找所要购买的商品。熟悉商场购物环境的消费者会直奔购买目标，其余商品变成了目标的背景。这样的消费者表现为脚步轻快，注意力不被分散，能较迅速地找到购买目标。不熟悉购物环境的消费者则把所有的商品都作为自己寻找目标的对象，表现为目光不确定，脚步缓慢，注意力转移快，需要一定的时间才能找到购买目标。商场可以通过设置导购图、指示牌、导购员等，方便消费者找到购买目标。

2. 感知欲购商品

消费者发现购买目标后，会停下脚步对商品进行仔细观察，获得对商品的品牌、外观、质地、颜色、产地、价格、优惠政策、售后服务等方面的感性认识。有经验的消费者可以独立完成这一过程，缺乏经验的消费者则需要向销售人员咨询。

3. 诱发商品使用的联想

消费者对商品产生感性认识的同时，会诱发对商品使用情况的多种联想，如使用它的心理感受、自己的经济承受力、别人对自己购买商品的评价等。这些联想如果能给消费者带来肯定的情绪，则会激起购买欲，反之则会使消费者中断购买行为。在这一阶段，销售人员针对消费者心理进行的商品推荐和介绍，对诱发消费者购买行为将产生很大的影响。

4. 判定比较

消费者对所观察的商品产生满意的感觉后，对可供购买的同类商品要做出选择，以确定购买的具体对象。消费者会对各种因素进行分析，如商品的品牌、型号、功能、价格、个人的偏好、经济承受能力等，通过分析比较对某一商品做出评价。独立性强的消费者能自己完成这一过程，多数消费者需要销售人员提供适当的建议。

5. 实施购买

消费者根据分析比较得出结论，做出购买决定，实施购买行为。消费者向销售人员说明购买商品的型号、数量等具体内容，销售人员要协助消费者挑选商品、包装商品，向消费者交代使用方法及售后服务等相关事项。

6. 购后体验

消费者在购买和使用商品的过程中，还会对商品本身和购买行为形成一定的心理感受，如对商品的质量的称赞、对营业员服务的满意度、对商场环境的认同感等，这些感受的好坏直接影响消费者是否会成为“回头客”，并且还会影响到其他消费者的消费行为。

以上是消费者购买商品的一般心理过程。消费者在购买不同价值的商品时，心理过程有较大差异，在购买价值低且品牌单一的便利商品时，心理过程比较简单，在购买高档耐用的特殊商品时心理过程则相对复杂。

知识链接

乔·吉拉德的250定律

乔·吉拉德，因卖出13 000多辆汽车创造了商品销售量的高纪录而被载入《吉尼斯世界纪录大全》。他曾经连续15年成为世界上售出新汽车最多的人，其中6年平均售出汽车1 300辆。乔的推销业绩如此辉煌，他的秘诀之一就是著名的250定律。他认为，在每位顾客的背后，都大约站着250个人，这是与他关系比较亲近的人：同事、邻居、亲戚、朋友。如果一个推销员在年初的一个星期里见到50个人，其中只要有两个顾客对他的态度感到不愉快，到了年底，由于连锁影响就可能有500个人不愿意和这个推销员打交道，他们知道一件事：不要跟这位推销员做生意。这就是乔·吉拉德的250定律，由此，乔·吉拉德得出结论：在任何情况下，都不要得罪哪怕是一个顾客。在乔·吉拉德的推销生涯中，他每天都将250定律牢记在心，抱定生意至上的态度，时刻控制着自己的情绪，不因顾客刁难、自己不喜欢对方、自己心绪不佳等而怠慢顾客。乔·吉拉德说得好："你只要赶走一个顾客，就等于赶走了潜在的250个顾客。"

资料来源：孙喜林，荣小华. 营销心理学. 大连：东北财经大学出版社，2005：220.

（二）商场购买的特殊心理反应

顾客在购买过程中会产生某些特殊的心理反应，这对顾客的购买行为也有重要的影响，因此营业人员在销售与服务中应当注意以下几种心理状态。

1. 抢购心理

当某种商品供不应求或价格上涨时，顾客就会产生心理紧张，担心以后买不到或价格继续上涨，因而采取超量购买和提前购买行为。凡是关于货源紧张或价格可能上涨的信息都会加剧抢购心理。

2. 待购心理

"买涨不买跌"反映了人们的待购心理。当商品供应充足、价格下跌时，人们反倒不急于购买，希望价格能继续降低。如果价格继续降低，这种持币待购的心理会更加强烈。因此，价格下调频率过快，反而不利于销售。

3. 从众心理

由于商场中购物的消费者众多，顾客的行为很容易受到周围人的感染。如看到许多人购买某种商品，也走过去排队，加入抢购行列。这种从众心理多见于那种没有明确的购买目的、对商品不甚了解的顾客。

4. 逆反心理

如果营业员在向顾客推荐介绍产品时，只对某一个品牌或某一种产品做强力推荐介绍，顾客往往会怀疑营业员的推销目的，容易产生逆反心理而放弃购买。因此，售货员介绍商品时，最好同时推荐几种，给顾客留下自行判断取舍的余地，而不要强行推销。

5. 择优心理

顾客在购买商品时总希望希望能在众多商品中加以比较选择后买到最好的。如果商品数量少，没有选择余地，顾客就难以下决心购买。因此，商场经常会采用把商品陈列量加大，让顾客从一堆商品中翻捡、挑选的促销方法。

6. 烦躁心理

在购物过程中，等候时间过长，付款的手续烦琐，购物现场过分拥挤、嘈杂等，都会使顾客产生焦躁不安的心理，破坏购物情绪，导致放弃购买。

二、商场销售服务的心理策略

根据消费者购买商品的一般心理过程，销售人员可以有针对性地确定接待步骤和相应的服务方法。

（一）观察各类消费者，准确判断其购买意图

对消费者主动热情是对销售人员的基本要求，它直接影响销售活动的效率。但如果对消费者进店意图判断不准确，一味地热情，有时会使消费者产生心理压迫感，产生拒绝购买的心理。所以，销售人员首先应对进店的消费者进行细致的观察，了解消费者的购买意图，然后抓住时机有针对性地热情服务，才能收到效果。消费者进店的意图大致有三种，应根据不同的意图采取不同的服务方法。

1. 有明确购买目标的消费者

这类消费者心中有明确的购买目标，他们进店后脚步轻快、目光集中、神情专注，迅速直奔某个商品柜台，主动索取商品、询问商品价格，如果需要就会毫不迟疑地购买。针对这类消费者，销售人员不必过多介绍商品，而应主动接近，对他们的要求迅速做出反应，快速完成销售服务。

2. 无明确购买目标但有购买欲望的消费者

这类消费者没有购买某种商品的目标，不知道具体要购买什么，进入商店是希望能碰上合心意的商品，之后再进行购买。这类消费者进店后脚步不快、神态自若、环视商品，注意力容易被新奇刺激所吸引，喜欢到购物人多的地方转转，如图 10－15 所示。对待这样的消费者，销售人员要注意掌握分寸，让其在轻松自由的气氛下任意选看，当他们表示需要帮助时，再进行接待，避免使其产生销售人员强行推销的感觉。

图 10－15 无明确购买目标但有购买欲望

3. 游览观赏的消费者

这类消费者没有购买商品的意图。他们有的是顺路到商店看看，有的是到商店感受气氛、消磨时光，有的是躲避一下不良的天气，有的是约会找人等，但也不排除他们有冲动性购买行为，或为以后购买而观看商品。这类消费者进店后脚步缓慢、逍遥自在、谈笑风生，喜欢观赏环境和新奇时髦的商品。对这类消费者，销售人员不必急于接触，当其驻足察看商品时再给以主动热情的接待。即使其不购买商品也要给他们留下一个好印象，使他们成为未来潜在的消费者。

（二）了解购买目标，主动展示介绍商品

有明确购买目的的消费者进店后，往往没有具体或确定的购买目标，也就是消费者想买一种商品，但是具体要买哪一个商品在多数情况下是不确定的，需要根据销售人员的商

品展示介绍再做最后决定，这就要求销售人员在销售过程中根据消费者的性别、年龄、职业特点、爱好习惯、消费要求等信息采取有效的展示介绍商品的方法，帮助其做出商品选择。展示商品要做到以下几点：

（1）使商品进入使用状态让消费者看。如销售无烟炒锅的营业员把锅放在电磁炉上炒菜，顾客果真看到现场没有油烟。

（2）创造条件让消费者亲自试用。如，商店开架销售服装，允许消费者试穿，提出“不买没关系，试试也可以”的口号；有些食品销售允许消费者品尝等。

（3）多品种地比较展示介绍商品。对同一种类不同型号的商品可采用多品种比较展示介绍的方法，以突出不同品种商品的特点，为消费者提供多种选择。

（4）从低档向高档逐级展示介绍商品，使消费者在价格方面有充分的考虑余地，既能使追求高档的消费者产生自豪感，又不伤求廉心理的消费者的自尊心。

（三）诱发兴趣与联想，刺激购买欲望

通过销售人员对商品的展示和介绍，有些消费者会产生较强的兴趣，引发积极的消费联想，推动购买活动，但有的消费者仍不能做出果断的购买决定，这时营业员应仔细观察消费者的感知反应，进一步揭示商品满足消费者心理需要的功能，做一些有助于消费者把商品的良好印象扩大到其他方面的诱导工作。对消费者的诱导要遵守商业道德、实事求是、以尊重消费者为前提，要掌握尺度，防止消费者产生防骗的自我保护心理。诱导消费者的方法有以下几种。

1. 验证实效性诱导

销售人员使用商品或使商品处于某种状态，以验证商品的效用及特性。如，销售蒸汽熨斗可以现场演示熨烫衣物，销售电视机可以播放节目，销售服装鞋帽可让消费者试穿、试戴。这样可以使消费者产生较全面的感知，容易激发消费者的购买兴趣。另外，可以间接提供消费效果的证据来诱导消费者。如，把该商品在市场上的畅销情况、他人的使用效果评价、商店的服务宗旨、信誉保证等介绍给消费者，以此来诱导消费者；比较专业地介绍商品的内在信息，如产品的理化成分、生产工艺、功能效用、科技含量等，引导消费者对商品产生好感。

2. 建议性诱导

在消费者对商品产生兴趣，但又对种类繁多的某一种商品无所适从，不能做出选择决策时，要站在消费者的立场上为其提建议，诱导其购买。销售人员在为消费者提建议时应在了解其购买需求的前提下进行，如对注重身份的消费者建议购买名牌产品，对求实惠的消费者建议购买物美价廉的产品，对注重质量的消费者建议购买高档产品，对求实惠的消费者建议购买大包装产品等。

3. 转化性诱导

消费者在对商品的认知过程中，可能会从自己的主观感受出发，对商品提出带有偏见的不同看法。销售人员要对这些消极的反应进行转化性诱导，销售人员要找到消费者产生消极反应的原因，运用转化性诱导策略使其转化。具体来说就是，一方面对消费者的意见表示同意，另一方面又解释了顾客产生意见的原因及看法的片面性。在尊重消费者的前提下，婉言陈述自己的意见，促使其态度转化。也可用语言引导消费者把注意力转移到对商品满意的方面上来，以此削弱其不满。

（四）促进消费者采取购买行动

经过前几个步骤所进行的服务，顾客的购买欲望会进一步转化为购买决定，并开始实施购买行动。有些顾客在这一阶段十分迅速果断，树立了购买信心；而有些顾客则十分迟疑或反复犹豫，甚至丧失购买信心。

这时，销售人员要坚定顾客的购买信心。在取得消费者信任的条件下，销售人员应介绍商品的质量和价格比、卖同样商品的其他商家的价格信息、商品的内在质量、销售情况及消费者对商品的评价信息等，化解消费者的心理矛盾，促成其产生购买行为。对有陪同人来购物的消费者，销售人员还要善于引导陪同人员发表积极的意见，争取陪同人员做消费者的参谋，做销售者的助手，让他替自己说话。陪同人员对购买不同商品的消费者所产生的影响力是不同的，如一家三口购物，购买服装、生活用品时妻子的影响力较大，购买家具、家用电器等耐用生活消费品时丈夫的影响力较大，购买儿童用品时孩子的影响力大。

当顾客做出购买决策后，销售人员要提供及时、便利、快捷的服务，如主动帮助消费者挑选商品，进行便携的商品包装，替消费者交款开收据，交代消费者拥有的权利等，使消费者快速完成购买过程，防止消费者在购买行动中由于服务的不到位而终止购买行动。销售人员还可对消费者的选择给予适当的感谢，可以使用赞许夸奖的语言，以增添达成交易给双方带来的喜悦气氛。

（五）影响购后体验，促发重复性购买

消费者带着商品满意地离开，在欣赏和使用商品的过程中，通过亲身体验，对商品本身及购买行为形成一定的心理感受，会用自己的标准做出相应的评价。而这些评价往往会影响消费者下一次的购买行为，并且会影响其他消费者的消费行为。购后心理感受的实质是顾客购买心理过程的反馈。如果顾客感到满意，会对这种商品或在这家商店进行重复性购买，并有可能向别人推荐；如果感到不满意，就会感到沮丧和后悔，导致退换货或以后不再购买这种商品或到别家商店购买。对于一些价格较高的耐用商品来说，售后服务也会影响消费者的购后感受。在商业竞争激烈的情况下，售后服务成了许多商家的新卖点。由商家提供的售后服务要做到迅速、快捷，采取登门服务的方式以不影响消费者的工作和学习为前提。由商品生产厂家提供的售后服务，销售人员要向消费者说明厂家售后服务的有关信息，如售后服务的范围、地点、联系方式和联系人等。售后服务的好坏直接影响商家在消费者心中的信誉程度，信誉程度高，重复性购买的发生率就高，反之就低。

案例 10－7

在一家植物商店里，一位顾客正在打量着一棵非洲紫罗兰。

顾客："我一直想买一棵非洲紫罗兰，但是我又听说要使紫罗兰开花是很困难的，我的朋友就从未看到过他的紫罗兰开过花。"

零售服务人员："是的，您说得很对，很多人的紫罗兰开不了花。但是，如果您按照规定的要求去做，它肯定会开花的。这个说明书将告诉您怎样照管紫罗兰，请按照上面的要求精心管理。如果它还开不了花，可以退回商店。"

资料来源：宜兆美．零售服务技能训练课程．广州：广东经济出版社，2005：147.

【学习与思考】

在该案列中，试分析推销人员在推销时应用了哪种心理策略。

三、顾客抱怨及拒绝购买态度的转化

顾客在接受商品推销的过程中也可能会对产品、销售人员、销售方式和交易条件产生怀疑、抱怨，甚至提出反对意见或拒绝购买。能否正确对待并处理推销过程中的各种障碍是销售能否成功的关键，也是衡量销售人员销售水平高低的重要标志。因此，销售人员在与顾客交往时必须注意其态度的变化，善于通过服务使其产生积极的态度，促进其购买行动。对产生拒绝态度的消费者，分析其产生拒绝购买态度的原因，并采取有效的方法促使其转化。

(一) 顾客抱怨与处理策略

1. 顾客抱怨的类型

顾客抱怨是指顾客对商场产品、服务、人员或环境等方面的不满或指责。顾客抱怨一般可分为三种类型：

(1) 建设性抱怨。这种抱怨是善意的，提出问题，同时也提出改进意见。这种顾客大多能成为忠诚顾客。

(2) 引起注意的抱怨。希望受人重视是人的一种天性，有的顾客希望通过抱怨而引起营业员对他的注意和重视，或者由此引出上一级领导与其见面，使他感觉到自己很重要。

(3) 专业抱怨。顾名思义，是专门挑毛病、鸡蛋里挑骨头的抱怨类型。这类顾客只是极其个别的人，或许只想从抱怨中赚些好处。

知识链接

顾客抱怨会对零售商产生哪些影响?

顾客抱怨对零售商的影响是双重的，既有消极层面的也有积极层面的。

从消极层面上看，顾客抱怨会影响店铺形象。尽管零售商为了达到期望的形象，在广告、商品陈列、销售人员训练、商品购买等方面做了大量的投入，但因为服务质量不好，尤其是当顾客产生抱怨时处理不当，并带来人际或媒体的社会传播，不仅会使投入到服务方面的资金被浪费，而且会破坏店铺形象。

从积极层面上看，一是顾客抱怨体现了顾客对零售商持有的印象和期望。顾客之所以到某家店铺购物，是因为他们对这家店铺有着良好的印象或期望。当他们在购物过程中出现了问题，即产生与他们的良好印象相悖的体验时才会产生抱怨。因此零售商应该尽可能消除顾客的怨言，使顾客满意，保持对商店的良好印象。二是顾客抱怨有助于改善企业经营管理。抱怨是顾客发出的一种信号：我希望下次再来，但请你改进，下次不再发生问题，给我一个再次回来的理由。因此，顾客对店铺抱怨并到店铺投诉是零售商了解顾客对店铺经营活动看法的信息源之一，有利于零售商发现自身经营活动的不足并及时改正，提高经营服务质量。

2. 顾客抱怨产生的原因

(1) 商品原因，如商品质量低劣、配件不全；商品裸置、过期、有坏品；商品品种规

格不全，不能充分选择；畅销商品严重缺货（促销商品、特价商品等）；商品定价高于其他商家；商品的标签不清或贴错，导致拿给顾客的商品出现规格、价格、式样等方面的错误。

（2）服务原因，包括工作人员态度不好（冷淡、无理、不友好、盛气凌人）或过于热情使顾客反感；职业道德差，缺乏诚信（提供错误信息、不兑现承诺、收取附加费用、不公平交易等）；业务不熟练（缺乏商品知识、服务技术水平低、对店铺销售政策了解和掌握不够）；不适当的交易程序（手续烦琐、购买时间长、货款找错、结算等候时间过长等）；服务项目不全（不能找零钱等）；售后服务不及时或送错商品等。

（3）设施与环境原因，如地面太滑或有障碍物容易使顾客滑倒；通道或楼梯狭窄拥挤；缺少休息、寄存的场所或设施；电梯及入店门运行不稳定，安全隐患大；卖场内光线太暗，不易观察和选择商品；卖场内温度、湿度、通风状况不佳，气味令人不适；卖场内噪声过大；试衣间、卫生间、收银台等数量不足；货架设计与摆放不合理；停车场小或缺乏疏导管理；货架及相关设施不清洁；卖场内人多，顾客物品丢失；无店内指示牌或指示牌标志不清晰；卖场卫生差等。

（4）顾客原因，如顾客需要或动机发生变化；顾客认知不足或有偏见；顾客期望过高；顾客购买习惯的影响；顾客的自我表现作用；顾客的自我保护心理影响；顾客购买权限与支付能力的限制等。

3. 处理顾客抱怨的心理策略

（1）正确认识顾客抱怨。顾客抱怨的双重性影响要求服务人员应该正确认识和对待顾客抱怨，拒绝接受顾客抱怨是一种短视行为。当顾客提出抱怨时，服务人员应表现出关心和兴趣，不回避，耐心、认真地听取，让顾客畅所欲言，从中发现顾客的真实意图和想法，再妥善地予以解决。

（2）建立抱怨处理系统。顾客抱怨处理系统的建立有助于商场改进经营工作、减少抱怨和投诉，不断提高服务质量。顾客抱怨处理系统的组织体系有三种形式：集中解决、分散解决、集中分散相结合解决。

（3）积极预防抱怨产生。应尽可能地预料顾客可能提出的抱怨，防患于未然，从预防入手，并相应采取行之有效的措施，将顾客抱怨消灭在未发生之前。这是商场对顾客抱怨所应采取的最积极的态度。

（4）弄清抱怨产生的原因。商场必须认真听取顾客的意见，通过与顾客的交流了解和掌握顾客的心理活动和想法，找出顾客抱怨产生的真正原因，才能摸清脉络、对症下药，为后续抱怨的处理提供有效的依据。

（5）处理抱怨的政策依据。妥善处理顾客抱怨需要商场掌握一定的政策依据，商场处理顾客抱怨的基本准则依据是《中华人民共和国消费者权益保护法》。此外，诸如零售行业标准、商场的店规以及买卖双方的约定也可以作为双方具体解决抱怨问题的相关依据。

（6）选择抱怨处理的方式。商场处理顾客抱怨有多种方式，如退还货款、商品调节、价格调节、服务调节等，同时还应与顾客建立良好的关系。

（二）顾客拒绝购买态度的转化

1. 拒绝购买态度产生的原因

顾客产生拒绝购买态度的原因是复杂的，既有来自外部的原因，也有来自消费者自身的内部原因，是内在与外在刺激因素综合作用的结果。

（1）内部原因。

内部原因是指来自顾客自身的心理特点或行为习惯等方面的原因。包括顾客的个性心理特征、消费需要及支付能力、购买动机的强度、情感倾向、购买经验与购买习惯、消费倾向、人生阅历等。这些内部原因在顾客购买态度的形成中起决定作用。顾客拒绝购买态度主要受认知、情感影响，如果他对销售人员或推荐的商品产生了反感，就会产生消极的拒绝购买态度。

（2）外部原因。

外部原因是指来自顾客自身之外的、与销售活动相关联的因素，如购物场所的环境、气氛，销售人员的服务态度与服务方式，商品的质量、价格、品种规格、品牌、包装等方面的原因。在以上因素中，商品的因素对消费者购买态度的影响最大，是起主导作用的外因，如果顾客对商品非常满意，购买态度就会很积极，其他因素的影响就会变得次要，甚至被忽略；相反，如果顾客对商品不满意，其他因素的影响就会变得突出，顾客易产生拒绝购买的态度。

2. 拒绝购买程度的几种类型

从购买心理角度分析，消费者拒绝购买的程度和方向有所不同。根据其强弱、深浅程度可分成三种类型，即表面的拒绝、肯定的拒绝、隐藏原因的拒绝。

（1）表面的拒绝。

表面的拒绝指顾客带有随意性的一般拒绝。原因有以下三方面：一是顾客虽然有一定的购买欲望，但由于对商品性能的了解还不够全面，心理上还存有疑虑。二是顾客认为商品的各方面因素，如质量、性能、规格、外观、价格等，没有完全满足自己的购买需要，以及对销售者的服务也不是十分满意。三是顾客购买时间不急迫，现在买不买都可以。这些原因，致使顾客不愿轻易做出购买决定，而表现出层次较浅的拒绝。

（2）肯定的拒绝。

肯定的拒绝指顾客在对商品和服务有了全面的了解与深刻的体验后产生的肯定的拒绝购买态度。导致顾客产生真正的拒绝购买态度的主要原因有三个方面。一是商品的原因。当销售活动中提供的商品与顾客的心理预期相差甚远，甚至完全不能满足顾客的要求时就会产生肯定的拒绝购买态度。二是销售人员服务的原因。如销售人员提供的服务伤害了消费者自尊心，剥夺了顾客的知情权，有侮辱顾客人格等现象，都会使顾客产生否定的消极情绪，这种情绪得不到有效控制就会使其产生真正的直接拒绝。三是对商品没有产生购买欲望。

（3）隐藏原因的拒绝。

隐藏原因的拒绝是指顾客不愿说出拒绝购买的真实原因，并以其他原因表达出来的拒绝。现实生活中被隐藏起来的拒绝购买原因较为复杂，通常表现为以下几个方面：一是顾客出于自尊心理不愿表露拒绝购买的真实理由，如商品价格昂贵，超出消费者的消费能力。二是顾客对商品的购买欲望不强，只想了解商品行情而不想购买。三是对销售人员的服务不满意但又不想与之发生正面冲突。四是与陪同购物者观点不一致，迫于压力，难以做出购买决定等。

3. 拒绝购买态度转化的心理策略

由于顾客需求的复杂性和购买需求场所的多样性，顾客在购买活动中产生拒绝购买态度是很正常的现象。销售人员应善于观察顾客的反应，准确分析顾客拒绝购买的类型，有针对性地做好顾客态度的转化工作，使其购买态度由消极的拒绝转为积极的购买。

（1）表面拒绝购买态度的转化。

顾客表面拒绝购买态度往往是因缺乏对商品的全面了解和对销售人员的信任而产生的。由于他们拒绝购买态度的强度较弱，对其转化也较为容易。一要加强商品品质、功能的宣传，以提高商品吸引力为重点，打消顾客对商品进行认知的疑虑、困惑和防备心理。二要以真诚的态度和纯熟的销售技巧宣传新产品的相关信息，增强顾客对产品的好奇心，使顾客对商品和销售人员产生好感。三要抓住机会激励顾客。如营业员花了很长时间向顾客推荐净水壶，顾客却说："你们的商品的确不错，我再考虑下。"营业员可以这样回答："今天是我们优惠活动的最后一天，如果您现在购买，就会免费额外获赠原装滤芯一枚，明天购买就没优惠了啊！"

（2）肯定拒绝购买态度的转化。

肯定拒绝购买态度转化起来较为困难，销售人员不应强求。可以采取在销售中转移顾客的注意目标，向其介绍其他商品或拒绝购买商品的替代商品，以诱导其对新商品产生新需求的方法，降低其拒绝购买强度；也可以针对拒绝的直接原因提供相应的服务或建议，如为其介绍其他的购物场所、提供订货服务等，给消费者留下良好的印象，为下一次购买打下良好的基础。

（3）隐藏原因拒绝购买态度的转化。

由于这种拒绝态度的隐蔽性和复杂性，销售人员应对顾客继续给予尊重和理解，并有策略地提建议，引导其转化。对顾客提出的替代原因，不应与其争论，更不能当面揭穿，但也不能盲目地附和，这样会使拒绝的表面理由合理化，使转化工作更加困难。销售人员要讲究说服技巧，从顾客的角度提供其可接受的建议和实际例证，使其受到潜移默化的影响。切忌强硬地说服，避免其产生戒备心理。顾客虽不接受你销售的商品，但至少要让他接受你的服务，让他对你的服务满意，一旦有条件，顾客就会再次前来购买。

项目重点内容结构图

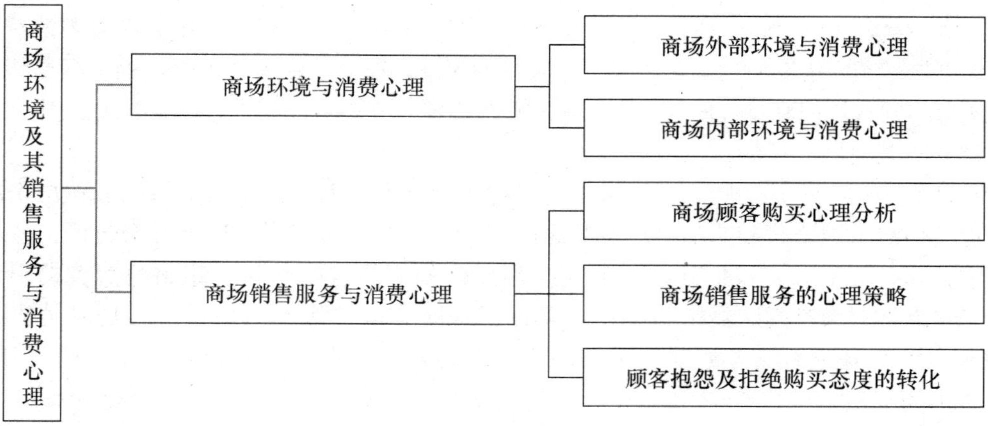

同步测试

一、选择题

1. 与顾客心理相适应，经营金银首饰、艺术瓷器等商品的店铺其出入口设计多为（　　）。

A. 畅通型　　B. 半开型　　C. 全开型　　D. 封闭型

2. 招牌的心理功能包括（　　）。

A. 促发感知　　B. 引起兴趣　　C. 象征信誉　　D. 便于记忆

3. 为了凸显商品的个性，更好地吸引顾客注意力的照明是（　　）。

A. 特别照明　　B. 基本照明　　C. 装饰照明　　D. 自然照明

4. 顾客抱怨一般可分为（　　）等类型。

A. 情绪抱怨　　B. 建设性抱怨

C. 引起注意的抱怨　　D. 专业抱怨

5. 顾客拒绝购买的态度类型主要有（　　）。

A. 表面的拒绝　　B. 初步的拒绝　　C. 肯定的拒绝　　D. 隐藏的拒绝

二、判断题

1. 橱窗设计是商场内部设计的核心内容。（　　）

2. 衣着出行用品多陈列在商场内空间比较宽敞、光线充足、易于比较选择的地方。（　　）

3. 某百货商场的大型家用电器商品原在一楼经营，新上任的经理决定搬到商场顶层。这一决定是正确的。（　　）

4. 对于进店的所有顾客，销售人员都应主动介绍商品。（　　）

5. 面对顾客的拒绝购买态度，销售人员应尽全力去说服对方购买。（　　）

三、简答题

1. 商场招牌命名的心理策略有哪些？

2. 商品陈列要满足哪些心理要求？商品陈列的方法有哪些？

3. 简述商场照明的类型及其对消费心理的影响。

4. 商场销售服务的心理策略有哪些？

5. 简述顾客抱怨的原因及处理的心理策略。

综合案例分析

案例一：宜家的商业模式

数据显示，2016 年宜家在中国的销售额超过 125 亿元，同比增长 18.9%。商场迎接 3 930 多万访客，比去年增加 19%。同年，宜家发了一道“先就餐，后就座”的限制令，然而，这并没有影响到宜家的顾客数量。

在中国家居市场风雨飘摇的背景下，成功的宜家模式，究竟有何秘诀？

宜家摒弃传统的“前店后厂”经营方式，抓住了产品研发和销售这两个利润最大的环节，同时将服务融入销售环节中；其余利润回报较低的环节，比如生产制造、物流运输，则采用外包的方式完成全产业链的协同。

一、产品矩阵

宜家从多个维度来为自己的产品布局，最后形成了4×4×N（N是品类和系列）的超细分、高覆盖率的产品矩阵，如图10-16所示。

这样做的好处很多，对宜家商场来说，展厅和仓库的摆放逻辑有很多的搭配设计。对于客户来说，可以任意挑选到喜欢的产品和找到满意的定价。对宜家设计团队来说，他们能依照这样的矩阵规则，非常精准而便捷地开发一个又一个的新产品。

这样的产品矩阵，相继影响了后来非常多的公司的产品开发规则，包括苹果的个人电脑的产品规划，从使用场景维度和性能维度都形成了相应的矩阵。

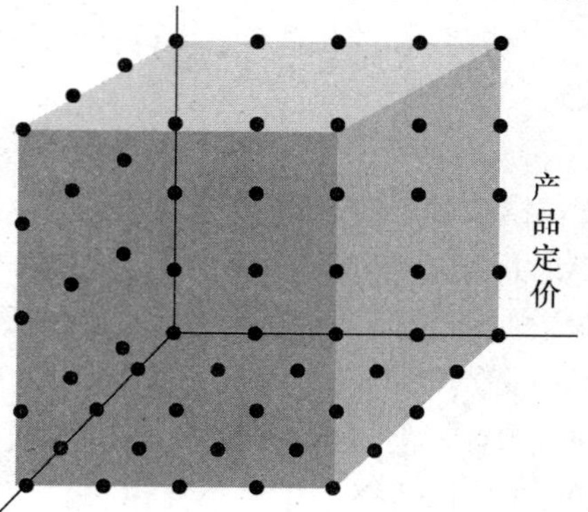

图10-16 宜家产品矩阵

宜家的商品按需求科学排列，把分类摆放和整效布局科学地搭配起来，把展示销售和仓储式销售统一起来，把大件家具和小件饰品统一起来，让人看起来有层次感又不累。

二、高效的商场

任何一个宜家商场，呈现的每一个产品展示和空间搭配，都是经过强大的数据分析、店长本人以及团队资深的经验摸索、本地化的调查研究才展现出来的。

顾客从进门就会发现经过无数次测试摆放的门厅心跳产品，等你立刻进入“Shut up！And take my money（闭嘴，把我的钱拿走）”的节奏后，有50个左右的各种风格和定价的样板间冲击你的视觉体验和钱包厚度。

走完样板间，到了单品区域，你的选择不再会模糊和迟疑，你能从千万中取一，毫不费力。因为给你的细分的品类和定价，足够让你每一个决定都是正确的选择。

宜家注重细节，在你想把感兴趣的东西记下来的刹那间，在抬手的地方有几支笔和纸供你使用。当你在购物累了的时候，你会发现，刚好在你不远处有一个可坐的地方让你休息。

宜家商场中，每一个人进入商场后都会被天花板上的各种设备清楚地记录着购买的整个流程，你的惊喜、对比、迟疑、下决定等动作，都是以后使宜家深入分析，做出更合理、更高效的商场销售的有效数据。

宜家会将整个商场划分为超热区/热区/冷区，进而为宜家的商品做出更合理的布置。宜家从产品矩阵中，挑选出足够畅销的产品布置在超热区，以提高销售额和利润；热区按照二八原则，规划好偏冷门的商品和常规产品；冷区利用小部分的心跳产品来提升热度等。

企业愿景、商业模式、产品矩阵和商场布局，宜家的这一切都是经过严密的科学分析后才做的决策。宜家的一切都是围绕着消费者来设计的，因而消费者走在宜家里面，能获得非常良好的购物体验。

而国内商场有一个非常明显的特征就是，一切都从自己出发，消费者反而是其次需要考虑的。有时商场为了自身的利益，不惜牺牲消费者的购物体验，而且在对消费者购买习惯的研究、分析上，也不似宜家那么重视。

三、体验式营销

宜家卖场一般有三层，宜家会拿出一整层的面积来做生活场景的情景展示，每年都会根据潮流趋势的变化推出年轻人最喜欢的若干种商品，并直接呈现在消费者面前。

宜家正是通过生活方式的情景间这种展示形式，才实现了设计师语言与终端消费诉求的无缝对接，消费者想要下单购买是水到渠成的事情了。

有了对情景间的强势打造，宜家的摆场另有奥妙，“回字形”的情景间十集中展示的单体组合形式，最终发挥了临门一脚的作用，正是这种摆场形式，让消费者积极“对号入座”地还原家庭使用的真实场景，最终促成购买。

增强客户对于产品和服务的参与感，是基于消费者展开的商业逻辑的策略。

宜家的客户参与方式分为三类：

一是收集建议，例如宜家发起储藏收纳习惯调查，再根据网友意见设计个性化产品。

二是倡导客户DIY，购买、组装过程都只给出简单指引，由客户DIY，因为自己亲手“创造”，客户会格外骄傲和珍惜家具。

三是允许现场体验，宜家采用开放式场景销售模式，客户可随意触摸测试家具，坐在沙发上甚至躺到床上。客户参与已成为宜家特有文化，成为吸引客户、导入流量的关键推手。

无论是商业模式的创新，还是商业机会的重构、商业运营的再造，宜家的许多转型方向都与互联网新经济的C2B、综合解决方案、客户体验等商业机理不谋而合。

资料来源：http://baijiahao.baidu.com/s?id=1577551298521771383&wfr=spider&for=pc.

【问题讨论】

宜家的“商业模式”是怎样满足顾客的消费心理而广受欢迎的?

案例二：老顾客与金戒指

在广厦商场新开业的金银首饰柜台前，顾客们正在选购着琳琅满目的商品。这时，顾客老王来到柜台前。他从手上取下一枚金光闪闪的戒指，对正在柜台接待顾客的营业员小李说：“这是我三天前在这个柜台买的，但只戴了两天，就发现这上面出了一道小沟儿。我佩戴时一直都是很精心的。”小李接过来看了看，戒指上确实有一道小沟儿。老王说：“这只戒指质量不好，请给我退掉，我要买一只那种新式样的。”他随手指了指柜台中的另一种式样的金戒指。小李又仔细地看了看说：“这可能是您佩戴时，不小心划的痕迹。”老王马上说：“我已经说过，我戴得一直很小心。而且，只有两天时间，根本就没有划着。这纯粹是金戒指质量不好。”小李又耐心解释，戒指上的划痕没有证据能说明是质量原因造成的；而制度规定，不属于质量问题，金银首饰售出不予退换。老王马上反驳说：“可这只戒指就是质量不好。如果你们写明，质量不好，顾客负责，我就不来找你们。当然，那我也一定不会到你们这儿来买。不管怎么说，你们是国有商店，我花这么多钱买的商品，质量不好你们就得负责。”这样，双方争执不下。

这时，营业部赵经理来到柜台前，笑着向老王打招呼：“老同志，对不起了！小李可能没向您解释清楚。”于是，他又耐心地向老王做了一番解释，再三说明金银首饰属于贵重商品，退了货就不好再卖了，商店实在负担不起，特别是这只戒指也不能说明是质量上的问题。可是老王还是坚持退货。最后，赵经理提出可以由商店负责重新打制，顾客付一点手工费，老王当即表示：“那也不行。别说让我出手工费，就是不要手工费，还有个损耗呢？为什么你们的商品质量不好，要我来承担损失？”结果，双方越谈越僵。柜台前围观的人越来越多。赵经理说：“老同志，请到办公室坐坐，咱们慢慢谈。”老王说：“那也好，你们做不了主，我要找你们经理谈。”总经理在办公室接待了他们。他笑着请老顾客坐下，并亲自给他倒了一杯茶水。但总经理的一番耐心解释仍未奏效。这时，老王发火了：“明明是你们商品有质量问题。可是你们硬是不给换，说什么有制度规定。那好吧，你们有制度规定，我有我的办法，我回去就写封信，复印十封。什么商业局、报社、消费者协会，都寄一封。从明天开始我到你们柜台前搞现身说法，你们的首饰质量不好，不能再让别人上当了。”听到这里，小李也火了：“脚正不怕鞋歪。我们经营的首饰是经有关部门检验的，我们可以现场让顾客检验质量。”并回头对总经理说：“咱们迁就顾客也该有个限度。否则，顾客要是都这样，我们的买卖就没法做了。”总经理赶忙站起来说：“你们都不必急，这个好办。”

【问题讨论】

1. 试分析这位老顾客的退货动机，以及要求退货过程中的心理状态。
2. 你认为营业员小李与赵经理的处理方法是否得当？
3. 如果你是这位总经理，将怎样处理这个问题？请提出你的具体建议。

项目实战

1. 选择你学校所在城市的两家同类商场（如大型超市），分析商场选址、卖场布局、商品陈列等因素对顾客购买行为和商场经营业绩的影响，写出调查分析报告。

2. 以“顾客是不是上帝”为主题组织一次班级辩论活动。将全班按正方和反方分为两个组，分别准备资料。两组各选派四名同学分别代表正、反方进行辩论。全班每位同学在观看辩论后，将自己对“顾客是不是上帝”的看法形成书面报告，在全班范围内交流。

拓展阅读

应对电商：迪卡侬的极致体验式营销

哪家实体店可以拍着胸脯说我们不怕电商？

两个月前，“一代鞋王”百丽贱卖退市，世界 500 强的沃尔玛，在中国成了“关店王”，玛莎百货关闭中国所有门店，去年一年，就连华润万家也竟然关了 800 家。

总之，不管是称霸一方的地头蛇一家接一家的关店，还是偏安一隅的小商铺清仓大甩卖，谁都没躲过实体店已死这个魔咒。

但这里要讲的体育用品公司迪卡侬（如图 10－17 所示），不仅“不务正业”，简直把实体店玩儿出花来了。

这家店搞得很像一个健身房，店面大到可怕，店员上班就一件事儿——带着顾客玩。

在店里，他们带着顾客一起练瑜伽、打羽毛球、跑步，更夸张的还有打高尔夫球的。

顾客想买自行车，先来体验超嗨的单车试骑。本来只想来挑个球鞋，没想到跟一帮店员踢了场足球比赛，如图10－18所示。

图10－17　迪卡侬公司

图10－18　迪卡侬的体验式营销

最奇葩的是，这家店跟耐克、阿迪达斯这类品牌店非常不同，这里的购物体验，并不需要什么高昂的花销，反而价格便宜到惊人，而且是超低价！

14元的沙滩鞋、29元的内裤游泳衣、49元的速干衣、59元的轻量级背包……

迪卡侬这家奇葩的公司，最初是法国一家销售体育休闲用品的小超市，40年内居然能做到年销售额超700亿欧元，在全球28个国家开展业务，总共拥有1 176个门店，中国区已有230家门店，是体育界当之无愧的“宜家”。

一、反其道而行，为节约成本

这家公司就像一个“家境贫寒的主妇”。

迪卡侬最显著的一个特点就是——“抠”，为了省钱，这家开了几十年的大公司不但没有一点法国的贵族气质，而且“抠”得连家庭主妇都自愧不如，先从它的这些奇葩举动说起。

（1）包装毫无档次，买鞋连鞋盒都不给。

虽然不指望迪卡侬做得像星巴克一样，一个咖啡杯就成为朋友圈里的炫耀利器。但至少也要像耐克、阿迪达斯一样有个像样的盒子吧。这些在迪卡侬通通没有。

一个瑜伽垫外加一个背包，直接一个塑料袋装好就寄来了。

买一双鞋，直接套个连logo都没有的塑料袋，比无印良品还极简。

（2）广告商最头疼的客户，一条广告也不买！

跟国产品牌和耐克、阿迪达斯疯狂砸钱做广告不同，广告公司根本赚不到迪卡侬这个“吝啬鬼”的钱。

耐克为了纪念Air Max 30周年，把李宇春、王俊凯拉来刷屏，阿迪达斯也不手软，直接拍大腿说：到2020年之前，我们的广告费还要再花55亿元人民币！

而迪卡侬为省钱，广告费用只占营业额的1%。过去13年，迪卡侬一次也没有在大中华区赞助体育赛事，也不邀请明星代言，甚至对媒体都是爱答不理的态度。

店里根本找不到广告牌，别人家悄悄把价格贴在鞋底，迪卡侬放眼望去，最醒目的永远是黄底黑字的价签。

店外好歹请个代言人打个广告撑门面吧，人家照样不打，画风依旧简单到不能再简单。

（3）开大店，不进黄金商圈。

黄金商业圈，因为人流量大，能够带来高额利润，各大商家都为了抢一个风水宝地挤破了头，可迪卡侬偏偏不选这里，一副与世无争的样子：你们挤去吧，反正我抠。

迪卡侬目前在中国有204家店，这个数字还在增加，这些店基本上都远离大型商业中心，为了降低成本，选择交通便利的郊区，一般迪卡侬会选择签长约，而且一次就签20年。

就连在场地装修上，也以蓝色调为主，在保证整洁雅观的基础上，装修的钱是能省则省啊！

这家店真的这么差钱吗？原来，这家店花钱也有一个奇葩的原则——“六亲不认，只认用户”。

二、超低价

每一个零售巨头的诞生，都以价格破坏者的形象出现。迪卡侬的价格，可能是过了大半辈子苦日子的爸妈都觉得便宜的店。

这个便宜还跟淘宝上的那种山寨货不同，迪卡侬的便宜是能让你用低价买到一件产品之后，回去用一用还能觉得这个质量过得去的那一种，堪称是运动界的优衣库。

比如镇店神器抓绒衣，24.9元，价格惊人但是质量过硬（如图10－19所示）。虽然丑是丑了点，但其保暖程度堪称户外生存的神衣。不夸张地说，市面上千元以内的产品，都鲜少能有与之抗衡的。

图10－19　迪卡侬的抓绒衣

迪卡侬扩张了之后，产品的质检标准依旧是遵循着欧盟的标准来执行的。欧洲标准是世界上最严格的标准之一，这给人一种强大的安全感，也是许多入门爱好者偏爱迪卡侬的原因：在这个价格范围下，你知道它不能对抗奢侈品，但你也清楚它也差不到哪儿去。

为了把性价比做到极致，迪卡侬干脆直接做了一套高度垂直的供应链出来。迪卡侬控制了产业链两端，也就是在全球采购原材料之后，自己设计、自己加工、自己卖，实现没有中间商赚差价。

在卖场内，虽然有60多项运动种类、超过35 000种运动产品，但90%的产品都来自迪卡侬旗下自有的运动品牌。在整个产业链中，每一个环节都成了节减成本的地方。

迪卡侬不仅控制了成本，而且能够掌握消费者的第一手信息，设计办公室就设在了门店的楼上，设计师站起来喝杯茶的工夫，观察着楼下玩得正嗨的顾客的行为模式和反应，没准儿就灵感挡不住，设计出更实用的产品来了。

坚持低价，而且是超低价，高性价比是核心竞争力。

三、不花钱的健身房

把用户放在首位，才能逆势崛起。

接下来，再来聊聊这个家庭主妇心态的公司究竟把剩下的钱都花哪儿了——两个字：

体验。

迪卡侬实在不是一个正经的大型运动超市，为了让顾客感受到良好的购物体验，花钱绝对没有一点手软。

迪卡侬的员工，不仅很多是高薪聘请，而且一个个任性到不行，别人家店员的工作一般是要推销产品，但迪卡侬店员的主要任务，就是培训和陪玩，如图 10－20 所示。

图 10－20　迪卡侬的店员

比如，在上海有家迪卡侬，如果你碰见高尔夫球区，有店员正在向顾客示范挥杆的正确姿势，那不用质疑这个人的能力，他是部门经理，可另一个身份就是老挝前高尔夫球国家队队员。

迪卡侬的店员大多都有专业运动员训练或从业经历，你可以在迪卡侬免费学任何你想要学的运动，也可以找到专业的人士咨询动作技巧，甚至还可以和店员一起做瑜伽。

这样贴心的举动，可以说让很多运动小白都爱上运动了，连去健身房请私教的钱都省了。

迪卡侬让顾客如鱼得水，导购只有你招呼时才会出现，试五件衣服一件不买也没人给你脸色，没准还能拽着你打一场球。

为了让顾客体验得更尽兴，迪卡侬还砸钱干了件事儿：扩店！

虽然不请代言也不打广告，可迪卡侬除了品类多到吓人，店面也很大，随随便便一个店就有 4 000 多平方米，市中心小一点的卖场也有 1 500 平方米，店里到处都是方便试鞋的跑道，如图 10－21 所示。

图 10－21　迪卡侬的跑道

所以除了“丧心病狂”的性价比，这套深度体验式的营销方式更能俘获你的心。什么意思呢？就是说：我就把所有的产品放在那里，买不买无所谓，随便你体验。

在双休日的时候去迪卡侬里面逛一圈，就更像是一家不好好卖货的休闲场所。有人带着 VR 设备模拟露营；有小朋友骑着滑板车，因为地方足够大，完全不用担心安全问题；甚至为了展示马术装备，有时候这家店会找来一匹真马让顾客感受。

它最厉害能做到什么程度呢？室内的小型足球场还不够，许多迪卡侬的商场还配有免费的室外篮球场和轮滑场地，如图 10－22 所示。

图 10－22　迪卡侬的室外运动场

你没看错，就是这么大。

抠门到省掉包装、不挤黄金地段、逼疯广告商的迪卡侬，就像傻大款一样鼓励所有人来试试他们的产品，轮滑区有保护顾客的栏杆，户外区有人工草坪，这些带来的损耗率让多少传统卖场肉疼，但迪卡侬认为这才叫把钱花在刀刃上。

大批实体店被电商挤得生意大跌甚至关门大吉，迪卡侬却从来不缺顾客，几十年如一日地保持着吸引力。时代淘汰的不是实体经济，而是不人性化的实体经济。

也许这些反常规的做法，看起来又笨又蠢，可还有什么比满足用户的体验更理所应当呢？

资料来源：http：//baijiahao. baidu. com/s? id=1578870282328193116&wfr=spider&for=pc.

项目十一
网络营销与消费心理

学习目标

※ 知识目标

- 了解网络营销的含义、特点和基础
- 理解网络营销的职能和营销市场要素的变化
- 了解网络营销的心理优势和不利心理反应
- 掌握顾客网上购买决策和厂商网络营销心理策略

※ 能力目标

- 运用网络营销知识分析顾客网上购买决策心理
- 能够在网络营销活动中运用网络营销心理策略

导入案例

破茧成蝶之麦包包

图 11－1　麦包包品牌

麦包包的前身是一家专做箱包贴牌生产的企业，随着贴牌毛利率的下降和同质化竞争的加剧，企业于 2007 年开始由 OEM 企业向品牌企业转型，如图 11－1 所示。然而，麦包包的品牌之路并不平坦，起初除了建立自己的 B2C 网站外，麦包包还以加盟的形式在全国开设了 60 家连锁店，采取线上、线下相结合的方式。但实体店的投入与产出颇为失衡，此时的麦包包迅速转变商业思维，从这种过"重"的实体模式向越来越"轻"的线上转移，将战略眼光投向当时占有网购 80％市场份额的淘宝网。

麦包包迈出的这一步，让其成功地躲过了品牌创立初期被互联网淹没的浩劫。借助淘宝，麦包包凭借质优价廉的商品和优质的服务，短时间内积累了较高的人气和万级数量的购买用户，达到数千万甚至上亿的销售规模。随着“魔方包”的成功运营，麦包包品牌在淘宝上迅速走红，成为“淘品牌”大家庭中的一员。但麦包包并没有止步于“淘品牌”，它进一步发挥淘宝网信息受众面广的优势，将自己的B2C平台和品牌通过淘宝双双推向市场，借船出海、成功“出淘”。

纵观麦包包的发展历程，从最初利润低薄的贴牌生产，到销售质优价廉的网货，再到形成自己风格的“淘品牌”，最后到今天占据电商标杆企业的高位，麦包包走出了一条从传统行业到互联网品牌的独特之路，而支撑它一路走下来的正是它以“快”为核心的商业模式。

绝大多数品牌在成立之初都需要跑马圈地、砸钱宣传，以迅速扩大影响力，占领制高点。但对许多刚起步的电商而言，资金单薄恰恰是其面临的最大困境，麦包包也不例外。转型后的麦包包并没有充足的资金全面推广自己的品牌，叶海峰转变思路，选择了先做大牌的网上渠道商，凭借自己在传统箱包行业多年的关系，麦包包很快就获得了金利来、皮尔卡丹、米奇等十几个国际名牌的网上销售权。

向上对接知名品牌，麦包包扮演了渠道商的角色，但麦包包不会满足于渠道商的角色，而是通过授权代理商等多种渠道向下延伸自主品牌，这种渠道双向延伸的模式不仅使麦包包这个平台迅速扩张，也为自有品牌的延伸铺就了道路。目前麦包包有40多个细分品牌同时在线销售，单品达到1万多种，而麦包包的自有品牌占总销量的70%。

随着生活节奏的加快和人们消费观念的转变，箱包早已不再是单纯用来装物品的功能性产品，它不断向装饰性领域拓展，与服饰、鞋子一起成为消费者张扬个性、表达时尚的载体。时尚行业的本质是“快”或“快速模仿”，国际知名时尚品牌ZARA就是一个典型例子，ZARA每款产品的上架时间不超过3周、补货不超过1次。麦包包正是在ZARA模式基础上进行的微创新。如今，麦包包每天会推出30个箱包新品，库存周期为6周，致力于打造箱包界的快速时尚新模式，为中国消费者提供高性价比的品牌时尚箱包。

为满足不同层次的消费需求，麦包包分别从年龄、品类、地域和风格上做了市场细分，采用的多品牌战略基本覆盖不同目标消费者对箱包的全部需求。当前麦包包有12个团队，分别负责不同品牌的研发。比如，强调“可爱”元素的“飞扬空间”主要吸引25岁以下的小女生，如图11-2所示；走经典风格路线的“阿尔法”则主打30～40岁的成熟女性市场；“戈尔本”定位追求简约、经典的商务男士精英群体。这种多品牌战略在满足各类消费群体需求的同时，也不断扩张市场占有空间，给竞争对手留下的空白市

图11-2 麦包包的“飞扬空间”

场越来越少，为防止竞争对手的进入构筑起品牌壁垒。

麦包包并没有满足自己“淘品牌”的角色，而是进一步发挥互联网成本低、受众广、速度快的优势，上演了一场全网“快营销”大戏。

B2C企业当下主流的做法是通过各种网络营销手段，先将用户从四面八方吸引到自身的官方网站或B2C平台，再对订单进行统一处理和发货，区别于这种传统做法，麦包包所奉行的是遍地开花的“anywhere”政策。创始人叶海峰对“anywhere”的解释是：“哪里有消费者，我们就去哪里卖包。”也就是有人的地方就有市场，有市场的地方就有生意。基于这点，麦包包广铺渠道来满足人们的消费习惯，但成功“出淘”的麦包包并没有因此荒废在淘宝上的渠道建设，官方渠道与淘宝渠道并不存在主次之分，麦包包淘宝旗舰店依然吸引着大批量的淘宝买家，它们发挥着同等重要的出货功能。事实上，除了官方平台和淘宝，麦包包还进一步拓宽出货面，通过与麦考林、乐酷天、当当网等一系列网上商城合作，牢牢占领着各大线上的咽喉要道。麦包包进驻网上商城的方式，一方面有效提升了其知名度，让更多的网购达人了解并认识这一品牌；另外，还充分利用了网上商城聚合而来的巨大流量，最大限度地挖掘潜在顾客。

除了搭建四通八达的出货渠道外，麦包包还整合了大量资源做品牌推广。首先是返利网站。返利网站是一个成本低、效果稳定的渠道，其价值在于：为发展中的B2C企业创造新的客户流量，而成熟的B2C平台为了激活老用户，在一定程度上也有“返利”的需求。麦包包通过与返还网、易购网等返利网站合作，为消费者提供10%～15%的返利优惠，将返利网站上的流量快速引入官方平台。相关数据显示，返利网目前的客户转化率是25%，这是国内普通网站的20倍以上，是淘宝网的将近3倍，能为B2C企业带来1∶100的资本回报，这从侧面证明了麦包包在返利网站上做投放实属明智之举。

其次，麦包包活用网络传播工具，开通了官方博客和麦芽糖时尚论坛。作为麦包包的重要宣传阵地，官方博客以图文并茂的形式向信息受众传播“快时尚”品牌理念，不断提升消费者对麦包包的价值认同感。而麦芽糖时尚论坛则是麦包包粉丝们的根据地，“麦芽糖”们在这里可以及时了解到时尚界的最新资讯，掌握潮流动态，麦包包通过这种形式与“麦芽糖”们分享生活、共赏时尚，加强了与“麦芽糖”们在情感上的联系，提高了消费者对麦包包这一品牌的黏着度。

资料来源：https://club.1688.com/article/59569771.htm.

【学习与思考】

麦包包之所以能够破茧成蝶，运用了哪些网络营销心理优势？采取了怎样的网络营销心理策略？

任务一　网络营销的心理特点与基础

网络营销是20世纪90年代出现的市场营销新领域，它是以互联网及相关技术为基础的一种新型营销手段，尽管历史较短，却已经在企业经营策略中发挥着越来越重要的作用，网络营销的价值也越来越多地为实践应用所证实。

一、网络营销的含义与心理特点

（一）网络营销的含义

与其他新兴学科一样，“网络营销”目前不仅没有一个公认的、完善的定义，而且人们在不同时期、从不同角度对网络营销的认识也有一定的差异。简单地说，网络营销是指企业为实现营销目标，利用互联网及相关技术开展的各种营销活动。从营销的角度来说，网络营销是企业整体营销战略的一个组成部分，是以现代营销理论为基础，以互联网及相关技术为手段，更有效地满足消费者需求，实现企业总体经营目标的活动过程，包括网络调研、网络新产品开发、网络促销、网络分销、网络服务等各种营销活动。

知识链接

网络营销不等于电子商务

网络营销和电子商务是一对紧密相关又有明显区别的概念，两者很容易造成混淆。

（1）网络营销与电子商务研究的范围不同。电子商务的内涵很广，其核心是电子化交易，电子商务强调的是交易方式和交易过程的各个环节，而网络营销注重的是以互联网为主要手段的营销活动。网络营销和电子商务的这种关系也表明，发生在电子交易过程中的网上支付和交易之后的商品配送等问题并不是网络营销所能包含的内容，同样，电子商务体系中所涉及的安全、法律等问题也不适合全部包括在网络营销中。

（2）网络营销与电子商务的关注重点不同。网络营销的重点是在交易发生前的宣传和推广，电子商务的标志之一则是实现了电子化交易。网络营销的定义已经表明，网络营销是企业整体营销战略的一个组成部分，可见无论传统企业还是基于互联网开展业务的企业，也无论是否具有电子化交易的发生，都需要网络营销，但网络营销本身并不是一个完整的商业交易过程，而是为促成交易提供支持，因此是电子商务中的一个重要环节，尤其在交易发生之前，网络营销发挥着主要的信息传递作用。从这种意义上说，电子商务可以被看作网络营销的高级阶段，一个企业在没有完全开展电子商务之前，同样可以开展不同层次的网络营销活动。

电子商务与网络营销是密切相关的，网络营销是电子商务的组成部分，开展网络营销并不等于一定实现了电子商务（指实现网上交易），但实现电子商务一定是以开展网络营销为前提的，因为网上销售被认为是网络营销的职能之一。

在网络遍及全球的今天，企业开展网络营销是企业从事经营活动的必然选择。网络营销以互联网及相关技术为基本手段营造网上经营环境，使商品从生产者到消费者的价值交换更便利、更充分、更有效率，对企业改善销售环境、提高产品竞争能力和市场占有率具有非常重要的现实意义。随着信息技术的飞速发展和网络设施的进一步改进，以及相关配套体系的逐步完善，网络营销已经成为现代营销的基本形式。因此，无论是传统企业还是新兴行业，开展网络营销活动是必然的趋势。

案例 11-1

据《燕赵都市报》的一项调查结果显示：网上购物者的平均年龄集中在 17～30 岁，以 25 岁为分界点基本可以分为两个消费层次：20 岁左右的消费群体以勇于尝试新鲜事物的“新新人类”为主，消费商品主要包括数码产品、音像制品、休闲服装等；25 岁以上的消费群体则以高学历的知识阶层为主体，购买的商品包括书、音像制品、健身用品、手机等。

【学习与思考】

网上购物者一般需要具备哪些基本条件?

(二) 网络营销的心理特点

1. 增强消费的主动性

传统销售模式下，消费者是产品的被动接受者，他们对于产品的意见主要是通过中间商传达到生产厂家那里，而经过这种传递以后，信息的滞后、丢失和失真，使得这种反馈对于生产者的作用明显减弱。在网络营销过程中，由于网络传播的交互性和即时性，消费者一旦对产品有不同意见，可以通过网络直接反馈到生产者那里，减少了中间环节，从而让生产者可以直接根据消费者的要求对产品进行改造、调整营销策略。通过这种方式，消费者就能对生产者的行为进行干预，影响生产者的设计、生产和决策，在购物过程中消费者将会变得越来越主动。

2. 创造个性化消费的可能性

现代消费者往往富于想象，有时尚的眼光和强烈的好奇心，具备追求与众不同的消费特征。他们的选择已不是单纯追求质量，而是更多追求那些能满足自己消费需要并能体现自身个性、自身价值等特殊心理的商品。网络营销提供的海量信息带给消费者充分比较和选择的机会，为个性化消费创造了可能。

3. 实现购物的快捷、方便性

网络营销使消费者不用离开他们的办公室或住所就可以找到有关公司、产品、价格、竞争者等方面的可比信息。他们不必排队等候，无论身处何地都可以 24 小时订购产品。网络营销满足了消费者追求快捷、方便的购物心理需要。

4. 追求物美价廉的经济、实用性

利用网络营销进行信息交流，可以减少印刷邮递成本；可以无店销售，免交租金；可以节约水电与人工成本；还可以减少由于迂回多次交换带来的损耗，从而降低商品价格，满足消费者追求物美价廉的心理需要。

案例 11-2

西门子公司 80 周年庆典，需要几百棵圣诞树，于是在网上发布需求信息。泉州一家乡镇企业在互联网上看到这则消息，通过网络联系，6 天就提供了其所需的圣诞树。现在西门子公司每年都从泉州这家企业订购圣诞树。

【学习与思考】

泉州这家乡镇企业为什么能成功抓住这次“商机”?

二、网络营销的基础

(一) 技术基础：互联网络的崛起

现代电子技术和通信技术的应用与发展，特别是国际互联网的普及运用是网络营销产生的技术基础。国际互联网是一种集通信技术、信息技术、计算机技术于一体的网络系统。国际互联网正迅速渗透到社会政治、经济、文化的各个领域，进入人们的日常生活，并带来社会经济和人们生活方式的重大变革。人类已开始步入网络化社会，越来越多的企业认识到国际互联网对企业经营发展的作用。

（二）理论基础：网络整合营销和直复营销理论的发展

1. 网络整合营销理论

网络使以消费者为核心重组企业行为和市场行为的整合营销理论的实现真正成为可能。网络互动性使消费者参与的主动性增强，而且，网络上丰富的信息使消费者选择的主动性也得到加强。在满足个性化消费需求的驱动下，企业必须严格遵循以消费者需求为出发点、以满足消费者需求为归宿点的现代市场营销理念，否则消费者就会选择其他企业的产品。

2. 网络直复营销理论

仅从销售的角度来看，网络营销是一种典型的直复营销。直复营销中的“直”，其实是指“直接”；“复”，就是“回复”。网络营销活动的效果具有可预测性、可度量性、可评价性和可控制性，因而使得直复营销理论的“直接回复”成为一种更加有效的策略。运用网络直复营销策略，可以大大提高营销决策的效率。

（三）观念基础：消费者价值观的变化

“满足消费者的需求”，无论何时何地都是一个企业的经营核心。随着互联网的用途从学术研究向商业应用的逐步转变，世界各地的企业纷纷上网为消费者提供各种类型的信息服务，并把抢占这一科技制高点作为获取未来竞争优势的重要途径。当今企业正面临前所未有的激烈竞争，市场正由卖方垄断向买方垄断演变，消费者主导的营销时代已经来到。在买方市场上，消费者将面对更为纷繁复杂的商品和品牌选择，这一变化使当代消费者的心理与以往相比呈现出一种新的特点和趋势。如个性消费的回归、消费主动性增强、对购买方便性的需求与对购物乐趣的追求并存等。

（四）现实基础：商业竞争的日益激烈化

随着市场竞争的日益激烈，经营者迫切寻求变革以降低商品的成本和流通费用，缩短商品的运作周期，网络营销则能适应经营者谋求变革的要求。开展网络营销，可以节约大量的店面租金、可以减少库存商品资金的占用、可以使经营规模不受场地的限制、便于收集客户的信息等。这些改变在一定程度上可以降低企业经营成本和费用，缩短营运周期，从根本上增强了企业的竞争优势。

三、网络营销的职能与营销市场要素的变化

（一）网络营销的职能

网络营销是在实践中经过归纳总结而逐步形成的，实践性强是其基本特征。从实践应用的角度来看，网络营销比较注重操作方法和技巧，但它不是一些操作方法的简单罗列，而是一个完整的网上经营体系。为理解网络营销的基本框架，明确网络营销在企业营销战略中的地位，展示互联网在企业经营中的价值，可将网络营销的基本职能归纳为以下几点。

1. 网络品牌

网络营销为企业利用互联网建立品牌形象提供了有利的条件，企业不论大小，都可以

在网络上用适合自己企业的方式展现品牌形象。网络品牌建设是以企业网络建设为基础，通过一系列的推广措施，达到顾客和公众对企业的认知和形象的认可。网络品牌价值是网络营销效果的表现形式之一，通过网络品牌的价值转化可以维持持久的顾客关系和实现更多的直接收益。

案例 11－3

2008 年 3 月 24 日，举世瞩目的北京奥运圣火在希腊雅典古奥林匹亚遗址点燃。与此同时，可口可乐公司也通过 QQ 在网络上发起了一个名为“火炬在线传递，可口可乐荣誉呈献”的大型宣传活动，如图 11－3 所示。在这个活动开始前，可口可乐通过网站招募了 8 888 名第一棒火炬在线传递大使。活动开始后，就以这 8 888 名传递大使作为 8 888 条路线的起始点逐步推进，所有 QQ 用户都可以参与到活动中来。最终，有超过 6 200 多万的 QQ 用户参与了这一活动。

图 11－3　可口可乐火炬在线传递活动

【学习与思考】

可口可乐在线火炬传递活动为何能在较短时间内实现用户深度参与？

2. 网站推广

获得必要的访问量是网络营销取得成功的基础。中小企业由于受到经营资源的限制，发布新闻、投放广告、开展大规模促销活动等宣传机会比较少，因此通过互联网手段进行网站推广的意义显得尤为重要。即使对于大型企业，网站推广也是非常必要的。事实上，许多大型企业虽然企业本身有较高的知名度，但网站访问量并不高。因此说，网站推广是网络营销的基础性工作。

3. 信息发布

将企业营销信息通过各种互联网手段向目标用户、合作伙伴、公众等群体传递是网络营销的基本职能之一。互联网为企业发布信息创造了优越的条件，不仅可以将信息发布在企业网站上，还可以利用各种网络营销工具和网络服务商的信息发布渠道向更大的范围传播信息，并且，这类信息传递方式的成本几乎是零。

4. 销售促进

网络营销的终极目的是为最终增加销售提供支持，各种网络营销方法大都具有直接或间接促进销售的效果，许多有针对性的网上促销手段和方法并不限于对网上销售的支持。事实上，网络营销对于促进线下销售同样很有价值。因此，一些没有开展网上销售业务的企业一样有必要开展网络营销。

案例 11－4

北京科宝博洛尼厨卫家具有限公司试图在国内打造一个高端的家装品牌。经过充分的准备和筹划，科宝博洛尼 CEO 蔡明决定利用博客来营销。2007 年 6 月 13 日，一条标题为“读蔡明博客，抢总价值 40 万元博洛尼真沙发”（如图 11－4 所示）的消息出现在新浪网首页。这条消息在网络上不胫而走，一时间前来打探的人络绎不绝，大批网民纷纷登录蔡明的博客察看详情。博友们异常热情，40 分钟内得奖楼层就盖满，蔡明决定第 1 000 位、第 3 000 位回帖者及最有创意回帖者都可以获得一套沙发，他一共送出 18 套沙发。在 3 天里，蔡明博客的点击量就增加到了 20 万次。

图 11－4　蔡明的博客

【学习与思考】

博洛尼公司采用了什么营销方式对产品进行推广，为何能实现参与者与企业的情感沟通？

5. 网上销售

网上销售是企业销售渠道在网上的延伸。一个具备网上交易功能的企业网站本身就是一个网上交易场所。网上销售渠道建设并不限于企业网站本身，还包括建立在专业电子商务平台上的网上商店，以及与其他电子商务网站不同形式的合作等，不同规模的企业都有可能拥有适合自己需要的在线销售渠道。

6. 顾客服务

从形式最简单的常见问题解答（frequently-asked questions，FAQ）到电子邮件、邮件列表，以及在线论坛和各种即时信息服务等，在线顾客服务具有成本低、效率高的优点，在提高顾客服务水平方面具有重要作用，同时也直接影响到网络营销的效果。

7. 顾客关系

现代“拉”式营销要求建立以顾客关系为核心的营销模式，网络营销为建立顾客关系，提高顾客满意和顾客忠诚提供了更为有效的手段。通过网络营销的交互性和良好的顾客服务手段增进顾客关系，成为网络营销取得长期效果的必要条件。

8. 网上调研

网上市场调研不仅为制定网络营销策略提供支持，也是整个市场研究活动的辅助手段之一，合理利用网上市场调研手段对于制定市场营销策略具有重要价值。网上市场调研具有调查周期短、成本低的特点。网上市场调研与网络营销的其他职能具有同等地位，既可以依靠其他职能的支持开展，也可以相对独立地进行。

以上网络营销的八大职能相互联系、相互促进，网络营销的最终效果是各项职能共同作用的结果。其中，网站推广、信息发布、顾客服务、顾客关系和网上调研这五项职能属于基础，主要表现为网络营销资源的投入和建立，而网络品牌、销售促进、网上销售这三项职能则表现为网络营销的效果（包括直接效果和间接效果）。网络营销的职能是通过各种网络营销方法灵活实现的，同一个职能可能需要多种网络营销方法的共同作用，而同一种网络营销方法也可能适用于多个网络营销职能，因此网络营销职能与方法之间的关系绝不是一一对应的。

案例 11-5

绿盛联姻天畅——网上网下都可吃到“QQ能量枣”

杭州绿盛集团是一家牛肉干生产商，一次偶然的机会，它接触到正在开发网络游戏《大唐风云》的天畅科技，就想“能否让牛肉干与网络合作，让游戏中的李世民给将士们吃上绿盛牌牛肉干”。而对天畅科技来说，绿盛集团每年销售的牛肉干大小包装有两亿多个，这本身就是一个巨大的媒介资源，是一个以极少代价来推广《大唐风云》的机会。于是两家公司达成合作协议：绿盛产品的外包装上印上《大唐风云》的广告，而《大唐风云》的游戏里编入“绿盛 QQ 能量枣”作为游戏中的能量补充剂，如图 11-5 所示。就这样，双方互换资源。此外，双方还约定，在今后彼此的市场推广中，要尽可能将对方的产品纳入推广活动中去，以最小代价赢得最大回报。结果，在很短时间内，绿盛的销售量得到了大幅度提升，一个月内，销售额达到 2 700 多万元，而往年同期还不到 300 万元；《大唐风云》虽剑未出鞘却已声势在外，同时还吸引了一大批风险投资商的关注，势头看涨。后来，“绿盛 QQ 能量枣”一度成为网络上的知名品牌。

图 11-5 绿盛 QQ 能量枣

【学习与思考】

杭州绿盛集团为提高产品销售量采取了哪种营销策略？请结合案例谈一谈网络营销的职能体现在哪些方面。

（二）营销市场要素的变化

在商品交换不发达的时代，市场仅仅是指商品交换的具体场所，即卖者和买者于一定时间聚集在一起进行交换的场所，是一个地理和空间的概念。随着市场经济和科学技术的发展，商品交换的手段和方式日益广泛，市场的内涵和外延都大大地扩展了，市场可谓无处不在。在现代社会，交换渗透到社会生活的各个方面，特别是金融信贷和通信交通事业的发展，使商品交换打破了时间和空间上的限制，交换关系日益复杂，交换范围日益扩大，交换不再受限于地点，市场不仅仅指具体的交易场所，而是指所有卖者和买者实现商品所有权让渡的交换关系的总和，是各种错综复杂的交换关系的总体。

从微观即企业角度考察，微观市场的构成包括人口、购买力、购买欲望三方面要素。而在网络信息时代，组成网络营销市场的三个主要因素已经改变，具体表现在以下方面。

1. 消费主体的变化

在网络时代，网络市场中的主要购买者的显性特征表现为年轻化、知识型、有主见、有较高的教育水平和经济收入；其隐性特征表现为注重自我和个性化，遇事头脑冷静和思考理性化，兴趣爱好广泛和刻意追求新鲜事物。对于企业而言，在网络营销市场中，人口要素的对象特征更加明确，企业必须对这一消费主体实施更有针对性的营销战略，采取正确合理的营销方法和手段，才能在网络市场营销中谋求更大的发展。

2. 消费者购买力的变化

恩格尔定律揭示，随着人均收入水平的提高，人们的消费需求在满足了基本生活需要的基础上，会逐渐向满足发展体力、智力和娱乐等方面转变。我国实施改革开放四十年来，国民人均收入大幅度提高，和中等收入国家的平均水平非常接近，2018 年全年网上零售额高达 90 065 亿元，比上年增长 23.9%。因此，消费者网上购物的潜力巨大。

3. 消费者购买欲望的变化

购买欲望是消费者购买商品的愿望、要求和动机，是消费者将潜在的购买力转化为现实购买力的重要条件。在网络信息时代，随着生活节奏的加快，消费者对购买商品的方便性、快捷性、经济性、实用性、可选择性等要求越来越高，这一购买欲望的变化导致许多消费者更加偏好网上购物，因此企业也必须高度重视网络营销，适应“互联网＋”的时代要求。

任务二　网络营销的心理分析

一、网络营销的心理优势

（一）满足消费者个性化的消费心理需求

网络营销的最大特点是以消费者为主导，在网络营销中消费者拥有比过去更大的选择自由。消费者可以根据自己的个性特点和需求在全球范围内寻找商品，而不受地域限制。通过进入感兴趣的企业网址或虚拟商店，消费者可以获取更多的信息，使购物更显个性化。这种个性消费的发展将促使企业重新考虑其营销战略，以消费者的个性需求作为提供产品、服务的出发点。为满足个性消费心理的需求，网络营销以较低成本提供多品种、小批量产品；同时，网络营销的各种销售信息在网络上以数字化的形式存在，以极低成本发送并能随时根据需要进行修改；企业也可以根据消费者反馈的信息和要求通过自动服务系统提供特别服务。

（二）满足消费者避免购物干扰的消费心理需求

现代消费者更加注重精神的愉悦、个性的实现、情感的满足等高层次的需要满足，希望在购物中能随便看、随便选，保持心理状态的轻松、自由，最大限度地得到自尊心理的满足。但店铺式购物却常常对消费者构成干扰和妨碍，或感到营业员态度不佳，或对商场购物环境不满意，或不想让人知道自己所购买的商品等，而网上消费恰恰能够弥补这些不足。还有些青年消费者因不愿让他人知道自己所购买的东西，或者想拥有他人所没有的产品，希望采取较为隐蔽的购物方式，也不愿意去商场购物。网上购物方式具有产品购买过程的隐蔽性和产品的独特性等特点，并让消费者足不出户就可买到满意的产品。

（三）满足消费者追求商品廉价的消费心理需求

无论是传统营销方式还是各种经过创新的现代营销方式，价格始终对消费心理有着重要的影响。一旦价格降幅达到消费者的心理预期，消费者就有可能被吸引并产生购买行为。而网络营销跳出了传统的制造商—批发商—中间商—零售商—消费者的渠道模式，直接将产品送达消费者手里，以商家直接面对消费者，抛开中间的经销商，能为企业和商家节省巨额的促销和流通费用，使产品成本和价格降低成为可能。而消费者可以在全球范围内寻找价格最优惠的商品，甚至可以绕过中间商直接向生产者订货。与传统营销相比，消费者不必负担高昂的广告费或营销员的多层销售提成，因而能以更低的价格实现购买。

（四）满足消费者对购物方便性的消费心理需求

对于青年消费者而言，快节奏的都市生活，超负荷的学习、工作压力使他们越来越珍惜闲暇时间，他们以购物的方便性为目标，追求时间和劳动成本的尽量节省。网上购物方式具有全天候 24 小时营业和依据消费者约定时间、地点送货上门的优势，可以更好地满足消费者对购物时间和地点的要求，满足消费者购物省时、省力的需要。网上购物的这一特点特别受到那些需要大量信息进行决策的分析型消费者或以缩短购物时间为目标的消费者的青睐。

二、网络营销的不利心理反应

网络消费尽管具有强大的生命力，但是目前消费者对于网络营销仍存在着一些心理上的困惑。

（一）对虚拟购物环境的不信任

在传统购买方式中，消费者可以有效判别产品或服务的质量，但在网络环境下，消费者判别、选择和认识企业或产品的难度增大，消费者无法身临其境感受产品的质量；同时，对企业的经营状况、营业人员的服务水平等，消费者也存在疑虑；此外，网络购物环境还可能存在不安全的因素，如个人信息的泄露、感染病毒的危险等，在一定程度上影响了消费者网上购物的欲望。

（二）特定心理需要的流失

网络消费无法满足消费者某些特定的心理需要，如家庭主妇或朋友间希望通过结伴购物来保持左邻右舍的关系或友情等；网络购物无法满足消费者通过购物过程来显示自己的身份、社会地位、成就或支付能力等炫耀性消费心理的需要；网络消费中较少的还价空间减少了某些消费者在购物过程中的讨价还价和其他心理乐趣等；此外，虚拟商店也无法使消费者因购物而受到关注和尊重。

（三）缺乏健全的法律保障体系

当前在网络消费过程中，仍然缺乏完善的法律或其他手段对网络消费的全过程进行有效的规范和控制，因此，一旦发生网络纠纷，消费者的权益很难得到切实的保障。这也是消费者目前在网络消费过程中存在的心理困扰。

任务三 网络营销的心理策略

一、顾客网上购买决策心理策略

网络环境下消费者的购买决策心理，也就是网络消费者购买行为形成和实现的过程。网络消费者的购买过程一般可以分为五个阶段，即诱发需求、收集信息、比较选择、购买决策、购后评价。

(一) 诱发需求

网络购买过程的起点是诱发需求。在传统模式下，诱发需求可能是内部和外部的刺激所引起的。如一个人每天都要吃饭，就是由于其内部的生理需要产生的压力引起的，这个压力就是内部刺激。外部刺激来自外部的环境，如人们想吃某种食品，不一定是由于饥饿，还可能是由于闻到了食品的诱人香味而产生的食欲。此外，企业的广告、海报以及看到其他消费者正在使用这种产品，都是外部刺激。这些内外部的刺激会诱发消费者的需求。在网络营销中，消费者需求的产生多源于网络广告或网页介绍商品时对视觉和听觉的刺激。网络的特性使文字表述、图片统计、声音配置等成为诱发消费者购买的直接动因。

(二) 收集信息

收集信息是指消费者识别和获取可以解决自身问题的相关信息的行为。消费者收集信息时，希望最大限度地获取能够解决问题的产品信息。网上搜集信息的快捷与简便满足了消费者需求。较之传统模式，网上消费不仅选择范围广泛，而且消费者的主动性可以得到最大限度的发挥。消费者一方面可以根据自己了解的信息通过网络跟踪查询；另一方面，消费者还可以在网上发布自己对某类产品或信息的需求信息，得到其他上网者的帮助。不同的网络消费者对于信息的要求程度也是不同的，一般可以分为三种模式。

1. 普通信息需求

当网络消费者对产生了购买动机的产品或服务没有非常深入的了解，也没有建立判定标准，只是对商品和服务类型或品牌产生倾向时，消费者在心中只有一个期望：价格、质量、品牌的期许。如当消费者打算在线购买一本小说，但此时他并没有确定购买的图书的类型，可能会因为网站上优惠活动的宣传、最近的流行读物介绍等内容而产生购买倾向。

2. 有限信息需求

消费者对感兴趣的产品或服务已经产生了特定的评判标准，但还没有确定对网络商家或品牌的倾向，此时消费者会更有针对性地收集信息。如当消费者打算在线购买一本励志小说，他此时对购买的这本书已经有了明确的要求，接下来他会在站点中搜集此类图书的相关信息，可能最后他会被其中某一本书的作者的知名度、图书的精美图片等吸引，从而选择购买。

3. 精确信息需求

在这种模式中，消费者对于感兴趣的产品或服务已经产生了明确的购买倾向，对其已经有了很深入的了解。他所需要的是更进一步的收集精确的产品和服务信息，他会从这些细节的信息中挖掘出自己的真正需求，此时他所需要的信息也是最少的。如当消费者打算购买一部华为手机，他已经对这个品牌有了很强的购买倾向，对手机产品也有了自己的深入了解，他可能对此类手机的需求点集中于手机的上网功能或拍照功能等，他更关心的是手机的性能参数信息。

（三）比较选择

通过信息搜集，消费者将会拟出若干可能采用的方案，接下来消费者将根据一定的评价标准并利用一定的选择方法，对这些方案进行评价和选择。

在传统消费模式下，消费者可以通过对产品的触摸、闻、嗅、试听、试穿等实体性接触来比较评判，但在网络消费中，消费者对商品与服务的比较只能依赖于商家的描述，且这种描述也多限于文字和图片方面。这种局限性是决定网上销售的产品种类的直接原因。商家提供的产品或服务描述，若不能吸引人，可能很难赢得顾客；若这种描述过分夸张以至带有虚假的成分，则可能会永久地失去顾客。因此，把握好产品信息描述的“度”，是摆在厂商与网页制作者面前的一道难题，而判断这种信息的可靠性与真实性，则是留给消费者的难题。

（四）购买决策

网络消费者在完成对商品的比较选择之后，便进入到购买决策阶段。与传统的购买方式相比，网络购买者在做购买决策时主要有以下几个方面的特点：第一，网络购买者理智动机所占比重较大，而感情动机所占比重较小；第二，网络购物受外界影响小；第三，网上购物的决策行为与传统购买决策行为相比，速度要快。因此，网络消费者在决策购买某种商品时一般要具备以下三个条件。

1. 对厂商有信任感

厂商的声誉和口碑是一种无形的资产。良好的声誉会让消费者内心对其产生一种无形的好感和信任，还能进一步提升口碑。在影响消费者制定购买决策时，消费者的口碑或者说商家的信誉是非常重要的。

2. 对支付有安全感

消费者支付信息安全是消费者考虑的比较多的一个问题。网络消费者非常担心自己私人资料的泄露，以及付款方式是否方便和可靠等，如果网上的销售商不能很好地解决这些相关的问题，无疑会影响到消费者的购买决策。

3. 对产品有好感

网络购物的良好声誉，体现在消费者对所购买商品的体验上，如产品的实际性能与网上描述是否一致、售后服务是否有保障。如果消费者普遍对网络销售的产品比较满意，会通过网络发表自己的意见，这些意见和建议对其他消费者制定最终的购买决策影响非常大。

（五）购后评价

消费者购买了产品之后，整个购买过程并没有结束，而是进入了购后阶段。在这一阶段，消费者将会使用和消费产品，并在使用和消费过程中体会是否满意。事后评价决定了消费者本人今后的购买动向。

在网络环境下，消费者会把自己的网络购物体验在网络上进行反馈，网络空间中信息传递的速度与广度无法衡量。如果消费者的评价是好的，可能会令厂商受益匪浅，但若消费者购后产生不满意感，他很可能会通过网络将它表达出来，使该商品给广大网民留下不良印象，从而打消很多潜在的消费者的购买欲望。

二、厂商网络营销心理策略

企业营销策略的制定和实施，必须基于网络消费心理对企业营销的重要影响。厂商要从网络消费者的动机、需求特征入手，选择实施有针对性的营销策略，以提升企业网络销售的适应能力，拓展营销市场与空间。

（一）基于网络消费者的消费动机，制定实施营销策略

网络销售不是传统的面对面的销售，它没有实际物流空间的销售商与消费者相互接触，这使得网络消费者的消费需求动机不能被直接观察到。因此，在网络营销中，应关注网络消费者的消费动机，根据不同的消费动机选择实施有针对性的营销策略。

1. 营销中要考虑网络消费者的需求动机

网络消费者的需求动机不同于传统的消费需求，他们虽然以对商品的基本使用功能需求为出发点，但兴趣需求、网络交流需求是他们消费需求的重要方面。在网络营销中，要给消费者提供便利的交流平台，满足他们与销售交流的渴望，提供他们与其他顾客交流消费体验的渠道；同时要从他们的消费兴趣出发，从产品性能、交易流程、产品包装、产品服务等方面给他们以趣味性。

2. 营销中要从网络消费者的心理动机入手

网络特殊的环境使消费者产生不同销售情境下的购买心理动机。如，对于耐用或高档消费品，消费者往往具有在线决策的理智动机；对于网络中销售的稀缺产品、兴趣产品，网络消费者往往因好奇、快乐而产生冲动性购买动机。针对消费者在网络环境中的消费心理动机，销售商应当重视网络环境尤其是网络购物环境的创设，营造能够引起消费者积极情感情绪反应的环境，以刺激其购买动机的发生。

（二）基于网络消费者的心理需求，制定实施营销策略

作为销售企业，制定实施营销策略，必须从网络消费者的心理需求特征出发，采取有针对性的策略选择。

1. 重视消费者的个性需求

在计划经济时代，商品极度短缺，消费者以能找到商品的购买机会为满足，随着现代工业文明的发展，产品得到了极大丰富，消费者的选择余地加大。特别是随着互联网的发展，消费者通过网络与供应商或销售商接触、交流的机会增多，他们选择商品面向的区域增大，消费者的消费需求由此发生了重大变化，追求个性、彰显个人时尚品位与追求成为网络消费的基本特征之一。因此，作为销售企业，要突出产品营销中的产品个性，包括产品款式、规格、价格、包装，甚至产品的文化属性、教育属性等方面，重视满足不同消费层次，迎合不同消费者的消费个性需求。如利用大数据分析技术，建立客户的关注、购买的商品档案，为不同顾客提供个性鲜明的产品，以及个性化的商品销售服务和售后服务。

2. 关注消费者差异性需求

在个性消费时尚的今天，不但在传统的实物销售大卖场或商场中大众消费者之间出现了差异，网络环境下消费者的消费也呈现出差异，而且网络环境下的这种消费需求差异更加明显，因为网络面对的地域更广、面对的消费市场更大、面对的群体成分更加复杂。针对网络消费的差异，销售商应当在营销策略中充分考虑不同地域、不同民族、不同国家、不同文化层次、不同性别、不同年龄的消费群体、个体，采取差异化的营销策略和服务策

略。如为个体网络顾客提供在线销售和在线拍卖的销售方式，对团体网络顾客提供团购销售方式等，构思、生产、销售、提供不同品质和规格的产品，充分满足网络消费者差异性需求。

3. 充分考虑网络主动性增强的消费需求

在网络环境条件下，消费者通过网络互动与厂商、销售商沟通、交流的机会增多，其获取商品信息的便利性增强，消费者的消费风险意识带来的商品认知欲望增强，消费者希望通过网络获取商品更多的信息，因此网络环境下的消费者对商品了解的主动性增强。企业在这种环境下营销要重视网络营销的作用，建设好网站，利用网络聊天工具、在线留言系统等，增强网络销售、网络服务的互动性，做到对消费者消费咨询的及时性、准确性和全面性回应，满足消费者的认知需求，从而增强消费者的信任度和满足感，为平衡消费者心理、拓展消费者市场提供良好的条件。

4. 重视消费者需求信息反馈

网络环境为消费者提供了较为便利的需求信息反馈渠道，消费者可以方便地将自己对产品的需求信息、意见、建议反映给生产者。因此，现代消费者在生产厂商、销售商的生产与销售中，发挥着重要的市场信息提供者的角色。作为生产厂家和销售商来说，要充分重视消费者的信息反馈需求，主动与消费者建立联系，了解他们对产品的各种需求，为商品生产和销售服务战略的制定提供重要的参考和依据，真正实现围绕市场搞生产，围绕消费者需求搞销售和流通，使生产企业和销售组织能够真正满足市场需求。

5. 要重视满足消费者快捷、方便的需求

在网上销售盛行的时代，网络购物不但给消费者带来了丰富的商品信息，也使消费者节省了大量的购物时间，很多时候消费者只需轻点鼠标就能很快完成购物，这种便利消费的需求成为当代人的时尚，成为消费者重要的消费需求。因此，销售企业要在网络消费中，尽力为消费者提供便捷、高效率的服务，满足他们浏览信息、选择商品、网上支付等方面的需求，节省他们的时间成本和金钱成本，通过提高效率来吸引顾客，开拓网络购物的客户群体。

6. 关注消费者的理性消费需求

网络环境中丰富的商品信息，开阔了消费者的视野，使得他们在消费时更加强调比较、鉴别和选择，更加重视网络购物中的理性决策。基于消费者的理性消费心理，销售企业应当提供丰富的商品信息界面，加大商品品牌、外观、规格、性能、价格、售后服务等方面的信息服务，提供良好的商品网上答疑服务，在网络销售中尽量将销售服务信息细化，快速地提供给消费者，并做到及时更新，使消费者得到全面的商品销售信息，满足消费者的决策需求。

7. 重视网络消费者对价格指标的敏感体验

网络销售在给大众带来便利的同时，也因物流成本的降低而使商品销售价格大大降低。价格低廉是吸引消费者的关键因素之一，因此，网络消费者甚至比传统消费者的价格敏感度更高，他们希望在网络中购买到货真价实的商品，价格因素仍是影响网络消费心理的重要因素。作为销售企业，在网络交易价格趋向透明的今天，不要与商品销售商实行价格战，更不要采取价格虚高的策略，要在进货价值、流通成本、交易成本总和核算的基础上，降低网络销售价值，给消费者以实惠，同时也为自己赢得客户市场、取得客户信任打下良好的基础。在网络消费时代，网上商品的价格正实现由企业定价转变为消费者引导定价，企业应适应这一变化，实施务实的价格策略。

案例 11－6

VANCL（凡客诚品）由卓越网创始人陈年创办于2007年，产品涵盖男装、女装、童装、鞋、家居、配饰、化妆品七大类，支持全国1 100个城市货到付款、当面试穿、30天无条件退换货。创立五年以来，凭借极具性价比的服装、服饰和完善的客户体验，凡客诚品已经成为网民购买服装、服饰的主要选择对象。

V＋网站是凡客诚品旗下的一家专注于时尚潮流品牌的网购平台，它利用凡客诚品专业的服装类电子商务运营能力及资源，通过向客户提供良好的服务体验和品牌价值，始终致力于为网购人群提供专属优质的高性价比服装、服饰系列产品。V＋是专注于时尚潮流用品的网上购物平台，特价、低折扣销售男装、女装、运动、户外、鞋品、箱包、配饰等各大时尚生活品类商品，精选全球时尚潮流名牌 Nike、Adidas、匡威、马克华菲、Lee 等。上百个传统品牌入驻V＋，其精准的市场定位以及专业的运营能力，是这些传统品牌选择其为线上推广合作伙伴的重要原因。

凡客诚品通过对目标受众的长期跟踪，根据对目标受众的爱好与关注点的分析结果，从众多的媒体中选出目标群体较为集中的网站进行广告的投放。广告的高效投放不仅为V＋网站带去了一定量的消费者与潜在消费者，更促进了V＋影响力与知名度的提高。

2010年9月，V＋进行了一次大规模的网站改版，新版首页的设计风格更具时尚流行元素，更符合“80后”“90后”主力购买人群的浏览习惯和喜好，也更注重提升用户体验，如图11－6所示。

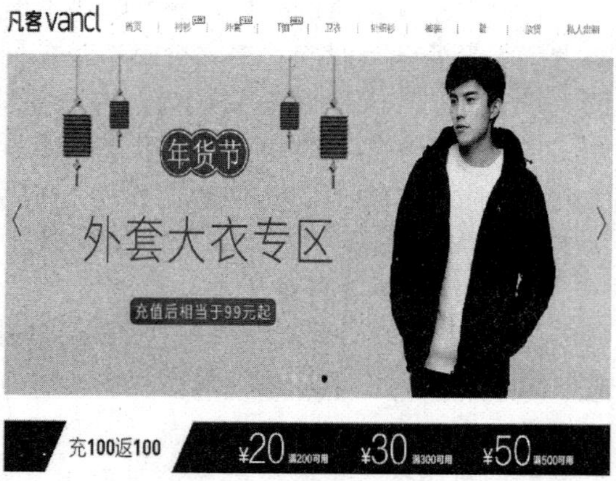

图 11－6　V＋网站首页

“宅”和“晒”都是当下红遍互联网的流行语，具有网络化和口语化的普遍性。“汇品牌”和“晒新货”是新增设的频道，前者按照首字母将V＋现有的品牌汇总分类，让用户可以更容易、更方便地选择自己喜欢的品牌，后者是将最近上线的新产品进行汇总，用户体验更加直接。

V＋自上线以来，一直致力于提升用户体验，以用户的选择和喜好为主导。新改版之后的V＋特别在首页增设了“用户最关注的品牌”和“用户最关注的产品”两个频道，根据用户的购买和点击浏览的次数，通过技术手段排列出最受欢迎的品牌和单品。

凡客诚品主要是提升V＋在时尚领域以及“80后”“90后”主力消费人群中的影响力，扩大V＋在电子商务服饰类网站中的知名度。年轻人是互联网上最具活力和消费潜力的群体，他们希望自己时尚、有个性，有敢于尝试新事物的个性和对高品质生活的追求，因此那些有独特品牌文化的服装更容易获得他们的青睐。

【学习与思考】

凡客诚品 V+成功的关键因素有哪些？

项目重点内容结构图

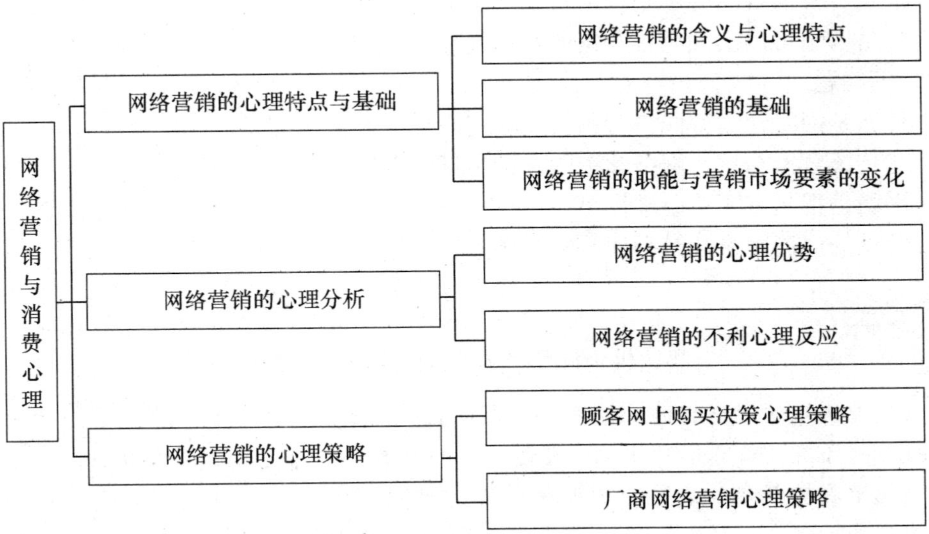

同步测试

一、选择题

1. “企业可以向客户展示商品和服务信息，而用户也可以通过网络查询相关商品的详细信息”体现了网络营销的（　　）特点。

A. 互动性　　B. 整合性

C. 跨时空性　　D. 成长性

2. 下列关于网络营销的说法错误的是（　　）。

A. 网络营销就是指企业利用互联网展开营销活动

B. 网络营销是目的而不是手段

C. 网络营销不是网上销售

D. 网络营销不仅仅局限于网上

3. 网络营销产生的技术基础是（　　）。

A. 付款手段　　B. 互联网　　C. 计算机　　D. 营销策略

4. 企业通过互联网快速提升产品和企业的知名度，以树立企业良好的整体形象，这属于网络营销的（　　）职能。

A. 网络品牌　　B. 网址推广　　C. 信息发布　　D. 销售促进

5. 网络营销信息传递的主要特点是（　　）。

A. 效率高　　B. 方式多样化

C. 渠道多样化　　D. 双向性

二、判断题

1. 网络营销是为实现网上销售目的而进行的一项基本活动，但网络营销本身并不等于网上销售。（　　）
2. 在网络营销活动中，宏观环境是企业可以控制的。（　　）
3. 当前网民认为网上交易存在的最大问题是产品质量、安全性得不到保障。（　　）
4. 消费者价值观的变革是网络营销产生的观念基础。（　　）
5. 网络营销可以实现全程营销的互动性。（　　）

三、简答题

1. 什么是网络营销？网络营销具有哪些心理特点？
2. 与传统营销相比，网络营销的营销市场要素发生了哪些变化？
3. 网络营销具有哪些心理优势？
4. 常见的厂商网络营销心理策略有哪些？

综合案例分析

益达借力网络新媒体演绎“酸甜苦辣”

新的商业环境源于全新的社会形态，人们通过快餐式媒体理解世事，通过消费抚慰心灵，通过无所不在的娱乐释放压力，通过虚拟的网络建立与世界的真实联系。但是，互联网让人们快节奏的都市生活更加“碎片化”，注意力更加分散。随着年轻人关注公众话题的方式的转变，信息传播也变成了“微传播”，通过简短的话句，快速地告知目标受众核心内容，这是“微”盛行的特点。除了目前常见的微漫画、微博客、微小说、微视频等，微电影也逐渐进入网民的视线。

2011年6月27日，箭牌旗下的益达口香糖在北京的永定门举行了2011年新一季广告片《酸甜苦辣》的首映礼，如图11－7所示。新片中，两位主角再续前缘，经历了“酸”“甜”“苦”“辣”四个故事，二人的感情沿着蜿蜒的旅途细腻地升华。这四个故事以爱情生活为主线，将益达口香糖对牙齿的功能巧妙地融入爱情故事中，在内容表现形式上更容易让观众接受。

图11－7　益达《酸甜苦辣》广告片

在这四个故事中，“酸”讲的是面馆风情万种的老板娘对男主角热情招呼，引发了女主角的浓浓醋意，男主角只好托老板娘送来表达关爱的益达口香糖化解尴尬。“甜”中男女主角在旅途中相互依靠，一串糖葫芦和第一次甜蜜的拥抱。“苦”发生在浪漫的海边，男主角勇救不慎落水的女主角，而最后女主角却因为说不出口的期待而尝到了苦涩的味道。“辣”是讲男女主角两人旅程中遇到的刺激经历，展现了女主角性格中火辣的一面，并且每一个短片的结尾都会提到益达不同口味的口香糖，在产品种类和特色上做了很好的传递。

值得关注的是，看完整部短片，给人们的感觉不像是广告片，更像是一部充满酸甜苦辣的爱情微电影，每一个故事都是顺延男女主角感情发展的自然演绎，他们面对爱情路上的酸甜苦辣，时刻都有益达陪伴左右。除此之外，短片给予观众更大的启示是：很多时候只需在日常生活中提醒并关注自己的点滴生活习惯，在改变中你就可以轻易拥有健康美丽的牙齿。另外，全新益达“洁白”无糖口香糖，含有独特洁齿配方，每次咀嚼后能有效减少堆积在牙齿上的污垢，帮助牙齿保持亮丽洁白，轻松简便护齿洁齿，拥有清新动人的笑容，时刻焕发健康魅力。

随着Web2.0时代的到来，微博以特有的优势深受网民的钟爱，微博的使用也因其便捷、快速而日益生活化。微博的价值不仅在于用户的使用率，更在于企业能与顾客直接对话，形成强关系的蜘蛛效应。如果说益达的《酸甜苦辣》微电影给观众带来的是一种情感上的共鸣，那么接下来的微博传播则是为了将益达的品牌文化和产品价值渗透到每一个顾客的内心，如图11-8所示。

图11-8 益达官方微博

为了能将“酸甜苦辣”的话题带来病毒式传播效果，益达专门建立了活动官方网站，以甜蜜之旅作为利益驱使鼓励用户参与互动——通过140字写下自己平时说不出的酸甜苦辣，并同步到新浪微博平台，益达通过内容评选，抽取有价值的话题。而更值得关注的是，益达广告片主角彭于晏、桂纶镁变身成为“明星快递员”，线上见证粉丝的酸甜苦辣，线下传递益达健康生活的品牌理念。

资料来源：http://www.sohu.com/a/135029888_166624.

【问题讨论】

1. 益达采用了哪些新媒体作为主要的传播策略？其营销策略的选择与整合具体体现在哪几个方面？

2. 你认为未来网络营销创新应以什么为导向？

项目实战

互联网的出现对任何一个知名企业的产品和品牌都构成了新的挑战。对可口可乐公司而言，电子邮件、语音信箱、网络站点等技术不只是对传统经营方式的补充，而且是网络营销成败的重要因素。可口可乐公司欲开展网络渗透和扩张，加强与消费者的沟通，获取更多的信息和资料，以便公司进行实时决策。假设你接受可口可乐公司的委托，进行这项工作的网络调研，请你思考：

1. 你认为应该如何设计这项调查？

2. 你主要想了解消费者的哪些特征？这些特征对后期网络营销的主要作用是什么？

拓展阅读

如何快速提高中小企业网络营销效果
——三大必备营销工具

新华网消息称，目前我国中小企业总数已占全国企业总数的99%以上，足见未来几年里企业的市场竞争程度将会多么激烈。网络营销已成为不少中小企业开拓市场的手段，但是不少企业正是因为进入了网络营销的误区，在实施的过程中总是事与愿违，让满怀希望的经营者受到打击，甚至否认网络营销的重要性，这或多或少影响了网络营销这一最有发展前景的营销手段的发展。

网络营销的概念越来越热，很多中小企业都意识到了网络营销的重要性，纷纷涉足网络推广，希望依靠网络营销来获取更大的市场份额，提升企业竞争力。所有的网络营销策略、方案，都是在建立企业网站的基础上执行的，建设企业网站是网络营销的最基本的步骤。某权威机构的调查数据显示，目前我国的企业域名有70万个左右，但这个数字如果跟全国3 000多万中小企业的数量相比，显得还是很少，更甚者，相当一部分域名都是弃用的，即使是正常使用的域名里，仍有很大一部分企业网站是病态网站、僵尸网站，并没有发挥其营销价值。中小企业网络营销效果低下，原因何在？如何快速提高企业网络营销效果与转化率？以下是中小企业必知的三大网络营销工具。

一、博客或论坛：最便捷的网络营销方式

微博是当前互联网最热门的概念之一，其前身就是博客。国内提供免费博客平台的服务商数不胜数，大家可以选择比如新浪、搜狐、百度等。笔者建议注册多个博客地址，同步更新，从而最大程度上发挥博客的营销效果。博客营销是指企业通过博客的方式与顾客进行交流，并推广特定产品或发布消息的网络营销方式。博客营销的方式很多，可以在名人博客投放广告，借助名人推荐产品的形式进行传播，也可以在企业内部组建博客营销的团队，进行有针对性的病毒营销，刺激顾客的购买欲。

论坛营销是利用论坛的超高人气，为企业提供营销传播服务，尤其是在一些行业性论坛，营销效果往往超乎意料。而由于论坛话题的开放性，几乎企业所有的营销诉求都可以通过论坛传播得到有效的实现；其开放性也往往会成为论坛营销的致命伤，稍有不慎容易被其他人群起攻之，也容易遭到竞争对手的诋毁。论坛营销是网络营销中最容易开展，也是转化率最低的一种方式，在论坛设定话题和引起话题讨论无疑是最直接的办法。论坛营销需要企业长期不懈的坚持，才能发挥出真正的价值。一旦在某个行业论坛具备了足够的威望和信任度，便可以轻松获取源源不断的客户和商机。论坛可以结合文字、图片、视频等多种方式，而且行业论坛本身就聚集了大量的目标客户群体，可以在第一时间将企业产品推广信息以各种形式传达出去。互联网上不少轰动性事件，也都是通过论坛营销传播开来的，足以证明论坛营销的强大威力。

博客和论坛营销的核心在于制造话题，吸引目标客户群体的关注，通过文字或其他内容的引导，让客户参与话题的讨论，并且引导话题讨论向着有利于企业自身的角度发展。话题相应页面的浏览量、互动人数、话题持续时间都是营销效果评估的依据。如果是针对地方性服务的企业，当地门户热线、信息港等建立的博客和论坛账号也是不错的选择；如果客户是全国范围内的企业，可以根据自己的行业选择一些专业的博客和论坛，其中阿里巴巴（www.alibaba.com）和慧聪网（www.hc360.com）是企业网络营销最常用的综合性服务平台，都免费提供博客和论坛供企业使用。

二、企业客服工具：快速提高网络营销转化率

没有一些合适的客服工具，即便网络营销投入成本再大，营销转化率也会非常低。如何让客户第一时间内联系到企业，如何更便捷地让客户了解更多关于企业产品的信息，如何获取更多潜在客户的信息，是企业网络营销应该重视的问题。笔者曾经发现一些企业网站，往往只留下了一个固定电话号码，打过去还经常无人接听，甚至有的企业网站留下的是手机号码，让客户很难产生信任感，从而错失商机。如何提高网络营销转化率？让客户愿意主动联系企业才是关键。客服工具的重要性不言而喻。

建议企业网站都留下一些即时通信工具的联系方式，有潜在需求的客户看到后，方便他们主动联系。例如QQ、微信、MSN、阿里旺旺、慧聪发发等，都属于即时通信工具。现在即时通信工具几乎是网民必备，人人皆有，其中QQ的普及率是最广泛的，也是最常用作网站客服的营销工具之一。另外，400电话可以提升企业形象、大幅提高广告效果，也是企业必备的营销工具之一。但是申请办理400电话，一定要选择类似“极速400电话网”这样的官方授权代理商。400电话并不贵，一年只需要几百元，不要因为节约二三百元去选择小型代理商或者办理网络版400电话，这样后期带来的问题会很多，得不偿失。如搜狐、阿里巴巴和慧聪网一些新闻也推荐过极速400电话，根本原因在于极速动力提供的是实体固话线路400电话，安全性和稳定性都没问题。

此外，市场上还有一些在线客服工具，如53KF和TQ等，可以主动发起对话，无须借助任何工具，即可展开网页对话。这些工具前几年曾火爆一时，但是也存在着一些局限，所以笔者不对此类工具多做介绍。如果企业网站有需求，也可以尝试一下。

三、网站统计系统：了解、分析、跟踪网络营销效果

网站流量统计是中小企业网络营销必不可少的一个工具，通过流量统计系统，可以清楚地看到自己网站推广的效果，也是评估网络营销效果的重要凭据之一。网站流量统计，是通过统计网站访问者的访问来源、访问时间、访问内容等访问信息，加以系统分析，进而总结出访问者访问来源、爱好趋向、访问习惯等一些共性数据，为网站进一步调整做出指引的一种新型用户行为分析技术。尤其是在企业网络营销实施过程中，如果投放了商业广告，那么通过网站统计系统，可以很好地分析每个广告源的转化效果。

简单来说，通过网站统计系统，可以告诉你客户是从什么地方来的，如何找到你的网站的，他们在你的网站看了哪些内容，停留了多少时间，而且可以直接统计出客户从搜索引擎搜索哪个词语来到的网站。了解这些信息，对于企业后期网络营销方案的制定和改进，有着关键性的影响。网站统计市场烽火连绵，百度也推出了统计系统，让这个市场的竞争更加激烈。目前国内用户使用的主流网站统计系统有Google Analytics、百度统计、CNZZ、51.la，这四家统计系统都是免费的，并垄断了约87%左右的市场份额。其中，Google旗下的Google Analytics太过专业化，适合专业人员使用。考虑到中小企业一般没有专门的网络营销部门，所以还是建议前期使用易用性最佳的CNZZ统计（www.cnzz.com），申请和开通都非常方便。

笔者认为，最适合企业使用的是百度统计。百度统计属于百度自主研发，主要提供给百度推广的客户，目前已经对外免费开放申请，企业不妨尝试一下其广告转化率监控功能。其他还有一些比如51Yes、维度统计、量子统计（原雅虎统计）等也各有一些特色，其中，维度统计可以分析鼠标轨迹，量子统计适合淘宝店铺使用等。

尽管网络营销具有成本低、范围广、互动性强等特点，然而众多中小企业在开展了网络营销之后，最大的感受是——没有效果！到底是哪些因素导致中小企业的网络营销效果如此之差呢？究其根本可以发现，不少中小企业业主以为建设了网站，就等于开展了网络营销，殊不知网站只是根本与基础，如何让企业网站发挥其应有的价值，才是企业最应该关注的。

当然，还有其他很多提升网络营销效果的方式，比如百度推广等，但是其性价比以及投入成本让众多中小企业难以承受，所以在此不做赘述。中小企业之所以远离网络营销，根本原因在于他们没有从网络营销中得到实际效益。空谈网络营销优势和行业前景，无法让网络营销真正深入到中小企业中。

资料来源：http://www. tinlu. com.

项目十二

营销人员心理

学习目标

※ 知识目标

- 理解营销人员应具备的心理素质，掌握营销人员心理素质的培养、强化与提高的途径
- 了解营销人员工作心理的研究范围、营销人员问题行为的解决方法
- 理解影响营销人员与顾客关系的因素；理解营销人员与顾客在交往过程中相互的心理需要

※ 能力目标

- 培养对营销人员进行有效激励、矫正问题行为的能力
- 培养分析顾客关系心理、与顾客进行有效沟通的能力

导入案例

如何才能成为一个优秀的营销员？

成为一名优秀的营销员，是每一个营销员的梦想。优秀的营销员应该拥有什么样的特质？怎样才能成为一名优秀的营销员？这是目前许多企业老板和公司职员都在深刻思考的问题。

随着教育的普及，一批批学子从学校毕业，而且都拿着高等学府的学历证书，但是光鲜的证书并不代表工作能力。用人单位要如何才能分辨这些学子中哪些人才是自己所需要的呢？用实际的工作能力来观察是最好的办法。给你的工作能否按时完成，完成得是否漂亮，业绩是否突出，公司以此来决定是否要雇用你。老板只认你的工作能力，能做好自己工作的营销员才会受到老板的青睐。

齐格勒说，如果你能够尽到自己的本分，尽力完成自己应该做的事情，那么总有一天，你能够随心所欲从事自己想要做的事情。把自己的工作做好，不但完美地完成了老板交代的任务，同时提升了自己的能力与在老板心中的地位，有升迁机会的时候就会被老板优先考虑。

有这样一则故事：

小张、小李、小王是大学同班同学，毕业找工作的时候，恰巧进入同一家公司。

但是他们的薪水却大不相同：小张的月薪是5 000元，小李的月薪是3 500元，小王的月薪是1 500元。

有一天，他们的老师来看望他们，得知他们薪水的差距之后，老师就去问总经理："在学校，他们的成绩都差不多呀，为什么毕业一年就会有这么大的差距？"

总经理听完老师的话，笑着对老师说："在学校考查他们对书本知识的掌握，但在公司里，却是要行动、要结果。公司与学校的要求不同，员工表现也与学校的考试成绩不同，以薪水作为衡量的标准，就自然不同呀！"

看到老师疑惑不解地皱着眉头，总经理对老师说："这样吧，我现在叫他们三人做相同的事情，你只要看他们的表现，就可以知道答案了。"

总经理把这三个人同时找来，然后对他们说："现在请你们去调查一下停在港口边的船。船上毛皮的数量、价格和品质，你们都要详细地记录下来，并尽快给我答复。"

一小时后，他们三人都回来了。

小王先做了汇报："那个港口有一个我的旧识，我给他打了电话，他愿意帮忙，明天给我结果。我为了保证明天他给我结果，我准备今晚请他吃饭，请您放心，明天一定给您结果。"

接着，小李把船上的毛皮数量、品质等详细情况汇报给了总经理。

轮到小张的时候，他首先重复报告了毛皮数量、品质等情况，并且表示已将船上最有价值的货品详细记录了下来。然后表明，他已向总经理助理了解到，总经理的目的是要在了解货物的情况后与货主谈判。于是，他在回程中又打电话向另外两家毛皮公司询问了相关货物的品质、价格等。

对营销员而言，不管你在公司的地位如何，不管你长相如何、学历如何，要想在公司里成长、发展、实现自己的目标，你就要用你的智慧实现你的梦想，为公司创造业绩，成为老板眼中最优秀的营销员。

资料来源：http://www.sohu.com/a/49343018_334634.

【学习与思考】

1. 作为大学同班同学且进入同一家公司的小张、小李、小王，为什么薪酬却有这么大的区别？你认为一个优秀的营销员应该具备哪些心理素质？

2. 如果你是这位总经理，你将怎样加强对营销人员的培训？

任务一　营销人员的心理素质

营销人员是企业开拓市场的先锋，是企业形象的重要代表。良好的心理素质是营销人员工作能力的基础，其心理状态和营销行为素质的高低，是影响企业市场发展潜力的重要因素。

一、营销人员应具备的心理素质

（一）内在品质

1. 敬业精神

中华民族历来有“敬业乐群”“忠于职守”的传统，敬业是中国人民的传统美德。早在春秋时期，孔子就主张人在一生中始终要勤奋、刻苦，为事业尽心尽力。敬业精神是一种基于热爱基础上的对工作、对事业全身心忘我投入的精神境界，其本质就是奉献的精神。营销工作是一项很辛苦的工作，没有敬业精神将一事无成。

2. 目标明确

营销人员应该拥有明确的目标，全力以赴，通过自身的意志抵抗身体上的慵懒和精神上的疲惫，才会最终取得成功。一个心态积极的营销人员常会展望未来，即使身陷困境，也会以愉快的心情走出来。正如美国亿万富翁鲍纳所说，只要你拥有成功推销的梦想，那你就有白手起家成为亿万富翁的可能。

3. 积极进取

具有积极进取心态的营销人员，能够克服自身消极悲观的情绪而成功地进行销售。积极的心态就是一扇机会之门，使营销人员可以乐观地面对困难，充分展现营销的技巧和魅力，从而赢得客户的信赖和订单。

4. 诚实正直

诚实正直的营销人员心胸坦荡，能获得客户的尊重与信任，从而获得长期的利益。美国作家马克·吐温说，当你处在进退两难的境地时，就说出真话，真实是我们拥有的最有价值的东西。

案例 12-1

诚信的力量

尼泊尔是一个多山的小国，紧靠着喜马拉雅山的南边，和我国的西藏地区相邻。过去，因为自然条件的限制和国家的贫穷，很少有外国人来这儿。

当地的生活条件很落后，商业也不发达，摄影队连吃喝都很困难。有一次，几位摄影师想喝啤酒，就找到了村子里的一个男孩，让他去替他们买啤酒。买啤酒得去很远的地方，孩子走了3个多小时才买到啤酒。第二天，摄影队又让男孩去买10瓶啤酒，这次给了他很多钱。整整一天过去了，男孩一直没有回来。摄影师们都说，男孩肯定把钱骗走不回来了。

后半夜，摄影师们已经睡下了，突然听到了敲门声。他们打开门，只见浑身是泥的男孩抱着几瓶啤酒走了进来。原来，男孩那天走了几个小时，只买到了4瓶啤酒。为了买到其他几瓶酒，他翻过了一座大山又趟过了一条大河，才终于买够了10瓶酒。可是在返回的路上，因为路远山陡，累极了的男孩连摔了几跤，摔碎了几瓶啤酒。

男孩哭着向摄影师们道歉，并且完整地交还了找回的零钱。摄影师们被深深地感动了，他们为自己对男孩的猜测感到十分惭愧。摄影师们回国后，到处向人讲述这个小男孩的故事，日本的许多报刊不久都对此做了报道。许多日本人被摄影师拍摄的原始自然风光所吸引，更被男孩淳朴的诚实深深地打动了。从那以后，到尼泊尔观光旅游的日本游客越来越多，极大地推动了尼泊尔旅游业的飞速发展。

资料来源：http://www.sohu.com/a/157858158_689407.

【学习与思考】

“诚信”是社会主义的核心价值观之一，古人说：“人无信不立，业无信不兴。”面对当前众多的商业欺诈行为，你觉得“诚信”的力量体现在什么地方？

---

5. 愈挫愈奋

营销人员在从事销售工作时，总会遇到各种困难，或四处碰壁，或招人白眼，或受到打击等。因此，需要营销人员具备足够的恒心和毅力，发扬百折不挠、愈挫愈奋的精神才能在面对挫折和失败时仍不忘初心。

此外，勤奋、吃苦耐劳、热情、谦虚、谨慎、沉稳、灵敏（善于把握新信息）、幽默、自信等，这些品质都需要在工作过程中不断注意培养和积累。

（二）知识储备

1. 了解所从事的行业

营销人员应对自己所从事行业的现状以及未来发展趋势有所了解，能够向客户提供本行业的最新发展动态。

2. 熟悉自己所在的企业

营销人员应掌握本企业的历史背景、在同行业中的地位、生产能力、产品种类、技术水平、设备状况、发展战略、定价策略、销售政策、交货方式、付款条件、服务项目等。

3. 熟悉自己推销的产品

营销人员必须全面了解所销售产品的技术性能、结构、用途、用法、维修和保养方法，不同规格、型号、式样的差别，本行业中的先进水平，产品性能的发展趋势，现有用户的反映，使用中应注意或避免的问题，与竞争对手产品的对比及其他有关的商品知识。

4. 了解自己的客户

营销人员应该全面、详细地了解自己客户的需求特点、习惯喜好、经济状况等，这样才能有针对性地为客户提供个性化的服务。

5. 相关知识的积累

除了以上几点，营销人员还应该注意相关知识的积累，如谈话技巧、各地的风俗习惯、名胜古迹等方面的知识，成为博古通今的杂家，提高营销水平。

（三）能力表现

1. 观察能力

市场和顾客的情况是很复杂的，不仅差别很大，而且受许多因素的影响，一个有敏锐观察能力的营销人员应能准确判断不同类型的消费者，揣摩不同顾客的购买意图和购买心理，提高销售的成功率。

2. 应变能力

在营销过程中，营销人员通常要面对经常变化的环境，这就要求营销人员具备较强的应变能力。例如，面对善变的消费者，营销人员要机智灵敏地做出回应，满足消费者的要求；面对冲突，营销人员应该有能力很好地解决冲突，并善于在复杂的关系中进行协调；面临困境，营销人员应该能够承受压力，以坚强的意志扭转局面，走出困境。

案例 12-2

别笑，这才是最牛的销售

有一个推销员当着一大批客户的面推销一种摔不碎的钢化玻璃酒杯。

他在进行商品说明后就开始向客户展示，但是令他万万没想到的是，他恰好拿到了一个质量不过关的杯子，他用力一摔之后，酒杯竟然摔碎了，如图 12-1 所示。

图 12-1 摔坏的钢化玻璃酒杯

客户们哄堂大笑。

这位推销员先是一愣，随后灵机一动，冷静又幽默地说："你们看，像这样的杯子我是绝对不会卖给你们的。"

结果客户们又是一阵哄堂大笑，但是之前的笑更多是怀疑和嘲讽，而这次的笑却充满了赞赏和愉悦。接着推销员又拿起一个杯子，用力一摔，杯子完好无损地在地上打了几个滚，推销员捡起杯子说："你们看，这样的杯子才是'摔不碎'的钢化杯。"

销售员用自己沉着冷静的应变能力化解了尴尬的局面，不仅没有因此丧失客户，还推销出了大量的杯子。

资料来源：http://www.sohu.com/a/74307055_334634.

【学习与思考】

试说明应变能力的重要性以及该如何提高应变能力。

3. 沟通能力

沟通是一种艺术，沟通的重点是"心灵"层面上的沟通。沟通能力包含着表达能力、争辩能力、倾听能力和设计能力（形象设计能力、动作设计能力、环境设计能力）。从表面上来看，沟通能力似乎就是一种能说会道的能力，实际上它包罗了从穿衣打扮到言谈举止等一切行为的能力。一个具有良好沟通能力的人，可以将自己所拥有的专业知识及专业能力进行充分的发挥，并能给对方留下"我最棒""我能行"的深刻印象。

4. 创新能力

创新意味着用新的思维方式、新的活动方法来处理问题。营销人员要打开局面、要扩展自己的客户圈子、要开拓新的营销渠道，这些都要求营销人员敢于打破传统的束缚，具有较强的创新能力，想出好的点子，与时俱进。

二、营销人员心理素质的培养

营销无疑是最具挑战性的职业之一，充满了艰辛，同时营销也是个让人突破自己、快速成长的职业。

(一) 强烈的使命感

一名营销人员走向卓越的起点就是要清楚自己的使命是什么，然后要懂得在使命感下树立自己奋斗的短期和长远目标，如要成为最优秀的营销人，或者两年成为区域经理，五年成为总监、总经理，等等。在实现个人的短期和长远目标的奋斗中，营销人员只有确定了人生价值的使命，才会获得源源不断的动力，从内心深处激励自己走向成功。

对比时下太多的营销人员，他们明显缺乏实现个人价值的使命感——往往把自身的工作或者职业目标仅仅定位在每个月的业绩完成上。个人的活动范围只局限于当地的特定渠道中的某几个固定客户，除此以外，看不到更加广阔的天地。

案例 12-3

马云与阿里巴巴：一个关于梦想的故事

"15 年前，我跟蔡崇信去美国的时候，30 家风投公司都把我们拒之门外，没人相信我能走到今天，15 年前没人相信我们能完成 3 000 亿的交易，今天我们收到的融资绝对不是钱，是信任，更是责任，我们可以帮助成千上万的小商户创业，解决数以百万计的就业机会……越小越强大，越小越精神。"(马云在纽约阿里巴巴上市的讲话片段，如图 12-2 所示。)

图 12-2　马云在纽约经济俱乐部讲话

从天方夜谭到商业神话，今天的阿里巴巴对人们而言早已不陌生，时光倒转，故事才刚刚开始。

1972 年尼克松访华，杭州作为其中之一的重要城市，尼克松被应邀前往。马云骑自行车绕行西湖，给外国人免费当导游学英语。大学毕业后，马云成了英语老师。

1994 年，还在当翻译的马云，到美国出差，第一次见识到了互联网。据马云所讲，他第一次输入"beer"，电脑网页上面有美国的、德国的、日本的，没有中国的，他又输入"China"，没有"China"，没有数据，这件事大大地刺激了马云。

回国后，1994 年—1998 年，他先后在杭州创办了"中国黄页"和"对外经贸网站"，1999 年他在杭州创办了电子商务网站——阿里巴巴。

在一个阴暗的房子里连续度过了近 7 个月，甚至员工们都背起"背背佳"工作。马云的目标很明确，如今看来也很有远见，他将阿里巴巴定位为国际站点，希望在 2002 年使其成为上市公司。可事实并不如他所想的那么简单，被 37 家风投公司拒绝，不被人理解，没人信他所说的话。各种困难使得阿里巴巴从一开始就举步维艰。

直到加拿大华裔蔡崇信的出现，故事出现了转机。1999 年 10 月，高盛联合富达投资共计投入 2 500 万美元，随后阿里巴巴急剧扩张，在美、英都设立了办事处。但由于阿里巴巴的快速扩张，人才跟不上公司发展的步伐，使得公司发展受阻，一直不能盈利。到 2001 年 7 月，风投的钱只剩 700 万美元，最多坚持半年。此时马云警醒，从对外扩张收回到了对内培养。阿里巴巴迅速成立了“阿里百年大计”，对员工和管理层进行了培训。随后推出了“中国供应商”，首次实现扭亏为盈。

2003年非典来袭，阿里巴巴并未受到多大冲击，员工们整齐划一地回家工作，阿里的工作有条不紊地进行。同年5月10日，淘宝网在湖畔花园上线，随后便经历了所谓的“蚂蚁戏大象”，与国际C2C巨头eBay抗争。淘宝通过独特的“店小二”服务，赢得广大店家和消费者的喜爱，迅速占领了97%的市场，2006年eBay退出中国市场。通过这次事件，阿里巴巴成长迅速，之后推出支付宝、阿里云等，彻底坐上中国互联网公司前三把交椅。

阿里巴巴改变着自己，也改变着更多的人。

100多年前，人类才刚刚学会飞行。那时的人们，怎么也不会想到，大气层并非人类最高的疆域；那时的人们怎么也不会想到，今天一个手机芯片的计算能力，是当年全世界的总和。未来，世界会怎样，我们又会怎样，这个关于梦想的故事，又将怎样出现在未来，而你的梦想，又是什么？

资料来源：http://baijiahao.baidu.com/s?id=1580137331311275585&wfr=spider&for=pc.

【学习与思考】

结合马云创立阿里巴巴的历程，谈谈你的梦想是什么，你打算怎样去实现。

（二）在实战中用困苦和失败反复磨砺自己

踏上追求卓越的征程，营销人员也就开始了对困苦和失败的品尝之旅。营销人员非常辛苦，整日四处奔波，还不时受到消费者的抱怨和领导的批评，销售目标似乎永远没有终点。对此，营销人员必须有足够的承受能力。

首先，营销人员不可轻视任何简单的工作，一方面要熟悉最基层的日常事务，把简单的事情做好本身就是不简单；另一方面营销人员要找到简单工作的改进方法。

其次，营销人员要虚心地请教。只有虚心请教，营销人员身边的领导或者客户才会乐意把他们的经验不加保留地传授给你。针对领导或客户的批评甚至训斥，营销人员要虚心接受，因为这正是向专家和精英学习的机会。

最后，营销人员要懂得积累，每步历练都是未来做出重大决策的依据和基础。营销人员一定要有自己的日记本，每天的工作要认真详细地记录下来，并注明自己的心得和感想。

案例12-4

“大佬”们的艰辛创业史

马云30岁搞翻译社惨淡，靠卖袜子补贴；
刘强东24岁在中关村卖碟，被女友鄙视；
马化腾27岁初创QQ，假扮女孩子陪聊；
宗庆后42岁蹬三轮车走街串巷叫卖冰棒。

——你还有什么挺不过去的事情！

一、马云：创业失败4次，失声痛哭

1. 两次求职，因相貌“超丑”被拒

马云第一次高考落榜后的梦想是去酒店做服务员，也梦想过做警察，统统因为外貌被拒绝。99.9%的网友从颜值上彻底击垮马云。

2. 搞“翻译社”生意惨淡，靠卖袜子补贴

翻译社是马云初次创业，当月营业额是200多元，可光房租就要700元。马云为了支撑它，背着麻袋去义乌批发袜子来卖，还上门推销商品，学生们也帮他四处发传单做宣传，受尽白眼。马云用这些钱养了翻译社3年，才开始收支平衡。1994年，海博翻译社诞生，所有员工加起来只有5人。

3. 第4次连续创业失败，抱头痛哭

阿里巴巴团队曾在北京干过一段政府项目，最后马云决定回杭州再次创业。在北京的14个月，他从没带团队一起去游玩过。在北京最后一天，他们决定去长城。晚上，在一个不知名的小饭店，天下着大雪，众人大碗喝酒、大块吃肉，唱着《真心英雄》，众人抱头痛哭！

这也意味着马云30岁开始，连续第4次创业失败。

二、刘强东：34岁一夜愁白了头

1. 从用奢侈品“大哥大”，到赔得底朝天

家境贫寒的刘强东刚进大学时，只带了亲戚朋友凑的500块钱，然而大三时，他已靠给别人编程拥有了一部价值2.6万的“大哥大”。靠编程积累的第一桶金，刘强东开了一家小饭馆，但由于缺乏管理和监督，钱几乎被员工贪光了，最后亏损20多万元。

2. 京东面临倒闭危机，一夜白头

体现刘强东“老板”气质的，或许就是额前的一小撮白发。2008年，第一轮融资用光后的京东面临着倒闭的危险，正值金融危机，没有人愿意掏钱给一个不知何时能盈利的企业。一个月的时间，刘强东便愁白了头，直到现在也没有重新变黑。

三、马化腾：27岁时创办腾讯，为拉到3万用户量，曾假扮女孩子陪聊

在香港大学举办的某论坛上，马化腾回忆艰苦创业：“那时候要做到3万用户量，于是去学校一个个拉用户。凑到3万人可能要两年后，公司就死掉了。所以自己就去网上推广，最后用户量上来了，但还是没人聊天，我自己要陪聊，有时候还要换个头像，假扮女孩子，得显得社区很热闹嘛。”

腾讯最早的办公室，是马化腾借的朋友的舞蹈室，还挂着80年代“迪斯科”风格的霓虹灯。后来才搬去赛格，兄弟们加班累了，还可以舞一曲儿放松心情。

1998年，那年还不叫QQ，叫QICQ，企鹅还是“瘦企鹅”。

四、宗庆后：42岁蹬三轮车走街串巷叫卖冰棒、文具

33岁的宗庆后回到杭州，在校办厂做推销员，10年里辗转于几家校办企业，依然郁郁不得志。待到他开始创业的时候，已经是一个42岁的沉默的中年男子。

同年，宗庆后带领两名退休老师，靠着14万元借款，靠代销人家的汽水、棒冰及文具纸张赚一分一厘钱起家，开始了创业历程。他曾经戴着草帽、蹬着平板车走街串巷，叫卖冰棒、文具，为了发煤炉子需要的“打火石”，和隔壁同在教育局下面的兄弟单位吵得不可开交……

十多年后，娃哈哈成为中国最大的饮料企业。

资料来源：www.sohu.com/a/121050446_395125.

【学习与思考】

结合本案例，精心聆听歌曲《真心英雄》，谈谈你曾经是怎样克服学习、生活中最大的困难的。

（三）树立较高的职业道德水准

营销人员在市场上奔波，时时刻刻都要记得，虽然天天在销售同一种产品，但是自己手上却有两个品牌：左手上是所要销售的产品或服务的品牌，右手上是自己的品牌。这两个品牌的成功推销是营销人员获得长期业绩增长的关键。很多人会为了达成生意而轻诺寡信或者背信弃义，虽然在一些场合拿到了订单，却终将永远地失去客户。

公司和顾客都是自己的衣食父母，因此营销人员要懂得感恩。每个公司都会存在一些问题，营销人员所能做的和所要做的是跟公司的领导和同事负责任地讨论存在的问题，找到积极的解决途径，而不是在别人面前诋毁和攻击所在的公司，别人看低了你的公司，你也同样会贬值。

商场如战场，营销人员制定策略可以遵循兵不厌诈的原则，但是很多职业道德的禁区不可轻易踏入，遵守共同的游戏规则是市场有序竞争的必然要求。

（四）让自己拥有持续的学习能力

未来最糟糕的人不是没有文化或者没有能力的人，而是不懂得持续学习的人。学习能力是人的实践、沟通、表达、领导等能力之外最重要的能力。

营销人员不可停止自己学习的步伐，学习会带来惊人的前进动力。现代社会学习的途径越来越多，电视、报纸、网络、沙龙、俱乐部、邮件，甚至手机都是获取更多信息、知识、经验和观点的有效途径。

（五）策划并且增强你的影响力

营销人员要具有良好的沟通和协调能力，除此还必须具备影响别人思想和行为的能力。不论是客户还是上下级同事，要得到他们的理解、支持，就要主动、彻底、积极、认真地去实施你制订的整个计划，直至最后成功。

营销人员在很多时候要在客户面前表现出专家的形象来，否则客户不会重视其建议，也就无法对客户的购买行为产生影响。所以，在营销人员对产品或服务有很大把握时，最初的虚心学习的态度要转变成足够的自信——“我是专家，听我的，肯定没错!”

营销人员必须为了影响顾客、达到目标而制定详细、可行的行动方案。此时必须考虑各方面的因素和所要面对的困难，并把后期可能会出现的最恶劣的局面预先估计到，让客户了解最坏的结果是什么，要准备充分的解决困难的对策，顾客才会心甘情愿受其影响。所以，只有大量占有信息，并且对以后发生的每一件事情的可能性做出充分、合理地估计，营销人员的影响力才会发挥作用。通用电气公司（GE）的前总裁杰克·韦尔奇在开管理层会议时，几乎可以叫出近千名经理的名字，这需要超强的记忆力，而这对于韦尔奇在通用电气公司发挥自己的影响力无疑产生了极大的帮助。

任务二　营销人员工作心理

营销人员的心理素质在工作中如何转化并表现出来，是决定一切营销工作能否顺利开展的重要基础。

一、营销人员工作心理的研究范围

（一）营销人员工作心理的含义

营销人员工作心理是指营销人员在工作过程中的心理感受或心理反应。

营销人员在工作过程中，有些工作内容是需要大家通力合作的，有些工作内容是需要自己独立完成的，在不同的情况下，营销人员的心理感受与反应也是有所区别的。例如，营销人员会因为独立成功地完成一个项目而感到喜悦并具有成就感，也会因在工作过程中得到相关人员或部门的通力配合，而感到工作氛围的和谐；但有的时候，营销人员会因为孤立无助而感到灰心丧气，也会因工作压力过大而感到难以承受，甚至因团队的内耗而感到难以专心开展工作。

（二）营销人员工作心理的研究范围

1. 工作内容对营销人员工作心理的影响

首先，工作内容的难易程度、复杂程度会影响营销人员的工作心理。过难的工作内容可能导致营销人员丧失信心；过易的工作内容缺乏挑战性，容易使营销人员感到厌倦。

其次，工作内容所体现出来的意义影响着营销人员的兴趣与热情。例如，每一位营销人员都希望能够在工作中充分发挥自己的能力，不断深入地挖掘自己的潜力，因而具有创新性、挑战性和发展性的工作内容就更容易激发营销人员的工作热情。

2. 工作职能对营销人员工作心理的影响

首先，工作责任的大小影响着营销人员的心理。责任大，心理压力就大。例如，面对压力，有些营销人员表现出良好的抗压能力，而有些营销人员可能会变得谨小慎微，畏手畏尾。

其次，组织所赋予的权力的大小，影响着营销人员的能力的发挥、创造性的培养。如果营销人员在一个重大项目中被委以重任，可以行使很高的权力，那么他的积极性就可能被充分地调动起来，充分地施展才干，甚至产生很多富于创造性的灵感。

3. 工作关系对营销人员工作心理的影响

营销人员在工作过程中要经历各种各样的关系，包括上下级、工作群体以及客户等关系，对各种关系的处理是否协调会造成营销人员不同的心理反应。例如，某营销人员费尽周折谈成了一笔大买卖，而生产部门或储运部门却在产品规格、质量、送达方式、时间等方面出现严重的疏漏，从而使这位营销人员前功尽弃、愤愤不平。

4. 工作绩效对营销人员工作心理的影响

首先，绩效的考核方法应该从定量与定性两个角度同时进行衡量。定量考核营销人员的工作更具有科学性与准确性。例如，每个营销人员完成的订单用资金总额来衡量会更直接，但可能并不全面——开发新市场所获的订单往往少于维护老市场的，开发新市场对企业的重要性不言而喻。这时，定性的考核方法会使考核过程更具有人性化。

其次，对绩效考核结果的评价，应本着公平、公开、公正、透明的原则，使营销人员心悦诚服。

二、营销人员个体工作心理

（一）对营销人员个体工作心理认知的含义

对营销人员个体工作心理认知，是指管理者在管理过程中，对作为被管理者的营销人员的感知、判断、推测和解释等社会心理活动。了解和认识营销人员的工作心理特征与状态，是管理者对营销人员的心理施加影响、对营销人员实施有效管理的前提。

案例 12－5

公司安排一位业绩突出的营销人员承担某一个较大区域的营销任务，但这位营销人员认为安排他一个人负责较大区域的工作任务过于繁重，从而情绪低落，对工作颇有微词，跟其他人诉苦。领导发现后，首先判断他究竟是因为能力有限难以开展工作而发愁，还是借此向公司讨价还价要求提高薪酬待遇。领导通过各种途径了解到工作任务确实过于繁重，而这位营销人员的能力毋庸置疑。领导决定找这位营销人员谈心，并根据他的建议进行适当的安排与调整。领导的这种关怀行为得到了营销人员心理上的认可，形成一种激励，成为营销人员努力迎接挑战的动力。最终，营销任务圆满完成。

【学习与思考】

公司领导是怎样一步步对该营销人员进行工作心理认知并实施有效管理的?

（二）影响营销人员个体行为的因素

1. 外部环境因素

（1）宏、微观环境。例如，国家政策、制度法规、行业发展情况、公司或集团目前的状况、公司或集团发展前景、产品的更新换代等。

（2）工作任务。例如，任务的难易程度、复杂程度、完成情况等。

（3）其他要素。例如，领导、同事、合作伙伴、竞争对手、消费者、家人、朋友等的影响。

案例 12－6

韩国某大型公司的一位清洁工，在他人眼中是一个最容易被人忽视和看不起的角色，他却在一天晚上公司保险箱被窃时，与盗贼进行了殊死搏斗。事后，有人为他请功并询问他的动机时，答案却出乎意料。他说，当公司的总经理从他身边经过时，总会不时地赞美他“你扫的地真干净”。就这么一句简简单单的话，感动了这位员工，并不惜以生命为代价捍卫公司的利益。

【学习与思考】

请从个体工作心理的角度，分析这名清洁工为什么会有这样的举动。

2. 个体心理因素

（1）需求。需求是引发人的行为活动的重要诱因。不同的营销人员具有不同的个体需求，在不同的需求驱动下表现出不同的行动。例如，某些营销人员的需求是提高收入，某些营销人员的需求是获得社会的认可，等等。对于前一种营销人员，他更渴望多接一些业务订单来提高自己的收入；对于后一种营销人员，他更渴望通过工作结识更多的人，并在交往的过程中得到对方的认可。

（2）兴趣。兴趣是影响人的行为活动的推动因素，如果某个项目令营销人员感兴趣，那么他自身可能愿意付出十二分的努力去做；反之，他可能只会愿意付出八分的努力去做。

（3）个体能力。个体能力影响着行为活动的效果。同样的项目，有的营销人员因为能力出众而满怀信心，有的营销人员因为能力不足而不知所措。

（4）努力程度。努力程度是影响行为活动的辅助因素，是弥补以上各种因素所带来的负面影响的一剂良药。无论是需求方向偏差还是缺少兴趣，无论是能力欠缺还是性格不适都可以通过不断努力去改变。

（三）通过个体行为对营销人员心理进行认知

1. 语言

古人云：言为心声。这说明语言是人们心理活动最直接的反映。例如，心理素质较好的营销人员语调平稳，语言流畅、简洁，表达清晰，对于客户的提问能够准确地把握住回答的要点，让人听起来十分信服。作为管理者既要弄清其语言背后的真实意图，又要通过其讲话的方式等因素，探寻其所反映出来的营销人员的能力、气质和性格等个性特点。

2. 表情

面部表情也可以直观、显著地反映一个人的心理活动。例如，营销人员在接待客户的过程中，如果面部表情太丰富会让人感到其不够成熟稳重、不值得信任。管理者必须善于通过表情来观察营销人员的心理活动。

3. 肢体语言

肢体语言可以用举手投足来形象地描述。例如，双腿交叉意味着一个人在精神、情感和身体上自我封闭，这意味着他们可能不愿在谈判中让步，如图 12－3 所示；不停地摸脸或搓手，则意味着可能有些紧张、不舒服。从显著的手势到细微的动作，都应成为管理者观察营销人员心理的重要线索。

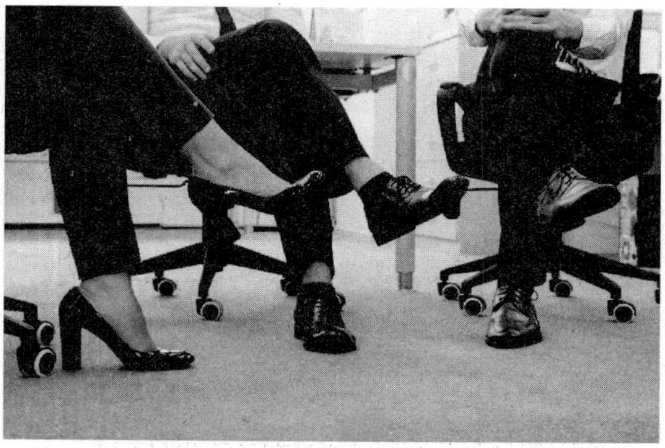

图 12－3 谈判中双腿交叉

4. 衣着外表

一个人的心理特点或多或少地能够从其衣着外表体现出来。例如，个性沉稳的人偏爱庄重的颜色、简单的职业装；个性活泼的人偏爱中性的颜色和舒适的休闲装。管理者应善于从营销人员的衣着外表观察、推测其内心活动和心理特征。

三、营销人员群体工作心理

(一) 营销群体类型与功能

营销群体是指企业或组织内部有共同目标相系，相互交往并形成心理依附的一群营销人员。例如，企业的营销部门、某商场的营业组、经常相互交往的几位志趣相投的营销人员等，都属于营销群体。

1. 营销群体的基本类型

(1) 正式群体，即为实现企业目标而依工作需要建立起来的正式工作部门或单位，例如，某商场的营业组、某工业企业的销售科等。

(2) 非正式群体，即基于某种共同利益或志趣，依感情需要而在工作和生活中所形成的群体，例如，在某公司营销部内的几名年轻营销员，因志趣相投而常在一起交流，这在事实上就形成了非正式的群体。

2. 营销群体对组织的功能

营销群体的功能首先体现在对组织的功能上。(1) 推动工作目标实现的功能。企业或营销组织为实现其营销目标，必须建立相应的部门或小的工作群体，由这些群体通过工作行为实现组织的目标。(2) 维系组织的功能。通过和谐的群体，包括非正式群体，满足成员间的情感需要，增强组织的凝聚力和向心力，从而使整个组织更加团结，步调一致。

3. 营销群体对个人的心理功能

营销群体除对组织具有重要作用外，对组织中的个人也具有重要的心理功能。(1) 增强成员的群体归属感。著名的企业家山姆托伊说，若能使员工皆有归属之心，这种精神力量将胜于一切。只有靠整体作业人员的全部向心力，以企业的盛衰为己任，才能使企业臻于成功之境。(2) 增强群体认同感。即群体的成员在认知和评价上保持一致的情感。(3) 群体促进与干扰作用。当营销人员置身于一个群体后，在群体成员的相互影响下，会对每个成员产生社会助长作用，并使其具有社会标准化倾向、社会顾虑和社会从众行为。

(二) 营销人员群体工作心理表现

营销群体在工作过程中的心理表现有正反两个典型的方面，即心理和谐与心理冲突。

1. 心理和谐

心理和谐，是指营销群体成员之间在认识、情感、态度、行为等方面趋于一致，形成和谐一致的群体心理。其影响因素主要有：群体目标、群体规范、群体压力、群体凝聚力和群体士气等。

(1) 树立正确合理的群体目标。在群体中共同的目标是群体团结的重要前提。俗话说："心往一处想，劲往一处使。"

(2) 围绕目标实施有效规范与管理。所谓："没有规矩，不成方圆。"无论是什么人，心理上都有潜在的惰性，所以，在群体中规范与管理是必须存在的，规范是一种约束，管理形成压力。

(3) 培养群体成员的归属感。一般人在压力与约束面前或多或少地会感到不舒服，但是强烈的归属感可以淡化压力带来的负面效应，而且可以促进群体的团结。例如，某个营销人员在遇到困难的时候感到非常郁闷，如果他信任所处的群体，对群体有着明确的归属感，那么他就愿意跟群体里的人进行交流，接收来自群体的安慰，排解郁闷的情绪。

(4) 提高群体的凝聚力。营销群体的凝聚力就是在群体成员的精神上和行动上得以体现的一种营销群体成员之间的友好、信任、团结与合作。提高群体的凝聚力，要做到以下几点：

1) 群体中的领导者要起到核心作用。作为营销群体的领导人，要不断强化自身素质，提高个人魅力，特别是他的精神力量是不可低估的。

2) 在整个营销群体中营造和谐、亲切、团结、进步的工作氛围。如果在一个剑拔弩张的工作环境里，相信没有人会将自己全部的精力和热情投入工作当中去。可以通过建立有效的沟通渠道，增进群体成员之间的交流，使群体更加协调。

3) 对个体实行灵活有效的思想教育。可以通过榜样教育振奋群体成员的精神，使榜样成为推动群体成员前进的动力；也可以通过娱乐休整来缓解群体成员的紧张情绪，使成员开阔心胸，追求更高的精神境界。

4) 要有适当的危机感。当压力来自外界的时候，就会使营销人员产生危机感，这种危机感在一定程度上会促进群体成员的团结。

2. 心理冲突

心理冲突，是指在营销群体内部存在两种互不相容或相互排斥的对立状态，造成失误、矛盾的群体心理。其影响因素主要有：个体差异、利害冲突、工作矛盾等。

在一个营销群体里面，每个营销人员都有自己的想法，并且，营销工作的特点使得每个营销人员都要具备良好的素质（包括充分的自信、良好的分析推理能力、良好的判断决策能力，等等），而这种素质的具备就使得每个人的心底都有一种潜在的优越感。这种优越感无论大小都会让营销人员去坚持自己的想法而排斥他人的想法，无论这种坚持是隐性的还是显性的。当这种坚持被不受约束地放大的时候，就会在群体中产生冲突。

(1) 心理冲突的类型。

1) 具有积极意义的心理冲突。这种心理冲突有利于群体观念的更新，有利于决策方案的多重优化，有利于激发成员间的竞争心理，有利于发挥成员的创造性。例如，为了开拓一个新的市场，营销人员见解不同，引发激烈的争论。这有利于拓宽视野，寻找开发市场的多种可能途径，从而使决策更为科学。

2) 具有消极意义的心理冲突。这种心理冲突使群体中不断出现互相拆台的局面，无论对方的方案好坏，都想方设法地去否定，很难产生新的好的观点，整个群体充满剑拔弩张的紧张气氛，成员心理高度紧张，工作目标偏离原有的方向，使组织不能形成统一的意志和行动。

(2) 心理冲突的对象与原因。

1) 营销人员个体心理冲突。由主客观原因（如个人的困难、群体的压力等）造成营销人员个体心理冲突的一般只会对营销人员个体造成影响。

案例 12-7

小王最近在家庭生活上遇到一些困难，而这个时候，部门领导恰恰给他一项非常重要的业务，最终结果将影响到他未来的升职。对这个任务是接受还是委婉拒绝？接受的话，恐怕完成不好影响以后发展；不接受的话，怕部门其他员工认为自己能力不行。于是，小王的内心产生了很大的矛盾冲突。

【学习与思考】

如果你是小王，该如何处理这种个体心理冲突？

2）营销人员个体与营销群体之间的冲突。个体与群体的冲突可能是由个人原因导致的，也可能是由群体原因导致的。例如，当群体对某个员工存在不满的时候，就会通过提高标准或降低待遇等手段，驱使这个不受欢迎的个体离开；或者，当个体对群体存在不满的时候，个体会表现出消极怠工而影响整个群体的绩效，也会产生冲突。

案例 12-8

小张最近准备跳槽到一家新组建的 IT 公司去担任营销部门经理，但是由于他在原公司的工作业绩很好，所以原公司的领导有意挽留，迟迟不给小张的个人档案，小张急于取出档案，又不好与单位领导闹僵，就以各种借口请假，或者迟到，或者不去上班。由于影响了公司一笔业务的进度，给公司造成了很大的经济损失。最后，通过协商，小张赔偿了部分损失以后，离开了公司，双方不欢而散。

【学习与思考】

请从个体和群体两个方面，分析该如何避免这种“双输”局面的产生。

3）营销群体成员之间的冲突。这种冲突在群体中比较常见，每个人都有自己要坚持的观点和自己所关心的利益，这些因素都会造成成员之间的冲突。这种冲突造成群体能量的内耗，不但对群体自身的损害很大，也让外人有可乘之机，加速群体的瓦解。

案例 12-9

最近，总部将一个很大的项目交给实力较强的营业一部来做，营业一部三名优秀的营销人员小李、小赵、小刘都想争取，三个人由开始的公开积极地竞争，逐渐变成暗中互相诋毁、互相攻击，直到局面难以收场。最后，总部决定将项目交给实力不如营业一部的营业二部来做。营业二部虽然没有出类拔萃的员工，但是大家精诚合作，最后也算比较圆满地完成了任务。

【学习与思考】

如果你是总部领导，该如何处理这种营销群体成员之间的冲突？

4）营销群体之间的冲突。上述三种冲突都属于内部冲突，而这种冲突属于外部冲突。群体之间的冲突，突出表现为群体之间的竞争。这种群体之间的竞争有利于群体内部加强团结，一致对外，工作更有效率，但也可能引起一些负面影响，如互相之间产生偏见，甚至出现对立情结，直至相互挑战与攻击。

（3）心理冲突的处理。

1）分清冲突的性质，区别对待。处理营销群体冲突，首先应进行冷静的分析，区分是建设性冲突还是破坏性冲突，然后采取不同的方法进行科学、适当的处理，以发挥冲突的积极作用，限制冲突的消极作用。例如，当不同营销群体之间由于奖金发放不当而产生矛盾时，对于这种具有破坏性的冲突，就应千方百计地去化解，如改进分配方法，做好相应的思想工作；如果是由于营销业绩上的差别而使得奖金差别大，使得营销群体之间产生竞争压力，那么，应将这种积极作用的心理冲突强化，以推进更有效的竞争，在销售业绩上创设“比学赶帮”的竞争局面。

2）依冲突强度，采取不同的策略。当冲突强度过大时，管理者应运用多种手段增强各群体成员之间的相互依赖感，强调群体间团结合作的重要性；强调各群体之间利益的一致性，尽可能使其成为利益统一体；加强统一领导，实行有效协调；建立利益一致的组织体系与分配机制。当冲突强度过小时，管理者应划小责任单位，强调各个营销部门作为责任中心的权限；强调群体与群体之间的利益差别，拉开奖酬档次；利用各种有效手段，鼓励各营销群体之间的竞争；强调各责任中心的独立性，扩大其自主权。

3）破坏性心理冲突的处置方法。对于一些破坏性心理冲突或有消极作用的心理冲突，可以采取一些有效方法来加以化解：一是协商法，即冲突双方通过有效沟通进行协商，各自做出妥协，化解冲突；二是回避法，即对一些不适宜大刀阔斧解决的冲突，通过适当方式进行回避，减缓冲突带来的破坏作用；三是仲裁法，即由高层领导或专门机构出面进行仲裁，以求冲突的解决；四是调节法，即由第三者出面为冲突双方进行调节，从而化解矛盾。

四、营销人员心理激励

（一）激励的心理过程

心理学家一般认为，人的一切行动都是由某种动机引发的，动机反映了人的一种精神状态，它对人的行动起到激发、推动、加强的作用，并能够进一步地挖掘人的潜力，使其向着既定的目标前进，由此形成激励。

激励心理过程的起点是人的没有满足的需要。因为需要没有得到满足，所以就产生了对需要的期望，在这个时候进行激励，使人的心理产生紧张的情绪，然后转为激奋的心情，将这种心情变为行动，最终达到既定的目标。

（二）激励的方式与手段

1. *正激励*

正激励就是对符合组织要求的行为进行肯定与奖励，使这种行为得到进一步的加强，从而更利于组织目标的实现。对营销人员的正激励可以从以下几个方面展开：发放奖金、奖品；给予表扬，树立榜样；提高待遇；提高目标期望；给予关心、照顾与尊重；赋予更高的权力；转换岗位。

2. *负激励*

对违背组织目标和要求的行为进行惩罚，削弱这种行为直到消失，保证组织目标不受到干扰而顺利实现。对营销人员的负激励可采用以下几种方式：罚款；降低待遇；转换岗位；降低目标期望。

此外，开展竞争也是一种有效的激励方式。

五、营销人员问题行为

（一）问题行为的含义

问题行为就是指员工在工作过程中的消极表现。例如，一位营销人员在营销过程中，客户提出了不合理的价格折扣，营销人员感觉非常气愤，在双方讨价还价的过程中，引发了恶性争吵，这名营销人员没有做到理性地控制局势，反而任局势恶化，结果不但没有使营销成功，还为公司和个人带来了负面影响，这就是一种问题行为。

（二）问题行为的产生

1. 营销人员个人的需要没有得到满足

人的一切行为都是为满足需要，而满足需要，可以采取合理的、正当的方式，也可能采取不合理、不正当的方式，而后者，则会产生问题行为。例如，有些营销人员违反公司规定，向客户索要回扣，在要求没有得到满足的情况下，开始消极地对待这份订单，任其流失。

2. 由于遭遇挫折而自暴自弃

有些营销人员在遭到拒绝或批评以后，产生愤怒不满的情绪，开始自暴自弃、消极怠工。例如，由于顾客反复多次挑选商品，最后却不购买，营销人员可能将商品甩到柜台上或对顾客出言不逊。在这种情况下，营销人员就要善于自我调节，多想一些好的方面，以便重新找到自信。

3. 由于受到不公平待遇而失去信心

这种情况往往是由外界环境造成的。不公平的待遇对营销人员的心理造成的伤害很大，会导致营销人员面对工作采取回避或彻底放弃的态度。

（三）问题行为的类型

1. 攻击行为

营销人员对外采取具有攻击性、破坏性的行为，例如违反法律法规、不讲职业道德、侵害客户权益等。

2. 退缩行为

营销人员对内采取冷漠回避的态度，例如消极怠工，与同事、组织疏远等。

（四）问题行为的预防与矫正

管理者对营销人员的多种问题行为应高度重视，采取积极、主动的态度，运用有效的方法与手段去加以预防与矫正。

1. 注意观察，防患于未然

管理者必须对营销人员可能发生的问题行为有较强的防范意识，格外注意对问题行为的预防。当发现有产生问题行为的苗头时，要及时找出问题产生的原因，以便有效地加以控制。

2. 关心爱护，正面引导

无论是对问题行为的预防，还是对问题行为的矫正，都要坚持肯定人和事的积极的一面，对这样的员工关心爱护，充分加以理解，尊重他们的人格与意愿，在此基础上，加强正面宣传教育和深入细致的思想工作，进行积极的引导。

案例 12－10

请来点掌声

王先生是一个不苟言笑的人，平常很吝啬给人赞美和掌声。有一天在家吃饭时，他发现烤鸭只有一条腿，于是问太太："为什么这只鸭子只有一条腿?"太太说："有什么好奇怪的，我们家的鸭子都只有一条腿呀。""我不信，所有鸭子都有两条腿，为什么只有我们家的鸭子比较特别?""不信，你不会自己到池塘去看呀。"于是王先生跑到池塘去看他家的鸭子。由于鸭子正好在睡午觉，因此都缩着一条腿，只用一条腿站立（如图12－4所示）。因此，看过去好像所有的鸭子都只有一条腿。王先生灵机一动，朝鸭子栖息的方向用力鼓掌。鼓掌的声音把鸭子都惊醒了，纷纷把缩着的那条腿放了下来。

图 12－4 睡觉的鸭子

"你看吧，它们不是又恢复两条腿了吗?"王先生得意地说。"就是啊，如果你想吃有两条腿的烤鸭，也请来点掌声吧。"太太回答。

【学习与思考】

本案例中的太太说："如果你想吃有两条腿的烤鸭，也请来点掌声吧。"这话带给我们什么样的启示?

3. 适当宣泄，因势利导

当员工由于挫折或其他原因而产生了强烈不满或愤怒时，可以选择适当的方式让其宣泄，使其心理恢复平衡，并在此基础上进行耐心解释、说明和疏导。例如，在日本的一些企业中，设置了专门供员工宣泄不满情绪的房间。当员工对企业或领导者不满时，可到此室进行发泄。有的甚至将企业领导者头像的图片印在抱枕上，供有情绪和发怒的员工拳击，以及时宣泄不满与愤怒。

4. 运用奖惩，有效强化

管理者一方面要对积极、先进的行为予以表彰、奖励，树立榜样，对员工正面引导，实现对积极行为的正强化，预防问题行为的发生；另一方面，要适当运用惩罚手段，对问题行为进行惩处，加以制裁，从而对问题行为进行负强化，加以抑制或矫正。这些都是对营销人员的行为进行预防与矫正的重要手段。

任务三　营销人员心理与顾客影响

一、影响营销人员与顾客关系的因素

营销人员在营销业务活动过程中，会与顾客进行大量交往。这种交往本质上是营销人员与顾客互动，相互作用、影响的交互心理过程。一方面，营销人员有目的地运用多种营销手段，影响、作用于顾客的心理，激发购买动机，促进购买行动；另一方面，顾客在购买过程或与营销人员的各种交往过程中，又将自觉或不自觉地影响营销人员的心理。

无论是营销人员对顾客，还是顾客对营销人员，他们相互吸引的程度，即彼此关系的密切程度，受到以下一些因素的影响。

（一）邻近性

即双方在空间上的距离影响顾客关系。例如，一位营业员在柜台前，靠近一位顾客并小声介绍某种产品的特殊之处。这位顾客感到这是营业员对自己的一种特殊关照，双方的心理距离被拉近了。

（二）交往频率

双方业务联系较多，有更多的交往机会，有助于建立密切的关系。例如，一位经常来光顾某柜台的老顾客，在购买活动中同营业员建立了较密切的关系；另一位常去某厂推销商品的营销员，在工作中同厂方有关人员建立了较好的关系。

（三）相似性

即双方有许多相同或相似之处时，容易形成密切的关系。这些相同或相似之处包括相同的经历、学历、民族、信仰、居住地、就读学校、个性风格等。所以，当推销人员能找到同客户的相同或类似之处时，就很容易缩短与客户的心理距离。例如，一位当过兵的推销员，到某公司登门推销。在同该公司业务主管洽谈时，竟意外地发现这位主管也当过兵，双方就有一种特殊的亲密感，尽管服役地点一个在祖国最北的漠河，另一个在最南的海南岛。

（四）互补性

在有的情况下，人们可能更愿意同与自己有着不同属性和特征的人保持密切的关系，以获得一种互补效应。例如，某公司有一位支配欲很强的采购经理，一位营销员对这位经理的性格非常了解，在与这位经理相处时，处处表现得很随和，在一些小的问题上尽可能地服从这位经理的意愿。这位经理获得了充分的受尊重感和支配欲的满足感，由此，双方建立了和谐融洽的长期合作关系。

（五）外在特征

营销人员或顾客的外在特征，如长相、服饰、装饰、举止等是影响双方关系和心理印象的重要因素。例如，一位穿着得体、保守的推销员很容易获得客户的好感和信任。

（六）品格与才智

在影响营销人员与顾客交往的要素中，最核心的要素是一方对另一方内在品质和才能智慧的评价。例如，一位说话文明、修养良好的顾客光顾柜台，无论其是否购买商品，一般都会受到营业员尊敬，营业员自身也会有好的心理感受；某家公司的一位高素质的、才华出众的推销员，他登门拜访客户时，经常赢得客户的好感，并会建立较密切的业务关系，甚至是亲密的个人关系。

二、营销人员与顾客交往中的社会心理需要

营销人员是为把商品推销给顾客而同顾客打交道的，但这一基本业务过程，不可避免地要伴随着营销人员与顾客之间的人际交往过程。营销人员在保证实现组织的基本业务目标的基础上，在与顾客的交在中，总是存在一些社会心理需要，并希望通过成功的交际来实现这些需要。

营销人员与顾客交往中的社会心理需要主要包括以下几点。

(一) 友好交往的需要

在现代营销中，企业要求营销人员视顾客为“上帝”，热情、礼貌地对待顾客。但同时，营销人员也希望自己的友好与礼貌能获得顾客的回报，希望在与顾客的交往中能友好相处、心情愉悦。例如，一家公司的营销人员来到一个工厂，同他打交道的是一位有学历、修养高的部门主管，这位主管的礼貌、文明行为给营销人员留下很好的印象，营销人员心情舒畅，并获得一种尊重感。

(二) 实现合作的需要

任何交易的过程，在本质上都是一个合作的过程。营销人员当然期望与顾客谈成交易，实现合作。只要双方真诚合作，即使没有交易成功，也可以是合作愉快的，“买卖不成仁义在”。例如，顾客对于营销人员的商品推介有礼貌地倾听，对于营销人员关于商品使用情况的调查或意见征询认真答复，对于营销人员的推销服务表示感谢等，都可以满足营销人员希望得到合作或配合的需要。

(三) 获得尊重的需要

“顾客就是上帝”这是一种商业宗旨，是表达营销人员对顾客的尊重，是高质量服务的信条。但这绝不意味着营销人员与顾客之间在人格、地位上的不平等。营销人员在愿意为顾客提供热情、周到服务的同时，也非常希望得到顾客的尊重，包括对营销人员劳动的尊重，对其所表达出的热情友好之情的尊重，对营销人员人格的尊重等，如图 12－5 所示。例如，一位营业员不厌其烦地反复为一位顾客拿递并介绍商品，而顾客最后却没有购买，但在临走时真诚地感谢这位营业员的热情服务。虽然买卖没成，却使这位营业员有一种自己的劳动受到尊重的感觉。反之，如果顾客临走时不屑一顾，可能使营业员大为不快。

图 12－5　尊重的需要

(四) 自我表现的需要

营销人员的工作都是同人打交道的工作，人们在交往过程中，特别是作为主动交往一方的营销人员，总希望在这种交往的过程中表现自己的聪明才智，实现自己的人生价值。如果管理者引导得当，创造必要的条件，顾客又配合，营销人员可以利用营销的过程，精心运筹、刻意表达、热情服务、展示技巧，令顾客信服，取得社会认可。

(五) 求得理解的需要

营销工作是一种难度大、辛苦程度高的工作。营销人员非常期望获得别人的理解，特别是他们的服务对象——顾客的理解。营销工作，既是营销从业者谋生的行为，又是必需的社会劳动。社会公众，特别是顾客应充分理解营销工作的价值，理解营销人员的艰辛。当顾客对营销人员的辛勤工作不理解时，不但不利于双方的沟通，而且极容易引起营销人员的反感。

三、顾客对营销人员的心理影响

营销人员频繁地同顾客打交道，顾客的言行将对营销人员的心理产生重要影响。按照顾客个性的特点将其分类，不同类型的顾客在同一件事情上对营销人员心理造成的影响也不同，如表 12－1 所示。

表 12－1　不同类型的顾客对营销人员的心理影响

顾客类型	特点	语言	提出要求	对营销人员的心理影响	营销人员心理对策
自我防卫型	担心受骗、激进	生硬，好争斗	保守、明确	会令人感到紧张，易产生争论、易冲突	以退为进
不诚实型	不动声色或假装热情	委婉、友好、飘忽不定	不明确、含混不清、假装无知	会令人感到模糊，力不从心，甚至恼怒	以柔克刚
刨根问底型	钻牛角尖、喜爱聊天	喋喋不休、辩论	明确	会令人感到进退两难、心烦、疲倦	适当沉默，多肯定对方的观点，变成听众。机敏、灵活、知识丰富、耐心
充满敌意型	尖酸刻薄、不近人情	挖苦、讽刺、奚落	刁钻	会令人感到尴尬、难过	理直气壮、毫不畏惧、沉着、坦诚
精明严肃型	精明、文化程度高、冷静	简短、不容置疑	非常明确	会令人感到有压力、备受考验、自我怀疑、信心不足	产生共鸣，或使其服气、沉着、机智、真诚、热心，知识丰富

（一）自我防卫型顾客

这种类型的顾客自我保护意识极强，总是担心受到营销人员的欺骗，对营销人员抱有明显的怀疑态度，在与营销人员交流的过程中语言比较生硬，问题提得比较明确甚至苛刻，但是在回答营销人员问题的时候，会表现得非常保守，对营销人员的回答表现得非常挑剔，一旦营销人员的回答出现一丝犹豫，都可能引发其敏感的反应而使其放弃交易或延期交易。营销人员在与这种类型的顾客进行交流的时候总会感到精神很紧张，并且对于这类顾客敏感细致的提问要保持高度的忍耐，一旦营销人员的情绪失控，便很容易引起争论甚至冲突。

例如，某商场节假日搞促销活动，大部分商品购满 300 元便送价值 150 元的购物券，个别商品除外。这种类型的顾客最典型的表现就是，总是喜欢重复提问，如“你刚才不是说过它打 7.5 折吗？怎么又变成满 300 送 150 了？”，于是营销人员还要不厌其烦地解释：“如果参加商场的促销活动就是按原价购买满 300 送 150，附送小礼品，如果不参加促销活动，就直接打 7.5 折，但是没有礼品。”即使营销人员告诉他参加活动更合适，他也要自己亲自算一遍，然后还仔细询问所购商品到底是正价新品，还是过时的折扣品。

对于这种顾客，营销人员可以采取以退为进的方式。这种顾客层层逼近的提问、谨小慎微的讨价还价无非就是想以更合理的价格买到他中意的商品，比起营销人员，这种顾客更关注的是商品本身，在这个前提下，营销人员越是耐心细致地解释，在这种顾客眼中越是容易出现更多的漏洞，不如以退为进、以守为攻，对自己的商品表现出自信，暗示顾客：不买是会后悔的。你不买，还有很多人会买，这么好的商品是不愁卖的。然后淡然处之，总之，营销人员提供的信息越少，反而越容易减少这种顾客的怀疑，有助于促成交易。

（二）不诚实型顾客

这种类型的顾客一般有两种典型的表现：

一种就是明明有购买意向，但还是表现出淡漠的样子，或者沉默不语或者言语飘忽不定，明明对商品了解得非常透彻，还要假装无知，通过表现出无购买意向而压低价格。遇到这种类型的顾客，营销人员要具备敏锐的洞察力，一旦识破顾客的伪装，营销人员的接续工作就会变得非常轻松，只要一口咬定不降价，就很容易增强顾客购买的决心，促成交易。

例如，一家公司准备购进实验室成套设备，经过多次比较已经看好一家供应商，双方交谈了几次，买方仍表现出价格偏高无意购买，供应商代表于是将其列入潜力客户群，很巧的是，供应商营销代表恰好因工出差到国外两个月，这件事就搁置下来了，营销代表在国外期间只接到过一次电话，在价格上双方还是含糊其词地交流且没有任何进展，结果，等到营销代表回国的时候，竟然意外地接到了订单，回想起来，也并不意外，这家公司能把电话打到国外就已经表现出充分的购买诚意了，其余更多的只不过是双方心理上的较量，营销代表的疏忽竟然成了“沉得住气”的表现，赢得了客户的信任。

另一种顾客就是根本就不准备买，但是表面上还是非常热情地与营销人员进行交谈，谈产品、谈营销渠道、谈营销人员的工作业绩，甚至谈营销人员的求职经历，喋喋不休。在这种杂乱无章的交谈的背后其实另有目的，很可能就是想多交一个朋友。

遇到这类顾客，营销人员总会感到有点力不从心，甚至是恼火，“我明明在很积极主动地介绍产品，他却更关心我这个月的销售业绩，我想他可能是好心想帮我完成任务额吧，结果，他又从我的销售业绩，谈到了我的求职的辛苦，让我感到非常恼火，最后他还是没有买，只是说买的时候一定来找我，我感到受了欺骗”，这就是一个营销人员面对这种顾客的心声。

对于这种类型的顾客，营销人员可以采取以柔克刚的做法。当顾客转移话题的时候，营销人员可以柔声礼貌地提醒顾客“我的任务额没有完成”，然后，话锋急转，继续介绍这种产品的优点，或者直接提问：“您还想了解有关产品的哪些方面的情况？”在接下来的几番交谈中，只要跑题就马上把话题拉回到产品上去，这样，最后的结果是，即使这个顾客没有购买，他也了解了很多产品的信息，如果他周围的人有购买意向，他可能会起到推荐产品的作用，营销人员的营销工作也算没有失败。

（三）刨根问底型顾客

这种类型的顾客往往具有缜密的思维，遇到问题喜欢钻牛角尖，并且非常善于提问，问题也是非常明确精准，一个接一个、一环扣一环，他能从营销人员的回答中捕捉一些细微的漏洞，也能从营销人员层层深入的介绍中进行严密的逻辑推理，找出漏洞，然后加以反驳，甚至还会提出自己的观点加以补充，使得整个营销过程看起来更像是一场喋喋不休的辩论，直到把前因后果所有相关联的事情问明白。如果营销人员说自己的矛是最锋利的，盾是最坚固的，接下来的事情就可想而知了。所以，这种顾客对营销人员的要求极高，营销人员不仅要具备丰富的知识储备，还要足够机敏而耐心地去回答问题。

面对这种类型的顾客，营销人员第一种感觉就是疲倦，甚至有的时候会进入进退两难的境地，如果接着介绍，会感到疲倦心烦，但不接着介绍，麻烦可能更大。在这种情况下，营销人员可以采取适当沉默的方法，秉承沉默是金的原则，保持耐心，做好一不怕苦、二不怕累的准备，你问我就答；在给予简短明确的回答之间，你说我就听。这种类型的顾客之所以会刨根问底，就是因为他们希望与营销人员站在同一个高度上去看问题，而不希望自己在这场交易中处于被动无知的状况，他要的是平等的交流与探讨。在这种情况下，营销人员面对某些问题可以适当沉默，也可以反过来问“那您是怎样认为呢?”，这样就可以大大满足顾客的“专家”心理，同时对顾客夸夸其谈的陈述给予肯定和支持；要让他们知道，该介绍的我已经都介绍了，我们是在平等交流。当双方打成一片，达到共同评价产品的境地的时候，交易就可以完成了。

（四）充满敌意型顾客

这种类型的顾客的心理往往是脆弱的，自尊心极强，但是心理承受能力很差，所以才要通过尖酸刻薄的语言、不近人情的挖苦去贬低对方，衬托自己的高大形象，而他的问题往往是刁钻古怪的。由于他们的语言攻击性很强，所以常常会令营销人员感到非常尴尬甚至是难过。因而营销人员要持坦诚的态度、谦虚的心态赢得对方的信任，不能有任何畏缩，因为退缩只会让这种类型的顾客更进一步。营销人员可以采取示弱的方法，换取对方的同情，降低他的敌意，使双方更易于沟通。

（五）精明严肃型顾客

这种类型的顾客非常精明，具有较高的文化水平，心理素质也很好，他的问题不会很多，但是非常明确，他往往会在营销人员滔滔不绝的介绍中保持冷静与沉默，让营销人员在他面前看起来就像一个学生在汇报学习情况，往往令营销人员倍感压力。

对待这样的客户，营销人员除了要具备丰富的知识储备之外，还要善于察言观色，注意对方的心理变化，保持沉着冷静，轻松地与客户交谈，不妨聊一聊客户的喜好，与对方产生心灵上的共鸣，让对方感受到自己的诚意与自信，促成交易。

项目重点内容结构图

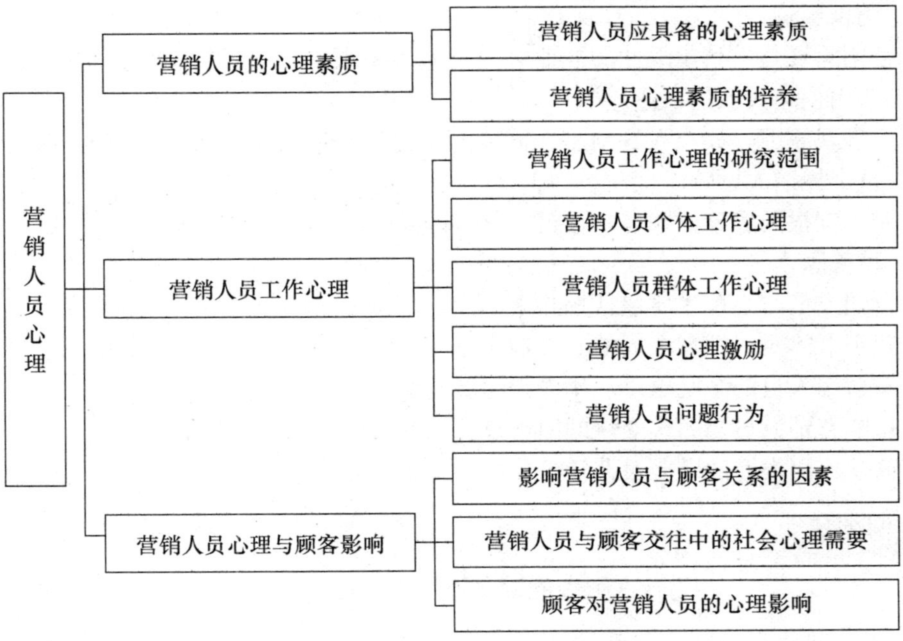

同步测试

一、选择题

1. 营销人员应该具备的心理素质包括（　　）。

A. 内在品质　　B. 知识储备

C. 能力表现　　D. 身体良好

2. 营销工作心理研究的范围包括（　　）。

A. 工作内容心理　　B. 工作职能心理

C. 工作关系心理　　D. 工作绩效心理

3. 下列哪些情况容易产生问题行为？（　　）

A. 某个营销人员认为自己没有得到应得的回扣

B. 某个营销人员遭到领导的严厉批评产生严重的不满情绪而消极怠工

C. 某个营销人员因受到误解而失去奖励的机会

D. 某个营销人员受到客户的建议性投诉

4. 激励心理过程的起点是（　　）。

A. 紧张的情绪　　B. 积极的心态

C. 没有满足的需要　　D. 群体矛盾

5. 营销人员与顾客交往中的社会心理需要包括（　　）。

A. 获得理解与尊重　　B. 自我表现

C. 实现合作　　D. 友好交往

二、判断题

1. 营销人员工作心理是指营销人员应具备的心理素质。（　　）

2. 在一个营销群体中，心理冲突的产生总会让人们感到不舒服，冲突一定会对营销工作产生消极影响。（　　）

3. 营销无疑是最具挑战性的职业之一，充满了艰辛，同时营销也是个让人最不容易突破自己从而快速成长的职业。（　　）

4. 主客观原因（如个人的困难、群体的压力等）造成营销人员个体心理冲突的只会对营销人员个体造成影响。（　　）

5. 对于刨根问底型的顾客，营销人员可以采取以柔克刚的做法。（　　）

三、简答题

1. 营销人员的心理素质包括哪几个方面？

2. 营销群体对组织和个人的心理功能是什么？

3. 对营销人员的激励可以从哪些方面展开？

4. 影响营销人员与顾客交往的因素是什么？

5. 简述不同类型的顾客对营销人员的心理影响。

综合案例分析

为什么很多能说会道的人不适合做销售？

做销售不就是需要能说会道吗？不一定，其实很多能说会道的人并不适合做销售。下面请看一个真实的故事：

我原来在东莞时，公司的业务部有两个新进的销售员，他们都是长相很帅的年轻小伙子，一个叫小丁，一个叫小林。小丁性格斯文憨厚，平时话不多，甚至有时和生人说话时脸上还带着一丝腼腆。而小林性格开朗，平时说话口若悬河、滔滔不绝，不管和生人熟人，说起话来头头是道，在公司里大家都觉得他口才了得，是个很会说话的人。

小丁刚进公司时，很多人包括公司领导都不看好他，都说他性格太斯文了，不适合做销售，如果他像小林那样会说就好了。可是到了年终，小丁的销售业绩在部门里却是第一名，而小林的业绩连他的一半也不如。结果公布出来，很多人都不服气，特别是小林，他认为小丁销售业绩好是因为选的销售区域好，才导致他的产品好卖。小丁说：那好，我和你换一下。于是小丁和小林调换了一下销售区域，两人卖的还是同一款产品，可令人感到奇怪的是：第二年年终，小丁的业绩仍然高出小林一半以上。

这是什么原因呢？公司领导和很多同事都百思不得其解。是因为小丁的人脉比小林好吗？两人都是从外地来这个都市打拼的年轻人，在这个城市都没有什么人脉，这个推测显然不成立。从理论上来说，能说会道的小林应该比腼腆斯文的小丁销售业绩好才对啊，可结果恰恰相反，能说会道的小林没有什么业绩，斯文憨厚的小丁业绩却很突出。

销售总监知道这件事后，亲自到他们二人的工作现场观察了一天，销售总监很快就看出了小林比小丁业绩差的原因：原来是小林太会说话了，太会说话才是导致他业绩不好的原因。

这就奇怪了，做销售不就是要能说会道的吗？会说话怎么会导致业绩不好呢？后来销售总监给出了答案：小林开朗大方，看上去好像能说会道，什么话题都可以滔滔不绝说上半天，其实他根本算不上会说话，他只是性格开朗话多而已，话多并不代表会说话，如图 12－6 所示。

图 12－6　口若悬河的话痨

在销售产品时，有的推销员话多，会给客户留下轻浮不踏实的印象，而且还有更重要的一点：在客户面前比客户还会说话，显得客户很无能。其实每个人心里都存在着一种个人优越感，客人买产品时，这种心理更甚，你太会说话，把客户说得哑口无言，显得比客户聪明，比客户口才好，导致客户在你面前失去了个人优越感，客户失去优越感，心里就不爽，客户心里不爽，就不会买你的产品了。这就是导致小林业绩差的原因。

销售总监接着说，虽然小丁看起来斯文憨厚，话也不多，但在客户眼里他显得踏实稳重。而且小丁在客户面前除了介绍产品外，自己说话很少，他引导着客户说话，把优越感让给客户，客户说什么时小丁都会适当地赞美一两句，客户在小丁面前高谈阔论的时候觉得自己很厉害，一开心就买了产品。

销售总监的分析让大家觉得很有道理。销售产品时，不是要让销售员多说话，而是要让客人多说话，可是很多销售员搞不清这个道理，以为自己滔滔不绝就能说服客户。小林后来按照销售总监的指点在客户面前减少了说话量，有时尽量让客户多说，适当的时候才引导一下话题，后来销售业绩果然好了很多。

资料来源：https://www.jianshu.com/p/13d7c220abcf.

【问题讨论】

请从营销人员应具备的心理素质的角度，谈谈营销人员应怎样与顾客交流。

项目实战

以小组为单位，参考日本经理学校的“难堪训练”，由组长负责组织本组同学，在一个陌生人很多的场所做一件从未做过的、令自己难堪的事，实现自我心理突破，并做详细记录（有条件的可采用录像的形式）。

1. 每个小组提交一份该项目的实施方案.

2. 整理能反映训练过程与实际效果的有关资料，并以小组为单位，谈谈在本次训练中的收获。

拓展阅读

鸡为什么要过马路?

多年前我带过一只销售队伍，队伍里有两个很有特点的员工，一位老销售，一位新销售。

先说老销售，此人40多岁，做了十几年销售，经验非常丰富，尤其善于分析客户的心理。部门里很多销售人员遇到难题都喜欢找他分析，他也会给出不错的建议，久而久之，大家都觉得他是高手。

再说新销售，是个20多岁的小伙子，销售年龄还不到两岁，经验不足，胆子不小，人很好学，遇到问题经常向那位老销售请教。

但是，老销售的业绩竟然不如新销售！这很没天理，让人百思不得其解，我也很佩服那位老销售，又勤奋、又有经验，怎么业绩就上不去?

一次偶然，我发现了其中的问题所在。

一天下午，老销售找我来汇报一个单子的进展情况，我们详细地讨论了整个项目，找出了项目中一些缺失的信息以及不确定的地方。针对这些问题，又做了进一步的分析和讨论。老销售根据自己的经验对问题做了详尽的分析，列举了各种可能的情况，并对客户中每个人想要什么做了合理的推测，并且给出了相应的对策。我没有觉得有什么不对劲，像往常一样，同意了他的下一步计划。

老销售刚出门，新销售就来了，也是讨论项目，又是一番项目回溯，找到了几个不清不楚的地方。不过新销售并没有像老销售一样按照经验做分析（这小子也没多少经验），而是抄起桌上的电话就给客户打了过去，了解清楚情况之后，我们一起研究了一下，很快制订出了推进计划。

看着小伙子走出办公室，我猛然意识到老销售的问题到底出在哪了……

“销售高手”这四个字总是令人向往，它代表着纵横商场、无坚不摧，无论什么项目都会手到擒来，无论什么样的对手都是立斩马下。没有拿不下的单子，没有攻不破的堡垒。

不过，这些演绎的故事你可千万别当真，其实都是想象，和现实没啥关系。

看穿客户的心思不是不可能，但是概率极低。

这在销售这门科学里是有研究结论支撑的。这就是销售中著名的“鸡过马路原理”。鸡为什么过马路？（不是脑筋急转弯）原因有很多，比如回家、到马路对面找吃的、找母鸡、散步、下蛋等，如果100个人猜，可能会猜出100个理由。每个人对的概率只有1%，错误的概率是99%。

换句话说，你猜不准！而正确答案只有一个：去问鸡。除非这只鸡告诉你，否则你几乎猜不准。即使猜准也是蒙的，和运气有关，和水平无关。

在销售中，“客户的心思”有个专门的名词叫“购买动机”。

动机是客户购买的动力或者叫“个人的原因”。比如买车，公开的原因是代步，个人的原因可能是炫耀。

总之，买同一样东西，客户的购买动机可能是各种各样、千变万化的，远比鸡过马路的动机要复杂得多。

一个没有经验的新销售，假设他猜对的概率是1/10 000，而一个所谓高手，假设他比新销售聪明100倍，那么他猜对的概率也不过是1/100。1/10 000和1/100的概率在B2B销售中并没有本质区别，也就说，都猜不准！

结论是：传奇故事并不是真实案例，这些东西要么是演绎的，要么是运气使然，和是不是高手没关系。

当一回“百晓生”，排一次“兵器谱”。

说完假高手，接着谈谈真高手。

销售中，“高手”应该是一个很难定义的概念，不同行业、不同类型的销售很难放到一起拼个高下，比如一年请客吃饭花几百万元的关系型，脸皮厚、头皮硬的坚持型，仅仅通过一次精彩的宣讲就把对手盯了几年的大单拿走的顾问型。林林总总、各有特色，所以很难找出一个标准，哪怕是大致的标准。

高手不是绝对的。一个大风大浪里走过的高手，很可能被一个初出茅庐的愣头青打败，阴沟里翻船从来不少见。所以很难做到很精确的评定，只能是划分几个大类。

基于此，我想用“结果”两个字来评定级别可能是比较好的方法，销售总是以成败论英雄的，这恐怕是没有异议的。

基于这个想法，我把销售分为六个层次：

（1）小白：基本卖不出东西的销售。

（2）菜鸟：时不时能卖出东西的销售，但是哭比笑的时候多。

（3）初级销售：经常能卖出东西，但是不知道自己为什么能卖出东西。

（4）准高手：总能卖出东西，也知道自己为什么能卖出东西。

（5）高手：做销售已经到了滴水不漏的程度。

（6）绝顶高手：已将销售与自己的灵魂融为一体。

先来说一下与高手相对的“低手”。

（1）小白。

小白未必是新手，销售这个行业干的年数多未必有用，长肉不长心的人很多。这类销售最大的问题就是找不到正确的方法，但是他们总认为找不到正确的客户。他们其实挺苦，天天辛苦地跑而收获又不大，其最大的特点就是不断被动地跳槽。

（2）菜鸟。

这类销售有了一些经验，但是这些经验未必正确，总是时灵时不灵的，就像段誉的六脉神剑。做下单子就是人搞定了，做不下单子就是人没搞定。糊里糊涂地过日子，勉强饿不死。这种人在公司里属于总是站在旮旯里仰望别人的人。

小白和菜鸟能不能变成高手？答案是肯定的，只要按照正确的方法磨炼，他们中的绝大部分人都可以在未来成为高手。

（3）初级销售。

在很多公司他们已经算是优秀的了，甚至认为自己是高手了（至少他们自己这样认为）。他们有了一套自己的套路，这些套路很多时候是很管用的，很多东西值得大家学习。

但是他们仍然和高手隔着一道鸿沟。他们确实用对了一些东西，也经常用错一些东西，关键的问题是他们不知道哪是对哪是错，只要做下单子，他们就认为自己做的每件事都是对的，然后就拿着这些"对"的东西去往其他项目上套，结果往往令人难堪。

以上三类销售都可以说是没入门的销售，可能有人说了，没入门不也在签单子吗？这个不难理解，他们签单子的诀窍是：他们碰到了比他们还笨的对手。80%～90%的销售其实都是这三类人，所以很容易碰到。

以上三类都是低手，和高手隔着一条鸿沟，这条鸿沟有个名字叫作"以客户为中心"，多么简单的一条河，可是大部分销售穷其一生也难以跨越。

他们中的大部分都淹死在"自我"里了，我的产品、我的公司、我的服务、我的订单，就是游不过这浅浅的一条河。那些把"以客户为中心"的标语贴到墙上的，基本上都从心里撕掉了，因为他们根本不知道这句话的含义。这句话不是口号，也不是态度，而是思维方式和行为模式。

以客户为中心之所以难，在于人的天性都是利己的，让他转移到利他，那是违背人的天性的，所以好销售一定是变利己为利他的。因为销售就是这样一种神奇的工作，当你努力利他的时候，你就是在利己。

从下面开始，已经跨入高手行列了。

（4）准高手。

这类人已经算是专业销售了，什么叫专业？首先他有了一颗为客户着想的心，思维方式有了彻底的转变。你会发现，客户很少会讨厌这种人（谁会讨厌一个对自己有利的人呢?）。

他们知道什么事情是对的，虽然偶尔也会犯错，但是他们马上知道自己错在哪儿。他们有较为成熟的技巧、系统的方法、成型的套路。当然他们还缺乏很多东西，所以离高手还有段距离。诚实地说，这种准高手也是少之又少。

在当今社会，很多公司知道销售很重要，但是较少公司真正地把销售看成一门系统的科学。如果连老板都觉得销售就是一群能说会道的家伙组成的团伙，怎么可能培养出真正的"职业军人"呢？

资料来源：http://www.sohu.com/a/107719770_424958.

参考文献

［1］尹健．营销心理学．北京：高等教育出版社，2007．

［2］仝若贝，王卓，盖军旗．营销心理学．广州：华南理工大学出版社，2015．

［3］陈峥嵘．消费心理学．北京：冶金工业出版社，2009．

［4］肖涧凇．消费心理学．2版．北京：高等教育出版社，2015．

［5］单凤儒．营销心理学．3版．北京：高等教育出版社，2014．

［6］孙庆群．营销心理学．北京：科学出版社，2008．

［7］李滨，封岚．消费心理学．长沙：湖南师范大学出版社，2017．

［8］迈克尔·R. 所罗门，卢泰宏，杨晓燕．消费者行为学．北京：中国人民大学出版社，2009．

［9］里查德·C. 曼多克，里查德·L. 富尔顿．客户心理市场营销．北京：电子工业出版社，2004．

［10］李晓霞．消费心理学．2版．北京：清华大学出版社，2010．

［11］李先国．销售管理．3版．北京：中国人民大学出版社，2012．

［12］杜明汉．消费心理学．北京：中国财政经济出版社，2011．

［13］黄希庭．消费心理学．上海：华东师范大学出版社，2007．

［14］冯丽华．营销心理学．2版．北京：电子工业出版社，2012．

［15］荣晓华．消费者行为学．4版．大连：东北财经大学出版社，2013．

图书在版编目（CIP）数据

消费心理学/曾天地主编. —北京：中国人民大学出版社，2019.4
21 世纪高职高专规划教材. 市场营销系列
ISBN 978-7-300-26567-4

Ⅰ. ①消… Ⅱ. ①曾… Ⅲ. ①消费心理学-高等职业教育-教材 Ⅳ. ①F713.55

中国版本图书馆 CIP 数据核字（2018）第 302052 号

“教—学—做一体化”校企合作课改科研成果推荐教材
21 世纪高职高专规划教材·市场营销系列
消费心理学
主　编　曾天地
副主编　陈　树　王建光　杨　阳　段彦辉　王　丽　万丽丽
参　编　魏秋玲
Xiaofei Xinlixue

出版发行	中国人民大学出版社		
社　址	北京中关村大街 31 号	邮政编码	100080
电　话	010－62511242（总编室）		010－62511770（质管部）
	010－82501766（邮购部）		010－62514148（门市部）
	010－62515195（发行公司）		010－62515275（盗版举报）
网　址	http：//www.crup.com.cn		
经　销	新华书店		
印　刷	北京密兴印刷有限公司		
规　格	185 mm×260 mm　16 开本	版　次	2019 年 4 月第 1 版
印　张	21.75	印　次	2023 年 1 月第 9 次印刷
字　数	520 000	定　价	48.00 元